Qualitative Bildungsforschung

David Kergel

Qualitative Bildungsforschung

Ein integrativer Ansatz

 Springer VS

David Kergel
Hildesheim, Deutschland

ISBN 978-3-658-18586-2   ISBN 978-3-658-18587-9   (eBook)
https://doi.org/10.1007/978-3-658-18587-9

Die Deutsche Nationalbibliothek verzeichnet diese Publikation in der Deutschen National-
bibliografie; detaillierte bibliografische Daten sind im Internet über http://dnb.d-nb.de abrufbar.

Springer VS
© Springer Fachmedien Wiesbaden GmbH 2018

Verantwortlich im Verlag: Stefanie Laux

Gedruckt auf säurefreiem und chlorfrei gebleichtem Papier

Springer VS ist Teil von Springer Nature
Die eingetragene Gesellschaft ist Springer Fachmedien Wiesbaden GmbH
Die Anschrift der Gesellschaft ist: Abraham-Lincoln-Str. 46, 65189 Wiesbaden, Germany

Inhaltsverzeichnis

Einleitung

Integrative Bildungsforschung – Ein neuer Ansatz in der qualitativen Bildungsforschung

Dieses Buch stellt eine Einladung zur Auseinandersetzung mit der qualitativen Bildungsforschung dar. Es wird dabei ein Ansatz vorgestellt, der einen anderen Weg als die transformatorische Bildungsforschung einschlägt, die im Feld qualitativer Bildungsforschung einen nachhaltigen Einfluss entfaltete (vgl. Marotzki 1990; Nohl 2006; Koller 2012). Im vorliegenden Buch steht dagegen ein integratives Bildungsverständnis im Fokus. Dieses Bildungsverständnis, das sukzessive in der Auseinandersetzung mit Lehr-/Lernprozessen (Kergel 2012; Kergel 2014; Kergel & Heidkamp 2015) sowie mit der Diskussion und Analyse zu Fragen der Subjektwerdung (Kergel 2011; Kergel 2013) entwickelt wurde, führt bildungstheoretische Überlegungen und Strategien qualitativer Sozialforschung integrativ zusammen. Dabei werden im Sinne interdisziplinären Forschens die Schnittflächen und Differenzen zwischen bildungstheoretischen Reflexionen (1. Kapitel) und der methodologischen Ausrichtung qualitativer Sozialforschung (2. Kapitel) identifiziert und konkret für Forschungsstrategien qualitativer Bildungsforschung nutzbar gemacht (3. & 4. Kapitel). Durch die Rückbindung auf bildungstheoretische Positionen wird es möglich, die erkenntnistheoretisch fundierten normativen Aspekte des Bildungsbegriffs für das empirische Forschen zu öffnen. Damit wird ein Beitrag zu der Diskussion im Feld qualitativer Bildungsforschung geleistet, die eine angemessene empirische Thematisierung/Beforschung/Operationalisierung ebendieser normativen Aspekte im Kontext qualitativer Bildungsforschung thematisiert (vgl. Krinninger & Müller 2012; Stojanov 2006; Koller 2016).

Das im Rahmen dieser Einladung zur qualitativen Bildungsforschung vorgestellte integrative Bildungsverständnis kann dabei synergetisch auf ausgewählte

Ansätze qualitativer Sozialforschung zurückgreifen. Exemplarisch geschieht dies im dritten Kapitel anhand der Darstellung von Datenauswertungsmethoden, die in der qualitativen Sozialforschung zum Einsatz kommen. Neben einer Einführung in die Forschungsstrategien der jeweils vorgestellten Methoden der Datenauswertung, wird eine Rückbindung auf den Ansatz eines integrativen Bildungsverständnisses geleistet. Konkret geschieht dies, indem im Anschluss an die Einführung in den jeweils dargestellten methodischen Ansatz ein Beispiel aus der Praxis integrativer Bildungsforschung gegeben wird. Derart können exemplarisch konkrete Forschungsstrategien und das Erkenntnispotenzial einer integrativen Bildungsforschung veranschaulicht und im besten Fall Impulse für das eigene Forschen gegeben werden. Dieser Zielsetzung dient auch das vierte Kapitel, das zwei Forschungsfelder vorstellt, in denen Ansätze einer integrativen Bildungsforschung zum Einsatz kommen können.

Zielsetzung des Buches oder wie dieses Buch zu lesen ist

Zentrale Zielsetzung des Buches ist, einführend Strategien zu vermitteln, um das Erkenntnispotenzial integrativer Bildungsforschung für die eigene Forschung zu nutzen. Hierfür wird vor dem Hintergrund integrativer Bildungsforschung gezielt in bildungstheoretische Reflexionen (1. Kapitel) sowie in methodologische Überlegungen zur qualitativen Sozialforschung (2. Kapitel) eingeführt. Zudem werden methodische Strategien qualitativer Sozialforschung in Bezug zu dem Erkenntnisfokus integrativer Bildungsforschung gesetzt und konkrete Beispiele aus der Forschungspraxis gegeben. Dabei lassen sich die im dritten Kapitel gegebenen Darstellungen als Kurzeinführungen in die methodischen Ansätze qualitativer Sozialforschung lesen. Damit wird ein/e Leser*in adressiert, der/die neugierig und erkenntnisoffen nach methodischen Strategien für sein/ihr eigenes Forschen sucht. Didaktisch wird sich dabei an dem Ansatz des forschenden Lernens orientiert: Studierende bzw. forschend Lernende sollen ihrem eigenen Erkenntnisinteresse nachgehen und im Zuge dieses Prozesses ihre Forschungs- und damit auch ihre Methodenkompetenzen erweitern und ausbauen. Dies erfordert eine Vermittlungsstrategie, die handlungsorientierte Hinweise für das eigene Forschen gibt. Um dies zu leisten, finden sich v.a. im dritten Kapitel heuristische Fragestrategien, die für das eigene Forschen nutzbar gemacht werden können. Zudem liefern folgende Textrubriken Orientierungsmuster für eine Auseinandersetzung mit den dargestellten Inhalten:

- ‚Kurz notiert' fasst zentrale Thesen oder weiterführende Überlegungen zusammen.
- ‚Definition' leistet für zentrale Begriffe Definitionen und Erklärungen.

- ‚Werkzeugkasten' orientiert sich an Foucaults (2002) Überlegung, methodische Strategien wie Werkzeuge für das eigene Forschen zu nutzen.

- ‚Beispiele' liefert oftmals in Form von ‚Gedankenexperimenten' pointierte Darstellungen, um komplexe Sachverhalte anhand von beispielhaften Schilderungen nachvollziehen zu können.

Das Buch ist in seiner Gesamtheit eine Einladung an all die Leser*innen, für die Forschen bzw. Wissenschaft im Sinne Nietzsches das „ungeheur[e] Vermögen" (Nietzsche 1980, S. 45) besitzt, „neue Sternwelten der Freude aufleuchten zu lassen" (ebenda).

Mein Dank gilt Bimi und Birdy, ohne deren geduldige, liebevolle und unerschöpfliche Unterstützung dieses Buch nicht zu Stande gekommen wäre. Ferner bin ich Rolf, Sophie und Marci verpflichtet, die stets da sind und Lennart, der mich das philosophische Fragen gelehrt hat. Besonders möchte ich auch K. danken. Zudem gilt mein Dank Ronald und allen Wissenschaftler*innen sowie Student*innen des Departments of Communication and Rhetorical Studies der Duquesne University, Pittsburgh.

Literatur

Foucault, M. (2002). *Dits et Ecrits. Schriften 2. 1970-1975*. Frankfurt am Main: Suhrkamp.

Kergel, D. (2011). *Subjektorientierte Sozialisationstheorie- und Praxis*. Aalborg: Institute for Learning and Philosophy, Aalborg University.

Kergel, D. (2012). Subjection as Creativity – Disobedience as Creativity: Creativity and Educational Acting. In M. Paulsen & S. H. Klausen (Hrsg.), *Innovation og Læring i filosfiske og kritiske Perspetiver* (S. 84-102). Aalborg: Aalborg Universitetsforlag.

Kergel, D. (2013). *Rebellisch aus erkenntnistheoretischem Prinzip. Möglichkeiten und Grenzen angewandter Erkenntnistheorie*. Frankfurt am Main: Peter Lang.

Kergel, D (2014). Forschendes Lernen 2.0 – Lerntheoretische Fundierung und Good Practice. In O. Zawacki-Richter, D. Kergel, P. Muckel, J. Stöter & K. Brinkmann (2014), *Offen für Neue Wege – Digitale Medien in der Hochschule* (S. 37-51) Münster: Waxmann.

Kergel, D., & Heidkamp, B. (2015). *Forschendes Lernen mit digitalen Medien. Ein Lehrbuch. #theorie #praxis #evaluation*. Münster: Waxmann.

Koller, H.-C. (2012). *Bildung anders denken. Einführung in die Theorie transformatorischer Bildungsprozesse*. Stuttgart: Kohlhammer.

Koller, H.-C. (2016). Ist jede Transformation als Bildungsprozess zu begreifen? In D. Verständig & R. Biermann (Hrsg.), *Von der Bildung zur Medienbildung* (S. 149-161). Wiesbaden: VS Springer.

Krinninger, D., & Müller, H.-R. (2012). Hide and Seek. Zur Sensibilisierung für den normativen Gehalt empirisch gestützter Bildungstheorie. In I. Miethe & H.-R. Müller (Hrsg.), *Qualitative Bildungsforschung und Bildungstheorie* (S. 57-75). Opladen: Barbara Budrich

Marotzki, W. (1990). *Entwurf einer strukturalen Bildungstheorie. Biographietheoretische Auslegung von Bildungsprozessen in hochkomplexen Gesellschaften*. Weinheim: Deutscher Studien Verlag.

Nietzsche, F. (1980). *Gesammelte Werke Bd.3*. Frankfurt am Main: Campus

Nohl, A.-M. (2006). *Bildung und Spontanität. Phasen biographischer Wandlungsprozesse – Empirische Rekonstruktionen und pragmatische Reflexionen*. Opladen: Barbara Budrich.

Stojanov, K. (2006). Philosophie und Bildungsforschung: Normative Konzepte in qualitativ-empirische Bildungsstudien. In L. Pongratz, M. Wimmer & W. Nieke (Hrsg.), *Bildungsphilosophie und Bildungsforschung*. (S. 66-87). Bielefeld: Janus-Presse.

Was ist Bildung?

1

Erkenntnistheoretische Grundlegung und empirische Zugänge

Das folgende Kapitel führt in die theoretische Fundierung des Begriffs Bildung ein. Diese bildungstheoretische Fundierung stellt den zentralen Ausgangspunkt für einen integrativen Ansatz in der qualitativen Bildungsforschung dar: Vor dem Hintergrund einer bildungstheoretischen Fundierung wird es möglich, gezielt auf Strategien qualitativer Sozialforschung zurückzugreifen, um Bildung zu beforschen.

1.1 Was ist Bildung? – Eine Definition

Die folgende Definition von Bildung ermöglicht es, eine erkenntnistheoretische und zugleich forschungspraktische Fundierung eines integrativen Ansatzes in der qualitativen Bildungsforschung zu entwickeln. Dieser integrative Ansatz zeichnet sich dadurch aus, dass bildungstheoretisch fundiert, normative Implikationen von Bildung an empirische Forschungsstrategien anschlussfähig sind.

▶ **Definition: Bildung** Bildung wird als performatives, positiv konnotiertes Selbst-/Weltverhältnis des Subjekts in sozialen Kontexten definiert. Bildung lässt sich dabei als genetischer Prozess der Subjektwerdung verstehen. Dies bedeutet, dass Bildung vom Prozess der Subjektivierung analytisch unterschieden werden muss.

Im Folgenden sollen die einzelnen Elemente dieser Definition näher ausgeführt werden.

1.1.1   Was ist das Subjekt?

Zentral für die obige Bildungsdefinition ist der Begriff des Subjekts. Ohne das Subjekt ist Bildung nicht möglich: Bildung ist ein Prozess, der vom Subjekt erlebt/ erfahren wird. Dies bedeutet auch, dass Bildung erst durch das Subjekt möglich ist. Daher beginnt die Erläuterung der Bildungsdefinition mit dem Subjekt. Was genau lässt sich unter dem Begriff Subjekt verstehen? Das Subjekt ist zunächst einmal eine analytische Kategorie. Es ist ein Begriff, mit dem ein Phänomen bezeichnet wird. Als Begriff bezeichnet das Subjekt analytisch die Ebene des Selbst-/Welt- verhältnisses des Individuums. Das Subjekt ist dadurch definiert, dass es sich zu sich selbst verhält, sich selbst wahrnimmt und ggf. sich und seine Einbindung in den sozialen Kontext auch reflektieren kann – „Bereits in der Antike bildet sich das Subjekt dadurch, dass es sich zu sich selbst verhält" (Wulf 2007, S. 36). Das Subjekt konstituiert sich nicht ausschließlich über ein reflexives Welt-/Selbstver- hältnis, sondern schließt eine emotive Dimension mit ein.

Zusammenfassung: Subjekt

Das Individuum bezeichnet den einzelnen Menschen. Das Subjekt lässt sich als die Erfahrungsdimension vom Individuum verstehen, in der das Individuum ein Selbst-/Weltverhältnis entwickelt. Das Individuum ist nicht nur ‚da' (wie z.B. ein Stein), sondern es erlebt, dass es ‚da' ist. Es erlebt sich selbst als fühlen- des Wesen in der Welt bzw. sein ‚Da-Sein'.[1]

1.1.2   Das präreflexive Selbst-/Weltverhältnis

Unter 1.1.1 wurde darauf hingewiesen, dass das Subjekt die Erfahrungsdimension des Individuums darstellt, durch die sich das Individuum in seinem Da-Sein zu sich selbst verhält. Daraus ließe sich folgern, dass nur dem, der über sich selbst

---

[1]   Diese Form des Da-Seins wird aus erkenntnistheoretischer Perspektive v.a. von Hei- degger (1927/2006) und Sartre (1943/1998) im Sinne einer anthropologischen Kons- tante herausgearbeitet: Das Erleben des Da-Seins gilt für alle Menschen zu allen Zei- ten.

nachdenken kann, ein Subjektstatus zugesprochen werden kann. Im Folgenden soll dagegen ein erweitertes Subjektverständnis vorgeschlagen werden, das davon ausgeht, dass sich das Subjekt auch in präreflexiven Selbst-/Weltverhältnissen konstituiert.

Es wird die These aufgestellt, dass Selbst-/Weltverhältnisse nicht notwendigerweise reflexiv sein müssen. So kann ein nicht reflexiv gerahmtes Gefühl von Trauer ebenfalls als spezifische Wahrnehmung des Selbst-/Weltverhältnisses verstanden werden.

> Selbstbewusstsein ist demnach kein Produkt von Reflexion oder Sprachlichkeit, sondern ein wesentlicher Bestandteil allen Erlebens, der diesen anspruchsvolleren kognitiven Fähigkeiten immer schon vorausgeht […] Präreflexives Selbstbewusstsein ist demnach nicht etwa als das Bewusstsein, das ich von mir selbst habe, zu verstehen, sondern als das Bewusstsein, das das apersonale, anonyme und selbstlose Bewusstsein von sich selbst hat. (Wehniger 2016, S. 14, vgl. dazu auch Frank 2015)

Um diese theoretischen Überlegungen zum Subjekt anschaulicher zu machen, lässt sich ein Beispiel aus der Kleinkindforschung anführen. Die Kleinkindforschung liefert Einsichten und methodische Zugänge für die Auseinandersetzung mit präreflexiven Bildungsprozessen und Bildungsdynamiken. Als ein Beispiel lässt sich das Phänomen der ‚Gefühlsansteckung' (Bischof-Köhler 2000) nennen. Bei dem Phänomen der Gefühlsansteckung ‚übernehmen' Säuglinge die Emotionen eines anderen Säuglings – Beispielsweise, wenn ein Säugling bei dem Weinen eines anderen Säuglings ebenfalls zu weinen beginnt (vgl. Sagi & Hoffmann 1976). Gerade im ersten Lebensjahr wird ein Säugling von dem Gefühl eines anderen Säuglings angesteckt. Erst allmählich kommt es zu einer Selbstverobjektivierung (vgl. Bischof-Köhler 2000, S. 143), durch die sich ein Kind vom Erleben eines anderen Kindes abgrenzen kann. Trotz dieser Abgrenzung bleibt eine empathische Betroffenheit bestehen. Diese empathische Betroffenheit verweist darauf, dass Selbst-/Weltverhältnisse im sozialen Kontext stets auch emotional durchdrungen sind – Selbst-/Weltverhältnisse werden erlebt, egal ob sie präreflexiv oder reflexiv sind, stets sind sie emotional durchdrungen (vgl. dazu auf konzeptioneller Ebene Hoffmann 2000). Vor dem Hintergrund bildungstheoretischer Überlegungen ist entscheidend, ob dieses emotionale Erleben im sozialen Kontext positiv konnotiert ist.[2]

---

2   Die Bindungstheorie, die das Bindungsverhalten des Kindes zur primären Bezugsperson untersucht, stellt ein Forschungsfeld dar, in dem das präreflexive Selbst-/Weltverhältnis des Kindes thematisiert wird, für das sich verschiedene Beziehungsqualitäten definieren lassen (vgl. Ainsworth 2003).

Durch die Einbeziehung eines präreflexiven Selbst-/Weltverhältnis eröffnen sich für die qualitative Bildungsforschung methodologische und methodische Zugänge, die u.a. jenseits von biografischen Narrationen liegen und es gestatten, Bildungsdynamiken im Vollzug bzw. *in actu* zu erheben (vgl. dazu aus forschungspraktischer Perspektive 3.1.10).

Zusammenfassung: präreflexives Selbst-/Weltverhältnis

Das Subjekt lässt sich als die Erfahrungsdimension vom Individuum verstehen, die das Selbst-/Weltverhältnis umfasst. Das Individuum ist nicht nur ‚da' (wie z.b. ein Stein), sondern es erlebt, dass es ‚da' ist. Es erlebt sich selbst als fühlendes Wesen in der Welt bzw. in seinem Da-Sein. Das Subjekt ist als reflexive und präreflexive Wahrnehmungsinstanz seiner selbst zu verstehen. Reflexiv und präreflexiv werden Selbst-/Weltverhältnisse hergestellt. Diese Selbst-/Weltverhältnisse sind emotional durchdrungen: Dass Subjekt erlebt sein Da-Sein. Vor dem Hintergrund bildungstheoretischer Überlegungen ist entscheidend, ob dieses Erleben im sozialen Kontext positiv konnotiert ist.

1.1.3   Das positiv konnotierte Selbst-/Weltverhältnis

‚Positiv konnotiert' bezeichnet die Qualität des Selbst-/Weltverhältnisses des Individuums. So ist eine Reihe von Selbst-/Weltverhältnissen denkbar, z.B., dass sich das Individuum stets schuldig für alles fühlt, was in der Welt geschieht. Oder, dass sich das Individuum der Welt ausgeliefert fühlt und daher der Welt angstvoll gegenübersteht. In beiden Fällen wäre das Selbst-/Weltverhältnis negativ konnotiert. Gerade ein positiv konnotiertes Selbst-/Weltverhältnis stellt ein zentrales Merkmal von Bildung dar.

Die Bezeichnung ‚Konnotation' kommt aus der Sprachwissenschaft und meint die ‚mitschwingende Bedeutung' eines Wortes – wenn jemand Angst vor Hunden hat, bekommt die Bezeichnung Hund eine negative Konnotation – also eine mitschwingende bedrohliche Bedeutung. Denotation ist dagegen der Bedeutungskern, also das mit dem Begriff Hund bezeichnete Tier. Bezogen auf ein positiv konnotiertes Selbst-/Weltverhältnis bezeichnet Konnotation die mitschwingende Grundstimmung – z.B., dass sich jemand positiv in der Welt bzw. als optimistisch, bejahend erfährt. Dieses positive Selbst-/Weltverhältnis zeichnet sich im Idealfall durch die Entfaltung explorativer Neugier und die Herausbildung von Selbstwirksamkeitserwartungen im sozialen Kontext aus. Diese Qualität des Selbst-/Weltverhältnisses stellt den normativen Aspekt von Bildung dar (siehe zur argumentativen Fundierung dieser These 1.3).

Der Begriff Bildung lässt sich aus dieser Perspektive auch als genetischer Prozess (also als Prozess zeitlicher Entwicklung) der Subjektwerdung verstehen, im Zuge dessen ein positiv konnotiertes Selbst-/Weltverhältnis konstruiert, verstärkt oder ausgebaut wird.

▶ **Definition: genetisch**   Genetisch meint hier eine zeitliche Entwicklung des Individuums: „Genetisch, weil Denken und Verstehen nicht aus sich heraus, sondern durch ihren Werdegang, d.h. durch ihre zu ihnen hinführenden Vorformen erklärt werden" (Seiler 1994, S. 43). So rekonstruiert Piaget (1970) in seinem einflussreichen Modell der ‚genetischen Entwicklungstheorie' die sukzessive Entfaltung der kognitiven Kompetenzen des Individuums.

Das Individuum bildet im Zuge seines In-der-Welt-Seins ein Selbst-/Weltverhältnis aus. Ist dieser Prozess der ‚Ausbildung' eines Selbst-/Weltverhältnisses positiv konnotiert, lässt sich von Bildung sprechen.

Zusammenfassung: positiv konnotiertes Selbst-/Weltverhältnis

Das Subjekt ist nicht jenseits sozialer Kontextualisierungen zu denken. Aus bildungstheoretischer Perspektive ist entscheidend, ob im Rahmen sozialer Kontextualisierungen ein positiv konnotiertes Selbst-/Weltverhältnis entfaltet wird. Diese Anforderung stellt den normativen Aspekt des Bildungsbegriffs dar. Der Begriff Bildung lässt sich auch als genetischer Prozess der Subjektwerdung verstehen, im Zuge dessen ein positiv konnotiertes Selbst-/Weltverhältnis entfaltet wird. Dieses positiv konnotierte Selbst-/Weltverhältnis ist dabei u.a. durch explorative Neugier und Selbstwirksamkeitserwartungen gekennzeichnet. Vor dem Hintergrund dieser Überlegungen kann im Zuge qualitativer Bildungsforschung ein Fokus daraufgelegt werden, ob in sozialen Kontexten von den Akteuren[3] ein Selbst-/Weltverhältnis entwickelt wird, welches positiv konnotiert ist bzw. Elemente explorativer Neugier und Selbstwirksamkeitserwartung erkennen lässt.

---

3   Akteur (aus dem französischen ‚acteur', ‚Handelnde*r') ist die Bezeichnung für den/ die sozial Handelnde*n. Wissenschaften und deren Regelsysteme, Forschungsgegenstände, Methoden lassen sich als Konstrukte verstehen, die im wissenschaftlichen Feld diskursiv verhandelt und derart performativ hergestellt werden. Wenn im Folgenden das generische Maskulinum verwendet wird, z.B. bei der Bezeichnung Akteur, wird damit eine begriffliche Übergeneralisierung markiert, da es beispielsweise den Akteur als Gattungssingular nicht gibt.

1.1.4   Bildung steht nicht still – Performativität als konstitutives Element von Bildung

Bildung ist kein Zustand, sondern ein Prozess, der immer wieder in Handlungs-kontexten hergestellt/fortgesetzt werden muss. Diese Prozessualität von Bildung lässt sich mit dem Begriff Performativität analytisch fassen. Performativität ver-weist aus praxistheoretischer Perspektive auf die realitäts- und identitätskonstitu-ierende Dimension von Interaktionsvollzügen (vgl. Hillebrandt 2014): So gibt es Weihnachten nicht ‚an sich'. Vielmehr wird Weihnachten dadurch realisiert, dass es jedes Jahr wieder von Menschen gefeiert wird, also performativ erneuert und hergestellt wird.

In Anschluss an die Sprechakttheorie von Austin (1972) bzw. Searle (1971) und der Diskussion dieses Ansatzes von Derrida (1988) und Butler (2006), bezeichnet Performativität nicht den Akt einer (sprachlichen) Wiederholung, eines sozialen Phänomens, sondern einen reproduzierenden Akt, der in seiner Nachahmung et-was Neues hervorbringt.

▶ Kurz notiert: Sprechakttheorie   Die Sprechakttheorie thematisiert den Aspekt, dass durch Äußerungen bzw. Sprechakte Handlungen hergestellt werden. Ursprünglich wurden Sprechakte wie „Ich taufe dieses Schiff auf …", „Ich erkläre Euch für Mann und Frau" von Austin als performative Sprechakte verstanden, da sie Realität durch Äußerungen herstellen: Durch die Äuße-rung erhält das Schiff einen Namen und das Paar wird zu einem Ehepaar. V.a. von Derrida wurde problematisiert, dass jede Sprachhandlung Realität herstellt, dieser Aspekt wird eingehender in 3.7 bei der Auseinandersetzung mit der Diskursanalyse thematisiert.

So verändert sich das Weihnachtsfest auch immer wieder dadurch, dass die wie-derholenden Weihnachtsfeiern immer etwas Eigenes aufweisen. Beispielsweise setzte sich im Laufe der 1920er Jahre Rot-Weiß als die Farben des Weihnachts-manns durch. Weihnachten wurde also performativ (wieder) hergestellt, aber durch die Handlungen leicht verändert. Wiederholende Handlungen haben also das Potenzial, verändernd auf die Wirklichkeit einzuwirken – z.B. wenn jemand durch Üben immer besser wird: Jeder Übungsakt an einem Instrument verändert die Wirklichkeit, die eigenen Kompetenzen werden erweitert, die Wirklichkeit wird durch die Wiederholung des Übens verändert (vgl. dazu Kapitel 3.2.7): „Zu-nächst einmal darf Performativität nicht als ein vereinzelter oder absichtsvoller ‚Akt' verstanden werden, sondern als die ständig wiederholende und zitierende Praxis" (Butler 1997, S. 22). Bezogen auf das Subjekt lässt sich festhalten, dass es keine statische Instanz darstellt, sondern sich im Prozess performativer Handlungsvollzüge verändert.

Zusammenfassung: Performativität

Bildung ist kein Zustand, sondern ein Prozess, der in Handlungskontexten fortgesetzt werden muss. *Bildung steht nicht still.* Durch die Performativität von Handlungsvollzügen ‚bildet' sich das Subjekt immer wieder aufs Neue heraus und vergewissert sich im Zuge dessen seiner selbst. Das Subjekt entfaltet sich in einem infiniten Prozess.

1.1.5 Subjektivierung – Einschreibung gesellschaftlicher Normen- und Wertevorstellungen

Der Begriff der Subjektivierung bezeichnet die Einschreibung gesellschaftlicher Hierarchie- und Abhängigkeitsverhältnisse in das Selbst-/Weltverhältnis des Individuums.

Subjektivierung bildet aus dieser Perspektive den analytischen Kontrapunkt zu Bildungsprozessen: Anstatt im Zuge explorativer Neugier und Selbstwirksamkeitserwartungen selbstgesteuert ein positiv konnotiertes Selbst-/Weltverhältnis zu konstruieren, werden präfigurierte bzw. dem Individuum vorgelagerte Hierarchien ‚anerzogen'. Subjektivierung lässt sich als Passung des Individuums in die gesellschaftlichen Hierarchien mit dem Bildungsprozess kontrastieren. In der sozialen Realität gehen Momente der Bildung und der Subjektivierung ineinander über, lassen sich also nicht so trennscharf differenzieren, wie es in der begrifflichen Gegenüberstellung von Bildung als Subjektwerdung versus Subjektivierung erscheint.

Der Begriff der Subjektivierung ist v.a. durch die Denkrichtung des Poststrukturalismus geprägt, der Ende der 60er Jahre in Auseinandersetzung mit dem Strukturalismus in Frankreich seinen Ursprung fand. Ausgangspunkt der poststrukturalistischen Denkweise stellt die Überlegung dar, dass soziale Realitäten aus dem Zusammenspiel von Elementen bestehen. Dieses Zusammenspiel von Elementen bildet Strukturen. Strukturen lassen sich als Beziehungen (Relationen) bezeichnen, durch die Elemente miteinander in Verbindung stehen – z.B. die Gabel mit dem Löffel, die als Esswerkzeuge etwas miteinander Vereinendes besitzen und zugleich jeweils über etwas definiert sind, was sie voneinander trennt: Mit Gabel und Löffel wird gegessen, aber mit dem Löffel wird ‚gelöffelt' und mit der Gabel wird Essen aufgespießt. Dieses Beziehungsgefüge zwischen Gabel und Löffel ist ein Zusammenspiel aus Gemeinsamkeiten und Differenzen und bildet die Struktur ‚Essinstrumente'. Im Zuge des Poststrukturalismus wird davon ausgegangen, dass diese Strukturen nicht geschlossen werden können. Strukturen sind immer situativ – so ist die Gabel wieder von der Kuchengabel zu unterscheiden: Messer und Gabel bilden in Abgrenzung zur Kuchengabel eine Einheit, weil sie beide zusammen als Essinstrumente für den Hauptgang dienen. Das Zusammenspiel von Kuchengabel und Teelöffel hingegen ergibt v.a. in dem Kontext des Nachmittagsgedecks einen anderen Strukturzusammenhang. Es ist aber auch möglich, dass die Gabel im Zusammenspiel mit anderen Elementen eine völlig andere Struktur bildet – z.B. mit einer Schere, mit einem Messer und mit einer Pistole, die alle am Tatort eines Mordes potenzielle Tatwaffen darstellen. Die Bedeutung des Elements Gabel ist offen und stets von der Kontextualisierung abhängig – welche anderen Elemente bilden mit dem jeweiligen Element (der Gabel) eine Verbindung? Das Individuum ist wie die Gabel in unterschiedliche soziale Kontexte eingebunden. Diese Kontexte differieren in ihren Hierarchien und Abhängigkeitsverhältnissen. In diesen unterschiedlichen Kontexten werden unterschiedliche normative Anforderungen an das Individuum gestellt – so wie die Gabel auch in den unterschiedlichen Kontexten eine jeweils andere Funktion einnimmt. In der Auseinandersetzung mit diesen unterschiedlichen normativen Anforderungen bildet das Individuum ein Selbst-/Weltverhältnis heraus. Dabei ist das Selbst-/Weltverhältnis durch die normativen gesellschaftlichen Anforderungen an das Individuum geprägt. Anstatt von einem ganzheitlichen Individuum und Subjekterleben auszugehen, wird das Individuum unterschiedlichen normativen Anforderungen unterworfen – im engl. ‚subjected', im frz. ‚assujetti'. Im Zuge der Subjektivierung vollzieht sich die Unterwerfung des Individuums unter Hierarchien und Abhängigkeitsverhältnisse, die dem Individuum vorgelagert sind. Ein solch poststrukturalistischer Subjektbegriff stellt einen „Bruch mit den traditionellen Subjekt- und Identitätssemantiken" (Reckwitz 2008, S. 77) dar. Anders als in der Bildungstheorie von Humboldt und dem Subjektverständnis des Deutschen Idealismus (vgl. 1.2), das die erkenntnistheoretische Grundlage von Bildung darstellt, wird aus poststrukturalistischer Perspektive das Subjekt nicht als ganzheitliche Erfahrung des Selbst-/Weltverhältnisses des Individuums verstanden. Reckwitz (2008) hebt hervor, dass die „poststrukturalistischen Analytiken […] auf Distanz zum Konzept des Subjekts im klassischen subjektphilosophischen Sinne" (Reckwitz 2008, S. 77) gehen. Das Subjekt bzw. Subjektivität wird vielmehr „als ein Produkt historisch spezifischer kultureller und (psychischer) Subjektvierungsformen rekonstruierbar" (Reckwitz 2008, S. 78).

Im Fokus poststrukturalistischer Subjektivierungsmodelle steht weniger die analytische Aufarbeitung eines Subjekts im Sinne einer „allgemeingültigen, selbsttransparenten, reflexiven, mentalen Instanz" (Reckwitz 2008, S. 78). Vielmehr wird ein analytischer Akzent auf die Einschreibungen gesellschaftlicher

Normen und Wertevorstellungen in die Reflexionsprozesse des Individuums gesetzt (vgl. exempl. Butler 1997).

Zusammenfassung: Subjektivierung

Subjektivierung beschreibt aus poststrukturalistischer Perspektive den sozialisatorischen Prozess, im Rahmen dessen sich das Individuum nach normativen gesellschaftlichen Vorgaben und Parametern reflektiert. Derart wird ein Selbst-/Weltverhältnis hergestellt, das sich dadurch auszeichnet, dass das Individuum gesellschaftliche Vorgaben sowie Wertevorstellungen internalisiert und diese gesellschaftlichen Vorgaben im Denken sowie im Handeln reproduziert. Das Individuum unterwirft sich im Zuge dieses Prozesses gesellschaftlichen Hierarchien und Abhängigkeitsverhältnissen.

Das Modell der Subjektivierung lässt sich wie Bildung durch Strategien qualitativer Sozialforschung empirisch beforschen. Anhand qualitativer Forschungsstrategien kann herausgearbeitet werden, wie sich gesellschaftliche Hierarchien und Abhängigkeitsverhältnisse in das Individuum einschreiben (3.8). Ausgangspunkt ist ein sozialisationstheoretisches Verständnis von Subjektivierung: Im Zuge sozialisatorischer Prozesse werden Rollenbilder durch Subjektivierungsdynamiken inkorporiert und performativ reproduziert. Für einen solchen Forschungsfokus können folgende Fragen als heuristische Strategien[4] verstanden werden, um Subjektivierungsdynamiken zu thematisieren:

*   Wie wirken normative gesellschaftliche Forderungen bzw. Rollenmuster auf Selbst-/Weltverhältnisse von Individuen?
*   Wie ‚bilden' diese Rollenmuster das Selbst-/Weltverhältnis von Individuen mit ‚aus'?

---

4   Heuristisch bezeichnet hier eine fragende Erkenntnishaltung. Heuristik kommt aus dem Lateinischem (heurískein) und lässt sich mit ‚finden/entdecken' übersetzen. Eine heuristische Erkenntnishaltung kann im Sinne einer methodisch geleiteten Strategie durch Fragen realisiert werden, die Impulse für neue/ungewohnte Entdeckungen geben und/oder dabei helfen, den Erkenntnisweg zu strukturieren. Dabei wird der Umstand gezielt eingesetzt, dass jede Frage bereits einen Erkenntnisfokus wirft und Fragen bereits Antworten voraussetzen: Frage ich jemanden nach seinem Nachnamen, setzt dies voraus, dass das Konzept ‚Vorname/Nachname' existiert und dieses Konzept auf den Gefragten zutrifft. Heuristische Fragen helfen folglich, die Erkenntnishaltung zu fokussieren.

▶ Kurz notiert: Subjektivierung im Kontext qualitativer Sozialforschung   Subjektivierung kann als Erkenntnisfokus qualitativer Sozialforschung verstanden werden. Im Kontext qualitativer Sozialforschung kann das theoretische
  Modell der Subjektivierung dadurch beforscht werden, dass verstehend-her-
  meneutisch herausgearbeitet wird, wie sich Hierarchien und Abhängigkeitsverhältnisse in Selbst-/Weltverhältnisse der Individuen einschreiben (vgl.
  dazu exempl. 3.8).

Hier soll ein Forschungsansatz im Rahmen einer qualitativen Bildungsforschung
postuliert werden, der die emanzipative Dimension von Bildungsprozessen berücksichtigt. Dieser Ansatz vermag eine Analyse des Spannungsfeldes zu leisten,
das sich zwischen den Polen

• einer Vermittlung, Übernahme und Inkorporierung gesellschaftlich vermittel-
  ter Rollenmuster auf der einen Seite und
• der Entwicklung eines positiv konnotierten Selbst-/Weltverhältnisses auf der
  anderen Seite ergibt.[5]

1.2   Erkenntnistheoretische Fundierung von Bildung

Bildung wird als positiv konnotiertes Selbst-/Weltverhältnis des Individuums de-
finiert. Dieses Selbst-/Weltverhältnis entfaltet sich genetisch und wird performa-
tiv in Handlungsvollzügen hergestellt. Ein solches Subjektverständnis hat seine
Wurzeln im Deutschen Idealismus und ist vor dem Hintergrund dieser Philoso-
phieepoche zu verstehen. Im Folgenden wird daher das Subjekt- und Bildungs-
verständnis der Philosophieepoche des Deutschen Idealismus skizziert. Dabei
wird auf den gesellschaftlichen Kontext Bezug genommen, der die Philosophie
des Deutschen Idealismus beeinflusste. Das hier entwickelte Bildungsverständnis
ist wie der Deutsche Idealismus Teil der Selbstverständigungsdiskurse bürger-
licher Gesellschaft. Die Art und Weise wie sich bürgerliche Gesellschaft selbst
interpretiert bzw. wie Akteure der bürgerlichen Gesellschaft sich und ihr Handeln
interpretieren, spiegelt sich auch im Bildungsbegriff.

---

5   Im Zuge der Ausbildung eines positiv konnotierten Selbst-/Weltverhältnisses kann es
    erforderlich sein, einen emanzipativen bzw. kritisch reflexiven Umgang mit normativ
    präfigurierten Rollenbildern sowie gegenüber Subjektivierungsprozessen zu entwi-
    ckeln: Im kritischen Hinterfragen präfigurierter Rollenmuster lässt sich das freilegen
    bzw. erkennen, was ‚eigentlich' vom Subjekt gewollt wird (vgl. Kergel 2013).

1.2.1 Bildung im Kontext bürgerlicher Selbstverständigungs- diskurse

Die Entstehung eines neuzeitlichen Bildungsbegriffs ist in historische Konstellationen eingebunden. Eine Auseinandersetzung mit dem Bildungsbegriff erfordert es, diese historische Eingebundenheit des Bildungsbegriffs angemessen mit zu reflektieren

Die Ursprünge des neuzeitlichen Bildungsbegriffs sind eng mit den Selbstverständigungsdiskursen bürgerlicher Gesellschaft verwoben. Das normative Bildungsverständnis hat im Zuge dieser Selbstverständigungsdiskurse eine begriffliche Schärfung erfahren (vgl. Horlacher 2011).

Im Rahmen der Entstehungsprozesse bürgerlicher Gesellschaft wird auch ein angemessenes Verständnis von dem Individuum als erkennende Instanz relevant: Das Individuum wird im Zuge von Selbstverständigungsdiskursen bürgerlicher Gesellschaft als Bürger konzeptioniert, der entscheidungsfrei und handlungsmächtig erscheint (vgl. Kergel 2013). Als Bürger wird das Individuum in den Kontext bürgerlicher Gesellschaft eingebunden.

▶ **Definition: Bürgerliche Gesellschaft** Bürgerliche Gesellschaft lässt sich als eine säkulare politische und soziale Ordnungsidee verstehen, die auf der rationalen Kompetenz des (Staats-)Bürgers basiert: Dem (Staats-)Bürger wird unterstellt, vernünftig zu argumentieren, zu handeln und zu entscheiden (vgl. zu dem Begriff bürgerlicher Gesellschaft auch Kergel 2013; Krämer-Badoni 1978).[6] Der Bürger ist für seine Handlungen selbst verantwortlich. Ein zentrales Element bürgerlicher Gesellschaft stellt das kritisch-reflektierende Individuum dar. Erkenntnistheoretisch wird ein solches Verständnis vom Subjekt im Deutschen Idealismus begründet (vgl. Kergel 2011).

In der Philosophieepoche des Deutschen Idealismus wird das Bild des vernünftig denkenden, vernünftig argumentierenden und handelnden Bürgers bzw. Individuums erkenntnistheoretisch begründet.[7]

---

6 Die politische Ordnungsidee einer rational basierten Gesellschaft ist mit der Marktwirtschaft und dem Liberalismus als spezifische Wirtschaftsmodelle gekoppelt. Hier liegt eine entscheidende Differenz zu sozialistisch orientierten Gesellschaftsmodellen. Diese basieren auch auf der säkularen, rationalen Kompetenz des Individuums, definieren allerdings die Frage des Eigentums grundsätzlich anders.

7 Als Forschungsgebiet der Philosophie setzt sich die Erkenntnistheorie mit dem Ursprung und den Möglichkeiten (menschlicher) Erkenntnis auseinander.

Im Kontext subjektphilosophischer Theoriebildung bezeichnet der Bildungsbegriff die Aktivität und (Selbst-)Bildungsprozesse des (bürgerlichen) Individuums.
Das im Deutschen Idealismus herausgearbeitete Subjektverständnis bildet wiederum den erkenntnistheoretischen Referenzrahmen des Humboldtschen Bildungsbegriffs, der oftmals als Grundlage für die weitere Auseinandersetzung mit Bildung
herangezogen wird.

1.2.2 Subjektkonzeptionen im Kontext des Deutschen Idealismus

Die Philosophie des Deutschen Idealismus bildet ein Feld, in dem das Modell des
bürgerlichen Individuums verhandelt wird und in dessen Kontext sich Humboldts
Bildungskonzept verorten lässt. Bei der folgenden Auseinandersetzung mit dem
Deutschen Idealismus geht es v.a. um eine skizzierende Re-Konstruktion von
,Denkarten' bzw. um eine Re-Konstruktion der Art und Weise, zu einem bestimm-
ten historischen Zeitpunkt über die Begriffe Subjekt und Bildung nachzudenken.[8]

1.2.2.1 Das Ich als Erkenntnisgrundlage: Kants Subjektmodell

Grundlage des Deutschen Idealismus bildet das erkenntnistheoretische Modell,
das Kant in seinem erkenntnistheoretischen Hauptwerk „Kritik der reinen Vernunft" (1781) entwickelt hat. Im Zuge seiner erkenntnistheoretischen Analysen
fasst Kant den Prozess der Subjektkonstruktion in der Sentenz „Das: Ich denke,
muß alle meine Vorstellungen begleiten können" (Kant 1956, B132). Das Subjekt
aktualisiert sich gemäß Kant folglich u.a. in Reflexionsakten, durch die das Individuum ein kritisch-reflexives Selbst-/Weltverhältnis einnehmen kann.

---

8   (Re-)Konstruktion markiert hier die Erkenntnishaltung, dass soziale Phänomene nicht
     in ihrer ,objektiven Struktur' nachgebildet werden. Vielmehr werden Phänomene
     nachgezeichnet bzw. rekonstrukiert. Jede Rekonstruktion ist aus dieser Perspektive
     auch eine Konstruktion, da der/die Forscher*in nicht die Totalität eines Phänomens
     in seiner komplexen Struktur rekonstruieren kann, sondern ein Phänomen forschend
     interpretiert bzw. konstruiert. So weist auch Reichertz (2016) darauf hin, dass aus
     wissenssoziologischer Perspektive die jeweils eingesetzten Methoden erst den Gegen-
     stand ,schaden'. „Gegenstände sind aus dieser Sicht nämlich gerade nicht die harten
     brute facts, die eine bestimmte Untersuchungsweise erzwingen, sondern bilden das
     Material, aus dem die Methoden, die immer etwas aus einer bestimmten Fragehal-
     tung und damit aus einer bestimmten Perspektive heraus betrachten, Gegenstände
     ,machen'." (Reichertz 2016, S. 31) Diese erkenntniskritischen Überlegungen werden
     formal durch den Bindestrich markiert.

Kritisch meint hier, dass es seine Handlungen infrage stellen und prüfen kann. Kritik zeichnet sich gemäß Kant durch das gezielte Hinterfragen bzw. einer gezielten Prüfung von Welt aus

Zusammenfassung: Kants Subjektmodell

Die reflexive Dimension des Subjekts lässt sich weniger als konstantes Persönlichkeitsmerkmal, sondern eher als performative, kritische Reflexionsleistung fassen.

1.2.2.2 Die handlungstheoretische Setzung des Ich: Fichtes Subjektmodell

Fichte (1794-95/1971) radikalisiert diesen Ansatz von Kant, indem er die Erkenntnisleistung des Subjekts als Grundlage der Konstruktion von Selbst-/Weltverhältnissen versteht.

Das Ich **setzt sich selbst**, und es **ist**, vermöge dieses blossen Setzens durch sich selbst; und umgekehrt: das Ich ist, und es setzt sein Seyn, vermöge seines blossen Seyns. – Es ist zugleich das Handelnde, und das Product der Handlung; das Thätige, und das, was durch die Thätigkeit hervorgebracht wird; Handlung und That sind Eins und ebendasselbe; und daher ist das: **Ich bin**, Ausdruck einer Thathandlung; aber auch der einzig-möglichen (Fichte 1971, S. 96, H.i.O.).

Die von Fichte beschriebene Selbstsetzung des Ich lässt sich mit der Bezeichnung 'Autoreferentialität' fassen: Das Individuum ist nur dadurch, dass es sich in seinem Da-Sein wahrnimmt bzw. auf sich selbst bezieht. Indem jemand die Welt wahrnimmt, nimmt er sie aus seiner Perspektive, durch sein eigenes Erleben, seine eigenen Sinne wahr. Jede Weltwahrnehmung ist aus dieser Perspektive auch eine Selbstwahrnehmung bzw. bildet eine Form des Selbstbezugs. Jede Form der Wahrnehmung seiner selbst ist auch eine Wahrnehmung seines Selbst-/Weltverhältnisses. Welt und der Bezug auf sich selbst bzw. die Wahrnehmung der eigenen Person lassen sich nicht voneinander trennen, sondern bedingen einander.

▶ Kurz notiert: Autoreferentialität   Autoreferentialität bildet die erkenntnistheoretische Grundlage eines Subjektmodells, das das Bild des tätigen Bürgers in einer bürgerlichen Gesellschaft erkenntnistheoretisch begründet: Das autoreferentielle Subjekt 'bildet sich' auf der Grundlage seiner selbst bzw. auf der Grundlage der Wahrnehmung der eigenen Person. Die eigene Person wird dabei immer als 'in der Welt seiend' wahrgenommen. Das Subjekt entfaltet sich in der Auseinandersetzung mit der Welt.

Um sich aber als Grundlage seiner selbst wahrnehmen zu können, bedarf das Subjekt der Welt. Welt und Subjekt stehen sich einander nicht gegenüber, sondern bedingen sich einander – ohne Wahrnehmung keine Welt und *vice versa*. Dieser Aspekt wird auch von Humboldt in seinem Bildungsbegriff zentral herausgearbeitet: Das Subjekt lässt sich nicht von der Welt abtrennen, sondern bildet sich erst in der Auseinandersetzung mit der Welt. Fichte fasst diesen Prozess mit dem Begriff des ‚Nicht-Ich':

> Ist Ich = Ich, so ist alles gesetzt, was im Ich gesetzt ist. Nun soll der zweite Grundsatz im Ich gesetzt seyn, und auch nicht im Ich gesetzt seyn. Mithin ist Ich nicht = Ich, sondern Ich = Nicht-Ich, und Nicht-Ich = Ich (Fichte 1971, S. 107).

Die Beziehung zwischen ‚Ich' und ‚Nicht-Ich' ist *nicht* im Sinne einer starren Subjekt-Objekt-Setzung zu verstehen: Das ‚Ich' als Subjekt steht *nicht* dem ‚Nicht-Ich' bzw. der Welt gegenüber. Vielmehr bildet sich das ‚Ich' erst in der Interaktion mit dem ‚Nicht-Ich' bzw. mit der Welt heraus. Dementsprechend stellt Düsing (1986) fest, dass, „[w]enn das Ich sich selbst setzen soll und [sich] als ein solches freies Sich-selbst-Setzen wissen soll, [...] kann es dies nur im Handeln. Denn das praktische Handeln bestimmt FICHTE als den genuinen Realitätsbezug des Ich" (Düsing 1986, S. 264, H.i.O.).

Zusammenfassung: Fichtes Subjektmodell

Fichtes erkenntnistheoretische Axiomsetzung des von Kant entwickelten Subjektmodells weist konstitutiv einen handlungstheoretischen Ansatz aus – das Subjekt bildet sich in Auseinandersetzung mit der Welt als autoreferentielle Erkenntnisinstanz heraus. Die Entfaltung des Subjekts in der Auseinandersetzung mit der Welt kennzeichnet auch das Humboldtsche Bildungsverständnis.

1.2.2.3 Bildung als Subjektwerdung: Hegels Subjektmodell

Fichte setzt einen Akzent auf die handlungstheoretische Dimension des Subjekts: Erst in Auseinandersetzung mit der Welt kann ein Selbst-/Weltverhältnis und damit das Subjekt ausgebildet werden. Hegel führt diesen Gedanken weiter und entwirft ein genetisches Subjektverständnis: Das Subjekt entfaltet sich in seiner genetischen bzw. zeitlichen Entwicklung. Gerade dieses genetische Subjektverständnis zeichnet Bildung aus – Bildung lässt sich aus dieser Perspektive auch vereinfacht als spezifische Form der Subjektwerdung definiert. Das Spezifische ist hierbei das positiv konnotierte Selbst-/Weltverhältnis.

In seinem frühen Hauptwerk „Phänomenologie des Seins" (1807) konzipiert Hegel die genetische Entwicklung des Ich als autoreferentielle Erkenntnisinstanz. Als Ausgangspunkt der Subjektwerdung bestimmt Hegel einen prä-reflexiven Zustand – „Das Selbstbewußtsein ist zunächst einfaches Fürsichsein, sichselbstgleich durch das Ausschließen alles anderen aus sich" (Hegel 1807/1952, S. 143). Durch die Begegnung mit der Welt bzw. mit anderen Individuen bildet sich ein Selbst-/Weltverhältnis heraus: Intersubjektive Kontexte konstituieren verstärkt ein Bewusstsein seiner selbst bzw. ein Ich-Bewusstsein: Der bewusstseinsevozierende Prozess intersubjektiver Kommunikation wird von Hegel als „Zusammenprall" zweier Subjekte interpretiert (Hegel 1952, S. 144). Durch die Auseinandersetzung mit den Selbst-/Weltverhältnissen anderer Subjekte, mit der Art und Weise, wie andere die Welt und sich selbst verstehen, wird das eigene Selbst-/Weltverhältnis infrage gestellt. Hegel fasst diese Begegnung von Subjekten als Kampf der Selbst-/Weltdeutungen: Die eigene Selbst-/Weltdeutung soll den anderen Subjekten aufgezwungen werden, dadurch wird das siegende Subjekt zum ‚Herr', das andere Subjekt zum ‚Knecht'. Es lässt sich aber auch eine weniger feindselige, mehr aushandelnde Begegnung zwischen Subjekten denken: In der Auseinandersetzung mit den Selbst-/Weltverhältnissen anderer Subjekte kann ich wiederum mein eigenes Selbst-/Weltverhältnis konkreter fassen: Was hält der/die Andere warum als richtig und wichtig, was ich für falsch und nicht wichtig erachte? Wie begründe ich meine Sicht auf mich und die Welt? Wie begründet der/die Andere seine/ihre Sicht auf sich Selbst und die Welt? Durch das Ich-Bewusstsein, das sich im Rahmen einer intersubjektiven Dynamik entwickelt, wird eine rationale Aneignung von Welt ermöglicht: Das „gedankenlose Bewußtsein" (Hegel 1952, S. 185) wirft sich zum „beobachtenden Bewußtsein" auf (Hegel 1952, S. 189, vgl. auch 351ff.), das sich in rationalen Denkoperationen und Abstraktionsleistungen wie zum Beispiel durch das Bilden von „Analogien" (Hegel 1952, S. 190) und dem Formulieren von Hypothesen zur Beschaffenheit der Welt (Hegel 1952, S. 190) mit der Welt auseinandersetzt und sein Selbst-/Weltverständnis erweitert.

Zusammenfassung: Hegels Subjektmodell

Hegel ergänzt das handlungstheoretische Subjektverständnis von Fichte um eine genetische Dimension. Subjektwerdung vollzieht sich im zeitlichen Verlauf durch die Auseinandersetzung mit der Welt und hier v.a. mit der Auseinandersetzung mit anderen Subjekten.

Ein solches genetische Verständnis von Subjektwerdung prägt auch das Bildungsverständnis von Humboldt.

1.3   Humboldts Bildungsverständnis

Mit seinem Bildungsverständnis, das im Folgenden vorgestellt wird, hat Humboldt einen Referenzpunkt geschaffen, der auch in heutigen Bildungsdiskussionen herangezogen wird; so etwa für die bildungstheoretische Begründung des forschenden Lernens (vgl. Kergel & Heidkamp 2015; Kergel & Hepp 2016). Im Folgenden werden Kernpunkte des Humboldtschen Bildungsverständnisses dargestellt.

1.3.1   Bildung als Selbstentfaltung des Subjekts

Humboldts Subjektverständnis basiert auf der anthropologischen Setzung eines genetisch zu-sich-selbst-kommenden Subjekts: „Der wahre Zweck des Menschen [...] ist die höchste und proportionierlichste Bildung seiner Kräfte zu einem Ganzen" (Humboldt 1792, erstmals publiziert 1851/2010, S. 22). Um diesen genetischen Prozess zu beschreiben „entnimmt Humboldt [...] [d]en zentralen Begriff der Bildung [...] der zeitgenössischen naturphilosophischen und speziell biologischen Diskussion über die Bildung oder Formation der Wesen in der Natur, insbesondere die Bildung der Lebewesen" (Zöller 2010, S. 179f.). Analog zu der Eigengesetzlichkeit, in der sich Natur entwickelt, vollzieht sich der Bildungsprozess gemäß Humboldt im Sinne einer anthropologischen Konstante – quasi ‚natürlich'. Der Antrieb für diesen Prozess liegt u.a. darin begründet, dass das Subjekt danach strebt, „in sich frei und unabhängig zu werden":

> Im Mittelpunkt aller besonderen Arten der Thätigkeit nemlich steht der Mensch, der ohne alle, auf irgend etwas Einzelnes gerichtete Absicht, nur die Kräfte seiner Natur stärken und erhöhen, seinem Wesen Werth und Dauer verschaffen will. Da jedoch die blosse Kraft einen Gegenstand braucht, an dem sie sich übt, und die blosse Form, der reine Gedanke, einen Stoff, in dem sie, sich darin ausprägend, fortdauern könne, so bedarf auch der Mensch einer Welt außer sich. Daher entspringt sein Streben, den Kreis seiner Erkenntnis und seiner Wirksamkeit zu erweitern, und ohne dass er sich selbst deutlich dessen bewusst ist, liegt es ihm nicht eigentlich an dem, was er von jener erwirbt, oder vermöge dieser ausser sich hervorbringt, sondern nur an seiner inneren Verbesserung und Veredlung, oder wenigstens an der Befriedigung der innern Unruhe, die ihn verzehrt. Rein und in seiner Endabsicht betrachtet, ist sein Denken immer nur ein Versuch seines Geistes, vor sich selbst verständlich, sein Handeln ein Versuch seines Willens, in sich frei und unabhängig zu werden (Humboldt 1980, S. 253).

Um diesen Prozess analytisch aufzuarbeiten und den Antrieb von Bildungsprozessen erkenntnisangemessen beschreiben zu können, greift Humboldt für seine bildungstheoretischen Überlegungen auf die Begriffe Freiheit und Kraft zurück.

1.3.2 Freiheit – die normative Dimension von Bildung

Die normativen Aspekte des Bildungsbegriffs lassen sich an dem Begriff der Freiheit festmachen. Gemäß Humboldt ist für „Bildung [...] Freiheit die erste und unerläßliche Bedingung" (Humboldt 1792/2010, S. 22). Gerade in dem Freiheitsbegriff ist eine entscheidende Differenz zu Subjektivierungsprozessen zu sehen, im Rahmen derer sich gesellschaftliche Hierarchien und Abhängigkeitsverhältnisse in das Selbst-/Weltverhältnis des Individuums einschreiben: Bildung vollzieht sich *in* bzw. *durch* eine Freiheit, die es dem Individuum ermöglicht, ein bildungsangemessenes Selbst-/Weltverhältnis zu konstruieren:

> Allein, freilich ist Freiheit die notwendige Bedingung, ohne welche selbst das seelenvollste Geschäft keine heilsamen Wirkungen dieser Art hervorzubringen vermag. Was nicht von dem Menschen selbst gewählt, worin er auch nur eingeschränkt und geleitet wird, das geht nicht in sein Wesen über, das bleibt ihm ewig fremd, das verrichtet er nicht eigentlich mit menschlicher Kraft, sondern mit mechanischer Fertigkeit (Humboldt 2010, S. 37).

Zusammenfassung: Verhältnis zwischen Bildung und Freiheit

Bildung und Freiheit setzen sich gegenseitig voraus. Erst vor dem Hintergrund der aktiven Selbstentfaltung des Subjekts erscheint Freiheit als möglich bzw. als sinnvolle Bedingung von Bildung – Freiheit ist ohne Bildung nicht denkbar und *vice versa*.

Für die aktive Entfaltung des Individuums durch Bildungsprozesse greift Humboldt wie bei dem Bildungsbegriff auf naturphilosophische Diskurse zurück. Von zentraler Bedeutung ist dabei die Verwendung des Begriffs Kraft, die im Sinne einer anthropologischen Konstante das Subjekt konstituiert – Kraft ist der Antrieb von Bildung, Kraft treibt den Menschen zur Selbstentfaltung. So fasst Humboldt das (logische) Subjekt bzw. das (ontologische) Objekt von Bildung als „Kraft". Der Ausdruck entstammt der modernen dynamischen Konzeption der Natur als Produkt von physischen Kräften, deren Widerspiel, speziell deren Gleichgewicht, sich die Stabilität der Natur bei aller ihrer Varianz verdanken soll (Zöller 2010, S. 181).

Kraft konstituiert Bildung als genetische Form der Subjektwerdung, sie ‚treibt' das Individuum an, welches sich zum Subjekt ‚ausbildet'. In diesem Prozess ‚genießt' der Mensch „am meisten in den Momenten in welchen er sich in dem höchsten Grade seiner Kraft und seiner Einheit fühlt" (Humboldt 2010, S. 48).

Die normative Dimension von Bildung liegt in der Freilegung der Kraft des Individuums im Zuge von Subjektwerdungsprozessen bzw. im Zuge von Bildung begründet: „Auf der Grundlage der ins Kulturphilosophische transponierten naturphilosophisch begründeten Dreieinheit von Bildung, Kraft und Individualität entwickelt Humboldt eine normative Konzeption von menschlicher Entwicklung, in deren Mittelpunkt die Freiheit steht" (Zöller 2010, S. 184).

1.4   Zusammenfassung – Was ist Bildung?

Humboldts Bildungsbegriff spiegelt das Bild des Bürgers auf einer pädagogischen Ebene. Wie der Bürger selbstständig reflektieren, vernünftig handeln und entscheiden kann, kann das Subjekt in Bildungsprozessen aus sich selbst heraus ein positiv konnotiertes Welt-/Selbstverhältnis entfalten. Weder der Bürger noch das Subjekt leiten sich aus einer jenseitigen Instanz ab – z.b. Gott oder der göttlichen Ordnung. Die ‚Kraft' bzw. das rationale Handeln kommt von den Individuen selbst und wird nicht von jenseitigen Mächten in sie hineingelegt, wie dies z.T. in der mittelalterlichen Philosophie angenommen worden ist. „Die Pädagogik der Aufklärung löste den Begriff [Bildung] aus überkommenen theologischen und mystischen Zusammenhängen und machte ihn zu einem Schlüsselwort für den bürgerlichen Emanzipationsprozess" (Klemm et al. 1985, S. 161).

▶ Kurz notiert: Verhältnis zwischen Subjektphilosophie des Deutschen Idealismus, Bildung und bürgerliche Gesellschaft Im Kontext subjektphilosophischer Theoriebildung des Deutschen Idealismus bezeichnet der Bildungsbegriff die Aktivität und (Selbst-)Bildungsprozesse des (bürgerlichen) Individuums. Die Betonung der Eigenaktivität, die dem Individuum in Bildungsprozessen zugeschrieben wird, verweist auf Möglichkeiten von Selbstbestimmung und Selbststeuerung des Individuums. In dieser Akzentuierung der Eigenständigkeit des Subjekts zeigen sich die emanzipativen Implikationen des bürgerlichen Bildungsbegriffs.

Im Bildungsbegriff manifestieren sich die Selbstverständnisdiskurse bürgerlicher Gesellschaft. Umgekehrt zeigt sich ein gesellschaftliches Selbstverständnis in den jeweiligen Bildungs- und Erziehungsverständnissen – ändert sich die Gesellschaft, ändert sich auch das, was unter Bildung und Erziehung verstanden wird (vgl. Kergel 2015).

▶ Kurz notiert: Bildung im Kontext bürgerlicher Gesellschaft   Aus erkenntniskritischer Perspektive lässt sich festhalten, dass Bildung nicht im Sinne einer anthropologischen Konstante zu verstehen ist, sondern dass Bildung im Kontext bürgerlicher Gesellschaft thematisiert wird. Der Bildungsbegriff wurde im europäischen ‚Kulturkreis' entwickelt und stellt daher eine eurozentrische Perspektive auf Entwicklungsprozesse von Individuen dar.

Mit Bezug auf die Möglichkeiten einer zeitgemäßen qualitativen Bildungsforschung stellt sich die Frage, wie der hier erkenntnistheoretisch entwickelte Bildungsbegriff sich für Formen qualitativer Sozialforschung öffnen lässt.

1.5 Empirische Zugänge zu bildungstheoretischen Überlegungen

Im Folgenden wird ausgeführt, wie die zentralen Aspekte des Bildungsbegriffs im Sinne empirisch operationalisierbarer Konzepte gefasst werden können. Vor dem Hintergrund dieser Ausführungen wird diskutiert, weshalb sich gerade Datenerhebungs- und Auswertungsstrategien der qualitativen Sozialforschung dafür eignen, das hier dargestellte Bildungsverständnis erkenntnisangemessen für die empirische Bildungsforschung nutzbar zu machen.

Kuhlmann (2013) sieht die Grundlage des Humboldtschen Bildungsverständnisses darin, „zu sich selbst zu finden und alle Anlagen und Kräfte möglichst in Harmonie und in der richtigen Verhältnismäßigkeit zu entfalten" (Kuhlmann 2013, S. 48). Soll die normative Dimension von Bildung, welche sich in der Freiheit ausdrückt, aus der Perspektive qualitativer Sozialforschung thematisiert werden, ergibt sich die Herausforderung, erkenntnistheoretische Begriffe in das Feld empirischen Forschens zu überführen. Dies erfordert es, die im Zuge von Humboldts bildungstheoretischen Überlegungen erkenntnistheoretisch entwickelten Begriffe wie ‚Kraft' in Kontexte zu stellen, die ein empirisches Forschen ermöglichen. Im Folgenden soll ein Zugang vorgeschlagen werden, wie die erkenntnistheoretischen Überlegungen Humboldts sich für Ansätze empirischer Forschung öffnen lassen.

1.5.1 Explorative Neugier

Die anthropologische Antriebsdynamik, die Humboldt mit dem Begriff ‚Kraft'
umschreibt und die die Grundlage von Bildung darstellt, lässt sich mit dem Begriff
der Exploration bzw. der explorativen Neugier in Verbindung setzen.

▶ **Definition: Exploration**   Exploration lässt sich als angeborene anthropologische Konstante verstehen – ohne Form der Exploration erscheint die kognitive und
emotionale Entwicklung des Individuums nicht vorstellbar. Exploration bzw. explorative Neugier zeigt sich in einem neugierigen, erkundenden Verhalten gegenüber der Welt (vgl. Gibson 1998).

Mit Bezug auf Bolwby (1969) lässt sich festhalten, dass Exploration bzw. das Er-
kunden der Umwelt bereits bei Säuglingen zu beobachten ist. So verweist beispielsweise Schäfer (1999) darauf, dass Säuglinge regelmäßig mit neuen und an-
regenden Reizen in Kontakt kommen sollten, um ideal lernen zu können. Gopnik
(2009) postuliert, dass bereits Säuglinge danach streben, Phänomene zu entdecken, also zu erkennen und dem jeweiligen Entwicklungsstand entsprechend zu
verstehen: „Babys eignen sich Informationen über jedes interessante Ereignis, das
sie beobachten […] geradezu gierig an, egal ob sie nützlich und wichtig zu sein
scheinen oder nicht" (Gopnik 2009, S. 44).

▶ Kurz notiert: explorative Neugier   Explorative Neugier lässt sich als anth-
ropologisches Verhalten verstehen, das die Grundlage und den Treiber für
Erkundungsprozesse darstellt. Mit Bezug auf Humboldt kann die explorative
Neugier als Manifestation von Kraft verstanden werden, die Bildung als Prozess antreibt.

Mit Bezug auf die Kleinkindforschung lässt sich festhalten, dass die Entfaltung explorativer Neugier Möglichkeitsräume bedarf: Bei der Bestimmung von Bindungs-
typen im Zuge der Bindungsforschung wurde herausgearbeitet, dass die Kinder,
die eine sichere Bindung aufweisen, eher ein exploratives Verhalten zeigten. Die
Kinder mit sicheren Bindungsverhalten schienen zu wissen, dass die Bindungs-
person verfügbar ist, wenn sie für emotionale Bewältigungen benötigt wird (vgl.
Grossmann & Grossmann 2003).
    Explorative Neugier ist aus dieser Perspektive Resultat eines positiv konnotier-
ten Selbst-/Weltverhältnisses – das neugierige Kind weiß um die Sicherheit, die
ihm die Welt durch seine Bezugsperson vermittelt. Diese Sicherheit spannt einen
Möglichkeitsraum auf, in dem sich explorative Neugier entfaltet. Die Entfaltung

explorativer Neugier als anthropologische Konstante scheint vom sozialen Kontext und dessen emotionalen Implikationen abhängig. In Konsequenz sind Erkundungsprozesse, in denen das Individuum mehr von der Welt erfährt und mehr über die Welt lernt von sozialen Kontexten abhängig. In Erkundungsprozessen, die sich auch als Lernprozesse verstehen lassen, drückt sich Bildung aus – aber nicht jede Form des Lernens stellt Bildung dar. So lassen sich

> Lernanlässe auch als Situationen beschreiben, in denen ein Individuum einen Unterschied zwischen Können/Sollen/Müssen wahrnimmt. Je nachdem, wie das Subjekt diesen Unterschied bewertet, wird die Emotionslage unterschiedlicher Art sein. So könnte z.b. eine Differenz, die als sehr schwer überwindbar erscheint, eher mit einem negativen Gefühl wie Angst oder Frustration verbunden sein, während eine Differenz, von der sich das Individuum zutraut, sie zu überwinden, eher emotional positiv als Interesse, Spannung oder Lust auf die Herausforderung erlebt wird (Tödt 2008, S. 44).

Mit Bezug auf die normative Dimension von Bildung lassen sich v.a. die letztgenannten Aspekte (Interesse, Spannung, Lust auf Herausforderung) einem Lernen im Zuge von Bildung zuordnen: Durch diese Form des Lernens wird performativ ein positiv konnotiertes Selbst-/Weltverhältnis hergestellt. Ein solches Lernen im Zuge von Bildung lässt sich auch mit dem Begriff des Bildungslernens fassen (vgl. 1.5.3). Neben der explorativen Neugier stellt die Selbstwirksamkeitserwartung ein relevantes Merkmal des Bildungslernens dar.

1.5.2 Selbstwirksamkeitserwartung

Die Kontextabhängigkeit bzw. die Modalität/die Art und Weise, wie Lernprozesse erlebt werden, wird in Bezug zu der normativen Dimension von Bildung relevant: Im Zuge von Subjektwerdungsprozessen – die auch Lernprozesse beinhalten (vgl. 1.5.3) – sollen sich die Individuen entsprechend der normativen Dimension von Bildung als selbstwirksam erfahren. Das angeborene explorative Verhalten bedarf Selbstwirksamkeitserwartungen, um ein Lernen im Zuge von Bildung zu entfalten.

▶ **Definition: Selbstwirksamkeitserwartung** Selbstwirksamkeit lässt sich mit Bezug auf Bandura (1977) als die Überzeugung definieren, dass in einer Situation angemessene Verhaltensresultate erreicht werden können. Selbstwirksamkeitserwartung stellt wiederum die Erwartung dar, über die eigenen Kompetenzen zu verfügen, die benötigt werden, um eine Situation zu bewältigen.

Es ließe sich im Sinne eines Transfers von Begriffen aus dem Bereich erkenntnistheoretischer Forschung hin zu Begriffskonzepten für die empirische Forschung
die These aufstellen, dass sich in Selbstwirksamkeitserwartungen ein positiv konnotiertes Selbst-/Weltverhältnis manifestiert: Das Subjekt fühlt sich der Welt nicht
hilflos ausgeliefert, sondern besitzt die Zuversicht, die Herausforderungen der Welt
bzw. des ,Nicht-Ich' bewältigen zu können:

> The strength of people's convictions in their own effectiveness is likely to affect
> whether they will even try to cope with given situations. At this initial level, per-
> ceived self-efficacy influences choice of behavioral settings. People fear and tend
> to avoid threatening situations they believe exceed their coping skills, whereas they
> get involved in activities and behave assuredly when they judge themselves capable
> of handling situations that would otherwise be intimidating. Not only can perceived
> self-efficacy have directive influence on choice of activities and settings, but, trough
> expectations of eventual success, it can affect coping efforts once they are initiated
> (Bandura 1977, S. 193f.).

▶ Kurz notiert: Selbstwirksamkeitserwartungen Selbstwirksamkeitserwartungen sind konstitutiv, um ein positiv konnotiertes Selbst-/Weltverhältnis
beispielsweise im Zuge von Lernprozessen zu konstruieren: Das lernende
Subjekt erlebt sich im sozialen Kontext als selbstwirksam, ist der Welt nicht
ausgeliefert, sondern kann in einer Auseinandersetzung mit der Welt seine
explorative Neugier entfalten.

Dementsprechend stärken erfolgreiche Handlungen die Selbstwirksamkeitserwartungen, während Misserfolge die Selbstwirksamkeitserwartungen schwächen
können (vgl. Jerusalem, 1990). Explorative Neugier entfaltet sich im Zuge von
Lernprozessen, in deren Kontexten die Lernenden ein positiv konnotiertes Selbst-/
Weltverhältnis entwickeln können. Aus dieser Perspektive wird die Auseinandersetzung mit Lernprozessen vor dem Hintergrund der normativen Implikationen
des Bildungsbegriffs ein zentrales Forschungsfeld für die integrative Bildungsforschung. Eine Verbindung zwischen Lernen und Bildung wird im Folgenden mit
dem Begriff des Bildungslernens geleistet.

1.5.3 Bildungslernen

Ludwig (2004) weist darauf hin, dass Bildungspraktiker*innen wie Lernfor-
scher*innen eines Lernbegriffs bedürfen, um diesen als heuristischen Rahmen
heranziehen zu können, damit sich Lernprozesse in der Praxis verstehen lassen

(vgl. Ludwig 2004, S. 1). Mit dem Begriff des Bildungslernens soll ein solch heuristischer Rahmen für die integrative Bildungsforschung skizziert werden.

▶ **Definition: Bildungslernen und Bildungskontexte**   Die Entfaltung explorativer Neugier ist ein zentrales Element von Lernprozessen, die sich im Zuge von Bildungskontexten ereignen und die sich als Bildungslernen bezeichnen lassen. Mit Bildungskontexten werden soziale Konstellationen/Situationen bezeichnet, im Rahmen derer sich Bildung ereignet. Bildungslernen lässt sich wiederum als Lernen verstehen, in dem die Handlungsmöglichkeiten des Subjekts erweitert werden und in dem das Subjekt durch die Auseinandersetzung mit der Welt den „Kreis seiner Erkenntnis und seiner Wirksamkeit" (Humboldt 1980, S. 235) erweitert. Lernprozesse, in denen Individuen positiv konnotierte Selbst-/Weltverhältnisse konstruieren, verstärken oder ausbauen werden als Bildungslernen bezeichnet.

Lernen kann als nachhaltige Veränderung des Verhaltens bzw. Verhaltenspotenzials definiert werden (vgl. dazu Winkel, Petermann & Petermann 2006; Faulstich 2008, S. 33). Aus bildungstheoretischer Perspektive wird durch Lernen das Wissen über sich und die Welt erweitert. Bei einem solch weit gefassten Lernprozess lässt sich

> jede kognitive Verhaltensweise, jeder Erkenntnisprozess, im Ansatz [als] Lernbewegung definiert]. Nicht nur in dem Sinne, dass sie irgendwann einmal lernend entwickelt werden musste, sondern auch in dem Sinne, dass in ihr jeweils ein Impuls gesetzt ist, der zu einem weiterführenden Lernprozess auffordert (Schulze 2007, S. 149).

Mit Bezug auf Humboldt lässt sich Lernen als integraler Bestandteil von Bildung fassen, da ‚kognitive Verhaltensweisen' bzw. ein fortwährender Erkenntnisprozess bzw. die Erweiterung von Handlungsmöglichkeiten Bildung auszeichnen. So schreibt Humboldt über das sich bildende Subjekt: „Daher entspringt sein Streben, den Kreis seiner Erkenntnis und seiner Wirksamkeit zu erweitern" (Humboldt 1980, S. 235).

▶ Kurz notiert: Bildungslernen   Lernen in Bildungskontexten führt zu einem Erweitern von Handlungsmöglichkeiten (vgl. Tödt 2008; Kergel 2011). Bildungslernen basiert auf einer explorativen Neugier, die sich u.a. darin zeigt, dass Subjekte ein positiv konnotiertes Verständnis von sich selbst als Akteure im sozialen Kontext entwickeln können.

1.5.4   Bildungslernen statt Bildung und Lernen

Ein solches Verständnis von Lernen setzt bei dem Verhältnis zwischen ‚Lernen'
und ‚Bildung' andere Akzente, als es im Zuge eines transformatorischen Bildungsverständnisses der Fall ist. Marotzki (1990) differenziert dichotomisch zwischen
Bildung *und* Lernen: Lernen stellt ein Zuwachs von Wissen innerhalb eines Refe-
renzrahmens dar:

> Lernen innerhalb eines Rahmens hat akkumulierende Funktion: es vermehrt in
> quantitativer Weise das Wissen. Umgekehrt betrachtet: Dieses Wissen hat nur inner-
> halb solcher Rahmen einen bedeutungsmäßigen und sinnhaften Gehalt. Diese Rah-
> men legen die Interpunktionsweise von Welt- und Selbstauslegung fest (Marotzki
> 1990, S. 52).

Kommt es nun zu einer Veränderung dieser Referenzrahmen wird von Bildungsprozessen gesprochen.[9] „Lernprozesse, die diese Rahmen transformieren, habe ich
Bildungsprozesse genannt. Sie stellen jene Prozesse dar, durch die sich Welt- und
Selbstreferenzen qualitativ ändern" (Marotzki 1990, S. 52). Diese Differenzierung
zwischen Lernen und Bildung beruht auf einem Bildungsverständnis, das Bildung
als Veränderung begreift. Im Rahmen eines integrativen Bildungsverständnisses
werden dagegen Lernprozesse dann als *Teil* von Bildungsprozessen begriffen,
wenn durch sie ein positiv konnotiertes Selbst-/Weltverhältnis konstruiert, verstärkt oder ausgebaut wird. Lernen wird aus dieser Perspektive nicht dichotomisch
von Bildung abgegrenzt, sondern stellt ein konstitutives Element von Bildungsprozessen dar (vgl. dazu auch Schulze 2007, S. 154). Auf Grundlage dieser Überlegungen werden Lernprozesse, die ein positiv konnotiertes Selbst-/Weltverhältnis
konstruieren, verstärken oder ausbauen als Bildungslernen bezeichnet und sind
Teil von Bildung.[10]

---

9   Dieses Bildungsverständnis weist signifikante Überschneidungen mit dem wissen-
    schaftstheoretischen Konzept des Paradigmenwechsels bei Kuhn (1973) auf: Wie ein
    neues Paradigma Fakten vollkommen neu in den Blick nimmt, wird bei Bildung eine
    neue Perspektivierung des Selbst- und Weltverhältnisses geleistet.

10 Der Begriff des Bildungslernens ermöglicht es, die ‚Isolierung' zwischen den Begrif-
    fen ‚Lernen' und ‚Bildung', auf die Schulze (2007) hingewiesen hat, zu überwinden.
    So stellt Schulze heraus, dass die „semantische Eigenständigkeit und terminologische
    Absonderung des Bildungsbegriffs zu einer Isolierung gegenüber dem Begriffsfeld
    und Gegenstandbereichs des Lernens geführt und eine differenzierende Ausarbeitung
    der Lernprozesse, für die er eigentlich einsteht, verhindert" (Schulze 2007, S. 154).

Als ein Beispiel für das Bildungslernen sei ein Auszug aus einem Interview mit einem Battlerapper genannt, das im Rahmen des Forschungsprojektes ‚Learning to Battle. Battlerap zwischen Handwerk und Lebensgefühl' geführt wurde (vgl. dazu eingehender 3.3.6). Über das Erlernen des Freestyle-Raps (ein Rapstil, bei dem die Akteure spontan rappen und passende Reime finden) wurden durch den Lernprozess sukzessive explorative Neugier und Selbstwirksamkeitserwartungen gestärkt. Die im Rahmen des Forschungsprojektes befragten Battlerapper erzählten und reflektierten im Kontext verstehender, leitfadengestützter Interviews (vgl. Kaufmann 1999) den Lernprozess retrospektiv als einen Prozess, der zu der Entwicklung bzw. dem sukzessiven Ausbau eines positiv konnotierten Selbst-/ Weltverhältnisses führte (vgl. 3.5.6). Zur Illustration ist im Folgenden ein Interviewauszug gewählt worden, bei dem sich nachvollziehen lässt, wie die explorative Neugier bzw. das Interesse im musisch-ästhetischen Bereich sukzessive in Lernkontexte überführt wurde – was ein Bildungslernen ermöglichte.

Ich hab halt natürlich mir ganz viel Radio gegeben, MTV, und so weiter. Und äh, da dacht ich mir, ja, ich will auch mal sowas machen. Ich hab aber anfangs eher so die Popstars erst mal voll krass gefeiert, mit acht, sieben Jahren. So halt Usher und ich wollt auch so tanzen und singen und so. Und dann kam's irgendwie dazu. Ich hab am Anfang versucht irgendwie auch zu singen, auch mit neun oder so. So und zehn. Hab angefangen so Texte zu schreiben. Aber dann hat sich dann so heraus kristallisiert, dass ich halt eher doch das Rappen möchte so. Und ähm, ja, dann, ja mit zehn, elf, ich weiß nicht, also mein Onkel hat mich auch noch inspiriert, dazu irgendwie, irgendwas zu schreiben. Und äh ja, und eigentlich hier äh ganz oben äh im zweiten Stock, gab's Capoeira und ich hab mir acht Jahren Capoeira gemacht halt und bis zwölf halt und immer wenn ich runter gegangen bin, hab ich hier, gleich nebenan ist der Musikraum, hab ich äh, laute Musikboxen gehört und immer so Leute, die gerappt haben und so und da dacht ich mir, cool, geh ich mal rein. Und hab dort äh, ältere, also, was heißt älter, die waren halt achtzehn, siebzehn so, ich war halt noch 'nen kleiner Knirps, ja? Und die haben da gecyphert, gefreestylt und krasse Texte gerappt und dann bin ich rein gegangen und meinte so, Ey ich will auch mal, so. Okay? Und dann, da waren da Leute die alle auf mich geguckt haben und da war auch so'n Rap-Mentor, mein Mentor gewesen, also der dann mein Mentor danach wurde so. […] Äh, ich hab da einfach mal los gelegt, einfach meinen kindischen Text vorgerappt und mit Glas, Gras, Spaß und so (lacht) und dann ähm haben sie es aber trotzdem gefeiert halt. Ich glaub halt dadurch, dass ich halt 'nen gewisses Taktgefühl schon hatte, mit meinem Alter und so. Und dass ich schon 'ne kleine gewisse Dynamik hatte mit meinem Alter. Weil die meinten halt, ja cool, alles klar man. Voll Probs gegeben und da kam auch der Mentor und meinte so, Okay, du musst jeden Freitag hier herkommen, du musst auf jeden Fall weiter machen und so, bla, bla, und so. Und durch ihn kam ich auch zum Freestylen, also er hat auch mir das Freestylen beigebracht.

Zu Beginn besteht die Neugier selbst im musikalischen Bereich tätig zu werden und sich auszuprobieren. Dabei wird sich anfangs an der Castingshow ‚Popstars' orientiert. Das aufkeimende Interesse für Rap bzw. für das Schreiben eigener Texte wird durch den Onkel bestärkt. Flankiert wird diese familiäre Unterstützung durch institutionelle Möglichkeitsräume, die vom Jugendfreizeitheim eröffnet werden, das einen Rap-Workshop bzw. Rapkurs anbietet. Hier wurde sowohl ein Mentor gefunden als auch von den anderen, älteren Kursteilnehmer*innen gleich ein positives Feedback gegeben. Diese positiven Rückmeldungen bestärkten die Selbstwirksamkeitserwartungen und die Überzeugung von den eigenen Talenten, die im Zuge des Kurses weiter ausgebaut worden sind (dies wird in Folge des Interviews weiter ausgeführt). Es wird geschildert, wie der Befragte sukzessive zum (Battle-)Rapper sozialisiert wurde (vgl. dazu auch 3.5.6). Die Lernprozesse entfalten sich, indem die Neugier sich verstärkt Raum suchte – vom Schreiben eigener Texte bis hin zu einem Lernen im sozialen Kontext, begleitet von Peers und einem Mentor. Anstatt einer qualitativen Änderung des Selbst-/Weltverhältnisses wird sukzessive das Bedürfnis des musikalischen Ausdrucks in begleiteten Lernprozessen entfaltet. Im Zuge dieser Entfaltung der Neugier wird das positiv konnotierte Selbst-/Weltverhältnis ausgebaut und verstärkt. Die retrospektive Schilderung lässt einen Bildungsprozess erkennen, da über das Erlernen von Raptechniken wie Freestylerap sich über die Jahre ein längerfristiger Lernprozess vollzog, der zu dem Ausbau eines positiv konnotierten Selbst-/Weltverhältnisses führte. Die explorative Neugier konnte sich im Zuge des Bildungslernens entfalten, wobei stets andere Bezugspersonen empowernd wirkten (dem empowernden Aspekt kommt v.a. im Zuge der empirischen Re-Konstruktion von Bildungsräumen eine zentrale Relevanz zu, vgl. dazu 4.1). Es lässt sich zwar argumentieren, dass dieser Lernprozess zu der Änderung des Selbst-/Weltverhältnisses geführt hat (der Akteur begreift sich aufgrund seiner Lernerfahrungen als Rapper, hat also sein Selbst-/Weltverhältnis bzw. seinen Referenzrahmen verändert). Allerdings ist dieser Prozess wiederum als Effekt kontinuierlicher Lernprozesse zu verstehen und eine Konsequenz der bereits bestehenden musischen Dispositionen. Da dabei das positiv konnotierte Selbst-/Weltverhältnis verstärkt bzw. erweitert werden konnte, lässt sich hier von einem Bildungslernen sprechen.

1.5.5 Bildungslernen aus subjektwissenschaftlicher Perspektive

Aus bildungstheoretischer Perspektive wird mit dem Bildungslernen ein Lernverständnis vorgeschlagen, bei dem sich das Subjekt sukzessive im sozialen Kontext entfaltet.

Aus lerntheoretischer Perspektive ist ein solches Verständnis vom Bildungslernen an den subjektwissenschaftlichen Lernansatz von Holzkamp (1995) anschlussfähig.

▶ **Definition: Lernen aus subjektwissenschaftlicher Perspektive**   Aus subjektwissenschaftlicher Perspektive lässt sich Lernen als Erweiterung der Handlungsfähigkeit des Subjekts begreifen, im Zuge dessen gesellschaftliche Handlungsmöglichkeiten/Bedeutungen realisiert werden.[11] Das Subjekt setzt sich mit gesellschaftlichen Bedeutungsmustern bzw. ‚Bedeutungskomplexen' auseinander (vgl. Holzkamp 1995).

„Diese gesellschaftlichen Bedeutungskomplexe können auf den Lernenden Zwang ausüben oder den Ausgangspunkt für eine Verfügungserweiterung in Form von Lernen darstellen" (Ludwig 1999, S. 675). Die Dynamik von Bildung und Subjektivierung, die im Rahmen des integrativen Bildungsverständnisses analytisch thematisiert wird, findet in einem subjektwissenschaftlichen Lernverständnis mit den Begriffen *defensives* Lernen und *expansives* Lernen seine lerntheoretische Entsprechung.

---

11 Im subjektwissenschaftlichen Lernverständnis kommt es dann zu intentionalen Lernprozessen, wenn das Subjekt mit einem Handlungsproblem konfrontiert ist, was dessen Handlungsmöglichkeiten einschränkt. Das Subjekt zieht sich dann aus dem Anforderungskontext zurück und eignet sich in Lernschleifen die Handlungsfähigkeiten an. Diese Konzeption lässt sich als heuristische Strategie verstehen, um nachvollziehen zu können, wie es zu Lernintentionen kommt. An dem obigen Beispiel von dem Erlernen von Raptechniken lässt sich aufzeigen, dass Lernprozesse auch in nicht-problematische Sozialisationsprozesse eingelagert sein können. In der hier bildungstheoretisch orientierten Auseinandersetzung mit einem subjektwissenschaftlichen Lernverständnis wird dagegen die Anschlussfähigkeit des Begriffs expansives Lernen an den Begriff des Bildungslernens thematisiert.

▶ **Definition: expansives Lernen und defensives Lernen** Das expansive Lernen weist signifikante Gemeinsamkeiten mit dem Ansatz des Bildungslernens auf, da das expansive Lernen durch die „Erhöhung der Weltverfügung/Lebensqualität" (Ludwig 1999, S. 675) definiert ist. Diese Erhöhung der Weltverfügung wird durch das Entfalten explorativer Neugier bzw. in den Worten Holzkamps durch ‚Weltaufschluss' (vgl. Holzkamp 1995, S. 190ff.) realisiert. Das defensive Lernen dagegen wird durch normativen Druck von außen initiiert. Das defensive Lernen lässt sich mit dem Konzept der Subjektivierung vergleichen.

Das expansive Lernen soll zu einer erhöhten bzw. verallgemeinerten Handlungsfähigkeit und damit auch zur Erhöhung der Lebensqualität führen (vgl. Holzkamp 1995; Ludwig 2004). Mit dem Ansatz der verallgemeinerten Handlungsfähigkeit und Erhöhung der Lebensqualität wird eine normative Dimension in ein subjektwissenschaftliches Lernverständnis eingeführt. Vor dem Hintergrund eines emanzipierten Subjekts gilt die Realisierung expansiven Lernens als Zielvorstellung eines subjektwissenschaftlichen Lernverständnisses (vgl. dazu Ludwigs Skizze einer subjektwissenschaftlich fundierten Didaktik, Ludwig 1999, S. 678f.).

▶ **Definition: Emanzipation** Das lateinische Verb ‚emancipare' bezeichnet ursprünglich das Entlassen eines Sklaven oder Sohns aus dem Mancipum (Besitz) in die Eigenständigkeit. Im Rahmen neuzeitlicher Begriffsbildung lässt sich eine Bedeutungsverschiebung feststellen: Emanzipation meint nunmehr den Akt der Selbstbefreiung. Die Bedeutung des Adjektivs ‚emanzipativ' lässt sich mit ‚angeleiteter Selbstbefreiung' umschreiben. ‚Emanzipativ' kann im pädagogischen Kontext als eine Zusammenführung der Wortbedeutungen (Befreiung und Selbstbefreiung) unter pädagogischen Gesichtspunkten verstanden werden (vgl. Kergel 2011).

Eine restriktive Handlungsfähigkeit wird dagegen dadurch definiert, dass sie auf „fremde Interessen" (Ludwig 1999, S. 676) zurückgeht. Die restriktive Handlungsfähigkeit schränkt die Erweiterung der Lebensqualität durch expansives Lernen ein.

Mit Bezug auf das expansive Lernen, das Gemeinsamkeiten mit dem Bildungslernen aufweist, lassen sich Fragen formulieren, die einen empirischen Zugang zum subjektwissenschaftlichen Lernen bzw. Bildungslernen ermöglichen. Dabei ergibt sich ein Forschungsfokus,

- der nach den Lerngründen und Lernbegründungen fragt – *Warum wird gelernt?* sowie

- die Erlebensdimension von Lernen thematisiert – *Wie wird gelernt?* und dabei nach
- Indikatoren von subjektivierendem Lernen bzw. defensivem Lernen und nach Indikatoren für Bildungslernen bzw. expansivem Lernen fragt.

In einer empirischen Operationalisierung des Bildungslernens lassen sich die Bildungsmerkmale explorative Neugier sowie Selbstwirksamkeitserwartung als Merkmale eines Bildungslernens identifizieren, welches sich aus subjektwissenschaftlicher Perspektive als expansives Lernen interpretieren lässt.

1.5.6 Bildungslernen, Bildungsprozess und Bildungsdynamik

Bei der Analyse von Bildung erscheint es als sinnvoll, zwischen den Begriffen Bildungslernen, Bildungsprozess und Bildungsdynamik zu unterscheiden. Eine solche Unterscheidung ermöglicht es, die jeweiligen Aspekte von Bildung, die durch die Begriffe Bildungslernen, Bildungsprozess und Bildungsdynamik fokussiert werden, anhand von Methoden qualitativer Sozialforschung gezielt in den Blick zu nehmen.

Bildungslernen lässt sich zum einem über die Re-Konstruktion eines längerfristigen Lernprozesses identifizieren. Die Re-Konstruktion eines solchen Bildungslernens stellt zugleich die Re-Konstruktion eines Bildungsprozesses dar.

▶ **Definition: Bildungsprozess**   Ein Bildungsprozess stellt einen Prozess bzw. längeren und gerichteten Ablauf dar, im Rahmen dessen sich eine Entfaltung, Verstärkung und/oder der Ausbau eines positiv konnotierten Selbst-/Weltverhältnisses vollzieht. Bildungsprozesse lassen sich aus dieser Perspektive als längerfristige Lernprozesse verstehen, die Formen des Bildungslernens aufweisen – also die Konstruktion, den Ausbau, die Verstärkung eines positiv konnotierten Selbst-/Weltverhältnisses durch die Entfaltung explorativer Neugier und Selbstwirksamkeitserwartungen im Zuge von Lernprozessen.

Bildungsprozesse lassen sich wiederum von einem Bildungslernen abgrenzen, bei dem sich Bildung *in* und *durch* ‚aktuelle Lernvorgängen' präsentisch *in actu* vollzieht. Aus dieser Perspektive kann Bildungslernen auch ‚im Vollzug' beobachtet werden. Bildung findet in der Gegenwart statt und ist der empirischen Forschung nicht nur durch eine retrospektive, re-konstruierende Analyse von Bildungsprozessen zugänglich. Dabei stellt sich die Frage, durch welche Indikatoren auf ein Bildungslernen geschlossen werden kann, wenn Lernprozesse beobachtet werden:

Um die präsentische Dimension des Bildungslernens zu erfassen, wird im Folgenden mit dem autotelischen Lernen ein Indikator vorgeschlagen, der auf ein Bildungslernen ‚im Vollzug' verweist. ‚Im Vollzug' meint hier, dass sich das Bildungslernen quasi vor den Augen des/der Forscher*in entfaltet – z.b. wenn der/die Forscher*in durch die Datenerhebungsmethode der teilnehmenden Beobachtung Zeuge/Zeugin von Lernprozessen wird (vgl. 3.1.10).

1.5.6.1 Autotelisches Lernen als Merkmal präsentischen Bildungs- erlebens

Humboldt verweist darauf, dass „[d]er Mensch [...] am meisten in den Momenten [genießt] in welchen er sich in dem höchsten Grade seiner Kraft und seiner Einheit fühlt" (Humboldt 2010, S. 48). Mit dem von Csikszentmihalyi (1996) entwickelten Konzept des Flows lässt sich ein empirisch fundierter Ansatz identifizieren, der als Ausdeutung von Bildungslernen verstanden werden kann – also einem positiv konnotierten Lernen, im Zuge dessen sich performativ eine positiv konnotiertes Selbst-/Weltverhältnis des Subjekts *in* und *durch* Lernprozesse realisiert. Das Flowerleben lässt sich dabei als ein bildungswirksames Lernerleben verstehen, in welchem das Subjekt ‚sich in dem höchsten Grade seiner Kraft und seiner Einheit fühlt'. Aus der Auseinandersetzung mit dem Flowerleben ergaben sich Merkmale des autotelischen Lernens: Csikszentmihalyi analysierte das selbstgesteuerte Lernen von Kunststudierenden. Dieses nahm autotelische Züge an, stellte also ein Lernen dar, das sich um seiner selbst willen vollzog (die Wörter ‚auto' und ‚telisch' entstammen dem Altgriechischen und lassen sich mit ‚selbst' [auto] und Ziel [télos] übersetzen). In diesem autotelischen Lernen, also einem selbstgesteuerten und zielgerichtetem Lernen, konstituiert sich der Flow als Lernerlebnis. Flowerleben wird dabei von Schmidt, Shernoff & Csikszentmihalyi (2010) wie folgt definiert:

> Born out of a desire to understand intrinsically motivated activity, *flow* refers to a state of optimal experience characterized by total absorption in the task at hand; a merging of action and awareness in which the individual loses track of both time and self. The flow state is experientially positive, and out of the flow experience emerges a desire to replicate the experience (Schmidt, Shernoff & Csikszentmihalyi 2010, S. 1).

Schmidt (2010, S. 605) identifiziert fünf Merkmale, die das autotelische Lernen des Flow-Erlebens definieren. Zu den Merkmalen gehören neben

1. der intensiven Konzentration auf die gerade bearbeitete Aufgabe, eine

2. starke Involviertheit/Eingebundenheit und Aufmerksamkeit,
3. Kontrolle über die eigenen, in Bezug zur bearbeitenden Aufgabe stehenden Handlungen,
4. Vergnügen/Interesse an der eigenen Aktivität und eine
5. verzerrte Zeitwahrnehmung (diese verzerrte Zeitwahrnehmung zeichnet sich v.a. dadurch aus, dass Zeit schneller als angenommen vergeht).

Mit Bezug auf bildungstheoretische Überlegungen lassen sich diese Merkmale auch als Indikatoren dafür lesen, dass sich das Subjekt im Lernprozess als selbstwirksam erfährt und seine explorative Neugier entfaltet: Die Bedingungen, die diesem Lernerleben vorgelagert sind, werden nach Schmidt dadurch definiert, dass die Aktivität als relevant angesehen wird, beispielsweise, wenn eine (selbstgewählte) Herausforderung zu meistern ist. Die Herausforderungen/Zielvorstellungen erscheinen im Sinne von Selbstwirksamkeitserwartungen dabei bewältigbar (vgl. Schmidt 2010, S. 606). Dass der Aspekt der Relevanz des Lernzieles als Voraussetzung eines autotelischen Lernens und Flowerlebens definiert wird, lässt sich aus bildungstheoretischer Perspektive analytisch aufarbeiten.

▶ Kurz notiert: explorative Neugier und selbstbestimmte Lernzielformulierung Explorative Neugier als Ausdruck von ‚Kraft' manifestiert sich u.a. metonymisch in der vom Subjekt vorgenommenen Bestimmung von Lernzielen. Wird eine solche Bestimmung von Lernzielen nicht geleistet, droht der Verlust der intrinsischen Lernmotivation, die als eine spezifische Ausprägung von explorativer Neugier und damit von Bildung verstanden werden kann.

So sagt auch Humboldt: „Was nicht von dem Menschen selbst gewählt, worin er auch nur eingeschränkt und geleitet wird, das geht nicht in sein Wesen über, das bleibt ihm ewig fremd, das verrichtet er nicht eigentlich mit menschlicher Kraft, sondern mit mechanischer Fertigkeit" (Humboldt 2010, S. 37).

Autotelisches Lernen kann als ein Merkmal von Bildungslernen definiert werden und lässt sich aus der Perspektive qualitativer Bildungsforschung bei der Bestimmung von Bildungsgeschehen als Indikator verwenden: Bildungsgeschehen lässt sich im Zuge qualitativer Bildungsforschung auch darüber identifizieren, dass der Vollzug von autotelischem Lernen re-konstruiert werden kann.

Zusammenfassung: Bildungslernen und Lernerleben

Das Bildungslernen ist über eine spezifische Erlebensqualität des Lernens geprägt. Das Lernerleben, das Bildungslernen auszeichnet, erfüllt die normativen

Anforderungen von Bildung: Das Bildungslernen, das im Vollzug auch durch ein autotelisches Lernen geprägt sein kann, entfaltet explorative Neugier und Selbstwirksamkeitserwartungen, die als Anzeichen eines positiv konnotierten Selbst-/Weltverhältnisses interpretiert werden können.

Orientiert sich eine qualitative Bildungsforschung an einem solchen Bildungsverständnis, würde im Zuge der Datenauswertung die Frage im Fokus stehen, ob sich Indikatoren...

- für ein positiv konnotiertes Selbst-/Weltverhältnis bzw. explorative Neugier und Selbstwirksamkeitserwartungen bzw.
- für autotelisches Lernen

finden lassen.

1.5.6.2 Bildungsprozesse als Re-Konstruktionen von Bildungslernen

Um vor dem Hintergrund des hier entwickelten Bildungsverständnisses den Forschungsfokus qualitativer Bildungsforschung weiter zu schärfen, soll im Folgenden auf Grundlage des Humboldtschen Bildungsverständnisses zwischen Bildungsprozess und Bildungsdynamik differenziert werden. Eine solche Differenzierung ermöglicht es, methodologisch fundiert Bildung empirisch in den Blick zu nehmen und erkenntnisangemessene methodische Zugänge zu entwickeln

Bildungsprozesse lassen sich v.a. re-konstruierend in den Blick nehmen: Der Bildungsprozess bezeichnet einen längeren und gerichteten Ablauf, der durch Bildungsmerkmale geprägt ist. Als ein Merkmal von Bildung lässt sich die Entfaltung explorativer Neugier identifizieren, die von Selbstwirksamkeitserwartungen flankiert wird. Explorative Neugier sowie Selbstwirksamkeitserwartungen können sich in einem Bildungslernen entfalten, das wiederum Merkmale von autotelischem Lernen aufweist.

▶ Kurz notiert: Bildungsprozesse   Im Bildungsprozess vollzieht sich die Entfaltung explorativer Neugier und Selbstwirksamkeitserwartungen bzw. die Entfaltung von Bildungslernen über einen längeren und gerichteten Zeitraum. Bildungsprozesse sind wie biografische Re-Konstruktionen generell retrospektiv zugänglich. Daher lässt sich bei der Erforschung von Bildungsprozessen auf Erhebungs- und Auswertungsmethoden zurückgreifen, die wie das narrative Interview und die Narrationsanalyse Anwendung in der Biografieforschung finden.

Das narrative Interview und die Narrationsanalyse werden oftmals im Kontext qualitativer Biografieforschung angewandt. In der qualitativen Bildungsforschung werden diese Formen der Datenerhebung und Datenauswertung zumeist in Forschungsvorhaben eingesetzt, die einem transformatorischen Bildungsverständnis verpflichtet sind. Der hier vorgeschlagene integrative Ansatz unterscheidet sich v.a. durch seine normative Implikation von einem transformatorischen Bildungsverständnis: Bildung als Subjektwerdungsprozess erfordert ein positiv konnotiertes Selbst-/Weltverhältnis seitens des Subjekts. Dieses positiv konnotierte Selbst-/Weltverhältnis kann im Zuge von Bildungsprozessen entwickelt, verstärkt und/oder ausgebaut werden. Ein transformatorisches Bildungsverständnis richtet den Analysefokus darauf, ob sich beispielsweise in Narrationen Indikatoren für die *qualitative Veränderung* eines Selbst-/Weltverhältnisses finden lassen. Wird dem hier vorgeschlagenen integrativen Bildungsverständnis gefolgt, ist dagegen in der Analyse biografischer Narrationen darauf zu achten, *ob sich Indikatoren identifizieren lassen, die auf das Vorhandensein bzw. auf die Entfaltung von explorativer Neugier und Selbstwirksamkeitserwartungen über einen längeren Zeitraum verweisen.*

1.5.6.3 Bildungsdynamiken im Bildungsraum

Bildungsprozesse sind aus methodischer Perspektive retrospektiv zugänglich und lassen sich von Bildungsdynamiken abgrenzen. Das Konzept der Bildungsdynamiken ermöglicht es, Bildung *in actu* bzw. im Vollzug durch Methoden der qualitativen Sozialforschung in den Blick zu nehmen.

Der Begriff Dynamik, das altgriechisch Kraft bedeutet, lässt sich in diesem Kontext als Zusammenspiel von Kräften bzw. von Elementen/Akteuren verstehen, die Interaktionen prägen: Bei der Analyse von Bildungsdynamiken kann das Zusammenspiel von Konstellationen bzw. die Form der Interaktionen zwischen Akteuren analysiert werden. Konstellationen bezeichnet hier das Beziehungsgefüge von Akteuren. Bei der Analyse von Bildungsdynamiken lässt sich der Forschungsfokus durch Fragen schärfen, die die soziale Struktur von Konstellationen thematisieren:

- Wie ist die Beziehung zwischen den Akteuren strukturiert?
- Wie verhalten sich die Akteure zueinander?
- Wie nehmen sie Bezug aufeinander?

Dabei ist darauf zu achten, ob sich in diesen Konstellationen und Interaktionen Indikatoren identifizieren lassen, die auf das Vorhandensein von Bildung verweisen.

Bildungsdynamiken entfalten sich in einem sozialen Gefüge. Dieses soziale Gefüge lässt sich als Bildungsraum konzeptualisieren.

▶ **Definition: Bildungsraum und Bildungsdynamik** Aus kultur- und sozialwissenschaftlicher Perspektive kann unter dem Begriff Raum die analytische
Fassung sozialer Beziehungen als ein relationales Gefüge (Konstellationen) verstanden werden: Die Akteure stehen in bestimmten Beziehungen zueinander – z.B.
in empowerenden, solidarisch-anerkennenden oder konkurrierenden Beziehungen. Die Gesamtheit der Beziehungen in einem Interaktionsgeschehen lässt sich
als Konstellation bezeichnen – die Konstellation eines Klassenraums oder eines
Geschäftsmeetings. Die Konstellation bzw. die Gesamtheit relationaler Gefüge
sozialer Beziehungen in einem Interaktionsgeschehen spannt den Raum auf. Bildungsräume stellen aus dieser Perspektive ein soziales Gefüge dar, in denen sich
Bildungsdynamiken vollziehen, d.h. in denen Akteure derart miteinander interagieren, dass positiv konnotierte Selbst-/Weltverhältnisse konstruiert, verstärkt
oder ausgebaut werden und sich Bildungslernen entfalten kann (vgl. dazu 4.1). Das
Konzept des Bildungsraums ermöglicht es, Bildungsdynamiken im Vollzug zu
beobachten. Bildungsdynamiken meint hier, dass sich durch – in Konstellationen
eingelagerte – Interaktionsprozesse konkret Bildung ereignet. Im Zuge von Interaktionen vollziehen sich der Ausbau, die Verstärkung und/oder die Erweiterung
positiv konnotierter Selbst-/Weltverhältnisse.

In der empirischen Forschung lassen sich Interaktionsprozesse re-konstruieren,
die Bildungsdynamiken auszeichnen und Kausalbedingungen identifizieren, die
das Entstehen eines Bildungsraums fördern können: Welche Konstellationen in
einem Interaktionsgeschehen können Bildungsdynamiken und Bildungslernen
hervorrufen? So ließe sich danach fragen, welche Bedingungen erfüllt sein müssen, damit sich beispielsweise Bildungslernen im Zuge von Gruppenarbeiten entfalten kann? (vgl. 4.1)
Aus methodischer Perspektive eignen sich hier u.a. Datenerhebungsstrategien
aus der Ethnografie, die es ermöglichen, Bildungsgeschehen im Prozess zu beobachten – z.B. Videoaufzeichnungen oder teilnehmende Beobachtungen (vgl. 3.1)

1.5.7 Zusammenfassung

Zusammenfassend lässt sich das hier entwickelte Bildungsverständnis als eine spezifische Form/Modalität des Selbst-/Weltverhältnisses eines Subjekts definieren.
Diese Form des positiv konnotierten Selbst-/Weltverhältnisses wird vom Subjekt

in sozialen Kontexten konstruiert, verstärkt oder ausgebaut. Bei dieser Form des Selbst-/Weltverhältnisses handelt es sich nicht lediglich um kognitive Strategien, sondern um Erlebnisprozesse, die auch präreflexiv wirken können.

▶ Kurz notiert: Bildungstheorie und hermeneutische Strategien qualitativer Sozialforschung I Die Definition von Bildung als ein positiv konnotiertes Selbst-/Weltverhältnis des Subjekts im sozialen Kontext, das nicht nur reflexiv konstruiert, sondern kognitiv-emotional im sozialen Kontext erlebt wird, macht Bildungsforschung an die verstehenden bzw. hermeneutischen Strategien qualitativer Sozialforschung anschlussfähig.

Die Verknüpfung des hier entwickelten erkenntnistheoretisch bzw. bildungstheoretisch fundierten Bildungsverständnisses mit den Strategien qualitativer Sozialforschung bildet die Grundlage einer *integrativen Bildungsforschung*. Integrativ ist dieser Ansatz, da erkenntnistheoretische bzw. bildungstheoretische Reflexionen mit Strategien qualitativer Sozialforschung im Sinne eines interdisziplinären Forschens synergetisch verknüpft werden. Der ‚tertium comparationis' einer solchen Verknüpfung liegt in der hermeneutisch-verstehenden Perspektive auf das Individuum in sozialen Kontexten. Diese hermeneutisch-verstehende Perspektive lässt sich als...

• eine methodologische Grundlage qualitativer Sozialforschung verstehen und
• eröffnet zugleich einen Zugang zu der Erlebnisdimension des in diesem Kapitel entwickelten Bildungsverständnisses.

Literatur

Ainsworth, M. D. S. (2003). Mutter-Kind-Bindungsmuster: Vorausgegangene Ereignisse und ihre Auswirkung auf die Entwicklung. In K. E. Grossmann & K. Grossman (Hrsg.), *Bindung und menschliche Entwicklung. John Bowlby, Mary Ainsworth und die Grundlagen der Bindungstheorie* (S. 317-340). Stuttgart: Klett-Cotta.
Austin, J. L. (1972). *Zur Theorie der Sprechakte*. Stuttgart: Reclam.
Bandura, A. (1977). Self-efficacy: Toward a Unifying Theory of Behavioral Change. *Psychological Review* 84(2), 191-215.
Bischof-Köhler, D. (2000). Empathie, prosoziales Verhalten und Bindungsqualität bei Zweijährigen. *Psychologie in Erziehung und Unterricht* 47(29), S. 142-158.
Bowlby, J. (1969). *Attachment and Loss: Attachment*. New York: Basic Books.
Butler, J. (1997). *Körper von Gewicht. Die diskursiven Grenzen des Geschlechts*. Frankfurt am Main: Suhrkamp.

Butler, J. (2006). *Hass spricht: Zur Politik des Performativen.* Frankfurt am Main: Suhr-kamp.

Csikszentmihalyi, M. (1996). *Flow and the psychology of discovery and invention.* New York: Harper Collins.

Derrida, J. (1988). *Limited Inc. 2 Essays.* Evanston: Northwestern University Press.

Düsing, E. (1986). *Intersubjektivität und Selbstbewusstsein.* Köln: Verlag für Philosophie.

Faulstich, P. (2008). Lernen In P. Faulstich & H Faulstich-Wieland (Hrsg.) *Erziehungswis-senschaft. Ein Grundkurs.* Rowolths Enzyklopädie: Reinbek bei Hamburg.

Fichte, Johann Gottlieb (1971). *Werke Bd1.* Hamburg: de Gruyter.

Frank, M. (2015). *Präreflexives Selbstbewusstsein. Vier Vorlesungen.* Ditzingen: Reclam.

Gibson, E. J. (1998). Exploratory Behavior in the Development of Perceiving, Acting, and the Acquiring of Knowledge. *Annual Review of Psychology* 39(42), 417-430

Gopnik, A. (2009). *Kleine Philosophen. Was wir von unseren Kindern über Liebe, Wahr-heit und den Sinn des Lebens lernen können.* Berlin: Ullstein.

Grossmann, K. E., & Grossmann, K. (2003) (Hrsg.). *Bindung und menschliche Entwick-lung. John Bowlby, Mary Ainsworth und die Grundlagen der Bindungstheorie.* Stuttgart: Klett-Cotta.

Hegel, G. F. W. (1952). *Phänomenologie des Geistes.* Hamburg: Meiner.

Heidegger, M. (1927/2006). *Sein und Zeit.* Tübingen: Niemeyer.

Hillebrandt, F. (2014). *Soziologische Praxistheorien. Eine Einführung.* Wiesbaden: VS Springer.

Hoffman, M. L. (2000). *Empathy and moral development: Implications for caring and Justice.* New York: Cambridge University Press.

Holzkamp, K. (1995). *Lernen. Eine subjektwissenschaftliche Grundlegung.* Frankfurt am Main: Suhrkamp.

Horlacher, R. (2011). *Bildung.* Bern: Haupt.

Humboldt, W. v. (1980). Theorie der Bildung des Menschen. In W. v. Humboldt, *Werke in fünf Bänden, Bd. 1, Schriften zur Anthropologie und Geschichte* (S. 234-240). Stuttgart: Klett-Cotta.

Humboldt, W. v. (2010). *Ideen zu einem Versuch, die Grenzen der Wirksamkeit des Staates zu bestimmen.* Stuttgart: Reclam.

Jerusalem, M. (1990). *Persönliche Ressourcen, Vulnerabilität und Stresserleben.* Göttin-gen: Hogrefe.

Kant, Immanuel (1956). *Kritik der reinen Vernunft.* Hamburg: Meiner.

Kaufmann. J.-C. (1999). *Das verstehende Interview.* Theorie und Praxis. Konstanz: Uvk.

Kergel, D. (2011). *Subjektorientierte Sozialisationstheorie und -Praxis.* Aalborg: Institute for Learning and Philosophy, Aalborg University.

Kergel, D. (2013). *Rebellisch aus erkenntnistheoretischem Prinzip. Möglichkeiten und Grenzen angewandter Erkenntnistheorie.* Frankfurt am Main: Peter Lang.

Kergel, D. (2015). Semiotics of Western Education. In P. Trifonas (Hrsg.), *International Handbook of Semiotics* (S. 1185-1197). Heidelberg: Springer.

Kergel, D., & Heidkamp, B. (2015). *Forschendes Lernen mit digitalen Medien. Ein Lehr-buch. #theorie #praxis #evaluation.* Münster: Waxmann.

Kergel, D. & Hepp, R.-D. (2016). Forschendes Lernen zwischen Postmoderne und Glo-balisierung. In D. Kergel & B. Heidkamp (2016), *Forschendes Lernen 2.0. Partizipati-*

ves Lernen zwischen Globalisierung und medialem Wandel (S. 19-44). Wiesbaden: VS
Springer.

Klemm, K., Rolff, H.-G., & Tillmann, K.-J. (1985). Bildung für das Jahr 2000 Bilanz der
Reform. Zukunft der Schule. Reinbek: Rowohlt.

Krämer-Badoni, T. (1978). Zur Legitimität der bürgerlichen Gesellschaft. Eine Untersuchung des Arbeitsbegriffs in den Theorien von Locke, Smith, Ricardo, Hegel und Marx.
Frankfurt am Main: Campus.

Kuhlmann, C. (2013). Erziehung und Bildung. Einführung in die Geschichte und Aktualität
pädagogischer Theorien. Wiesbaden: VS Springer.

Kuhn, T. S. (1973). Die Struktur wissenschaftlicher Revolutionen. Frankfurt am Main:
Suhrkamp.

Künkler, T. (2008). Lernen im Zwischen. In K. Mitgutsch, E. Sattler, K. Westphal & M.
Breibauer (Hrsg.), Dem Lernen auf der Spur. Die pädagogische Perspektive (S. 20-50).
Stuttgart: Klett-Cotta.

Ludwig, J. (1999). Subjektperspektiven in neueren Lernbegriffen. Zeitschrift für Pädagogik
45(5), S. 667-682.

Ludwig, J. (2004). Bildung und expansives Lernen URL: https://www.uni-potsdam.de/
fileadmin01/projects/erwachsenenbildung/Literatur/Ludwig_2005_Bildung-expansi-
ves-Lernen.pdf. Zuletzt aufgerufen: 16. Februar 2017.

Marotzki, W. (1990). Entwurf einer strukturalen Bildungstheorie. Biographietheoretische
Auslegung von Bildungsprozessen in hochkomplexen Gesellschaften. Weinheim: Deutscher Studien Verlag.

Piaget, J. (1970). Einführung in die genetische Erkenntnistheorie. Frankfurt am Main:
Suhrkamp.

Reckwitz, A. (2008). Subjekt/Identität. Die Produktion und Subversion des Individuums. In
S. Moebius & A. Reckwitz (Hrsg.), Poststrukturalistische Sozialwissenschaften (S. 75-
92). Frankfurt am Main: Suhrkamp.

Reichertz, J. (2016). Qualitative und interpretative Sozialforschung. Eine Einladung. Wies-
badden: VS Springer.

Sagi, A., & Hoffman, M. L. (1976). Empathic distress in the newborn. Developmental Psychology 12, S. 175-176.

Sartre, J.-P. (1998). Das Sein und das Nichts. Versuch einer phänomenologischen Ontologie. Reinbek bei Hamburg: Rowolth.

Schäfer, G. E. (1999). Frühkindliche Bildungsprozesse. Neue Sammlung 39(2), 213-326.

Schmidt, J. A. (2010). Flow in Education. URL: http://www.niu.edu/eteams/pdf_s/CHAL
LENGE_FlowEducation.pdf. Zuletzt zugegriffen: 28. Mai 2017.

Schmidt, J. A., Shernoff, D. J., & Csikszentmihalyi (2010) Individual and Situational Fac-
tors Related to the Experience of Flow in Adolescence. A Multilevel Approach. In M.
Csikszentmihalyi, Applications of Flow in Human Development and Education. The
collected Work of Mihaly Csikszentmihalyi (S. 379-406). Springer: Dordrecht.

Schulze, T. (2007). Modi komplexer und längerfristiger Lernprozesse. Beobachtungen und
Überlegungen zu einer Theorie des Lernens. In H.-C. Koller, W. Marotzki & O. Sanders
(2007). Bildungsprozesse und Fremdheitserfahrungen. Beiträge zu einer Theorie transformatorischer Bildungsprozesse (S. 141-159). Bielefeld: Transcript.

Searle, J. R. (1971). Sprechakte. Ein sprachphilosophischer Essay. Frankfurt am Main:
Suhrkamp.

Seiler, T. B. (1994): Ist Jean Piagets strukturgenetische Erklärung des Denkens eine konstruktivistische Theorie? In G. Rusch & J. Schmidt, J. (Hrsg.), *Piaget und der radikale Konstruktivismus* (S. 43-102). Frankfurt am Main: Suhrkamp.

Simmer, M. L. (1971) Newborn's response to the cry of another infant. *Developmental Psychology* 5, 136-150.

Tödt, K. (2008). *Lernerorientierte Qualitätstestierung für Bildungsveranstaltungen (LQB). Modell und Methode.* Bielefeld: Bertelsmann.

Wehninger, D. (2016). *Das präreflexive Selbst: Subjektivität als minimales Selbstbewusstsein.* Münster: Mentis.

Winkel, S., Petermann, F., & Petermann U. (2006). *Lernpsychologie.* Paderborn: Schöningh.

Wulf, C. (2007). Der Andere in der Liebe. In J. Bilstein & R. Uhle (Hrsg.). Liebe. *Zur Anthropologie einer Grundbedingung pädagogischen Handelns* (S. 35-48). Oberhausen: Athena.

Zahn-Waxler, C. Schiro, K., Robinson, J. A. L., Emde, R. N. & Schmitz, S. (2001). In R. N. Emde & J. K. Hawitt (Hrsg.), *Infancy to early childhood. Genetic and environmental influences on development change* (S. 141-162). Oxford: Oxford University Press.

Zöller, G. (2010). „Manigfaltigkeit und Tätigkeit" Wilhelm von Humboldts kritische Kulturphilosophie. In J. Stolzenberg & L.-T. Ullrichs (Hrsg.). *Bildung als Kunst. Fichte, Schiller Humboldt, Nietzsche* (S. 171-183). Berlin: De Gruyter.

Qualitative Sozialforschung

2

Im Rahmen dieses Kapitels wird eine Auseinandersetzung mit den Merkmalen qualitativer Sozialforschung geleistet. Vor dem Hintergrund dieser Auseinandersetzung lässt sich herausarbeiten, wie das im vorigen Kapitel erarbeitete erkenntnistheoretisch fundierte Bildungsverständnis an methodologischen Überlegungen und Methoden qualitativer Sozialforschung anschlussfähig ist.

2.1 Einführung

Flick, von Kardorff & Steinke (2013) stellen heraus, dass „qualitative Forschung […] ein Oberbegriff für unterschiedliche Forschungsansätze" ist (Flick, von Kardorff & Steinke 2013, S. 18). Die klare Bestimmung, was unter qualitativer Forschung bzw. Sozialforschung zu verstehen ist, erscheint vor dem Hintergrund der Vielfalt und Breite unterschiedlicher Ansätze als Herausforderung.[12] Kruse (2015) spricht von einer „enormen Ausdifferenzierung qualitativer bzw. re-konstruktiver Methoden qualitativer Sozialforschung" (Kruse 2015, S. 21), was eine zusammenfassende Profilbestimmung erschwert. Rosenthal (2014) weist darauf hin, dass eine

---

12 Qualitative Forschung fokussiert wesensgemäß soziale Prozesse, weshalb die Begriffe qualitative Forschung und Sozialforschung synonym gebraucht werden, auch wenn sie auf andere wissenschaftliche Disziplinen jenseits der Sozialforschung angewendet werden sollten: Der hermeneutisch-verstehende Fokus auf soziale Prozesse lässt jede qualitative Forschung zur Erforschung des Sozialen bzw. zur Sozialforschung werden.

„klare Antwort auf die Frage, was man unter qualitativer Sozialforschung versteht
[…] die Vielfalt und Unterschiedlichkeit qualitativer Verfahren verfehlen" würde
(Rosenthal 2014, S. 13). Reichertz (2007) problematisiert die Möglichkeit, „eine[r]
kleine[n] Schnittmenge, die allen qualitativen Methoden gemein ist […] es gibt
Ähnlichkeiten und Überschneidungen, aber auch Widersprüche und Gegensätze"
(Reichertz 2007, S. 197). Ein Vorschlag, einen ‚kleinsten gemeinsamen Nenner'
zu bestimmen, wurde von Flick, von Kardorff und Steinke (2013) formuliert. Sie
definieren ein deutendes und verstehendes Vorgehen als Zugang zu einer durch
Interaktionsgeschehen konstruierten sozialen Wirklichkeit als ein Merkmal, das
qualitative Sozialforschung auszeichnet (vgl. Flick, von Kardorff und Steinke
2013, S. 14). „Qualitative Forschung hat den Anspruch, Lebenswelten ‚von innen
heraus' aus der Sicht der handelnden Menschen zu beschreiben. Damit will sie
zu einem besseren Verständnis sozialer Wirklichkeit(en) beitragen und auf Abläufe, Deutungsmuster und Strukturmerkmale aufmerksam machen" (Flick, von
Kardorff & Steinke 2013, S. 14). Ähnlich wie Flick, von Kardorff und Steinke
argumentiert Bennewitz (2013), wenn sie festhält, dass qualitativ arbeitende Forscher*innen „soziale Kontexte, unterschiedliche Akteursgruppen, biographische
oder episodische Verläufe" (Bennewitz 2013, S. 44) beschreiben und analysieren:
„Sie untersuchen Interaktions-, Sozialisations- und Bildungsprozesse ebenso wie
subjektive Sichtweisen, (latente) Sinnstrukturen oder Handlungs- und Deutungsmuster" (Bennewitz 2013, S. 44). Dabei weist Bennewitz auf eine erkenntnistheoretische Annahme hin, die qualitativer Forschung zugrunde liegt:

> Die vielfältigen Untersuchungsansätze ein – bei aller Verschiedenheit – eine ge-
> meinsame Grundannahme. Das wesentliche Verbindungsstück liegt in der Auffas-
> sung, dass soziale Wirklichkeit nicht einfach ‚positiv' gegeben ist. Soziale Systeme
> bestehen nicht unabhängig von Individuen und deren Sicht- und Handlungsweisen
> als vorgefertigte, an sich existierende Größen. Sie gewinnen ihre Bedeutsamkeit
> erst durch Interpretationsleistungen der Handelnden. Die soziale Welt wird als eine
> durch interaktives Handeln konstituierte Welt verstanden, die für den Einzelnen aber
> auch für Kollektive sinnhaft strukturiert ist. Soziale Wirklichkeit stellt sich somit als
> Ergebnis von sozial sinnhaften Interaktionsprozessen dar (Bennewitz 2013, S. 45).

Wirklichkeit, so lässt sich eine methodologische Prämisse qualitativen Forschens
beschreiben, wird im Zuge der Interaktion von Akteuren hergestellt bzw. performativ re-produziert. Diese Wirklichkeit wird deutend und verstehend re-konstruiert.

Die Welt, in der wir leben und handeln ist nicht statisch, sondern in Bewegung.
Durch unser Handeln verändern wir die Wirklichkeit und wir uns mit ihr. Qualitative Sozialforschung versucht herauszuarbeiten, welche formalen Strukturen unser

Handeln bestimmen und wie Akteure ihre Eingebundenheit in eine Wirklichkeit, die sich ständig verändert, erleben? Wie stellen Akteure in der Auseinandersetzung mit der Welt Selbst-/Weltverhältnisse her?

2.2 Wirklichkeitskonstruktion und interpretatives Paradigma

Ein methodologischer Ausgangspunkt qualitativer Forschung besteht darin, dass Akteure sich zur Wirklichkeit verhalten. Wirklichkeit bezeichnet in diesem Kontext die Welt, wie sie uns erscheint, wie wir sie wahrnehmen. Dabei wird davon ausgegangen, dass es unterschiedliche Zugänge zu der Welt gibt. Wenn beispielsweise fünf verschiedene Menschen vor einem Bild stehen, gibt es fünf verschiedene Perspektiven auf das Bild. Es gibt dabei keine ‚richtige' Perspektive, gegenüber der die anderen Perspektiven ‚falsch' wären. Vielmehr nimmt jeder das Bild aus seiner Perspektive wahr und interpretiert es. Diese Annahme über Realität lässt sich mit folgendem Beispiel veranschaulichen: Ein Bild hängt an der Wand. Auf der linken Seite des Bildes ist ein Baum zu sehen und auf der rechten Seite ein See. Eine Person steht links vor dem Bild und eine andere Person rechts vor dem Bild. Die Person auf der linken Seite könnte zu der Bildinterpretation gelangen, dass bei dem Bild die Darstellung eines Baumes im Zentrum steht. Die Person auf der rechten Seite wiederum könnte zu der Interpretation gelangen, dass das Bild v.a. das Bild eines Sees ist. Durch Kommunikation können beide Personen ihre Interpretation von dem Bild austauschen und so gemeinsam zu einer Bildinterpretation gelangen, die beide Perspektiven zusammenführt. Vielleicht nehmen beide Personen durch ihren Austausch/durch ihre gemeinsame Interpretation noch die Vögel wahr, die anfangs von keiner der beiden Personen wahrgenommen worden sind und sich in der Mitte des Bilds befinden.

Hieraus lässt sich folgern, dass ein Verständnis von Wirklichkeit sozialer Interaktionsprozesse bedarf, um den Blick zu erweitern. Hinzu kommt, dass Akteure nicht auf die soziale Wirklichkeit sehen, sondern in diese eingebunden sind, sie sind Teil des Bildes, das sie wahrnehmen – sie verändern durch ihr Handeln auch dieses Bild. Das Bild wird derart zur Landschaft, in der sich beide Personen bewegen. Wenn sie sich in der Landschaft bewegen oder handeln verändern sie die Landschaft.

Abbildung 1   Veranschaulichung der perspektivbedingten Form der Weltwahrnehmung
(eigene Darstellung).

Abbildung 2   Veranschaulichung der Einbindung von Wissenschaftler*innen in die soziale Realität (eigene Darstellung).

Akteure haben eine Perspektive auf die Wirklichkeit, sie erbringen Interpretationsleistungen, um handeln zu können: z.b. Welche Situation nehme ich wahr? Welche Rolle spiele ich in der sozialen Situation? Wie kann/soll ich mich in dieser Situation verhalten? Durch ihr Handeln verändern Akteure wiederum die Situation, sie verändern die durch Menschen geschaffene Wirklichkeit bzw. die soziale Wirklichkeit. Wilson (1973) spricht daher vom interpretativen Paradigma, das von dem normativen Paradigma abgegrenzt wird.

▶ **Definition: Interpretatives Paradigma** Der Begriff des interpretativen Paradigmas wurde von Wilson (1973) mit Bezug auf Vertreter*innen des symbolischen Interaktionismus und der Ethnomethodologie geprägt (vgl. 2.6.1 & 2.6.2) und bezeichnet die hermeneutische Ausrichtung (vgl. 2.4), die besagt, dass Interaktionen auf Verstehensleistungen beruhen: „[D]er eine Handelnde nimmt das Handeln des anderen wahr als ein bedeutungs- und sinnvolles Handeln, in dem sich eine Absicht oder eine Haltung, in eine Rolle gefasst, ausdrückt. Auf der Grundlage dieser Wahrnehmung davon, auf was der andere aus ist, entwirft der Handelnde dann Richtung und Ablauf seines Handelns" (Wilson 1973, S. 59).

Während das interpretative Paradigma davon ausgeht, dass Wirklichkeit in Interaktionsprozessen ausgehandelt bzw. konstruiert wird, geht das normative Paradigma von objektiven Wirklichkeitsbereichen aus, in die die Akteure eingebunden sind. Qualitative Sozialforschung ist dabei dem interpretativen Paradigma zuzuordnen: „Ziel Qualitativer Forschung ist das Aufdecken von Strukturen des Verhältnisses des Subjektes zu sich und seiner Lebenswelt" (Marotzki 2006, S. 113) bzw. die Rekonstruktion des (sozialen) Sinns von Handlungen.

Zusammenfassung: Wirklichkeitskonstruktion

Soziale Wirklichkeit wird durch das Handeln der Akteure stets aufs Neue hergestellt bzw. konstruiert. Jede Handlung ist von Interpretationsleistungen geprägt: Wie interpretiere ich den sozialen Kontext und die Handlungen meiner Interaktionspartner? Welchen Sinn gebe ich der Welt, dem Handeln der anderen Personen und meinem eigenen Handeln? Aufgrund dieser Interpretationsleistung strukturieren Akteure ihr Handeln und wirken derart auf die Wirklichkeit ein, die sie durch ihre Interpretationsleistungen und ihr Handeln konstruieren.

2.3 Deskriptive und re-konstruktive qualitative Sozialforschung

Im Sinne einer begrifflichen Schärfung lässt sich zwischen einer deskriptiven und einer re-konstruktiven qualitativen Sozialforschung differenzieren. In Anschluss an von Kardorff definiert Kruse (2015) *„qualitative* Forschung" als eine sozialwissenschaftliche Forschung, die „zuerst eher die umfassende und detaillierte, deskriptive Analyse stets sinnhafter sozialer Wirklichkeit darstellt" (Kruse 2015, S. 25, H.i.O.). Davon ausgehend differenziert Kruse zwischen deskriptiver und re-konstruktiver Forschung. Als eine spezifische Ausprägung qualitativer Forschung nimmt re-konstruktive Forschung Wirkzusammenhänge in den Blick: Wie sind soziale Phänomene strukturiert? Das Zusammenwirken welcher Aspekte führt zu welchen Konsequenzen?

▶ **Definition: Deskriptive qualitative Sozialforschung versus re-konstruktive qualitative Sozialforschung** Im Gegensatz zur deskriptiven qualitativen Sozialforschung, die soziale Phänomene beschreibend darstellt (Wie sind die sozialen Phänomene beschaffen?), fragt die re--konstruktive Sozialforschung nach den Faktoren, die Sinnkonstruktionen und Bedeutungszuweisungen hervorrufen (Wie sind die sozialen Phänomene strukturiert?).

Die Zielsetzung re-konstruktiver qualitativer Sozialforschung fasst Kruse (2015) dabei wie folgt:

> Nicht die Wirklichkeit in substanzieller Hinsicht (das ,*WAS'*) steht im Vordergrund des forscherischen Erkenntnisinteresses, sondern ihre praktische bzw. soziale Genese und ihre Funktion (das ,*WIE'* und das ,*WOZU'*), welche die konkrete Existenz einer eigentlichen kontingenten Wirklichkeit überhaupt erst zu klären vermag (Kruse 2015, S. 26, H.i.O.).

Aus der Perspektive qualitativer Bildungsforschung lässt sich die folgende Frage anschließen: Wie wird denn nun Bildung erforscht? – deskriptiv oder re-konstruktiv?

Im Anschluss an die Differenzierung zwischen deskriptiver und re-konstruktiver qualitativer Sozialforschung lässt sich qualitative Bildungsforschung als ein Ansatz verstehen, der integrativ beide Aspekte thematisiert. Qualitative Bildungsforschung setzt methodische Strategien qualitativer Sozialforschung ein, um Bildung zu erforschen. Dabei werden sowohl

- Formen des Bildungserlebens deskriptiv dargestellt – z.b. im Zuge einer beschreibenden Darstellung von Bildungsprozessen (vgl. 3.5.6),
- als auch Faktoren herausgearbeitet, die Bildungsgeschehen ermöglichen – z.b. die Analyse von Faktoren, die einen Bildungsraum konstituieren (vgl. 4.1).

Trotz der Ausdifferenzierung qualitativer Sozialforschung[13] in eine deskriptiv und in eine re-konstruktiv orientierte Ausrichtung lässt sich als ‚gemeinsamer Nenner' die sinndeutende Dimension qualitativer Sozialforschung identifizieren: Wie interpretieren Akteure die Landschaft und ihr Handeln in dieser Landschaft bzw. welche Selbst-/Weltinterpretationen liegen Interaktionen zugrunde?[14] Im Zuge dieser Selbst-/Weltinterpretationen und deren performativen Implikationen bilden sich Selbst-/Weltverhältnisse heraus. Gerade die Thematisierung von Selbst-/Weltverhältnissen stellt für die integrative Bildungsforschung einen zentralen Erkenntnisfokus dar.

Die sinndeutende Ausrichtung qualitativer Sozialforschung lässt sich auf das Verstehen zurückführen, das als methodologische Grundlage qualitativer Sozialforschung verstanden werden kann.

▶ **Definition: Methodologie und Methode** Methodologie (altgriech. ‚Lehre über die Vorgehensweise') stellt eine Reflexion darüber dar, wie geforscht werden soll bzw. warum, welche Methoden eingesetzt werden sollen. Methode wiederum beschreibt ein geregeltes Verfahren für das Forschen. Bei der Methodologie wird die Methode zum Gegenstand des Nachdenkens gemacht. Der Einsatz von Methoden wiederum bezeichnet die Anwendung von Techniken eines Erkenntnisverfahrens im Forschungsprozess.

---

13 Siehe dazu auch eingehender Reichertz (2016), der darauf verweist, dass die re-konstruktive Sozialforschung generell latente Sinnstrukturen beforscht und daher jenseits der Kategorien qualitative Sozialforschung/quantitative Sozialforschung zu verorten ist.

14 Reichertz (2016) schlägt hier eine Ausdifferenzierung zwischen qualitativer und interpretativer Sozialforschung vor: „Qualitative Forschung interessiert sich (so meine Sicht) vor allem für den Sinn der handelnden Individuen, also den subjektiven Sinn, der den handelnden Menschen auch verfügbar und somit auch erzählbar ist. Deshalb wird gerne mit Interviews gearbeitet, deren Inhalte dann in der Analyse verdichtet werden. Die interpretative oder verstehende Sozialforschung ist sowohl an den subjektiven als auch an dem sozialen Sinn von Handeln interessiert, weshalb sie aus beiden Sinnbereichen Daten erhebt (Interviews und Beobachtung bzw. Aufzeichnung) und auch beide Formen von Wissen auswertet, also sowohl das soziale Wissen um Sinn wie das individuelle (= auch subjektive) Wissen" (Reichertz 2016, S. 27).

Das Verstehen als methodologische Grundlage qualitativen Forschens ist an ein Bildungsverständnis anschlussfähig, das Bildung im Sinne einer Subjektwerdung bzw. als die Entfaltung und den Ausbau eines positiv konnotierten Selbst-/Weltverhältnisses des Subjekts definiert. Gerade der hermeneutische Erkenntnisfokus qualitativer Sozialforschung ermöglicht es, diese Entfaltung bzw. diesen Ausbau eines positiv konnotierten Selbst-/Weltverhältnisses aus der Perspektive qualitativer Sozialforschung zu thematisieren. Die Erkenntnisstrategien bzw. das Methodeninventar qualitativer Sozialforschung lassen sich einsetzen, um empirisch die Selbst-/Weltverhältnisse von Subjekten in den Blick zu nehmen. Durch die methodischen Verfahren der qualitativen Sozialforschung kann Bildung ‚verstanden' werden bzw. ‚verstehend' beforscht werden. Um diese These angemessen entfalten zu können, wird im Folgenden auf den Begriff des Verstehens eingegangen, das als eine methodologische Prämisse qualitativen Forschens definiert wird.

2.4   Das Verstehen als methodische Herausforderung

2.4.1 Hermeneutisches Verstehen als Erkenntnisstrategie

Krüger (2013) identifiziert Merkmale, die – trotz aller Heterogenität – qualitative Sozialforschung auszeichnen. Dazu gehört, das methodische Zugänge qualitativer Sozialforschung es ermöglichen, „die ganzheitlichen Eigenschaften (qualia) eines sozialen Feldes möglichst gegenstandsnah zu erfassen" (Krüger 2013, S. 53). Damit geht eine ‚Offenheit des Feldzugangs' einher: Diese Offenheit besteht u.a darin, dass der/die Forscher*in konstitutiv in den Erkenntnisprozess einbezogen ist. Ein weiteres Merkmal ist darin zu sehen, dass Gütekriterien qualitativer Verfahren nicht standardisiert angewendet werden, wie dies bei der quantitativen Forschung der Fall ist.

▶ **Definition: quantitative Forschung**   Quantitativ verfahrende Forschung misst zählbare Einheiten oftmals in größerer Anzahl (‚quantitative' kommt aus dem Lateinischen und bedeutet soviel wie ‚Größe/Menge'). Ein quantitatives Vorgehen reduziert dabei soziale Phänomene oftmals auf Zahlen/Kennwerte, die miteinander vergleichbar sind. Das quantitative Forschungsverständnis zeichnet sich u.a. dadurch aus, dass u.a. Standards...

* der Standardisierbarkeit des Datenmaterials,
* der Erhebungstechniken und
* der Verallgemeinerbarkeit von Befunden (Stichproben und Repräsentativität)

eingefordert werden. Dies führt zu einem höheren Grad der ‚Objektivität' bei der Erfassung sozialwissenschaftlicher Phänomene via ‚objektiver Messinstrumente'. Für die quantitative Forschung gelten die wissenschaftlichen Gütekriterien Objektivität, Validität und Reliabilität. Im Kontext qualitativer Forschung wird diskutiert, wie sich die Gütekriterien mit Bezug auf die qualitative Forschung anwenden bzw. für die qualitative Forschung definieren lassen.

▶ Kurz erklärt: Gütekriterien qualitativer Sozialforschung   Es wird diskutiert, ob die Gütekriterien Objektivität, Validität und Reliabilität, die v.a. im Kontext standardisierter, quantitativer Sozialforschung als wissenschaftliche Gütekriterien Anwendung finden, auch für die qualitative Sozialforschung zu gelten haben. Im Zentrum steht die Frage, ob diese Gütekriterien wirklich auf die Spezifika qualitativer Sozialforschung zu übertragen sind. Alternativ könnten vor dem Hintergrund der hermeneutisch-verstehenden Methodologie qualitativer Sozialforschung Gütekriterien formuliert werden, die sich gezielter auf die Eigenarten qualitativen Forschens beziehen. Diese Gütekriterien würden dabei die Spezifika qualitativen Forschens und deren methodologische Grundlage berücksichtigen. Ein Mittelweg stellt die Überführung der Gütekriterien Objektivität, Validität und Reliabilität in die Kontexte qualitativer Sozialforschung dar. Damit werden diese Gütekriterien zugleich re-definiert bzw. an die Eigenarten qualitativer Sozialforschung angepasst:

- So lässt sich Objektivität im Kontext qualitativer Sozialforschung als intersubjektive Auseinandersetzung mit Interpretationen definieren und fällt damit weitestgehend mit dem Gütekriterium der Validität zusammen.
- Die Validität fragt danach, ob das gemessen wurde, was gemessen werden sollte. In Bezug auf die qualitative Sozialforschung wird dabei die angemessene Interpretation der Daten relevant. Hierfür werden verschiedene Strategien entwickelt. So lassen sich u.a. individuelle Interpretationsergebnisse in Forschungsgruppen diskutieren oder Textstellen werden von verschiedenen Forscher*innen getrennt voneinander durchgesehen. Die Forscher*innen ordnen den Textstellen Kategorien zu. Anschließend werden die zugeordneten Textstellen miteinander verglichen und v.a. Differenzen bei der Zuordnung von Textstellen zu Kategorien diskutiert. Es gibt auch die Strategie, die Interpretationen der Daten mit den befragten Akteuren zu diskutieren.
- Das Gütekriterium der Reliabilität besagt, dass eine Messung personenunabhängig durchgeführt werden muss. Die Ergebnisse einer Messung sind daher unabhängig von der Person, die gemessen hat. Dieses Gütekriterium lässt sich im Kontext qualitativer Sozialforschung nicht realisieren: In der qualitativen

Sozialforschung sind die erhobenen Daten stets an die Forschenden gebunden: Welche Fragen hat er/sie wie gestellt? Welche Wirklichkeitsausschnitte hat er/sie im Zuge einer teilnehmenden Beobachtung fokussiert? Durch die Art der Fragestellung, die Setzung des Beobachtungsfokus hat sich der/die Forschende bereits in die Daten eingeschrieben. Reliabilität ließe sich allerdings derart umdeuten, dass über die Verlässlichkeit des Forschungsprozesses Auskunft gegeben wird: Im Sinne einer Transparenz des Forschens wird die ‚Verlässlichkeit' des Forschungsprozesses aufgezeigt: Es wird dargestellt wie beispielsweise warum welche Daten erhoben wurden und warum wie welche Auswertungsstrategien zum Einsatz gekommen sind.

Neben der...

- Offenheit des Feldzuganges,
- der „Wahrnehmung und Einbeziehung des Forschers und der Kommunikation mit dem Erforschten als konstitutives Element des Erkenntnisprozesses" (Krüger 2013, S. 54) sowie
- der Re-Definition wissenschaftlicher Gütekriterien gemäß den Eigenheiten qualitativer Sozialforschung

benennt Krüger die Orientierung am ‚Verstehen als Erkenntnisprinzip' als ein Merkmal qualitativer Forschung (vgl. Krüger 2013, S. 54). Im Folgenden soll auf das Verstehen als Merkmal qualitativer Sozialforschung eingegangen werden.

Eine wissenschaftstheoretische Fundierung qualitativer Sozialforschung wurde von Dilthey mit der Grundlegung seines Verstehensbegriffs geleistet (vgl. Krüger 2013, S. 59).

▶ **Definition: Erkenntnistheorie und Wissenschaftstheorie** In der Wissenschaftstheorie wird die Frage nach Erkenntnis in Bezug zum Wissen gesetzt, das durch Forschen generiert wird. Hier ermöglichen die Gütekriterien der Wissenschaft (Objektivität, Reliabilität, Validität) die Konstruktion von intersubjektiv nachvollziehbarem, rational-basierten Wissen.

Dilthey entwickelt das erkenntnistheoretische Konzept des Verstehens, das im Sinne einer methodologischen Fundierung – u.a. vermittelt über hermeneutische Forschungsansätze – die qualitative Forschung stark beeinflusste.[15] Um den Begriff

---

15 Schulze (2013) weist darauf hin, dass Ansätze einer sozialwissenschaftlichen Hermeneutik diese Traditionslinie nicht angemessen reflektieren.

des ‚Verstehens' wissenschaftstheoretisch auszudifferenzieren, kontrastiert Dilthey das geisteswissenschaftliche Forschen mit dem naturwissenschaftlichen Forschen. Das naturwissenschaftliche Forschen ist ein Forschen ‚von Außen', bei dem der Mensch als Wissenschaftler auf die Natur blickt. Im Kontrast dazu thematisiert das geisteswissenschaftliche Forschen die kognitiv-emotionale Form der menschlichen Existenz, des ‚Da-Seins'. Diese kognitiv-emotionale Dimension wird nicht wie die Natur ‚von Außen' beobachtet, sondern ‚von Innen' erlebt:

> Die Natur ist uns fremd. Denn sie ist uns nur ein Außen, kein Inneres. Die Gesellschaft ist unsere Welt. Und die Gesellschaft ist kein Außen? Das Spiel der Wechselwirkungen in ihr erleben wir mit, in aller unser ganzem Wesen, da wir in uns selber von innen, in lebendiger Unruhe, die Zustände und Kräfte gewahren, aus denen ihr System sich aufbaut (Dilthey 1962, S. 36f.).

Im Gegensatz zu den Naturwissenschaften, die Phänomene kausal-analytisch ‚erklären', richten sich die Geisteswissenschaften nicht auf das Beobachtbare, sondern nehmen die inneren Erfahrungen, das Erleben des Menschen in den Blick. Diltheys wissenschaftstheoretische Überlegung geht davon aus, dass der Umstand, dass der Mensch sein Leben erlebt, einer angemessenen wissenschaftlichen Aufarbeitung bedarf. Ein geisteswissenschaftliches Forschen ermöglicht es, das menschliche Erleben angemessen zu analysieren. Vor dem Hintergrund eines geisteswissenschaftlichen Wissenschaftsverständnisses lassen sich Erkenntnisstrategien/Methoden entwickeln, durch die das seelische Erleben intersubjektiv erlebbar gemacht wird.

Der wissenschaftstheoretische Ansatz menschliches Erleben intersubjektiv verstehend zu re-konstruieren, lässt sich als methodologische Grundlage qualitativer Sozialforschung verstehen.

> Bei sozialwissenschaftlichen Verstehensbemühungen steht soziales Handeln im Blickfeld – Lebensvollzüge, Interaktionen, Gespräche u. Ä. Es sollen Handlungen von Personen hinsichtlich ihrer Voraussetzungen und Konsequenzen, der dabei relevanten Intentionen, Situations- und Handlungsverständnisse aufgeklärt und nachvollzogen bzw. nachvollziehbar gemacht werden. In diesem Zusammenhang spricht man häufig von einer Rekonstruktion der Bedeutungs- und Sinnwelten, die für Akteure in ihrem Handeln eine Rolle spielen (Breuer 2010, S. 49).

Alltagsphänomene und die Art und Weise, wie diese Alltagsphänomene erlebt werden, stellen einen zentralen Forschungsgegenstand qualitativer, methodischer Zugänge dar. Dabei ist davon auszugehen, dass kognitive Erkenntnisse emotional durchdrungen sind bzw. ‚erlebt' werden. Dilthey entwickelt hermeneutische

Strategien, um ein geisteswissenschaftliches Forschen zu ermöglichen, das den wissenschaftstheoretischen Überlegungen auf methodischer Ebene gerecht wird.

▶ **Definition: Hermeneutik**   Hermeneutik ist als Lehnwort aus dem Altgriechischen abgeleitet, wo es soviel wie ‚erklären‘, ‚auslegen‘, ‚übersetzen‘, ‚verkünden‘ bedeutet. Als Erkenntnisstrategie stellt Hermeneutik eine auf die Antike zurückgehende Methode der Textdeutung dar, die u.a. in theologischen, historischen, philologischen sowie philosophischen Feldern Anwendung fand bzw. findet. Dilthey greift auf die Hermeneutik als Textauslegungsverfahren zurück, um den Umstand, dass der Mensch sein Leben erlebt, wissenschaftlich angemessen aufarbeiten zu können. Dabei grenzt sich Dilthey von einem naturwissenschaftlichen Verfahren ab. Der Mensch kann nicht wie ein kausal-analytischer Vorgang erklärt, sondern muss in seiner emotionalen Beschaffenheit verstanden werden. Den Forschungsgegenstand der Hermeneutik stellen demgemäß Artefakte/Verobjektivierungen menschlichen Handelns dar. Aus hermeneutischer Perspektive haben diese Artefakte eine Bedeutung, da sich in ihnen das menschliche Erleben spiegelt bzw. eingeschrieben hat. Diese Bedeutung gilt es im Zuge hermeneutischer Analyseverfahren ‚verständlich‘ zu machen. Diltheys hermeneutischer Ansatz fußt auf der anthropologischen Prämisse, dass Menschen sich ‚verstehen‘ können. Menschen können nicht nur analytisch-kognitiv erklärend das Handeln der Anderen nachvollziehen, sondern auch empathisch das Erleben der Anderen nachvollziehen bzw. verstehen.

2.4.2 Verstehen als Gütekriterium qualitativer Sozialforschung

Die von Dilthey entwickelten hermeneutischen Strategien liefern auch Ansätze, Gütekriterien qualitativen Forschens zu realisieren. Die Einhaltung von Gütekriterien wie Reliabilität, Validität und Objektivität wird im Zuge qualitativen Forschens oftmals durch eine kritisch-reflexive Auseinandersetzung mit dem Datenmaterial bzw. mit Formen der Bestimmung des Samplings, der Datenerhebungsmethode und der Datenauswertung gesichert. Es werden Begründungen geliefert, warum genau welches Sampling gewählt worden ist, warum welche Form der Datenanalyse Anwendung fand. Im Zuge von Auswertungsprozessen wird in der qualitativen Sozialforschung auf die intersubjektive Interpretation von Daten zurückgegriffen. Qualitative Sozialforscher*innen sind wie die Betrachter*innen des oben beschriebenen Bildes (vgl. Abbildung 1 und Abbildung 2): Sie blicken auf die Daten und versuchen durch die Interpretation der Daten ein Verständnis von der Wirklichkeit zu erhalten. Um einseitige Interpretationen zu verhindern, ist dabei der Abgleich der unterschiedlichen Perspektiven von zentraler Relevanz. So kann durch die Daten im Sinne eines erhobenen Ausschnittes von Wirklichkeit eine multiperspektivische Interpretation geleistet werden. Die intersubjektive, kritisch-reflexive Auseinandersetzung mit der Güte der jeweiligen Prozesse im qualitativen Forschen liegt in der Annahme begründet, dass sich durch diese Form der Erkenntnishaltung Objektivität im Sinne einer rationalen intersubjektiven Deutung von sozialer Wirklichkeit herstellen lässt. Diese Form der intersubjektiven, kritisch-reflexiven Auseinandersetzung wurde von Dilthey im Zuge des hermeneutischen Forschens mit den Begriffen ‚Erleben', ‚Ausdruck' und ‚Verstehen' herausgearbeitet (vgl. Große 2010, S. 78 u. Makkreel 1991, S. 345ff.).

• Menschliches Erleben bildet den Ausgangspunkt hermeneutischer Forschung und konstituiert sich oftmals in Interaktionsprozessen. Als Gegenstand sozialwissenschaftlicher Forschung manifestiert sich menschliches Erleben auch in dem Anfertigen und Rezipieren von Kunstwerken. Bei der Entstehung eines Kunstwerkes schreibt sich das Erleben in das Kunstwerk und dessen formalen Strukturen ein (vgl. Heidegger 1935-36/1986).
• Eine geisteswissenschaftliche Prämisse besteht in der Annahme, dass Menschen ihr Erleben in Artefakte wie Bilder einschreiben und dieses Erleben durch hermeneutische Analysen der Bilder verstanden werden kann. Diese Annahme ermöglicht, hermeneutisches Forschen für verschiedene Wissenschaftsdisziplinen wie beispielsweise auch für die Literaturwissenschaft oder die Kunstwissenschaft nutzbar zu machen.
• Um intersubjektiv zugänglich bzw. verständlich zu sein, muss das menschliche Erleben sprachlich verobjektiviert werden. Durch diesen Schritt wird eine „Einsicht in den Strukturzusammenhang des Seelenlebens" (Dilthey 1962, S. 418) ermöglicht. Um verstanden werden zu können, ist es erforderlich, dass das Erleben sprachlich angemessen formuliert bzw. ‚ausgedrückt' wird. Das dialogische Wechselspiel zwischen Ausdruck und Verstehen stellt dabei einen infiniten bzw. nie abschließbaren Erkenntnisprozess dar. Im Rahmen dieses Erkenntnisprozesses wird eine angemessene Deutung/Interpretation von sozialen Phänomenen und dem Erleben der involvierten Akteure angestrebt.
• Dabei werden einzelne Aussagen stets auf das Gesamtverständnis eines sozialen Phänomens bezogen: „das Verständnis des ganzen Textes beeinflusst die Auslegung seiner Teile und das Verständnis jedes Teils beeinflusst die Deutung des Ganzen" (Rennie 2006, S. 89).
• Es handelt sich hierbei um einen zirkulären und nicht linearen Erkenntnisprozess: Die Deutung des sprachlich verobjektivierten Erlebens und das Formulieren dieses Erlebens können sich beständig abwechseln. Im Zuge einer solchen

Hin- und Herbewegung kann der/die hermeneutisch Forschende zu einem differenzierten Verständnis des Erlebten gelangen. Im Sinne eines wissenschaftlichen Erkenntnisskeptizismus erscheint ein letztgültiges Verstehen allerdings nicht möglich. Es wird davon ausgegangen, dass stets Aspekte des Erlebens im Zuge des Verstehensprozesses nicht thematisiert worden sind – was die oben erwähnte Unabgeschlossen des hermeneutischen Verstehensprozesses wissenschaftstheoretisch begründet. Diese Unabgeschlossenheit des hermeneutischen Erkenntnisprozesses lässt sich als hermeneutischer Zirkel (vgl. Breuer 2010, S. 48) bzw. Spirale beschreiben (Kergel 2016, S. 199). Perspektiven auf ein soziales Phänomen lassen sich stets aufs Neue abgleichen, weitere Bedeutungsschichten/Interpretationen können aufgedeckt und im dialogischen Austausch interpretiert werden. In intersubjektiven Kommunikationsprozessen kann durch das Abgleichen verschiedener Perspektiven auch eine neue Form von Weltwahrnehmung und -deutung generiert werden. So weist Küllertz (2007) darauf hin, dass „Verstehen nicht nur auf Nachvollzug beschränkt [ist] (Realisation des Sinns eines vorgegebenen Symbolismus)" (Küllertz 2007, S. 5, H.i.O.), sondern auch „Neues" zu produzieren vermag und daher einen kreativen Vorgang darstellt (vgl. Küllertz 2007, S. 5).

▶ Kurz notiert: Bildungstheorie und hermeneutische Strategien qualitativer Sozialforschung II   Der hermeneutisch-verstehende Fokus auf die Erlebensdimension der Akteure macht qualitative Sozialforschung an einen Bildungsbegriff anschlussfähig, der eine spezifische Form des Erlebens bzw. ein positiv konnotiertes Selbst-/Weltverhältnis als Merkmal von Bildung definiert. Das Selbst-/Weltverhältnis von Subjekten lässt sich durch Rückgriff auf die Methoden qualitativer Sozialforschung hermeneutisch-verstehend beforschen.

Um ein hermeneutisches Verstehen zu gewährleisten, erscheint Offenheit als eine notwendige Voraussetzung qualitativen Forschens. Offenheit ermöglicht es, die zu verstehenden Äußerungen nicht vorschnell zu kategorisieren. Würden diese Äußerungen vorschnell kategorisiert werden, würde dies der dialogischen Struktur des hermeneutischen Verstehensprozesses nicht entsprechen (vgl. dazu auch die Ansätze theoretischer Sensibilität [3.2.3] und das Modell des iterativen Forschungsprozess der Grounded Theory [3.2.5]). Der/die Forscher*in muss gegenüber Deutungsmöglichkeiten von Äußerungen aufgeschlossen sein, um derart zu einem angemessenen Verstehen zu gelangen. Im Sinne der Bildmetapher (vgl. Abbildung 1 und Abbildung 2) ließe sich diese Form der Erkenntnisoffenheit wie folgt fassen: Der Blick auf das Bild muss weit und aufgeschlossen sein. Dieser Punkt der Erkenntnisoffenheit als ein Merkmal qualitativer Sozialforschung wird im Folgenden eingehender dargestellt.

2.5   Erkenntnisoffenheit als Merkmal qualitativer Sozialforschung

Die Sichtweise bzw. das Erleben von sozialer Wirklichkeit stellt einen zentralen Erkenntnisgegenstand qualitativer Sozialforschung dar. „Bezogen auf den Forschungsprozess ist also festzuhalten, dass die Kategorie der Sinnhaftigkeit für das Verständnis von sozialem Handeln wesentlich wird" (Bennewitz 2013, S. 45). So wird im Zuge qualitativer Sozialforschung thematisiert,

- wie Individuen ihr eigenes Handeln im sozialen Kontext erleben,
- wie sie ihrem Handeln Sinn geben bzw. ob und ggf. warum sie ihr Handeln als richtig und wichtig betrachten und
- wie sie in sozialen Interaktionen Wirklichkeit interpretieren und konstruieren.

Die von Krüger konstatierte Offenheit des Feldzugangs als ein Merkmal qualitativen Forschens erscheint in diesem Kontext als relevante Forschungsstrategie, um den Forschungsblick auch für Unerwartetes offen zu halten: Im Gegensatz zu dem von Hypothesen geleiteten Vorgehen quantitativ ausgerichteter Sozialforschung, das wissenschaftstheoretisch mit dem kritischen Rationalismus begründet wird, zeichnet sich ein qualitatives Forschen durch eine Erkenntnishaltung aus, bei der ‚verstehende Hypothesen' und ‚verstehende Theorien' in Bezug auf die soziale Wirklichkeit entwickelt werden: „Die Offenheit der Forschungsperspektive ist für die qualitative Forschung ein zentrales Bestimmungselement" (Bennewitz 2013, S. 47).

▶ Kurz erklärt: kritischer Rationalismus   Der kritische Rationalismus lässt sich als eine Weiterentwicklung des naiven Realismus verstehen. Vertreter*innen des naiven Realismus gehen davon aus, dass die Welt so ist, wie der Mensch sie wahrnimmt. Wenn wir beispielsweise ein grünes Blatt sehen, dann ist dieses Blatt grün. Von anderen Farbdimensionen, die der Mensch mit bloßem Auge nicht wahrnehmen kann, wird nicht ausgegangen. Der kritische Realismus geht wie der naive Realismus davon aus, dass eine reale Welt unabhängig vom Menschen existiert und die Strukturen dieser Welt auch vom Menschen erkannt werden können. Allerdings ist die ‚wahre' Beschaffenheit von Welt nicht unmittelbar erkennbar, da sie nicht automatisch der sinnlichen Wahrnehmung entspricht. So gibt es Farbenspektren, die wir nicht mit bloßem Auge wahrnehmen können, die sich aber über technische Hilfsmittel erkennen lassen. Die Bezeichnung Rationalismus benennt die Annahme, dass wir durch ein logisches Denken die Welt erschließen können. Über lo-

gische Argumentationen werden Hypothesen über die Beschaffenheit von
Welt entwickelt. Diese Hypothesen werden durch empirische Forschung
überprüft. Forschungsansätze, die dem kritischen Rationalismus verpflichtet sind, sind oftmals durch ein standardisiertes/quantitatives Vorgehen gekennzeichnet.

Erst die Erkenntnisoffenheit ermöglicht einen unvoreingenommenen Zugang zu
den Verstehensprozessen von Akteuren, ohne diese Prozesse durch die Brille eigener Vorannahmen zu betrachten. Im Zuge der Entwicklung von Forschungsmethoden besitzt der Aspekt der Offenheit von Erkenntnis eine hervorgehobene Bedeutung: Im Kontext der Grounded Theory ist mit dem Ansatz der theoretischen
Sensibilität ein forschungsstrategischer Umgang mit einer derartigen Offenheit im
Forschen entwickelt worden (vgl. 3.2.3). Aber auch das ‚Gedankenexperiment' im
Kontext der Auswertungsverfahren der objektiven Hermeneutik (vgl. 3.4.7) oder
das Modell des ‚Bildens von Gegenhorizonten' in der dokumentarischen Methode (vgl. 3.6.4.2) lassen sich als forschungsmethodische Strategien interpretieren,
eine solche verstehende Erkenntnisoffenheit zu realisieren. Durch derartige Forschungsstrategien wird eine Offenheit im Forschungsprozess ermöglicht, die der
„Logik des Entdeckens" (Rosenthal 2014, S. 13) qualitativer Forschung gerecht
wird (zur Gegenüberstellung qualitativer und quantitativer Verfahren vgl. Seipel &
Ricker 2003; zur Strategie der Methodentriangulation vgl. Flick 2011).

2.6 Wirklichkeitskonstruktion im Handeln –
Symbolischer Interaktionismus & Ethnomethodologie

Das Verstehen als wissenschaftstheoretische Grundlage entfaltet sich im Zuge der
Ausbildung des ‚interpretativen Paradigmas' in verschiedenen Ausprägungen. Der
Alltag erfordert Verstehen: Akteure müssen die Situationen und das Handeln der
anderen Akteure beständig einer Deutung unterziehen. Die Situationen sowie die
Handlungen der anderen Akteure sind zu interpretieren, um auf Grundlage dieser Interpretationen (re-)agieren zu können. Diese Interpretationsleistungen lassen
sich wiederum mit einem hermeneutisch-verstehenden Ansatz aufarbeiten. Eine
verstehende Erkenntnisperspektive als ‚gemeinsamer Nenner' qualitativer Sozialforschung führt zu einer Vielfalt verstehensbasierter Ansätze und Auswertungsmethoden. So entwickeln der symbolische Interaktionismus und die Ethnomethodologie verschiedene methodische Zugänge zur sozialen Wirklichkeit. Dass mit dem
symbolischen Interaktionismus und der Ethnomethodologie zwei Ansätze aus den
USA entscheidenden Einfluss auf die qualitative Sozialforschung im deutschspra-

chigen Raum entfalten konnten, liegt historisch auch in der nationalsozialistischen Machtübernahme begründet. Im Zuge des NS-Regimes verließen viele Wissenschaftler*innen Deutschland/Europa und entwickelten v.a. in den USA ihre Forschung weiter. Als ein Beispiel ließe sich Kurt Lewin nennen, der in Deutschland die Gestaltpsychologie mitbegründete und später in den USA als einer der Begründer der experimentellen Sozialpsychologie angesehen wurde. Vor allem über Gastaufenthalte wurden Ideen aus dem nordamerikanischen Diskursraum in die deutschsprachige Auseinandersetzung zur qualitativen Sozialforschung importiert:

> Eine Vielzahl der in den 1970er Jahren beginnenden Gastaufenthalte deutschsprachiger ForscherInnen in Kalifornien (u.a. Jörg BERGMANN, Ralf BOHNSACK, Uta GERHARDT, Gerhard RIEMANN, Fritz SACK, Fritz SCHÜTZE, Hans-Georg SOEFFNER, später z.b. Thomas EBERLE und Hubert KNOBLAUCH) bei dortigen Vertretern des symbolischen Interaktionismus (wie Herbert BLUMER), der damit eng verbundenen Grounded-Theory-Methodologie (wie Anselm STRAUSS) und der intellektuell benachbarten Ethnomethodologie (Aaron CICOUREL, Harold GARFINKEL) beförderten diese Rezeption [die der nordamerikanischen Ansätze qualitativer Forschung] (Keller & Poferl 2016, para. 48).

In den sechziger und siebziger Jahren des letzten Jahrhunderts hat sich vermehrt eine Auseinandersetzung mit qualitativer Forschung durch einen „Re-Impor[t] von qualitativen Methodologien und Verfahren aus dem nordamerikanischen Raum" (Mruck 2000, para. 11; dazu eingehender vgl. Lüders & Reichertz 1986) in Deutschland herausgebildet. Die Methodenentwicklung qualitativer Sozialforschung in Deutschland ist daher auch von nordamerikanischen Ansätzen geprägt, so dass ein Blick auf diese Ansätze lohnt.

Im Folgenden wird auf den symbolischen Interaktionismus sowie auf die Ethnomethodologie eingegangen, die als Re-Importe die Entwicklung qualitativer Methoden im deutschsprachigen Raum beeinflusst haben. Zwar haben auch andere Ansätze einen Einfluss entfaltet, aber durch den Bezug auf den symbolischen Interaktionismus sowie die Ethnomethodologie wird es möglich, die methodologischen Überlegungen qualitativer Sozialforschung exemplarisch zu veranschaulichen. Beide Ansätze bieten eine methodologische Grundorientierung für die Auseinandersetzung mit qualitativen Methoden: Symbolischer Interaktionismus und Ethnomethodologie sind dabei Teil des ‚konstruktivistischen Konsens' (vgl. Diaz-Bone 2006, S. 55) in den Sozialwissenschaften, der darin besteht, Wirklichkeit als Effekt sozialer Interpretationsleistungen und Aushandlungsprozesse zu verstehen. Zugleich stellen ihre forschungsmethodischen Ausrichtungen unterschiedliche Eckpunkte qualitativer Sozialforschung dar, wodurch sich die Spannweite qualitativer Sozialforschung aufzeigen lässt.

2.6.1   Der symbolische Interaktionismus

Der symbolische Interaktionismus basiert auf der These des handelnden Menschen, der im Zuge seines Handelns sich zur Wirklichkeit verhält und auf diese Wirklichkeit einwirkt. Dabei wird ein Akzent auf die kommunikative Dimension von Wirklichkeitskonstruktion gelegt. Als soziales Wesen handelt der Mensch in sozialen Kontexten. Das Handeln ist zumeist eine Form der Interaktion bzw. das wechselseitig aufeinander Beziehen und aufeinander Einwirken von Akteuren. Interaktionen setzen voraus, dass Menschen soziale Wesen sind. Sozialität wird über Kommunikation hergestellt. Kommunikation bzw. Interaktion wird dadurch möglich, dass ,Allgemeinbegriffe' existieren – also Begriffe, unter denen unterschiedliche Akteure das Gleiche verstehen. Diese Allgemeinbegriffe ermöglichen es auch, dass Akteure einer Handlung die gleiche Bedeutung verleihen bzw. eine Handlung gleich interpretieren: Wenn beispielsweise das Verschenken einer roten Rose als Geste der Liebe interpretiert wird, dann deshalb, weil die Akteure aus dem gleichen Kulturkreis über die Bedeutung der Rose Bescheid wissen: Die rote Rose ist nicht nur eine rote Rose, sondern sie ,be-deutet' etwas bzw. sie deutet auf etwas hin. Die rote Rose ist ein Symbol. Das Wort Symbol kommt ursprünglich aus dem Altgriechischen und lässt sich mit ,Erkennungszeichen' übersetzen. Symbol kann in dem Kontext des symbolischen Interaktionismus als Bedeutungsträger verstanden werden. In diesem Fall symbolisiert die rote Rose die Liebe bzw. die amouröse Zuneigung des/der Schenkenden. Die Be-Deutung von Symbolen wird gesellschaftlich festgelegt und im Handeln bestätigt. So ist die Be-Deutung der Rose ebenso sozial festgelegt, wie zum Beispiel die Be-Deutung der Lilie, die oftmals Trauer symbolisiert. In Interaktionsformen wird diese Bedeutung von Symbolen genutzt, um miteinander kommunizieren zu können. Zugleich wird aber auch die Be-Deutung von Symbolen durch die Kommunikation performativ wieder hergestellt. Würde auf einmal niemand mehr eine rote Rose schenken, um seine amouröse Zuneigung zu be-deuten, würde die rote Rose ihre Symbolkraft verlieren. Ein Erkenntnisinteresse des symbolischen Interaktionismus besteht darin, herauszuarbeiten, wie Akteure im Zuge ,symbolischer Interaktionen' Wirklichkeit herstellen. Zentrale qualitative Forschungsansätze wie die Grounded Theory sind von den Überlegungen des symbolischen Interaktionismus zur Wirklichkeitskonstruktion in Interaktionsprozessen geprägt.

> **Zusammenfassung: Symbolischer Interaktionismus**
>
> Vertreter*innen des symbolischen Interaktionismus gehen davon aus, dass soziale Wirklichkeit in Interaktionen konstruiert wird. Eine vorgelagerte Wirk-

lichkeit wird nicht angenommen. Wirklichkeit bildet sich in Handlungsvollzügen aus. Interaktionen vollziehen sich nicht in einem luftleeren Raum, sondern sind in gesellschaftliche Konventionen eingelagert: Symbolische Interaktionsformen prägen das Handeln. Im analytischen Fokus des symbolischen Interaktionismus steht u.a. die Frage, wie im Zuge von Interaktionen soziale Phänomene konstituiert werden. „Sinnkonstitution" lässt sich aus dieser Perspektive als eine „intersubjektiv[e] Herstellung von Bedeutung über Ausdrucks- und Verstehensformen" (Küllertz 2007, S. 1) definieren:

- Wie wird in den Handlungsvollzügen von den Akteuren Wirklichkeit be-deutet, gedeutet bzw. verstanden?
- Wie werden Situationen von den Akteuren jeweils definiert und mit welchen Handlungsstrategien wird auf die Situation reagiert und die Situation dadurch verändert?

Hier schließt der symbolische Interaktionismus an die Philosophie des Pragmatismus an, der wiederum selbst von Positionen Diltheys beeinflusst worden ist. Der Pragmatismus formuliert eine erkenntnistheoretische Fundierung, die die handlungstheoretische Perspektive qualitativer Sozialforschung ausmacht.

▶ Kurz notiert: Handlungstheoretische Perspektive qualitativer Sozialforschung Die handlungstheoretische Perspektive qualitativer Sozialforschung besteht darin, dass soziale Wirklichkeit durch Handeln konstruiert wird: Die Akteure nehmen Wirklichkeit wahr, interpretieren diese, handeln und verändern derart die soziale Wirklichkeit bzw. die sozialen Konstellationen, in denen sie eingebettet sind und aus denen heraus sie handeln.

Der Philosoph George Herbert Mead übte einen starken Einfluss bei der Entstehung des symbolischen Interaktionismus aus. Mead studierte u.a. in Deutschland, plante seine Dissertation bei Dilthey und unterrichtete als Hauslehrer die Kinder des ‚pragmatischen' Philosophen William James. James verwandte den Begriff des Pragmatismus 1898 im Zuge einer Vorlesung als Bezeichnung für eine philosophische Grundhaltung, als deren Gründer James wiederum Charles Sanders Peirce ausmachte.

▶ Kurz notiert: Pragmatismus Als Philosophierichtung geht der Pragmatismus vom handelnden Menschen aus. Der Begriff entstammt dem lateinischen Wort ‚pragma', was sich mit Handlung/Sache übersetzen lässt. Gemäß dem Pragmatismus' konstituieren sich Wahrheiten, Urteile und Werte im

Zuge menschlichen Handelns: Weltdeutung und Handeln in der Welt lassen sich nicht voneinander trennen.

In jedem Wissen über die Welt ist die Perspektive der Individuen eingebunden bzw. das Wissen über die Welt ist jeweils von der Perspektive des Akteurs abhängig. Die handlungstheoretischen Aspekte des Pragmatismus zeigen sich darin, dass davon ausgegangen wird, dass Erkenntnisse *im* Handeln und *durch* Handeln konstruiert werden. Das Nachdenken über die Welt ist stets in Handlungsbezüge eingebunden. Ausgangspunkt ist die anthropologische These, dass der Mensch sich in seinem Handeln entfaltet (vgl. Mead 1934/1973). Vorstellungen über die Welt hängen von dem Handeln ab. Die Art und Weise, wie wir die Welt beschreiben und in Begriffe fassen, ergibt sich aus der Erfahrung, die wir als handelnde Menschen machen. Zugleich sollen die Begriffe und Vorstellungen, die wir von der Welt haben, uns dabei helfen, uns (handelnd) mit der Welt auseinanderzusetzen – Begriffe sollen folglich ‚nützlich' sein. Der ‚pragmatische Nutzen', also der Nutzen der Begriffe für das Handeln des Menschen, steht im Vordergrund pragmatischer Philosophie. Gerade der Fokus auf den Menschen als handelndes Wesen, das sich *durch* und *in* seinem Handeln entfaltet, lässt Parallelen zu einem Bildungsverständnis erkennen, das Bildung als eine spezifische Form der Subjektwerdung versteht. Diese Subjektwerdung vollzieht sich in einer aktiven bzw. handelnden Auseinandersetzung mit der Welt.

2.6.2 Die Ethnomethodologie

Die Ethnomethodologie geht wie der symbolische Interaktionismus von der Konstruktion sozialer Wirklichkeit im Zuge von Interaktionsprozessen aus. Dabei wird ein Akzent auf die formalen Strukturen von Interaktionen gelegt. Diese formalen Strukturen entfalten sich in Interaktionsprozessen nacheinander bzw. sequenziell: Auf eine Aktion folgt eine Reaktion, auf die wiederum eine Reaktion folgt. Ein Akteur stellt eine Frage, auf die geantwortet wird, der Akteur, der die Frage gestellt hat, bedankt sich, der Akteur, der die Frage beantwortet hat, verabschiedet sich. Diese Interaktion hat sich im zeitlichen Verlauf im Sinne eines Aktions-Reaktionsgefüge vollzogen. Um diese Struktur von Interaktionen zu analysieren, wird ein sequenzanalytisches Vorgehen favorisiert, das das ethnomethodologische Forschen prägt. Im Gegensatz zu Ansätzen wie dem symbolischen Interaktionismus steht folglich weniger die subjektive Situationswahrnehmung bzw. Situationsdeutung im Erkenntnisinteresse. Vielmehr richtet die Ethnomethodologie ihren Fokus auf die sequenzielle Struktur des Beobachtbaren.

Der ethnomethodologische Ansatz wurde federführend von Harold Garfinkel entwickelt und ist „aus der Kritik an sozialwissenschaftlichen Theorien mit einem ungebrochen normativen und objektivistischen Wirklichkeitsverständnis" (Bergman 2013, S. 527) entstanden. Akteure, die einander fremd sind (‚Ethno-‘, Mitglieder einer Gruppe), können durch die Kenntnis formaler Strukturen von Handlungen (‚Methodo‘) miteinander interagieren. Diese Interaktionsprozesse sind dabei nicht determiniert, vielmehr agieren die Akteure auf Grundlage der Kenntnisse formaler Strukturen aktiv und kreativ miteinander. Die Analyse der formalen Strukturen anhand derer Akteure in ihrem Interaktionsprozess soziale Wirklichkeit konstruieren, bildet einen Erkenntnisfokus ethnomethodologischen Forschens: „[F]ür die Ethnomethodologie ‚verwirk-licht‘ sich gesellschaftliche Wirklichkeit erst im alltäglich-praktischen Handeln, soziale Ordnung ist für sie ein fortwährendes Ereignis von Sinnzuschreibungen und Interpretationsleistungen" (Bergmann 2013, S. 527). Der Ablauf von Interaktionsprozessen wird also in seiner zeitlichen Entfaltung, in seinem Vollzug thematisiert.

• Welche Handlung, welche Aktionen und Reaktionen strukturieren Interaktionsprozesse?

Es wird bei diesem Analysefokus davon ausgegangen, dass das beobachtbare Handeln Auskunft darüber gibt,

• wie die Akteure eine Situation wahrnehmen,
• durch welche Handlungsschritte sie auf eine Situation reagieren und
• wie die Akteure derart soziale Ordnung herstellen (so, dass kein interaktives Chaos herrscht).

In der Analyse von Handlungsvollzügen wird weniger eine empathisch einfühlende, als eine verstehende Außenperspektive eingenommen: Bei der Analyse von Handlungsvollzügen wird vorausgesetzt, dass miteinander interagierende Akteure sich gegenseitig ein rationales Handeln unterstellen und sich als Interaktionspartner*innen ernst nehmen. Diese Form einer rationalitätsbasierten Intersubjektivität geht davon aus, dass

• die Akteure sich verstehen können und dazu
• die ‚Methoden‘, bzw. die formalen Strukturen von Handlungsvollzügen kennen
• und diese auch einsetzen.

So wissen wir quasi ‚automatisch' im Sinne eines Routinehandelns, wie wir in Begrüßungssituationen reagieren, auch wenn der Akteur, mit dem wir interagieren,
uns fremd ist. Und obwohl uns der andere Akteur fremd ist, können wir durch
ein routiniertes Begrüßungshandeln eine Interaktionsbasis etablieren, da wir als
Mitglieder einer Gruppe über das gesellschaftlich anerkannte Routinehandeln
Bescheid wissen. Durch ein Händeschütteln, das Nennen der Namen etc. wird
eine soziale Ordnung hergestellt. Allgemeine Regeln werden in konkreten Inter-
aktionssituationen realisiert und stellen derart performativ soziale Ordnung her.
Grundlegend ist dabei die Annahme, dass die Akteure die gleichen ‚Methoden'
kennen, um Interaktionen zu realisieren und derart soziale Ordnung herzustellen.[16]
Die Akteure unterliegen dabei nicht einem übergeordneten Regelsystem, welches
ihr Handeln determiniert. Vielmehr nehmen die Akteure die Wirklichkeit wahr,
interpretieren diese auf Grundlage des Regelsystems in das sie sozialisiert worden
sind und handeln gemäß dieser Interpretation. Dabei fallen der Akt der Interpretation und der Akt des Handelns zusammen: Unsere Reaktion auf eine Aktion –
z.B. das Ergreifen und Schütteln einer ausgestreckten Hand – ist nicht die Folge
einer Interpretation der Aktion, sondern stellt die Interpretation der Situation gleichermaßen dar. Die Reaktionen zeigen auf, wie eine Situation interpretiert wird.
Interpretationen sind dabei kontextgebunden. Diese Kontextgebundenheit wird
mit dem Begriff der Indexikalität analytisch herausgearbeitet: Das Verständnis
von Handlungen/Äußerungen ergibt sich jeweils aus dem situativen Kontext (Indexikalität). Ein Index ist ein Zeichen, das einen direkten räumlichen/zeitlichen
Bezug zu dem Referenten hat, auf den es verweist: Beispielsweise erscheint die
jeweilige Be-deutung des Adverbs ‚hier' in Gesprächssituationen oftmals nur aus
der Situation heraus verständlich. So ist in der Äußerung ‚Morgen treffen wir uns
hier um 12:00' die Be-Deutung von ‚morgen' von dem Zeitpunkt und die Be-Deutung von ‚hier' von dem Ort abhängig, von dem der Akteur auf ‚morgen' bzw.
‚hier' verweist. Es handelt sich folglich um einen indexikalischen Ausdruck, dessen Be-Deutung sich durch einen zeitlichen und/oder räumlichen Bezug zu dem
Referenten ergibt. Diese indexikalen Ausdrücke erhalten ihre Be-Deutung aus der
jeweiligen Situation heraus, sind kontextabhängig und zum Teil auch deutungsof-
fen: So kann das ‚hier' sich auf einen Büroraum beziehen, in dem sich die Akteure
befinden oder auf ein ganzes Gebäude, in dem sich die Akteure gerade aufhalten. Die Kontextgebundenheit von Be-Deutung zeigte Garfinkel durch sogenannte Krisenexperimente auf, die er mit seinen Studierenden durchführte. In diesen

---

16   Hier knüpft Garfinkel mit der „dokumentarischen Methode der Interpretation" an
     Mannheims Verständnis gemeinsamer Erfahrungen an, auf die auch Bohnsack bei der
     Entwicklung der dokumentarischen Methode zurückgreift.

Krisenexperimenten manipulierte Garfinkel zusammen mit seinen Studierenden routinisierte Handlungsabläufe – z.B. indem der Abstand zum interagierenden Gegenüber ‚unangemessen' verkürzt wurde. In der anschließenden Analyse sind dann die damit einhergehenden Irritationen beim Gegenüber thematisiert worden (vgl. Garfinkel 1967, S. 35ff.). Die Krisenexperimente basieren darauf, dass die Ordnung des Handelns gestört bzw. die formalen Kriterien verletzt werden – dadurch wird aber erst deutlich, wie wir in unserem Alltagshandeln meist unbewusst formale Kriterien nutzen, um zu handeln. Diese formalen Kriterien helfen uns auch, in der konkreten Interaktionssituation die Be-Deutung von indexikalen Verweisen zu verstehen.

In Anschluss an Garfinkel wurde u.a. von Sacks und Schegloff (Sacks 1992; Sacks, Schegloff & Jefferson 1974) die Konversationsanalyse entwickelt. Im Rahmen der Konversationsanalyse lassen sich Gespräche entsprechend der Überlegungen zum sequenziellen Verlauf von Interkationen analysieren: Da Gespräche in ihrer Interaktionsstruktur zeitlich organisiert sind bzw. in Form von ‚Aktion' und ‚Reaktion' linear ablaufen, können die formalen Strukturen von Interaktionen im Sinne der Ethnomethodologie durch ein sequenzanalytisches Vorgehen re-konstruiert werden – eine Überlegung, die sich auch in dem sequenzanalytischen Vorgehen der objektiven Hermeneutik wiederfinden lässt (vgl. dazu auch Bergmann 2013, S. 536f.; zur Sequenzanalyse in der objektiven Hermeneutik vgl. 3.4.6). In Konversationsanalysen können dabei folgende heuristische Fragestrategien den Erkenntnisfokus schärfen:

- Wie wird im Vollzug von Interaktionen soziale Realität konstruiert, welche ‚Methoden' bzw. Schemata setzen die Akteure in dem sequenziellen Kontext ein?[17]
- Welche Kommunikationsmethoden erlauben in welchen situativen Kontexten Orientierungen?
- Wie werden beispielsweise strukturell Bitten, Einladungen, Beschwerden und Komplimente etc. sequenziell in Interaktionskontexten realisiert?

Ethnomethodologie wie symbolischer Interaktionismus zeigen auf, wie eine sozialwissenschaftliche Erforschung von Verstehensprozessen durch die Analyse von Interaktionsprozessen geleistet werden kann. Verstehensprozesse sind sozial kontextualisiert. In Interaktionsprozessen wird die Be-Deutung von Äußerungen

---

17 Um dabei die paraverbale Dimension von indexikalen Ausdrücken angemessen der Analyse zugänglich zu machen, ist es bei der Transkription wichtig, die Äußerungen in ihrem Stimmverlauf, Stockungen, Versprechern etc. festzuhalten.

verstanden bzw. interpretiert und darauf reagiert. Dieser Logik entsprechend entfaltet sich Verstehen im Zuge von Interaktionsprozessen linear, ein Aspekt der mit
der Konversationsanalyse forschungsmethodisch aufgearbeitet wird. Die pragmatische Grundorientierung dieser Ansätze rückt sie in die Nähe eines Bildungsverständnisses, das Bildung v.a. als die Entfaltung eines positiv konnotierten Selbst-/
Weltverhältnisses des Subjekts definiert. Diese Entfaltung vollzieht sich im sozialen Kontext und nimmt dementsprechend die Art und Weise von Interaktionsprozessen in den Blick. Ein solche Forschungsperspektive lässt sich wie folgt fassen:
Durch welche Form der Interaktionsprozesse wird Bildung ermöglicht (vgl. 4.1 &
4.2) bzw. werden Subjektivierungsdynamiken initiiert (vgl. 3.8)?

Die methodologischen Überlegungen zur qualitativen Sozialforschung und
hier insbesondere die hermeneutisch-verstehende Grundausrichtung qualitativer
Sozialforschung weisen eine zentrale Schnittfläche mit bildungstheoretischen
Ansätzen auf, da jeweils das Erleben im sozialen Kontext thematisiert wird. Die
methodologischen Positionen qualitativer Sozialforschung prägen neben Datenauswertungsstrategien (vgl. Kapitel 3) auch die Datenauswahl bzw. das Sampling
(siehe exemplarisch den iterativen Forschungsprozess der Grounded Theory vgl.
3.2.5). Daher wird im Folgenden ein kurzer Überblick über die Samplinglogik der
qualitativen Sozialforschung gegeben.

2.7   Samplingstrategien in der qualitativen Sozial-
forschung

Die Frage des Samples bzw. der Fallauswahl oder Stichprobe stellt eine zentrale Entscheidung für jeden Forschungsprozess dar. Die Qualität empirischer
Forschung hängt auch davon ab, ob ein passendes Sampling gewählt worden
ist – also ein Sampling, das der Fragestellung/dem Erkenntnisinteresse des Forschungsprojektes gerecht wird. In quantitativen Auswahlverfahren steht die Frage nach der statistischen Repräsentativität im Mittelpunkt. Wie lässt sich anhand
der Stichprobe eine Grundgesamtheit abbilden? Ausgangspunkt ist der Umstand,
dass eine Vollerhebung oftmals nicht realisierbar ist. Für die Stichprobenziehung
wurden in der quantitativen Forschung eine Reihe von Verfahren entwickelt. Als
Beispiel lässt sich das Zufallsverfahren oder die Quotenauswahl nennen. Bei dem
Zufallsverfahren hat jedes Element der Grundgesamtheit die gleiche Chance oder
eine bekannte Chance in die Auswahl zu gelangen. Bei der Quotenauswahl werden beispielsweise aufgrund der bekannten Kenntnis über die Zusammensetzung
der Grundgesamtheit Quoten für die Datenerhebung vorgegeben (z.B. Anzahl der
zu befragenden Frauen und Männer). Ziel ist es, dass die Daten standardisiert

und damit vergleichbar gemacht werden, so dass Häufigkeiten und statistische Zusammenhänge untersucht werden können.

Qualitative Forschung fokussiert dagegen auf die Re-Konstruktionen subjektiver Sichtweisen (z.b. in der Narrationsanalyse, vgl. 3.5) oder auf einzelfallorientierte Analysen kollektiver Orientierungsmuster (z.b. in der objektiven Hermeneutik, vgl. 3.4) – wobei die Einzelfälle oftmals komparativ miteinander kontrastiert werden (vgl. Kruse 2015, S. 240). Vor dem Hintergrund dieser Ausrichtung besteht das Erkenntnisziel qualitativer Forschung nicht in einer Re-Konstruktion der Verteilung von Merkmalen bzw. Merkmalsausprägungen auf eine Grundgesamtheit. Es wird folglich *nicht* der Frage nachgegangen, wie oft ein Merkmal in einer Grundgesamtheit vorkommt. Wenn aber qualitative Forschung *nicht* anstrebt, Grundgesamtheiten abzubilden, stellt sich die Frage, wie repräsentativ Ergebnisse qualitativer Forschung sind bzw. wie diese Ergebnisse verallgemeinert werden können?

Eine Antwort auf diese Frage wäre, dass die Begründungslogik qualitativer Forschung auf der ‚Prämisse des Sozialen' beruht: Sobald ein soziales Phänomen beobachtbar ist, kann seine Bedeutung re-konstruiert werden, da es in der sozialen Welt keine Handlung und damit auch kein Phänomen ohne Bedeutung bzw. ‚sozialen Sinn' gibt. Im Fokus des Erkenntnisinteresses steht im Sinne der methodologischen Überlegungen qualitativer Sozialforschung *nicht* die Verteilung von Merkmalen. Vielmehr wird in qualitativer Forschung den folgenden Fragen nachgegangen:

- Wie kann die subjektive bzw. intersubjektive Bedeutung von Erlebnissen re-konstruiert werden?
- Wie lassen sich soziale Konventionen (z.B. Gesprächsverläufe am Einzelfall) re-konstruieren?

2.7.1 Prozessuale Festlegung des Samples

Qualitatives Sampling orientiert sich hermeneutisch an der Struktur der sozialen Phänomene, die untersucht werden sollen, z.B. wer muss alles befragt werden, um einen sozialen Prozess in seiner Vielschichtigkeit angemessen verstehen zu können?

Diese hermeneutisch-fragende Haltung definiert das qualitative Sampling. So kann der Anspruch einer Forschungsfrage darin bestehen, die Heterogenität eines Forschungsfeldes darzustellen. Es ließe sich beispielsweise annehmen, dass die Genese von Musikpräferenzen bei Jugendlichen hermeneutisch re-konstruiert werden soll. Wenn ein männlicher Jugendlicher befragt wird, der gerne Punkrock hört, lässt sich die Heterogenität des Forschungsfeldes durch die qualitative Samplingstrategie der ‚maximalen strukturellen Variation' sicherstellen. Es kann in einem nächsten Schritt jemand interviewt werden, der in einem Merkmal oder in mehreren Merkmalen einen maximalen Kontrast zu dem ersten Fall darstellt – z.B. wäre es möglich, eine weibliche Jugendliche zu befragen, die gerne Chormusik hört (umgekehrt kann auch das Verfahren der Kontrastierung einer ‚minimalen strukturellen Variation' angewendet werden). Durch die Strategie eines kontrastierenden Samplingverfahrens lässt sich die Heterogenität des Forschungsfeldes abbilden. Dabei ist es relevant, angemessen zu begründen, welches Merkmal bzw. welche Merkmale warum miteinander kontrastiert werden sollen: Wie hilft eine bestimmte Kontrastierung zu einem besseren Verständnis des Forschungsgegenstandes zu gelangen? Dieses ‚Klärung' bzw. das Sampling muss dabei nicht vorab starr festgelegt sein, sondern kann sich im Zuge des Forschungsprozesses entwickeln und flexibel dem Erkenntnisfokus der Forschung anpassen. Gerade der letztgenannte Punkt liegt dem iterativen Forschungsprozess der Grounded Theory zugrunde (vgl. 3.2.5): Es werden Daten im Zuge des Theoriebildungsprozesses nacherhoben, da neue Aspekte aufgetaucht sind, denen durch eine erneute Datenerhebung nachgegangen werden soll. Da der Samplingprozess sich nach dem Theoriebildungsprozess richtet, wird auch vom ‚theoretical sampling' gesprochen. Die Auswahl des Samplings im Forschungsprozess richtet sich nach der Relevanz für die Theoriebildung – liefern weitere Gruppen, Personen, soziale Phänomene neue Impulse für die Theoriebildung? Die Auswahl eines Samplings ist in der Grounded Theory folglich dann erreicht, wenn eine ‚theoretische Sättigung' eintritt, also wenn sich durch die Hinzuziehung weiterer Gruppen, Personen, sozialer Phänomene nichts Neues mehr für die jeweilige Kategorie bzw. die Theoriebildung ergibt.

2.7.2   Vorab-Festlegung des Sampels

Soll das Sampling nicht wie bei der Grounded Theory prozessual erweitert, sondern vorab festgelegt werden, müssen theoriegeleitete Stichproben zum Einsatz kommen, die beispielsweise die Heterogenität des Feldes abdecken. In jedem Fall muss die Auswahl des Samplings sich aus dem Erkenntnisinteresse ergeben und bedarf einer Begründung: So wären bei der Auswahl von Gesprächspartner*innen[18] für eine Interviewstudie die folgenden beiden Fragen von zentraler Bedeutung:

---

18   Breuer verweist mit Bezug auf humanwissenschaftliche Ansätze auf die (hermeneutische) Relevanz, die Interviewten als Gesprächspartner*innen zu verstehen: „Auf

- Was will ich warum wissen?
- Wen will ich warum (wie) interviewen?

Die erste Frage hebt auf die Begründung der Forschungsfrage sowie die Schärfung des Erkenntnisfokus ab. Die zweite Frage adressiert das Auswahlverfahren sowie deren Kriterien und mit dem ‚wie' auch die Form der Datenerhebungsmethode. Wenn keine Nacherhebung vorgesehen ist, müssen diese Fragen vor der Phase der Datenerhebung beantwortet werden.

2.7.3 Vorab-Festlegung des Sampels nach statistischen Ausgangswerten

Es lassen sich auch Samplingstrategien anwenden, die sich an statistischer Repräsentativität ausrichten. So können typische Akteure aus verschiedenen gesellschaftlichen Milieus interviewt werden. Durch vorangegangene quantitative Studien lassen sich derart Gesprächspartner*innen identifizieren, die typische Merkmale aufweisen und daher als repräsentative Akteure gewertet werden können. Da die Akteure bestimmte repräsentative Merkmale zu erfüllen haben, können die Antworten der Akteure bis zu einem gewissen Grad als überindividuell repräsentativ betrachtet werden. Das qualitative Sampling richtet sich in diesem Fall nach statistischen Vorgaben. Aufgrund der Komplexität dieses Samplingprozesses – die repräsentativen Merkmale müssen bekannt sein und ein/e Gesprächspartner*in mit den entsprechenden Merkmalen muss gesucht werden – werden solche Samplings von Institutionen angeboten, die wie das Sinus Institut eine dementsprechende Expertise besitzen. Das Sampling nach statistischen Ausgangswerten stellt dabei eine der kompliziertesten Variationen der ‚Vorab-Festlegung des Sampels' dar, da „das Material nach bestimmten (z.B. demographischen) Kriterien zusammengestellt wird, also etwa eine nach Alter oder sozialer Lage homogene Stichprobe (z.B. Frauen mit einem bestimmten Beruf in einer bestimmten Lebensphase oder eine Auswahl, in der sich eine bestimmte Verteilung solcher Kriterien in der Bevölkerung abbildet" (Flick 2010, S. 155f.). Bei diesem Vorgehen lässt sich auch von einer exemplarischen Verallgemeinerung sprechen, bei der „[d]as Exemplar [...] als typischer Stellvertreter einer Klasse oder Gattung, als Teil einer Ein-

---

beiden Seiten handelt es sich um leibhaftige, gefühls- und vernunftbegabte, sozialhistorisch geprägte reflexive Personen-in-ihrer-Lebenswelt – sie sind diesbezüglich *strukturgleiche Wesen*" (Breuer 2010, S. 19, H.i.O.).

heit (Pars pro Toto) betrachtet [wird], sodass Generalisierbarkeit über Fallbeispiele hinaus möglich wird" (Lamnek & Krell 2016, S. 179).

Beim qualitativen Sampling ergeben sich auch forschungspragmatische Überlegungen wie die Zugänglichkeit zu Gesprächspartner*innen. Hier kann sogenannten Gatekeepern als Mittler zwischen potenziellen Gesprächspartner*innen aus dem Feld und Forscher*innen eine zentrale Bedeutung zukommen.

2.7.4 Generalisierbarkeit

Eng mit der Frage nach dem Sampling ist die Frage nach der Verallgemeinbarkeit bzw. Generalisierbarkeit der Ergebnisse verbunden. „Bereits bei der Auswahl der Fälle (und der Bestimmung dessen, was ein ‚Fall' ist) werden Vorentscheidungen darüber getroffen, in welche Richtung die Ergebnisse einer Untersuchung verallgemeinert werden können" (Przyborski & Wohlrab-Sahr 2010, S. 173).

Es geht bei der Auswahl des Sampling *nicht* darum, die Repräsentativität bzw. Verallgemeinbarkeit der Erkenntnisse auf eine Grundgesamtheit hin zu behaupten. Vielmehr steht die Re-Konstruktion subjektiver und kollektiver Bedeutungsmuster im Fokus. Die qualitative Forschung richtet den Fokus „weniger auf die zahlenmäßige Verteilung bestimmter Merkmale als auf die Erkenntnis wesentlicher und typischer Zusammenhänge, die sich an einigen wenigen Fällen aufzeigen lassen, unabhängig davon, wie häufig diese Merkmalskombination vorkommt" (Lamnek & Krell 2016, S. 177). Jeder Fall ‚steht für etwas' (vgl. Przyborski & Wohlrab-Sahr 2010, S. 174). Wofür ein Fall steht bzw. die Verallgemeinbarkeit ist dabei oftmals durch theoretische Argumentationen zu begründen, z.B.: Was ist warum das Typische an einem Fall? Der Fall wird in größere Zusammenhänge eingebettet bzw. kontextualisiert (vgl. dazu die Typenbildung in der dokumentarischen Methode 3.6.4.3). Für die qualitative Forschung ergibt sich daraus das Erkenntnisziel, dass bestimmte Strukturen für ein spezifisches Feld als existent wahrgenommen und in ihren Wirkungszusammenhängen analysiert werden müssen. Diese abstrakten Überlegungen lassen sich durch folgende Fragen für das Forschungshandeln konkretisieren:

*   Welche sozialen Phänomene lassen sich beobachten?
*   Wie sind diese sozialen Phänomene strukturiert?
*   Lassen sich zwischen verschiedenen Fällen gleiche/ähnliche (Erlebens-)Muster identifizieren (wobei zugleich analytisch die Differenzen aufgearbeitet werden müssen)?

Wird beispielsweise im Sinne einer maximalen strukturellen Variation in einem Forschungsfeld gesampelt, kann in der Datenanalyse geprüft werden, welche Strukturen bei beiden Fällen vorkommen und es kann von einer Strukturanalogie bzw. Strukturäquivalenz gesprochen werden. Hier werden Forschungsergebnisse durch Bezüge auf andere Fälle generalisiert (vgl. dazu den Ansatz der kontrastiven Vergleiche in der Narrationsanalyse 3.5.5.5 und 4.1). Der Verallgemeinerungsgrad eines Samplings kann sich daraus ergeben, wie stark sich eine ‚überindividuelle Gültigkeit' des Samplings mit Bezug auf die empirischen Befunde begründen lässt.

2.8 Formulierung eines integrativen Ansatzes qualitativer Bildungsforschung

Der im ersten Kapitel herausgearbeitete Bildungsbegriff fokussiert auf der Erlebensdimension des Individuums – wie wird das Selbst-/Weltverhältnis erlebt? Im Zuge eines solchen Bildungsverständnisses lässt sich u.a. herausarbeiten,

- wie sich Bildung entfaltet bzw. wie in welchem sozialen Kontext ein positiv konnotiertes Selbst-Weltverhältnis hergestellt wird oder
- wie im Sinne des Subjektivierungsansatzes in sozialen Interaktionsprozessen sich Subjektivierungsdynamiken entfalten.

Der Fokus auf Erlebensprozesse und Interaktionsdynamiken macht das hier entwickelte Bildungsverständnis an die qualitative Sozialforschung anschlussfähig.

▶ Kurz notiert: Bildungstheorie und hermeneutische Strategien qualitativer Sozialforschung III Bildungsforschung sowie qualitative Sozialforschung weisen einen hermeneutischen Erkenntnisansatz auf, da sie Erleben im sozialen Kontext thematisieren. Vor dem Hintergrund dieser Überschneidungen lässt sich von einer integrativen Bildungsforschung sprechen, die bildungstheoretische Reflexionen und deren normativen Implikationen mit qualitativen Forschungsstrategien synergetisch zusammenführt.

Diese forschungstheoretischen Überlegungen werden im Folgenden exemplarisch anhand von Auswertungsstrategien qualitativer Sozialforschung dargestellt. Derart wird es möglich, eine forschungspraktische Perspektivierung eines integrativen Ansatzes in der qualitativen Bildungsforschung zu leisten. Die folgenden Kapitel sind so strukturiert,

- dass einführend eine theoretische Fundierung des jeweiligen Auswertungsansatzes sowie forschungspraktisch konkrete Auswertungsstrategien dargestellt werden.
- Hierauf folgt ein Beispiel, wie sich die dargestellte Auswertungsstrategie im Rahmen einer integrativen qualitativen Bildungsforschung erkenntnisgewinnend einsetzen lässt.

Neben einer Darstellung der forschungspraktischen Potenziale einer integrativen qualitativen Bildungsforschung soll diese Kapitelstruktur es ermöglichen, die Unterkapitel als Einführungskapitel für Auswertungsstrategien qualitativer Sozialforschung zu lesen. Derart wird es möglich, sich praxisorientiert mit der jeweiligen Auswertungsstrategie auseinanderzusetzen – und diese Ansätze auch jenseits integrativer Bildungsforschung anzuwenden. Bei der Darstellung der Auswertungsstrategien kommt die Perspektive des Autors ins Spiel. Mit Bezug auf die Bildmetapher stellt sich für die Forschenden die Welt qualitativer Sozialforschung als eine Landschaft dar, in der man als Akteur durch sein Forschen handelt. Die Perspektive auf Methoden ist dabei durch die Perspektive und die eigene Forscher*innen-Biografie gebunden. Dies gilt auch für die Darstellungen der folgenden Auswertungsstrategien. Diese Darstellungen basieren auf meinen eigenen Forschungserfahrungen und auf den Betreuungen studentischer Forschungsprojekte, die ich in mehrjährigen Lehr-und Forschungstätigkeit u.a. an der Aalborg University, an der Carl von Ossietzky Universität Oldenburg sowie in Forschungsworkshops sammeln konnte. Die Darstellung der Auswertungsstrategien sind daher durch die Perspektive meiner Theoriearbeit und meiner eigenen empirischen Forschung geprägt. Die Einführungen in die Auswertungsansätze sind an meine Perspektive gebunden, so dass es wie beim Bildungsbegriff auch andere Verständnisse der Auswertungsstrategien gibt.

Der Einsatz qualitativer Forschungsstrategien lässt sich mit Bezug auf Foucault als Werkzeugkasten begreifen. „Ich wünschte mir, dass meine Bücher eine Art tool-box wären, in der die anderen nach einem Werkzeug kramen können, mit dem sie auf ihrem eigenen Gebiet etwas anfangen können" (Foucault 2002, S. 651). Im dritten Kapitel werden die einzelnen Strategien anwendungsorientiert dargestellt. Derart soll ein Zugang zu dem Werkzeugkasten ‚Auswertungsstrategien qualitativer Sozialforschung' geleistet werden. So weisen auch Flick, von Kardorff und Steinke (2013) darauf hin, dass „[d]ie Praxis qualitativer Forschung […] generell dadurch geprägt [ist], dass es […] nicht *die* Methode gibt, sondern ein methodisches Spektrum unterschiedlicher Ansätze, die je nach Fragestellung und Forschungstradition ausgewählt werden können" (Flick, von Kardorff & Steinke 2013, S. 22, H.i.O.). Auswertungsmethoden stellen eine ‚Perspektivierung des Datenmaterials' her. Den Daten wird sich jeweils mit einem spezifischen Erkenntnisinteresse und -fokus genährt: „Für fast jedes Verfahren lässt sich zurückverfolgen, für welchen besonderen Forschungsgegenstand es entwickelt wurde" (Flick, von Kardorff & Steinke 2013, S. 22).

Die Auswahl der Auswertungsstrategien folgt dabei zwei Überlegungen: zum einen sind Auswertungsstrategien gewählt worden, die im Kontext qualitativer Sozialforschung häufig zum Einsatz kommen. An dieser Stelle lässt sich die Ausrichtung des Buches erkennen, vor dem Hintergrund bildungstheoretischer Überlegungen auch in weiten Zügen als eine Einführung in qualitative Auswertungsmethoden lesbar zu sein. Zugleich werden auch Auswertungsstrategien vorgestellt, die v.a. im Horizont integrativer Bildungsforschung relevante Erkenntnisfoki setzen. Im Folgenden wird der Inhalt der Unterkapitel kurz skizziert, die in die Auswertungsstrategien einführen. Die Anordnung der Unterkapitel beginnt dabei mit der Ethnografie, die es ermöglicht, den Blick des/der qualitativ Forschenden erkenntniskritisch zu schärfen.

- *Ethnografie – Sich selbst fremd werden und beobachten:* Die Auseinandersetzung mit ethnografischen Ansätzen thematisiert neben der Datenerhebungsstrategie der teilnehmenden Beobachtung v.a. den ethnografischen Blick als methodologisch fundierte Erkenntnishaltung des/der qualitativen Sozialforscher*in.
- *Grounded Theory – Theory under empirical Construction:* Die Erkenntnishaltung der Grounded Theory ermöglicht eine einführende Auseinandersetzung mit induktiven Kodierungsstrategien, dem iterativen Forschen sowie der analytischen Perspektivierung von Handlungsprozessen.
- *Die qualitative Inhaltsanalyse – Mit einem Kamm durch die Daten:* Die qualitative Inhaltsanalyse lässt sich als Auswertungsstrategie verstehen, die eine Systematisierung fall- bzw. textübergreifender und ggf. auch größerer Datenmengen ermöglicht, wobei eine deduktive, induktive sowie induktiv-deduktive Form der Kategorienbildung zum Einsatz kommen kann.
- *Objektive Hermeneutik – Gesagtes ganz genau genommen:* Anhand der Auswertungsstrategien der objektiven Hermeneutik lassen sich Bildung und Subjektivierung auf mikrosprachlicher Ebene (sequenz-)analytisch in den Blick nehmen.
- *Narratives Interview und Narrationsanalyse – Wie erzählen wir unsere Geschichte?* Narratives Interview und Narrationsanalyse ermöglichen eine Re-Konstruktion von biografischen Prozessen und autobiografischen Deutungsmustern. Durch die Narrationsanalyse lassen sich auch Bildungsprozesse in den analytischen Blick nehmen.

- *Die dokumentarische Methode – Das Wie unseres Handelns in der Analyse:*
  Die dokumentarische Methode eröffnet einen Erkenntniszugang zu den intersubjektiven Dynamiken von Wirklichkeitskonstruktionen und überindividuellen Deutungsmustern. Vor allem der Fokus auf die Frage, wie etwas gesagt/
  getan wird, ermöglicht es, die Komplexität intersubjektiver Dynamiken in
  Interaktionsräumen in den Blick zu nehmen.
- *Diskursanalyse – Wer ist der Diskurs, was sagt er?* Durch diskursanalytische
  Auswertungsstrategien lassen sich gesellschaftliche Deutungsmuster re-konstruieren. Es lässt sich prüfen, wie diese Deutungsmuster auf den unterschiedlichen Diskursebenen und aus verschiedenen Diskurspositionen aktualisiert
  werden.
- *Agency-, Positioning- und Interpellationsanalyse – Drei Wege zur Analyse von
  Handlungsmacht?* Die Ansätze der Agency-, Positioning- und Interpellationsanalyse ermöglichen es, Subjektivierungsdynamiken methodisch in den Blick
  zu nehmen. So lässt sich herausarbeiten, wie sich Akteure im sozialen Kontext
  verorten, wie handlungsmächtig sie sich begreifen und als wie handlungsmächtig sie andere Akteure wahrnehmen.

Im Sinne eines Ausblicks werden im vierten Kapitel mit der Evaluationsforschung
sowie der Bildungsethik zwei Forschungsfelder skizziert, im Rahmen derer die
Überlegungen zu einem integrativen Bildungsverständnis Anwendung finden können.

- *Bildungsorientierte Evaluation und didaktisches Forschen:* Die bildungsorientierte Evaluation überführt die normativen Aspekte eines integrativen Bildungsverständnisses in den Bereich der Evaluation von Lehr-/Lernprozessen
  und lässt sich in einem weiteren Schritt zum didaktischen Forschen ausbauen.
- *Empirische Zugänge zur Bildungsethik:* Der Ansatz der Bildungsethik ermöglicht es, die normative Dimension von Bildung ethisch zu fundieren. Zugleich
  können ethische Überlegungen zur Bildung durch die qualitative Bildungsforschung für empirischen Analysen geöffnet werden.

Literatur

Bennewitz, H. (2013). Entwicklungslinien und Situationen des qualitativen Forschungsansa-
  satzes in der Erziehungswissenschaft. In B. Friebertshäuser, A. Langer & A. Prengel
  (Hrsg.), *Handbuch Qualitative Forschungsmethoden in der Erziehungswissenschaft*
  (S. 43-59). Weinheim: Juventa/Beltz.

Bergmann, J. R. (2013). Konversationsanalyse. In U. Flick, E. v. Kardorff & I. Steinke (Hrsg.). *Qualitative Sozialforschung. Ein Handbuch* (S. 534-538). Reinbek bei Hamburg: Rowolth.

Breuer, F. (2010). *Reflexive Grounded Theory. Eine Einführung in die Forschungspraxis.* Wiesbaden: VS Springer.

Diaz-Bone, R. (2006). Zur Methodologisierung der Foucaultschen Diskursanalyse. *Historical Social Research 31*, 243-274.

Dilthey, W. (1962). *Gesammelte Schriften Bd.1.* Teubner: Stuttgart.

Flick, U. (2010). *Qualitative Sozialforschung. Eine Einführung.* Reinbek bei Hamburg: Rowolth.

Flick, U. (2011). *Triangulation. Eine Einführung.* Wiesbaden: VS Springer.

Flick, U., von Kardorff, E., & Steinke, I. (2013). Was ist qualitative Forschung? Einleitung und Überblick. In U. Flick, E. v. Kardorff & I. Steinke (Hrsg.), *Qualitative Forschung. Ein Handbuch* (S. 11-29). Reinbek bei Hamburg: Rowolth.

Foucault, M. (2002). *Dits et Ecrits. Schriften 2. 1970-1975.* Frankfurt am Main: Suhrkamp.

Garfinkel, H. (1967). *Studies in Ethnomethodology.* Englewood Cliffs: Prentice Hall.

Große, J. (2010). *Lebensphilosophie.* Reclam: Stuttgart.

Heidegger, M. (1986). *Der Ursprung des Kunstwerks.* Stuttgart: Reclam.

Lamnek, S., & Krell, C. (2016). *Qualitative Sozialforschung.* Weinheim: Beltz/Juventa.

Keller, R., & Poferl, A. (2016). Soziologische Wissenskulturen zwischen individualisierter Inspiration und prozeduraler Legitimation: zur Entwicklung qualitativer und interpretativer Sozialforschung in der deutschen und französischen Soziologie seit den 1960er Jahren. *Forum Qualitative Sozialforschung/Forum: Qualitative Social Research 17*(1), Art. 14.

Kergel, D. (2016). Glücklich forschend Lernen – Wissenschaftstheoretische Überlegungen zum forschenden Lernen. In D. Kergel & B. Heidkamp (Hrsg.), *Forschendes Lernen 2.0. Partizipatives Lernen zwischen Globalisierung und medialem Wandel* (S. 179-212). Wiesbaden: VS Springer.

Küllertz, D. (2007). Überlegungen zu einer bildungstheoretisch inspirierten Diskursanalyse multimedialer Artikulation. *Bildungsforschung 2*(4). urn: nbn:de:0111-opus-46156.

Kruse, J. (2015). *Qualitative Interviewforschung. Ein integrativer Ansatz.* Weinheim: Beltz/Juventa.

Krüger, H. H. (2013). Stichwort: Qualitative Forschung in der Erziehungswissenschaft. In I. Gogolin, H. Kruper, H.-K. Krüger & J. Baumert (Hrsg.), *Stichwort: Zeitschrift für Erziehungswissenschaft* (S. 53-75). Wiesbaden: VS Springer.

Lüders, C. & Reichertz, J. (1986). Wissenschaftliche Praxis ist, wenn alles funktioniert und keiner weiß warum – Bemerkungen zur Entwicklung qualitativer Sozialforschung. *Sozialwissenschaftliche Literaturrundschau 12*, 90-102.

Makkreel, R. A. (1991). *Dilthey. Philosoph der Geisteswissenschaften.* Frankfurt am Main: Suhrkamp.

Marotzki, W. (2006). Forschungsmethoden und -methodologie der Erziehungswissenschaftlichen Biographieforschung. In H.-H. Krüger & W. Marotzki (Hrsg.) *Handbuch erziehungswissenschaftliche Biographieforschung* (S. 111-134). Wiesbaden: VS Springer.

Mead, G. H. (1973). *Geist, Identität und Gesellschaft.* Frankfurt am Main: Suhrkamp.

Mruck, K. & unter Mitarbeit von Mey, G. (2000). Qualitative Sozialforschung in Deutschland. *Forum Qualitative Sozialforschung /Forum: Qualitative Social Research*, 1(1), Art. 4.

Przyborski, A., & Wohlrab-Sahr, M. (2010). *Qualitative Sozialforschung. Ein Arbeitsbuch.* München: Oldenbourg.

Rennie, D. L. (2005). Die Methodologie der Grounded Theory als methodische Hermeneutik: Zur Versöhnung von Realismus und Relativismus. *Zeitschrift für qualitative Bildungs-, Beratungs-und Sozialforschung* 6(1), 85-104.

Reichertz, J. (2007). Qualitative Sozialforschung. Ansprüche, Prämissen, Probleme. *EWE Erwägen, Wissen, Ethik* 18(2), 276-293.

Rosenthal, G. (2014). *Interpretative Sozialforschung. Eine Einführung.* Weinheim: Beltz/ Juventa.

Sacks, H. (1992). *Lectures on Conversation. Volume I & II.* Oxford: Blackwell.

Sacks, H., Schegloff, E., & Jefferson, G. (1974), A simplest systematics for the organisation of turn-taking in conversation. *Language* 50(4), 696-735.

Schulze, T. (2013). Zur Interpretation autobiographischer Texte in der erziehungswissenschaftlichen Forschung. In B. Friebertshäuser, A. Langer & A. Prengel (Hrsg.), *Handbuch qualitative Forschungsmethoden in der Erziehungswissenschaft* (S. 413-436). Weinheim: Juventa/Beltz.

Seipel, C. & Rieker, P. (2003). *Integrative Sozialforschung. Konzepte und Methoden der qualitativen und quantitativen empirischen Forschung.* Weinheim: Beltz.

Wilson, T. P. (1973). Theorien der Interaktion und Modelle soziologischer Erklärung. In Arbeitsgruppe Bielefelder Soziologen (Hrsg.), *Alltagswissens, Interaktion und gesellschaftliche Wirklichkeit* Bd. 1 (S. 54-79). Reinbek bei Hamburg: Rowolth.

Ausgewählte Methoden im Kontext integrativer Bildungsforschung 3

Im dritten Kapitel werden ausgewählte Auswertungsstrategien qualitativer Sozialforschung vorgestellt. Dabei soll eine forschungspraktische Perspektivierung eines integrativen Ansatzes in der qualitativen Bildungsforschung geleistet werden. Hierfür werden am Ende eines jeden Unterkapitels Beispiele aus der Forschungspraxis gegeben.

3.1 Ethnografie – Sich selbst fremd werden und beobachten

Die Ethnografie stellt keine Auswertungsmethode dar und kann auch nur im weitesten Sinne als eine Datenerhebungsstrategie verstanden werden. Vielmehr ist die Ethnografie eine ‚Forschung vor Ort'. Die Erkenntnishaltung, die das ethnografische Forschen auszeichnet, changiert zwischen mit-erlebender Teilnahme und hermeneutisch-verstehender Beobachtung sozialer Praktiken. Dabei besteht die Herausforderung, ein Verhältnis zwischen Nähe und Distanz zu finden. Diese Herausforderung zeigt sich exemplarisch in der ‚teilnehmenden Beobachtung', die eine Form der ethnografischen Praxis beschreibt, sich aber auch auf andere Formen qualitativer Sozialforschung übertragen lässt.

3.1.1 Einleitung

Der Grund, das Kapitel der Datenauswertungsstrategien mit der Ethnografie beginnen zu lassen, liegt in der Erkenntnishaltung begründet, die die Ethnografie auszeichnet. Die erkenntniskritische Haltung, die ein zeitgemäßes ethnografisches Forschen ausmacht, lässt sich dabei als exemplarisch für die qualitative Sozialforschung behaupten, die in ihrer hermeneutischen Ausrichtung zwischen verstehender Nähe und analytischer Distanz changiert. Ethnografie ist eine Forschung ‚vor Ort'. Der wissenschaftliche Blick richtet sich auf die sozialen Lebenswelten der Akteure. Dabei löst sich der/die ethnografisch Forschende aus seiner/ihrer Alltagswirklichkeit, um forschend in die Alltagswirklichkeit anderer einzutreten. „Ethnografische Forschung untersucht Menschen dort, wo sie leben, arbeiten, ihre Zeit verbringen. Der Blick wird darauf gerichtet, was sie sagen und tun und es werden die räumlichen und zeitlichen Kontexte, in denen sie dieses tun, wahrgenommen." (Hennersdorf 2013, S. 20) Dabei wird davon ausgegangen, dass sich soziale Wirklichkeit in Interaktionen performativ re-produziert. Durch die Einbindung in das Forschungsfeld kann der/die ethnografisch Forschende die soziale Wirklichkeit der Akteure ‚hautnah' mit-erleben und derart im Sinne hermeneutischer Erkenntnis besser verstehen. Friebertshäuser und Panagiotopoulou (2013) rechnen dabei die „ethnografische Feldforschung zu den abenteuerlichen und anspruchsvollen Forschungsverfahren" (Friebertshäuser & Panagiotopoulou 2013, S. 302).

3.1.2 Von der Ethnologie zur sozialwissenschaftlichen Ethnografie

Der Begriff der Ethnografie stammt aus dem Griechischen (‚gràphein') und lässt sich mit ‚schreiben' übersetzen. In erster Linie bezeichnet die Ethnografie eine Form der Dokumentation/Datenerhebung und das wissenschaftliche Beschreiben sozialer Praktiken. Diese Erkenntnishaltung der Ethnografie stellt das Erbe des Forschungsfelds der Ethnologie dar, aus der heraus sich die Ethnografie entwickelte.

Die Ethnografie entstammt der Ethnologie (griech. ‚éthno', ‚Volk'/‚lògos', ‚Lehre'), die den Menschen als kulturelles Wesen wissenschaftlich thematisiert. Hahn (2013) arbeitet heraus, dass die Ethnologie „beobachtet, wie kulturelle Phänomene, Konzepte und Ideologien artikuliert, zwischen Gesellschaften ausgetauscht und an verschiedenen Orten der Welt in ganz unterschiedlichen Kontexten mit Bedeutung aufgeladen werden" (Hahn 2013, S. 11).

Das Adjektiv ‚ethnologisch' beschreibt hier den intendierten ‚fremden Blick' auf soziale Praktiken, die durch den ‚Blick' analytisch fokussiert werden. Die Ethnografie lässt sich als Forschungspraxis der Ethnologie verstehen und nimmt im Forschungshandeln den ‚fremden Blick der Ethnologie' auf kulturelle Praktiken ein.

Obgleich ethnografische Berichte bereits in der Antike entstanden und wohl immer dann entstehen, wenn Menschen reisen, wird der Beginn der wissenschaftlichen Ethnografie mit den zwischen 1916 und 1918 entstanden Studien des britischen Ethnologen Bronislaw Malinowski über seefahrende Völker auf den Trobiand-Inseln bzw. Kiriwina-Inseln in Papua-Neuguinea angesetzt. Diese Studien bilden das Hauptwerk Malinowskis und wurden 1922 in dem Buch „Argonauten des westlichen Pazifik" veröffentlicht. Dabei wurde auch erstmals explizit von der Methode der ‚teilnehmenden Beobachtung' gesprochen. Bei der teilnehmenden Beobachtung setzen sich Forschende vor Ort mit den sozialen Praktiken/Kulturen auseinander, die beforscht werden. Diese Form der Forschung vor Ort setzt sich von einer Form ethnologischer Forschung ab, bei der das Wissen um andere Kulturen aus Reiseberichten von Kaufleuten, Missionaren oder Kolonisatoren re-konstruiert wurde. Da diese Form der ethnologischen Forschung vom Schreibtisch aus geleistet wurde, werden derart ethnologisch Forschende als ‚Armchair-Ethnologen' bezeichnet (vgl. Thomas 2010, S. 463).

Die ethnografische Forschung vor Ort wurde auch für sozialwissenschaftliche Forschung nutzbar gemacht. So setzte die sogenannte ‚Chicago School' seit 1917 ethnografische Feldarbeit verstärkt als Forschungsstrategie ein, um die Diversität sozialer Lebenswelten in US-amerikanischen Großstädten zu beforschen. „An der Universität in Chicago war die Zusammenarbeit zwischen SoziologInnen und EthnologInnen am ‚Department of Sociology' mehr oder weniger selbstverständlich" (Rosenthal 2014, S. 100). Der Blick auf andere Kulturen wird von der amerikanischen Soziologie auf die eigene Großstadt und deren kulturelle Pluralität gewandt: „Anders jedoch als die traditionelle Ethnologie und Kulturanthropologie nehmen sozialwissenschaftliche Ethnographien vorrangig die eigene Kultur, genauer: die Kulturen in der eigenen Gesellschaft in den Blick" (Lüders 2013, S. 390). In den qualitativen Sozialwissenschaften werden methodische Strategien der Ethnografie auch auf die eigene Kultur angewandt. Die „Ethnographie der eigenen Kulturen wird so zu einem Medium der gesellschaftlichen Selbstbeobachtung" (Lüders 2013, S. 390). So wendet Bourdieu den ethnologischen Blick, der ursprünglich zu einem Verständnis fremder Kulturen führen soll, in Form einer ‚ethno-soziologischen Methode' (vgl. Rehbein 2006, S. 43) auf das eigene Weltverständnis an, um derart mit den eigenkulturellen vorwissenschaftlichen Alltagsverständnissen brechen zu können. Das Vertraute wird zum Fremden und damit zum Objekt ethnografischer Forschung. Der ethnologische Blick – diesmal auf die eigene Kultur gerichtet – wird im Zuge dessen „ein bewußt schräger, dezentrierter, ein befreiter wenn nicht subversiver Blick, der den vorgeschriebenen Gang ignoriert und die Zwangsordnung abweist" (Bourdieu 1987, S. 779). Die Erkenntnisstrategien der Ethnografie ermöglichen es, die eigenen Werte und Lebensweisen, die uns selbstverständlich und oftmals als allgemein gültig erscheinen, zu hinterfragen. Dies kann z.b. dadurch geschehen, dass die eigenen sozialen Praktiken mit sozialen Praktiken aus anderen Kulturen kontrastiert werden. Das ‚Eigene' bzw. die eigenen sozialen Praktiken nicht für selbstverständlich zu halten, sondern auch einen ‚fremden analytischen Blick' auf diese Praktiken einzunehmen, lässt sich als ein Merkmal zeitgemäßer ethnografischer Forschung verstehen. Wenn uns jemand begrüßt und seinen Vor- und Nachnamen nennt, geht er davon aus, dass jeder einen Vor- und Nachnamen besitzt. Dabei sind wir uns nicht bewusst, dass der Besitz eines Vor- und Nachnamens ein Merkmal unserer sozialer Praktiken darstellt. Die ethnografische Forschungshaltung analysiert die Bedingungen kultureller Praktiken und das Selbstverständnis der in diese Praktiken eingebundenen Akteure.

3.1.3 Ethnografisches Forschen zwischen Subjektivität und Objektivität

Sozialwissenschaftliche Ethnografien können von den methodischen und methodologischen Erkenntnissen der Ethnologie profitieren – wie bei der methodologischen Debatte um die sogenannte „Krise der Repräsentation" der Ethnologie in den 1960er und 1970er: Ausgehend ist die methodologische Überlegung, dass die Beobachtung sozialer Praktiken vor Ort und die Darstellung/Interpretation dieser sozialen Praktiken keine unumstößliche objektive Darstellung ist. Diese Darstellungen sind stets aus der Perspektive der Ethnograf*innen verfasst. Diese Überlegungen führen zu methodologischen Diskussionen, die die subjektiven Aspekte ethnografischer Forschung thematisieren: Wie lässt sich Objektivität herstellen, wenn die Beobachtungen stets durch die Subjektivität des/der Beobachtenden geprägt sind? Eine objektive Darstellung der Beobachtungen erscheint kaum möglich. Diese Krise der Objektivität ethnologischer Forschung führte zu Überlegungen, die Subjektivität des/der ethnografisch Forschenden im Text sichtbar zu machen, z.B. mit erhöhten Anteilen einer Selbstreflexion als Rolle der Forschenden im Forschungsprozess. Forschungspraktisch lässt sich diesem Umstand der Subjektivität jedweder ethnografischen Erkenntnis mit der permanenten Selbstreflexion des/der Forscher*in im Feld begegnen. So können die eigenen Erwartungen und Vorurteile gegenüber den Akteuren, deren Alltag beforscht werden soll, vor

dem Gang in das Feld explizit gemacht werden. Im Zuge der teilnehmenden Beobachtung lässt sich dann wiederum fragen, wie diese Erwartungen und Vorurteile
die Wahrnehmung/Interpretation von sozialen Praktiken beeinflussen kann.

3.1.4 Forschen vor Ort – Ethnografie als Feldforschung

Wurden in der Ethnologie ursprünglich ganze Kulturen/Ethnien in den Blick genommen, wird in den Sozial- und Kulturwissenschaften v.a. auf soziale Praktiken
fokussiert. Es geht also weniger um die Konzentration auf eine Person, sondern
um soziale Kontexte, die beforscht werden sollen: „Die Individuen, also die unteil-
baren Einheiten, der Ethnografie sind nicht Personen, sondern Situationen, Szenen,
Milieus – Einheiten, die über eine eigene Ordnung und Logik verfügen" (Breidenstein et al. 2013, S. 32). Es werden soziale Situationen und soziale Praktiken
beforscht und damit die Art und Weise, wie sich Realität im Zuge von Handeln
konstituiert.

Ein zentrales Merkmal der Ethnografie stellt der sogenannte ‚Gang in das Feld'
dar. Die Feldforschung lässt sich als eine Forschung vor Ort verstehen, die die sozialen Praktiken in den Kontexten in den Blick nimmt, in denen sie sich vollziehen.
Thomas (2010) weist auf die Spannbreite ethnografischer Forschung hin, wenn er
feststellt, dass „Ethnografie das soziokulturelle Leben einer besonderen Gruppe
von Menschen [porträtiert], wobei sowohl soziale Strukturen, Weltanschauungen,
Diskurse, Werte als auch Interaktionen, Kognitionen, Gefühle, Lebensgeschichten
und Handlungen von Interesse sind" (Thomas 2010, S. 466).

Bei einer Feldbeobachtung wird die Wirklichkeit in der ‚natürlichen Umge-
bung' erforscht. Dies kann dazu führen, dass ein sogenannter Gatekeeper benötigt
wird, also jemand, der einen Zugang zu dem Feld bzw. zu den sozialen Praktiken
ermöglicht, die in den ethnografischen Blick genommen werden sollen. Bei dem
Begriff ‚Feld' sollte aber nicht davon ausgegangen werden, dass das ‚Feld' als eine
gegebene Fläche bereits existiert und der/die Ethnograf*in nun dieses beforscht.
Vielmehr wird durch die Forschungsfrage und dem damit einhergehenden Erkenntnisinteresse das Feld als solches erst definiert:

- Welche sozialen Praktiken/welche sozialen Kontexte sollen in den ethnografischen Blick genommen werden?
- Was soll warum beobachtet werden? Hierbei ist darauf zu achten, dass die Aus-
  wahl/Definition des Feldes auch angemessen ethnografisch beforscht werden
  kann und nicht zu groß abgesteckt wird.

Generell lassen sich Unterschiede in der Offenheit und in der Komplexität bei Feldern feststellen. So stellt beispielsweise das Geschehen in einem Klassenraum ein eher geschlossenes Feld dar, während die Beobachtung von Menschen auf einem Straßenfest offen ist, da hier Akteure kommen und gehen und die sozialen Konstellationen sich permanent verändern. In vielen sozialen Situationen agieren Menschen oftmals gleichzeitig. Dieses führt zu einer Komplexität der sozialen Situation, da mehrere Interaktionen ineinanderwirken. Die Komplexität sozialer Situationen erfordert es oftmals, dass sich der/die ethnografisch Forschende auf einzelne Aspekte konzentriert und andere Aspekte ausblendet. Zudem mag es nicht im Sinne einer Forschungsfrage sein, soziale Situationen ganz zu erfassen und zu analysieren, z.b. wenn nur Teilelemente sozialer Praktiken in den Blick genommen werden sollen. Vor dem Hintergrund dieser Überlegungen wurde der Ansatz der fokussierenden Ethnografie entwickelt, dieser zeichnet sich dadurch aus, dass „bestimmte Aspekte von Feldern" (Knoblauch 2001, S. 126) im Erkenntnisfokus stehen:

> Weil die Bestimmung der Grenzen Gegenstand der Untersuchung ist, kann man herkömmliche Ethnographien *offen* nennen. Sie zielen in der Regel auf die umfassende Erfassung eines sozialen Feldes, das sie im Verlauf der Erhebung bestimmt. Dagegen beziehen sich fokussierte Ethnographien nicht auf ein ganzes soziales Feld im Sinne einer sozialen Gruppe, Institution oder Organisation, das sich durch besondere Grenzen von anderen Feldern unterscheidet. Unabhängig von der Art der Aufzeichnungen konzentriert sich diese Art der Ethnographie vielmehr auf einen bestimmten Ausschnitt eines sozialen Feldes (Knoblauch 2001, S. 132, H.i.O.).

Knoblauch weist darauf hin, dass im Rahmen der fokussierten Ethnografie v.a. *„Strukturen und Mustern von Interaktion, Kommunikation und Situationen"* (Knoblauch 2001, S. 132, H.i.O.) im Zentrum der analytischen Aufmerksamkeit stehen.

Das ethnografische Forschen zeichnet sich durch einen ‚offenen', neugierigen Blick auf soziale Praktiken aus (forschungsstrategisch wurde in der Grounded Theory mit der theoretischen Sensibilität ein Ansatz entwickelt, einen solchen offenen Blick in der Forschung zu realisieren, vgl. 3.2.5). So weisen Friebertshäuser und Panagiotopoulou darauf hin, dass auf „vorab entwickelte Kategorien" (Friebertshäuser & Panagiotopoulou 2013, S. 305) verzichtet werden sollte, da diese „den Blick auf das Forschungsfeld einengen, weil sie dem Bedeutungs- und Bewertungskontext des Forschenden entstammen" (ebenda). Allerdings ist einschränkend festzuhalten, dass im Zuge ethnografischer Forschung nicht die ganze ‚Wirklichkeit' in den Blick genommen werden kann. Vielmehr lassen sich nur Ausschnitte der Wirklichkeit beobachten.

> **Werkzeugkasten: Erkenntnishaltungen beim Beobachten**
> Thomas (2010) formuliert Erkenntnishaltungen bzw. heuristische Fragen, die bei der Beobachtung helfen können: „Wie wird *tatsächlich* gehandelt? Wie ist die Situation zu beschreiben? Welche Situationsmerkmale definieren den (Handlungs-) Kontext?" (Thomas 2010, S. 467, H.i.O.).

3.1.5 Zwischen Nähe und Fremd-Sein – Die teilnehmende Beobachtung

In der ethnografischen Beobachtung gilt es, einen Wechsel zwischen Nähe und Fremdsein herzustellen. Der/die ethnografisch Forschende soll hermeneutisch die von ihm/ihr in den Blick genommenen sozialen Praktiken aus der Nähe erfahren. Zugleich gilt es, diese Praktiken kritisch zu reflektieren. Der Soziologe Simmel, der ursprünglich über Musikethnologie promovieren wollte, hat in seinem Text über den ‚Fremden' von 1908 dieses Wechselspiel zwischen Nähe und Fremde als Möglichkeit einer verobjektivierenden Erkenntnis dargestellt:

> Objektivität ist keineswegs Nicht-Teilnahme, – denn diese steht überhaupt jenseits von subjektivem und objektivem Verhalten – sondern eine positiv-besondere Art [...] Man kann Objektivität auch als Freiheit bezeichnen. der objektive Mensch ist durch keinerlei Festgelegtheiten gebunden, die ihm seine Aufnahme, sein Verständnis, seine Abwägung des Gegebenen präjudizieren könnten (Simmel 1908, S. 2).

Dieses Spiel zwischen Nähe und Fremdsein ist auch in der Bezeichnung teilnehmende Beobachtung angelegt. Die teilnehmende Beobachtung stellt die Art und Weise dar, wie sich ethnografische Forschung vor Ort vollzieht. In der teilnehmenden Beobachtung ist der/die ethnografisch Forschende ‚Teil' des Geschehens, das von ihm/ihr ‚beobachtet' wird. Dellwing und Prus (2012) sehen darin „die grundlegende Spannung der ethnografischen Forschung" (Dellwing & Prus 2012, S. 60). Auf der einen Seite muss eine „Immersion" und zugleich eine „Befremdung" der „Umfelder" geleistet werden. Das können wir als ‚doppelte Intersubjektivität' oder alternativ als ‚doppelte Befremdung' fassen" (Dellwing & Prus 2012, S. 60). Der/die ethnografisch Forschende nimmt dabei an den sozialen Prozessen teil, muss diese jedoch ethnografisch beobachten und ist dadurch über eine Distanz zum Forschungsfeld gekennzeichnet, in dem er/sie sich befindet. Der analytische Blick trennt den/die ethnografisch Forschende von den sozialen Konstellationen, in die er/sie eingebunden ist und die er/sie zugleich erforscht.

Der Begriff Beobachtung ist dabei nicht auf eine passive, visuelle Wahrnehmung zu beschränken. Vielmehr bezeichnet Beobachtung eine analytische Auseinandersetzung mit den sozialen Prozessen eines Forschungsfeldes, wobei der/die Forscher*in selbst im Feld eingebunden ist, in dem Feld handelt. Besteht allerdings eine analytische Distanz nicht mehr, wird vom ‚Going Native' gesprochen. Going Native bezeichnet den Verlust der analytischen Distanz zum Forschungsfeld, was zu einer Identifikation mit den Akteuren aus dem Forschungsfeld führen kann. Um ein solches Going Native zu vermeiden, bedarf es eines Wechsels zwischen der Eingebundenheit im Feld und dem analytischen Re-Konstruieren der beobachteten sozialen Praktiken (z.B. Kommunikations- und Verständnisprozesse). Dies erfordert es, dass teilnehmende Beobachtungen wiederholt durchgeführt werden müssen, um allmählich mit den Regeln und Gewohnheiten, die ein Feld auszeichnen, vertraut zu werden. Die ethnografische Beobachtung ist folglich dadurch definiert, dass sie einen distanziert-analytischen Blick auf das soziale Geschehen einnimmt.

Werkzeugkasten: Leitfragen zur Analyse sozialer Praktiken
Anhand der folgenden heuristischen Fragen kann ein analytischer Blick auf soziale Situationen/Praktiken eingenommen werden:

- Wie laufen soziale Prozesse ab?
- Welche Muster lassen sich aus der Distanz erkennen?
- Wie interpretieren die Akteure ihr Handeln bzw. wie sehr sind sie sich dieser Muster bewusst und wie interpretieren sie diese Muster?

3.1.6   Wege der teilnehmenden Beobachtung

Der/die ethnografisch Forschende ist in das Feld eingebunden, setzt sich mit den sozialen Konstellationen des Forschungsfeldes auseinander und wird auch Teil des Forschungsfeldes. Es ist wichtig, dass die Bedingungen der natürlichen Situation nicht verändert werden, aber dennoch eine analytische Außenperspektive beibehalten wird. Grundsätzlich ist es möglich, zwischen unterschiedlichen Ausprägungen der teilnehmenden Beobachtung zu unterscheiden. So kann zwischen den Polen eines…

- hohen Partizipationsgrads (aktive Beobachtung)
- und eines geringen Partizipationsgrads (passive Beobachtung)

differenziert werden. Zusätzlich lässt zwischen den Polen einer…

- verdeckten Beobachtung (die Akteure im Feld wissen nicht, dass sie ethnografisch beforscht werden) und einer
- offenen Beobachtung (die Akteure sind über die ethnografische Forschung im Bilde)

unterscheiden.

Offene Beobachtungen haben den Vorteil, dass die Dokumentation von sozialen Situationen via Video, Aufnahmegerät etc. oftmals möglich ist. Allerdings muss bedacht werden, dass durch die Teilnahme des/der ethnografisch Forschenden in einer Situation die Konstellation dieser Situation verändert wird. Der/die Forschende ‚nimmt' durch seine/ihre Anwesenheit ‚teil' an der Situation, auch wenn er/sie nur ‚beobachten' möchte. Diese Anwesenheit kann die Interaktionen der Akteure beeinflussen. Das stellt zwar kein Argument gegen eine offene teilnehmende Beobachtung dar, erfordert es aber, die Anwesenheit des/der Forschenden kritisch mit zu thematisieren: Es geht um die Wahrnehmung sozialer Praktiken durch die Perspektive eines Fremden, wobei sich die Akteure der Gegenwart des Fremden bewusst sind, was das Verhalten der Akteure beeinflussen kann.

Verdeckte Beobachtungen ermöglichen es wiederum, dass die Akteure nicht wissen, dass ein/e Forscher*in zugegen ist. Daher ist das Handeln der Akteure nicht durch die Gegenwart eines/einer Forscher*in verzerrt (z.B. wenn Akteure wissen, dass Forscher*innen das Handeln beobachten und daher die Akteure ihr Handeln verändern). Verdeckte Beobachtungen können dagegen ethisch problematisch sein, da die in den ethnografischen Blick genommenen Akteure nicht wissen, dass sie ‚Forschungsobjekte' darstellen. Zwischen den Polen der offenen Beobachtung und der verdeckten Beobachtung existieren graduelle Abstufungen, so wenn einzelne Akteure in die ethnografische Forschung eingeweiht sind und andere wiederum nicht.

3.1.7 Ablauf, Erkenntnisstrategien, Perspektivwechsel – Strategien des ethnografischen Forschens

Vor dem Hintergrund der offenen Haltung ethnografischer Forschung lassen sich weder letztgültige Beobachtungsschemata (wie zu beobachten sei) noch ein Königsweg für den Ablauf ethnografischer Forschung formulieren (vgl. Lüders 2013, S. 386). So weisen Friebertshäuser und Panagiotopoulou (2013) darauf hin, dass sich „der Ablauf einer ethnografischen Feldforschung nur schwer darstellen lässt"

(Friebertshäuser & Panagiotopoulou 2013, S. 306). Es können aber grundlegende Schritte skizziert werden, die die Struktur ethnografischer Forschung prägen:

- Vorab sollte eine Forschungsfrage stehen und überlegt werden, inwiefern ethnografische Feldforschung zu der Beantwortung der Forschungsfrage beitragen kann.
- In einem nächsten Schritt gilt es, das Feld zu bestimmen: Wer/was soll wieso wie lange beobachtet werden?

Werkzeugkasten: Reflexion der eigenen Voreingenommenheit
Selten geht ein/e Forscher*in unvoreingenommen an ein soziales Phänomen heran.[19] Um dem Problem der Voreingenommenheit zu begegnen, kann es hilfreich sein, im Vorfeld aufzuschreiben, welche Erwartungen/Vorüberlegungen/welche Meinungen (z.B. über soziale Konstellationen) man hat. In einem zweiten Schritt können diese Überlegungen im Sinne eines Gedankenexperiments in ihr Gegenteil verkehrt werden:

- Was wäre, wenn die Akteure anstatt wie erwartet, ganz anders handeln?

Diese Strategie ermöglicht es, sich über die eigene Voreingenommenheit selbst etwas aufzuklären und zugleich den ethnografischen Blick zu weiten.

- Hieran schließt sich eine Annäherung an das Forschungsfeld an. Es besteht die Herausforderung des ,to get in and to keep in' (vgl. Thomas 2010, S. 469). Sukzessive kommt es zu einer Einbindung in die sozialen Praktiken eines Feldes. Der/die ethnografisch Forschende wird mehr und mehr Teil des Feldes bzw. wird aktiver in die sozialen Prozesse eingebunden – er/sie wird in das Feld sozialisiert.

Mit diesem Prozess der Integration in das Forschungsfeld beginnt auch zugleich der ethnografische Erkenntnisprozess. Dieser lässt sich in Analogie zu den Kodierstrategien der Grounded Theory (vgl. 3.2.6) wie folgt beschreiben:

- Zu Beginn wird in einer explorativen Phase das Feld vermessen (in der Grounded Theory das ,offene Kodieren'). Es werden erste Ideen/Eindrücke gesam-

---

19   Dieser potenziellen (unbewussten) Voreingenommenheit wird in der Groundend Theory mit dem Ansatz der theoretischen Sensibilität methodisch begegnet, vgl. 3.2.3.

melt. Diese Eindrücke können dabei helfen, das Erkenntnisinteresse zu schärfen – z.b. auf welche Aspekte sozialer Praktiken möchte ich warum einen Akzent legen? Lüders (2013) hebt hervor, dass „man davon [ausgeht], dass nach einer eher breit angelegten beschreibenden Phase der Blick immer genauer auf den Forschungsgegenstand gerichtet werden kann […], um dann nur noch ausgewählte Aspekte genauer zu untersuchen" (Lüders 2013, S. 386).

- Mit der Beantwortung dieser Leitfrage beginnt die fokussierende Phase der ethnografischen Forschung (in der Grounded Theory das ‚axiale Kodieren').
- In der abschließenden selektiven Phase werden ‚ergänzende Details' identifiziert (vgl. Thomas 2010, S. 470, in der Grounded Theory das ‚selektive Kodieren').

Werkzeugkasten: ständiges Notieren
Beim ethnografischen Forschen gilt es, die Erlebnisse im Feld zu dokumentieren. Hierfür können Ergebnisse beschreibend festgehalten werden. Zudem lassen sich Memos formulieren, mit Hilfe derer erste analytische Überlegungen notiert werden (analytical notes). Das Schreiben ermöglicht eine erste reflexive Distanz zu dem Erleben im Feld, da eine retrospektive Perspektive auf das mit-erlebte Geschehen eingenommen wird.

Im Idealfall wechseln sich die Interaktionen im Feld und die Verschriftlichung der Erlebnisse und Beobachtungen einander ab, um derart eine alternierende Dynamik des Erlebens/Reflektierens zu ermöglichen: „Die Erhebungs- und Auswertungsphase werden miteinander verschränkt, somit findet ein permanenter Wechsel zwischen der Sammlung und der Analyse von Daten statt" (Friebertshäuser & Panagiotopoulou 2013, S. 306). Im Zuge der analytischen Auseinandersetzung mit den beforschten sozialen Praktiken lässt sich der Beobachtungsfokus systematisch variieren. Die jeweilige Beobachtung kann dann mit einer Schwerpunktsetzung durchgeführt und der Fokus auf bestimmte Akteure oder auf bestimmte Prozesse/Themen gelegt werden. Die Beobachtung lässt sich derart ‚zuspitzen'.

Werkzeugkasten: Zuspitzen einer Beobachtung
Breidenstein et al. (2013) schlagen vier Strategien zur Beobachtungsintensivierung vor:

- Wiederholung von Beobachtungen: Schnitte setzen, Zeitpunkte variieren.
- Mobilisierung der Beobachtungsperspektive: Positionen wechseln, Akteuren folgen.
- Fokussierungen: thematisch, zeitlich, personell, zuspitzen.
- Seitenwechsel: verschiedene Perspektiven einnehmen (vgl. Breidenstein et al. 2013, S. 79f.).

Diese Fragestrategien ermöglichen eine Ausdifferenzierung der Beobachtung im Zuge des Perspektivwechsels. Ergänzend zu den heuristischen Fragestrategien von Breidenstein et al. (2013) lässt sich noch die räumliche Dimension ergänzen:

- Wie wirkt der Raum auf die Interaktion der Akteure?
- Welche Beschränkungen legt der Raum den Akteuren bei der Interaktion auf?
- Wie prägt der Raum die Interaktion?

Beispiel: Raumordnung in der sozialen Interaktion

Als Beispiel lässt sich die Tischordnung in einem Klassenraum nennen: Wenn in einem Klassenraum die Tische frontal zum Lehrerpult ausgerichtet sind, bedingt dies eine andere Form der Schüler*innen-Kommunikation als eine Tischgruppierung, bei der Tische zusammengeschoben oder in einem Halbkreis aufgestellt sind.

Strukturierte (oder systematische/standardisierte) Beobachtungen können ergänzend im Rahmen der ethnografischen Forschung eingesetzt werden, beispielsweise in der selektiven Phase. Sie ermöglichen „die relevanten Aspekte, die in der Phase zuvor herausgearbeitet wurden, tatsächlich und vollständig zu erfassen" (Flick 2010, S. 289). So kann es im Zuge des ethnografischen Forschens dazu kommen, dass Beobachtungen stärker strukturiert bzw. standardisiert sein sollen, um beispielsweise zu ermitteln, wie oft von wie vielen Akteuren in einer Situation eine bestimmte Handlung ausgeführt wird. Hier können Frequenzbeobachtungen zum Einsatz kommen. Solche Frequenzbeobachtungen lassen sich den sogenannten strukturierten bzw. standardisierten Beobachtungen zurechnen.

▶ Kurz notiert: strukturierte Beobachtungen   Strukturierte Beobachtungen stellen eine Form der Standardisierung dar, z.B. wenn Handlungen Kategorien zugeordnet werden – so lässt sich beispielsweise zählen, wie oft sich Schüler*innen während einer Unterrichtsstunde melden. Dies setzt voraus, dass Handlungen miteinander vergleichbar sind bzw. standardisiert werden: „Systematische Verhaltensbeobachtung ist gekennzeichnet durch differenzierende Beobachtungspläne, durch die vorherige Festsetzung der zu beobachtenden Verhaltensbereiche (und Personen), des Grades an Beteiligung des Beobachters, der Methode zur Fixierung der Beobachtungsdaten und deren Auswertung: Der Beobachtungsprozess wird also vorgeschrieben von der Auswahl der Beobachtungssituation bis zur Kodierung der Beobachtungsdaten" (Martin & Wawrinowski 2014, S. 40).

Trotz des Erkenntnisgewinns, den strukturierte Beobachtungen für das ethnografische Forschen ermöglichen können, stehen im Zentrum der ethnografischen Forschung generell Beobachtungen, die einen geringen Grad der Strukturierung aufweisen und so einen offenen Blick ermöglichen, der qualitatives Forschen auszeichnet (vgl. 2.5).

3.1.8   Ethnografie ist keine Methode! – Die Methodenpluralität ethnografischer Forschung

Breidenstein et al. (2013) halten fest, dass die „Ethnografie keine Methode" (2013, S. 34) ist. Vielmehr zeichnet sich die Ethnografie durch eine Methodenvielfalt aus. So weist Lüders darauf hin, dass sich die teilnehmende Bobachtung „als eine *flexible, methodenplurale kontextbezogene Strategie*" (Lüders 2013, S. 389, H.i.O.) verstehen lässt. Die hermeneutische Erkenntnishaltung, die zwischen Erleben und intersubjektivem Verstehen changiert, stellt den Ausgangpunkt für den Methodeneinsatz dar. Die ethnografische Forschung ist offen für Methoden, unter der Prämisse, dass die eingesetzten Datenerhebungs- und Datenauswertungsmethoden den hermeneutischen Erkenntnisprozess des ethnografischen Forschens unterstützen. Zusätzlich ist festzuhalten, dass „die Forschungspraxis als im hohen Maß milieu- und situationsabhängig [ist], geprägt durch die beteiligten Subjekte, ihre Lebensformen und -bedingungen und die Unabwägbarkeiten des Alltags" (Lüders 2013, S. 393). Der Methodeneinsatz ist daher vom Feld abhängig und erfordert eine gewisse Flexibilität. Generell lassen sich neben Skizzen von Beobachtungen sowie Video- und Audioaufnahmen Interviews ebenso erheben, wie Dokumente und ‚alltagskulturelles Material' (vgl. Friebertshäuser & Panagiotopoulou 2013, S. 311) sammeln. Alltagskulturelles Material umfasst u.a. szenetypische Aufkleber, Briefe bzw. die „vielfältigsten […] literarischen und künstlerischen Selbstzeugnisse, auf die wir innerhalb des Alltags einer Kultur stoßen" (Friebertshäuser & Panagiotopoulou 2013, S. 312). Um diese sozialen Praktiken auszuwerten, kann wiederum auf unterschiedliche Formen der Datenauswertung zurückgegriffen werden. Zudem lässt sich eine Kombination von quantitativen und qualitativen Daten einsetzen, um ein vielfältiges Bild des Forschungsfeldes zu zeichnen: Z.B. wenn die Lebenswelt in einem Stadtbezirk durch sozio-ökonomische Daten wie Durchschnittseinkommen, Durchschnittsalter dargestellt und zugleich das Erleben der Akteure im Bezirk durch qualitative Forschungsstrategien re-konstruiert wird. Zusammenfassend lässt sich festhalten, dass der flexible Einsatz von Datenerhebungsmethoden es ermöglicht, eine gegenstandsangemessene Dokumentation der sozialen Praktiken zu leisten, die ethnografisch beforscht werden sollen.

3.1.9   Ethnografisches Schreiben – Durch das Schreiben zum Verstehen

Ethnografie realisiert sich in einem intersubjektiven Verstehen. Dieses intersubjektive Verstehen zeigt sich in der verschriftlichten Darstellung der Ergebnisse. Um ethnografische Erkenntnisse für Außenstehende transparent zu machen, ist es bei teilnehmenden Beobachtungen wichtig, dass die Erkenntnisse intersubjektiv nachvollziehbar sind. Zugleich ermöglicht das Verschriftlichen von Beobachtungen eine hermeneutische Selbstaufklärung des/der ethnografisch Forschenden. Das ethnografische Wechselspiel zwischen Nähe und Distanz bzw. Teilnehmen und Beobachten zeigt sich auch in dem Wechselspiel zwischen Erleben und Aufschreiben. Die analytische Distanz zu ‚der Welt, die beobachtet wird', lässt sich durch das Aufschreiben herstellen: Das Aufschreiben ermöglicht einen hermeneutischen (Selbst-)Verständigungsprozess, bei dem der/die ethnografisch Forschende in ein reflexives Verhältnis zu den Erlebnissen und der eigenen Rolle als Forschende*r gelangt. Die eigenen Erkenntnisse müssen im Sinne hermeneutischer Forschung expliziert bzw. verständlich gemacht werden:

> Als Ethnograf ist man nicht wie in anderen Forschungen auf „offizielles" und damit rares Material beschränkt: Ethnografie hat selten, wie Interviewforschung, Dateien mit Audio- oder Videoversionen der Interviews; nicht, wie Fragebogenforschung, einen Stapel an Fragebögen. Zwar können Videoethnografen gemacht […], Szenen aufgezeichnet werden (per audio oder video), aber das wäre immer nur ein Teilausschnitt der Studie. Indem man sich selbst zum Forschungswerkzeug gemacht hat, besitzt man vielmehr einen unbegrenzbaren und nie völlig explizierbaren Fundus an implizitem Material, weil man das Feld selbst versteht und dieses Eigenverständnis nicht nur verwenden darf, sondern verwenden muss. Nur geringe Teile dieses Fundus werden expliziert. Feldnotizen sind die Schriftstücke dieser Explizierung (Dellwing & Prus 2012, S. 163f.).

Im Schreiben werden die Eindrücke reflektiert aufgearbeitet. Dinge, die einem intuitiv klar zu sein scheinen, werden für ein intersubjektives Verständnis expliziert. Durch das Schreiben macht der/die ethnografisch Forschende „aus Erfahrungen Daten" (Breidenstein et al. 2013, S. 105). Im Zuge dieses Prozesses wird der/die ethnografisch Forschende zum/zur Leser*in der eigenen Erlebnisse. Durch das Schreiben erhält er/sie einen lesenden Zugang zu den eigenen Erlebnissen. „*Im* Schreiben werden zugleich Daten konstituiert *und* Erfahrungen analysiert. Sie werden gedeutet, sprachlich gestaltet, pointiert, arrangiert und sequenziert" (Breidenstein et al. 2013, S. 103, H.i.O.). Dabei geht es um ein verstehendes Re-Konstruieren von sozialen Praktiken.

Werkzeugkasten: Schreibend zum Erkenntnisfortschritt
Generell gilt, dass im ethnografischen Forschen eher zu wenig als zu viel verschriftlicht werden kann. Für den eigenen Erkenntnisfortschritt im Forschungsprozess kann es helfen, die Situationen gezielt zu beschreiben und zu interpretieren, die einen überrascht und/oder besonders gerührt haben und/oder aus anderen Gründen bemerkenswert waren. Zudem können ‚typische' Situationen dargestellt und interpretiert werden. Dabei ist zu klären: Warum sind diese Situationen typisch? Was sagen diese typischen Situationen über die beobachteten sozialen Praktiken aus?

Im Zuge des Schreibprozesses ist auch die Selbstreflexivität des/der ethnografisch Forschenden herausgefordert – „Die Fähigkeit das eigene Vorgehen, die eigenen Erfahrungen und Wahrnehmungen im Feld und die eigenen individuellen, kulturellen, sozialen und existenziellen Voraussetzungen reflexiv durchdringen zu können, wird deshalb auch zur entscheidenden Kompetenz des Ethnographen" (Lüders 2013, S. 395).

Werkzeugkasten: Ebenen der Darstellung
Obgleich die Wahrnehmung einer Situation stets subjektiv ist und eine Interpretationsleistung darstellt, sollte forschungsstrategisch zwischen der deutungs- und wertungsfreien Darstellung der Ereignisse und den Interpretationen und Meinungen differenziert werden. Hierfür hat es sich als fruchtbar erwiesen, ein Ereignis zu protokollieren (zu dem geschilderten Ereignis sollten Datum und Zeit festgehalten werden) und unter der Überschrift ‚Interpretation' analytische Überlegungen zu dem protokollierten Ereignis

festzuhalten. Unter der Überschrift ‚persönliche Ereignisbewertung' kann wiederum die persönliche Einschätzung/Bewertung des Ereignisses formuliert werden. Derart wird es analytisch möglich, zwischen den Ebenen...

- Ereignisdarstellung
- Ereignisinterpretation sowie
- persönlicher Ereignisbewertung

zu differenzieren.

3.1.9.1 Strategien für das ethnografische Schreiben

Der Auseinandersetzung mit Schreibstrategien kommt bei der ethnografischen Forschung eine hervorgehobene Bedeutung zu, da durch das Verschriftlichen ein Prozess des intersubjektiven Verstehens im Sinne hermeneutischer Erkenntnis geleistet wird. Generell ist zu empfehlen, in jeder Phase des ethnografischen Forschungsprozesses zu schreiben. Durch das kontinuierliche Schreiben entsteht nicht nur lediglich eine Dokumentation des Feldes, sondern auch eine Geschichte des eigenen Forschungsprozesses. Dabei kann im Sinne einer „Faustregel […] gelten, dass jede Stunde Beobachtung auch eine Stunde Schreiben ist. Und bei Schlüsselszenen kann es passieren, dass eine fünfminütige Beobachtungsphase mehrere Stunden Beschreibungsarbeit erfordert" (Breidenstein et al. 2013, S. 97). Im Folgenden werden Schreibstrategien vorgestellt, die bei dem Verschriftlichen der Beobachtungen eingesetzt werden können.

3.1.9.2 Schnell schreiben und systematisieren

Je weniger strukturiert eine Beobachtung ist, desto größer ist die Herausforderung, diese aufzuschreiben und zu dokumentieren. Es hat sich als nützlich erwiesen, direkt nach einer Beobachtung alles aufzuschreiben, was ‚im Kopf' ist. Ein Gedächtnisprotokoll wird erstellt. Dabei empfiehlt es sich, so schnell wie möglich die Beobachtungen niederzuschreiben, da dann die Erinnerung noch ‚frisch' ist. In einem zweiten Schritt können diese Schriften dann durchgesehen und systematisiert werden. Für diesen Systematisierungsprozess lassen sich folgende Fragen einsetzen:

- Welche Textteile sind neutrale Darstellungen von Phänomenen/sozialen Situationen?

- Was sind Interpretationen?
- Was sind Werturteile?

Nach der ersten Niederschrift schließt sich die Phase der Überarbeitung an. Spätestens im Zuge dieser Phase sollte dann ein Text entstehen, der auch für Außenstehende verständlich ist.

3.1.9.3 W-Fragen

Ethnografische Darstellungen geben oftmals beschreibende Überblicke über soziale Praktiken, routinierte Abläufe etc. Dabei ist es wichtig, der/dem Leser*in das nötige Hintergrundwissen für eine Situation zu vermitteln. Der/die Leser*in hat als Außenstehende*r dann die Möglichkeit, das beobachtete Geschehen verstehend nachzuvollziehen. Um eine solche intersubjektive Nachvollziehbarkeit zu gewährleisten, lässt sich an den sogenannten W-Fragen orientieren: So sollte eine ethnografische Darstellung u.a. angeben, *wo* beobachtet wird (Beobachtungsfeld), *was wann* beobachtet wird (Beobachtungseinheit) und *wer wen wie* beobachtet.

3.1.9.4 Notizen in einem Feldforschungstagebuch

Im Feldforschungstagebuch können ‚Selbstaufzeichnung' (Selbstreflexionen werden aufgezeichnet) und ‚Fremdaufzeichnungen' (fremde Beobachtungsobjekte werden beschrieben) festgehalten werden. Dabei lässt sich systematisch zwischen Protokollen und Reflexionen trennen. Im Feldforschungstagebuch können u.a. Überlegungen, Eindrücke, Gefühle, Bewertungen gesammelt werden. Zudem lassen sich wichtige Informationen als Notizen festhalten. Wie ein Feldforschungstagebuch letztendlich geführt wird, ist allerdings nicht entscheidend. Entscheidend vielmehr ist,

- dass die sozialen Praktiken, eigenen Interpretationen und Bewertungen dokumentiert und
- Notizen schnell in einen auch für Dritte lesbaren Fließtext übertragen werden, da diese Notizen auch für einen selbst im Laufe der Zeit unverständlich werden.

3.1.9.5 Verschriftlichungsstrategien nach Martin und Wawrinowski

Zur Systematisierung der Aufzeichnungen von Beobachtungen listen Martin und Wawrinowski (2014) verschiedene Textgenre auf, an denen sich für die Verschriftlichungen ethnografischer Beobachtungen orientiert werden kann.

- Verlaufsprotokoll: Der Verlauf einer Situation/eines Prozesses wird so vollständig wie möglich beschrieben. „Das gesamte Verhaltensgeschehen während einer bestimmten Zeitspanne soll in seinem ununterbrochenen Ablauf unmittelbar und möglichst genau aufgezeichnet werden. Dabei wird die Umgangssprache verwendet" (Martin & Wawrinowski 2014, S. 66).
- Ereignisbeschreibung: Ereignisse können beschrieben werden. Dabei reicht die Spannbreite von Ereignissen, die typische soziale Situationen beschreiben, bis hin zu Vorgängen, die ‚außer-ordentliches' darstellen, also die typische Ordnung stören. Bei Ereignisbeschreibungen „interessiert das gesamte Verhalten. Wichtig ist, dass die genaue Abfolge der Verhaltensweise beschrieben wird (einschließlich Anlass und Ausgang des Vorfalls)" (Martin & Wawrinowski 2014, S. 66). Martin und Wawrinowski, sich an den folgenden Fragen zu orientieren
- „Wann und wo spielte sich der Vorgang ab?
- Was tat und sagte die beobachtete Person? Was taten andere direkt Beteiligte?
- Was denken Sie, warum sich die beobachtete Person so verhielt?" (Martin & Wawrinowski 2014, S. 66).
- Begriffs-Systeme (Zeichen-Systeme): Begriffs-Systeme stellen eine Sammlung von Begriffen dar – v.a. von Adjektiven, Substantiven und Verben. Mit diesen gesammelten Begriffen werden „Eigenschaften des Beobachtungsgegenstandes benannt oder Verhaltensweisen charakterisiert" (Martin & Wawrinowski 2014, S. 67). Dabei geht es weniger um eine „theoretische Strukturierung, eine Typologie oder eine Persönlichkeitstheorie" (ebenda). Vielmehr kann ein Begriffs-System dabei helfen, die beobachtete soziale Praxis angemessen darzustellen: „So könnte z.B. ‚locker' den Gang der beobachteten Person in der konkreten Situation, die typische Gestik, das Tempo oder auch das gesamte seelische Gefüge eines Menschen bezeichnen" (ebenda). Entscheidend ist, dass die Wahrnehmung durch mögliche ‚Begriffe' geschärft wird. Dabei kann sich an folgender Leitfrage orientiert werden: Mit welchen Begriffen lässt sich die Situation XY bzw. oder Akteur Z am ehesten beschreiben?

Ethnografisches Forschen ermöglicht über die teilnehmende Beobachtung ein Forschen vor Ort. Dabei stellt das Changieren zwischen Nähe und Fremdsein eine zentrale Herausforderung dar, sich verstehend analytisch mit den Situationen auseinanderzusetzen, in denen Forschende selbst eingebunden sind. Im Rahmen einer integrativen Bildungsforschung ermöglicht die Ethnografie als Forschung vor Ort, Bildung *in actu* zu beobachten.

3.1.10 Bildung beobachten – Ethnografische Ansätze im Kontext integrativer Bildungsforschung

,Die Schule rockt!' – Ein Beispiel aus der Forschungspraxis: Von zunächst rhythmischer Grundlegung bis hin zum Auftritt in der breiten Medienöffentlichkeit, betreuen eine Grundschule und eine Oberschule im nördlichen Niedersachsen gemeinsam mit der örtlichen Musikschule Schüler*innen in Rockbands. Mittlerweile besteht die Möglichkeit, dass die Schüler*innen von der 1. bis zur 10. Klasse nahtlos in Rockbands verbleiben. Dabei blicken die Bandprojekte auf eine Geschichte zurück – so geht das Bandprojekt der Grundschule inzwischen ins achte Jahr und hat diverse Preise erringen können. Im Mittelpunkt steht die Integration, das Empowerment sowie die Förderung von musikalischen Talenten der Schüler*innen durch ästhetische Bildung in einem sozio-ökonomisch belasteten Stadtbezirk. Das Projekt schafft einen alternativen Bildungsraum, der zwischen Subkultur und institutionalisiertem Lernen angesiedelt ist. Gerade vor dem Hintergrund, dass die kooperierenden Institutionen in einem sozio-ökonomisch stark belasteten Bezirk zu verorten sind, erscheint ein Projektangebot im Bereich der ästhetischen Bildung, das die Resilienzkräfte von Schüler*innen stärkt, von zentraler Relevanz (vgl. Zander 2009).

Eine wissenschaftliche Auseinandersetzung mit dem Projekt im Sinne einer integrativen Bildungsforschung ermöglicht es herauszuarbeiten, ob und in welcher Weise durch das Projekt bei den teilnehmenden Schüler*innen Bildung gefördert wird bzw. ob und wenn ja, wie sich positiv konnotierte Selbst-/Weltverhältnisse bei den Schüler*innen entwickeln.

Im Rahmen einer Lehrveranstaltung an dem pädagogischen Institut der Carl von Ossietzky Universität Oldenburg wurde die musikpädagogische Initiative im Sinne des forschenden Lernens durch studentische Forschung wissenschaftlich begleitet. In Kooperation mit den Schulen und den Lehrenden haben die Studierenden Daten erhoben und ausgewertet. Durch die studentische Begleitforschung wird es möglich zu prüfen, wie sich durch den institutionellen Rahmen des Projektes Bildung auf individueller Ebene entfaltet. Um die Komplexität des Projektes abzubilden und die eingebundenen Akteure angemessen zu berücksichtigen, wurde ein Forschungsdesign entwickelt, in dem die verschiedenen Organisationsebenen durch repräsentative Akteure vertreten waren. So wurden die Direktoren der beiden Schulen sowie die Bandbetreuer in verstehenden Interviews[20] einzeln befragt.

---

20 Das verstehende Interview ist ein hermeneutisches Interviewverfahren, das sich an der induktiven Theoriebildung im Sinne der Grounded Theory orientiert. Dabei weist das verstehende Interview einen losen Strukturierungsgrad auf. Im Idealfall liefert der

Als Bandbetreuer wurden Herr L. und Herr H. befragt. Herr H. ist Profimusiker und betreut die Bandprojekte an der Grundschule sowie an der Oberschule. Herr H. betreute bis 2017 als Musiklehrer das Bandprojekt an der Oberschule und ist nun im Ruhestand. Zudem wurden die Schüler*innen in Gruppen interviewt. Dabei wurden die Mitglieder der Band der Grundschule und die Mitglieder der Band der Oberschule jeweils in zwei Gruppen zu ca. 5 Schüler*innen geteilt, um die Gruppen nicht zu groß werden zu lassen. So bestand die Möglichkeit, dass die einzelnen Schüler*innen genug Raum für eigene Sprachanteile bekommen haben. Ein Erkenntnisinteresse bei den Interviews bestand darin, akteursspezifische Positionen zu ermitteln:

• Wie reflektieren die Akteure das Bandprojekt aus ihrer Position als Direktor/ Musikpädagoge/Schüler*in?

Dabei sollte auch das Erleben thematisiert werden:

• Wie Erleben die jeweiligen Akteure aus ihrer Position in der Institution Schule das Bandprojekt?

In der Auswertung, in der v.a. Strategien der dokumentarischen Methode eingesetzt wurden (vgl. 3.6.5), wurde ein Akzent darauf gelegt, ob sich Indikatoren identifizieren lassen, die im Sinne einer integrativen Bildungsforschung auf das Vorhandensein von Bildung verweisen.

Die Interviews wurden durch passive offene teilnehmende Beobachtungen flankiert. Mit Bezug auf den Ansatz der fokussierten Ethnografie protokollierten jeweils zwei Studierende eine Bandprobe oder eine Stunde Instrumentalunterricht. Die Studierenden waren dabei aufgefordert, den Verlauf zu schildern, ein ‚Ereignis' darzustellen (der Grad der Detaillierung war dabei nicht vorgegeben) und das persönliche Erleben zu reflektieren. Dabei konnten die Studierenden mit ihren Handys die Räume fotografieren und auch die Bandproben aufzeichnen. Ein Erkenntnisinteresse, das den teilnehmenden Beobachtungen zugrunde lag, bestand in der Frage, ob sich in den Bandproben Bildungsdynamiken erkennen lassen.

Dabei wurden Beobachtungsschwerpunkte auf die Beziehungen …

Interviewleitfaden eher Orientierungspunkte für das Gespräch. Dies setzt voraus, dass das Erkenntnisinteresse vorab klar formuliert ist und dieses Erkenntnisinteresse im Interview durch passende Fragen im Interview eingebracht werden kann (vgl. Kaufmann 1999).

- zwischen Schüler*innen untereinander,
- zwischen Schüler*innen und Musikpädagog*innen,
- zwischen einzelnen Schüler*innen zur Gruppe,
- zwischen Schüler*innen zum Arbeitsprozess und
- zwischen Schüler*innen zur ihren Instrumenten/zur Gruppe

gelegt. Durch diese Beobachtungsschwerpunkte sollte eine Relationierung der Konstellation ermöglicht werden. Beim Relationieren werden Elemente in Beziehung zueinander gesetzt. So entsteht eine Struktur (Verbindung der Elemente) und es lassen sich Wechselwirkungen zwischen den Elementen erkennen. Im Folgenden wird ein Ausschnitt aus einer passiv teilnehmenden Beobachtung gegeben. Diese Beobachtung ist von Kommentaren unterbrochen, die methodische sowie methodologische Aspekte der teilnehmenden Beobachtung anhand des empirischen Materials erläutern.

> Die Proben verlaufen nach einem festen Strukturplan. Die Schüler*innen kommen, finden sich in ein einem Sitzkreis ein. Herr L. stellt die Agenda des Tages vor. Die Schulband wird von Herrn L. und Herrn M. geleitet, die durch eine pädagogische Kraft unterstützt werden. Die von mir beobachtete Anfängergruppe besteht aus fünf Jungen, von denen ein Junge an dem Beobachtungstag fehlte und sieben Mädchen aus der zweiten bis vierten Klasse. Mit Ausnahme eines Kindes haben alle Kinder einen Migrationshintergrund. Nach Aussage von Herrn L. handelt es sich um eine harmonisch-funktionierende Gruppe.

Bei der Schilderung der Gruppe zeigt sich die Richtung des Blickes: Geschlecht und Migrationshintergrund werden als saliente Merkmale identifiziert, also als relevante Merkmale, die die Akteure auszeichnen.

> Allerdings gebe es einen verhaltensauffälligen Jungen, der bereits schon mal vom Unterricht suspendiert wurde und dem er in der letzten Stunde drohte, dass er ‚rausfliegen' würde, falls er erneut stören würde. Dieser Junge sei jedoch sehr musikalisch und könne Vorgaben schnell umsetzen.

Der die Band betreuende Musikpädagoge Herr L. fungiert als Gatekeeper, der die notwendigen Kontextinformationen vermittelt. Durch das Protokoll werden diese Kontextinformationen an uns als Leser*innen weitergegeben. Inhaltlich zeigt sich hier das Spannungsverhältnis, das sich zwischen der Disziplin zugunsten der Gruppenarbeit und der Förderung des begabten aber ‚verhaltensauffälligen' Schülers aufspannt.

> Direkt nach dem Mittagessen um 14:25 begeben sich die Lehrer und Kinder lang-
> sam zum Musikraum. Das Einfinden der Plätze verläuft etwas unruhig. Kinder und
> Lehrer reden durcheinander, Musikinstrumente werden bereitgestellt und die Mik-
> rofone werden noch ausprobiert und richtig eingestellt. Dann gibt es eine klare und
> laute Ansage von Herrn L. „macht einen Sitzkreis". Die Kinder finden sich an ihren
> Plätzen ein und Herrn L. erklärt den heutigen Ablauf. Er sagt, dass sie erst das See-
> mannslied proben, zwischendurch eine Pause machen und danach weiter proben.
> Sein Ton ist bestimmend und freundlich.

Die Schilderung ermöglicht einen plastischen Eindruck des sozialen Geschehens.
Diese anschauliche Darstellung wird durch Adjektive und Adverbien hergestellt.
Adjektive und Adverbien ermöglichen eine semantische Differenzierung von
Handlungen auf der beschreibenden Ebene. So ,begeben' sich die Lehrer und Kinder nicht einfach zum Musikraum, sondern, sie tun dies ,langsam'. Herr L. macht
nicht einfach eine Ansage, sondern, eine ,laute' und ,klare' Ansage. Zugleich verweisen diese Adjektive und Adverbien auf die subjektive Dimension der Schilderung: Aus der Perspektive der studentischen Forscherin wird diese Handlung
als ,langsam' oder ,klar' und ,laut' wahrgenommen. Der Einsatz der Adjektive
zeigt auf, wie sehr sich im ethnografischen Forschen die Subjektivität des/der Forscher*in in den Forschungsprozess und in die Prozesse der Datenerhebung- und
Auswertung mit einschreibt.

> Ein Mädchen sitzt am Schlagzeug, fünf Mädchen sind Sängerinnen, ein Mädchen
> und zwei Jungen spielen an der E-Gitarre, ein Junge hat eine Akustik-Gitarre und
> ein weiterer Junge [...] sitzt am Keyboard. Herr L. begleitet die Band ebenfalls am
> Keyboard. Jedes Kind kennt seine Rolle und das Lied wird von ihnen ohne Unter-
> brechung durchgespielt. Anschließend erhalten die Sänger*innen einen Feedback
> von Herrn M., da sie einige Textstellen nicht deutlich ausgesprochen haben. Er sprich
> ihnen einige Worte verständlich vor und die Kinder sprechen diese nach. Auch an-
> dere Kinder erhalten ein kurzes Feedback. Dabei ist die Ansprache durch die Lehrer
> deutlich [...] Währenddessen spielt der Junge am Keyboard an seinem Instrument.
> Herr L. macht ihn darauf aufmerksam, dass er stört, worauf der Junge direkt aufhört
> zu spielen. [...] Während das Lied ein zweites Mal gespielt wird, sind die Kinder sehr
> konzentriert. Das Mädchen am Schlagzeug beendet das Lied zu früh, worauf Herr
> L. laut „Nein" ruft. Das Mädchen reagiert leise mit einem „Oh". Daraufhin bemerkt
> Herr L. leicht verärgert „Das hast Du letzte Woche auch schon gemacht" und fügt
> direkt und lobend hinzu „Aber sonst war alles gut".

Die Forscherin hebt hervor, dass es routinierte Abläufe gibt. Dies ermöglicht ein
zielgerichtetes Arbeiten und ein Einstudieren der Musikstücke. Störungen werden
unterbunden, wobei es um die Herstellung von Ruhe und nicht um die Etablierung
von Machtstrukturen geht (was sich auch in den Interviews mit den Schüler*innen

zeigt, vgl. 3.6.5). Die Schüler*innen werden als Musiker*innen ernst genommen und erhalten auf ihre Leistungen ein Feedback. Als didaktische Strategie gehen Kritik und Empowerment Hand in Hand, wie sich an der Kritik und dem Lob in Bezug auf die Schlagzeugerin zeigt.

> Das Seemannslied wird wieder von vorne gespielt. Während des Spielens wippen zwei Sängerinnen mit ihren Füßen und Beinen zum Lied. Nach Beendigung des Liedes wirkt eine der jüngeren Sängerinnen erschöpft und sinkt auf ihrem Stuhl zusammen. Herr L. lobt das Mädchen [...] Ein Junge mit E-Gitarre hat noch eine Frage zur Notenabfolge, während Herr M. diese Abfolge geduldig mit dem Jungen bespricht, hört dieser konzentriert und geduldig zu [...] Herr L. bemerkt, dass das Mädchen, das Schlagzeug spielt, zu weit vom Instrument entfernt sitzt und fragt sie daher „Soll ich dir das näher ran stellen?" Das Mädchen antwortet mit „Ja" worauf Herr L. freundlich entgegnet „Sag' das doch ruhig vorher" und zu ihr geht, um die Trommel weiter nach vorne zu schieben.

Der Blick der Forscherin nimmt bei dem Geschehen nicht nur die Interaktion wahr, sondern entwickelt auch einen empathisch-verstehenden Blick – beispielsweise, wenn festgestellt wird, dass eine der jüngeren Sängerinnen erschöpft wirkt. Vor dem Hintergrund dieser Interpretation des Zustands der Sängerin erscheint das Lob von Herrn L. als eine empowernde Geste, welche eine Reaktion auf die Erschöpfung der Sängerin darstellen kann. Würde die ethnografische Forscherin diese Erschöpfung nicht in den Blick nehmen, würde uns als Leser*innen diese mögliche kausale Verbindung zwischen dem Lob von Herrn L. und der Erschöpfung der Sängerin entgehen. Das Lob von Herrn L. könnte dadurch eine andere Bedeutung erhalten, nämlich, dass eine Hierarchie aufgespannt wird, wenn Herr L. eine bestimmte Sängerin willkürlich hervorhebt.

> Nach ein paar kurzen Instruktionen wird das Lied „Eine Stadt für Dich" routiniert gespielt. Anschließend gibt es eine zehnminütige Pause, für die die Kinder den Raum verlassen sollen [...] Nach etwa zehn Minuten finden sich die Kinder ohne vorherige Ansage wieder im Klassenraum ein. Anfangs herrscht ein kurzes Gewusel, bevor sich alle wieder auf ihren Plätzen einfinden. Das vor der Pause geprobte Lied wird nochmals durchgesungen. Daraufhin ist Herr L. so begeistert, dass er die Idee hat, das Lied mit dem Handy aufzunehmen und wenn dies gut gelinge, würde er die Aufnahme auf die Facebook-Seite hochladen. Die Kinder scheinen sich darüber zu freuen und wirken etwas aufgeregter als vorher. Während des Spielens nimmt die pädagogische Mitarbeiterin mit dem Handy auf. Sie geht dabei im Raum herum, um die Kinder gemeinschaftlich und auch einzeln zu filmen. Während des Stückes geben sich die Kinder besonders viel Mühe und an ihren freudigen Gesichtern ist der Spaß am Musizieren zu erkennen. Hinterher werden die Kinder von Herrn L. gelobt.

Die gezielte und konzentrierte Arbeit von den Schüler*innen wird seitens der Musikpädagogen geschätzt. Diese Wertschätzung wird gespiegelt, z.b. wenn Herr L. die Möglichkeit eröffnet, die erarbeitete Leistung per Videofilm zu dokumentieren und auf Facebook hochzuladen. Hier zeigt sich die Produktions- und Handlungsorientierung dieser spezifischen Form musisch-ästhetischer Bildung – zugleich wird die intrinsische Motivation der Schüler*innen gezielt aktiviert. Die Schilderung der Emotionen macht die Szene plastisch anschaulich und hermeneutisch nachvollziehbar. Dies erfordert aber auch ein hermeneutisch-empathisches ‚Gespür' seitens der ethnografisch Forschenden. Dieses ‚Gespür', also die Wahrnehmung/Interpretation der Emotionen von Akteuren, ist aus dieser Perspektive eine zentrale Herausforderung an ethnografische Forschende.

> Dann soll eine bestimmte Stelle wiederholt werden, die von Herrn L. erklärt wird. Die Kinder wissen sofort, welche Stelle gemeint ist und finden schnell in den Song rein [...] Am Ende der Stunde ruft Herr L. „Abbauen". Ein jüngeres, bisher sehr zurückhaltendes Mädchen spricht ins Mikrofon „Danke Herr L.". Dies geht allerdings in der allgemeinen Aufbruchsstimmung unter. Eine der Sängerinnen geht ans Schlagzeug und fragt „Darf ich Schlagzeug spielen Herr L.?" Aus der anderen Ecke des Raumes antwortet die pädagogische Mitarbeiterin mit freundlicher Stimme „Nee, tschüss". Die Sängerinnen stehen bei den Instrumenten und reden miteinander. Sie würden gerne noch das Schlagzeug und das Keyboard ausprobieren und trommeln leicht auf das Schlagzeug oder betätigen die Tasten des Keyboards. Dann sprechen sie Herrn L. an und fragen, ob sie noch einen Song von Justin Bieber singen dürfen. Es entsteht ein freundlich-lustiges Gespräch zwischen den beiden Lehrern und den Schülerinnen. Die Lehrer fangen an zu singen, während ein paar andere Schüler noch „Tschüss" in den Raum rufen. Kurz danach hören die Lehrer auf zu singen und Herr L. ruft laut und freundlich „Haut jetzt ab".

Dieser Probeverlauf zeigt paradigmatisch die Struktur des Bildungsraums auf, dessen Interaktionsstruktur von den Musikpädagogen vorgegeben wird (vgl. dazu eingehender 4.2). Die Schüler*innen orientieren sich an dieser Struktur und bringen sich selbst ein, wie sich an dem E-Gitarristen ablesen lässt, der Fragen hat. Dass die Schüler*innen den Raum erst langsam verlassen, noch Kontakt zu den Musikpädagogen suchen und auch gerne weiter musizieren würden, lässt sich als Indiz dafür werten, wie gerne die Schüler*innen sich in diesem Bildungsraum aufhalten. Im Sinne eines Gegenhorizonts lässt sich das schnelle Verlassen eines Klassenraums nach einer anstrengenden Mathematikstunde denken, wo die Schüler*innen bei Ertönen des Pausenzeichens sofort aufspringen und aus dem Raum laufen. Hier hingegen wird freundlich mit den Musikpädagogen gesprochen und gefragt, ob noch weiter musiziert werden könnte.

Im Folgenden soll eine weitere Textstelle aus einem Beobachtungsprotokoll präsentiert werden. Es handelt sich um die Darstellung einer Probe der Band aus der Oberschule. Die Textstelle stellt ein ‚Ereignis' dar, welches von der Studierenden ausgewählt worden ist. Dabei wird eine Situation beschrieben, bei der der Bandtechniker B. ein Part in einem von der Band selbst geschriebenen Musikstück rappt. Der Bandtechniker B. ist als Schüler relativ neu an der Oberschule, kommt aus Somalia und beherrscht die Deutsche Sprache noch nicht. Von Herrn H. wurde B. als Techniker in das Bandprojekt integriert. Bei einem Stück hat er spontan zum Mikrofon gegriffen und in seiner Muttersprache dazu gerappt. Dadurch wurde B. muszierender Teil der Band. Dieser Prozess ist von Herrn H. im Interview eingehender geschildert worden und wird in 4.2 als Bildungsprozess re-konstruiert. Von der ethnografisch Beobachtenden wird eine Situation beschrieben, in der der Bandtechniker B. mit der Sängerin zusammen musiziert. Die Szene beginnt, als die Sängerin von dem individuellen Gesangsunterricht zurück in die Bandprobe kommt.

Als die Gesangslehrerin und die Sängerin M. nach der Pause zur Gruppe stoßen, verändert sich das Gruppengefüge und es wird kurze Zeit unruhiger (Auch, weil ich hier meine Situation verändere, um zum Filmen aufzustehen).

Hier wird das Spannungsverhältnis deutlich, das der teilnehmenden Beobachtung konstitutiv inhärent ist: Der/die ethnografisch Forschende ist Teil der von ihm/ihr beobachteten Situation.

B. sitzt zu diesem Zeitpunkt nach an dem Mischpult. L. singt noch einmal solo den Refrain zur Einstimmung. Die Sängerin M. beginnt den ersten Teil des Textes zu singen. Sie steht direkt vor B., der noch mit der Technik beschäftigt ist. Er sitzt mit dem Oberkörper weit nach vorne gebeugt, blickt zur ihr auf und lächelt sie an. Sein Kopf bewegt sich im Takt zur Musik und ihrem Gesang. In der kurzen Gesangspause fordert sie ihn mit einem „Komm" auf, sie mit dem Gesang zu unterstützen.

Wie bei den Bandproben der Grundschule gibt Herr L. auch an der Oberschule die Struktur der Proben vor. Zugleich wird diese strukturierende Haltung von Schülerin M. übernommen, indem sie Schüler B. auffordert, mitzusingen. Die ethnografisch Forschende gibt nicht nur die Interaktion wieder, sondern beschreibt detailliert die Körperhaltung und das Lächeln der Akteure. Dabei fokussiert sie auf Schülerin M., Schüler B. sowie die Musikpädagogen. Dadurch geraten die anderen Akteure aus dem ethnografischen Blick. Diese Reduktion ermöglicht es, auf die besondere Kommunikation zwischen Schülerin M. und Schüler B. zu fokussieren, die sich im Folgenden entfaltet:

Als B. nicht darauf reagiert, setzt sie den Gesang alleine fort. Er lehnt sich zurück und blickt unbeteiligt in die Runde. Daraufhin blickt sie erst zu Herrn L. und dann zu Herrn H., die aber darauf nicht reagieren. Nun nimmt sie wieder den Blickkontakt zu Schüler B. auf und zeigt erst mit dem Finger auf ihn dann mit dem Finger vor dem Platz mit dem Mikro neben ihr, worauf er mit einem weiteren Lächeln reagiert. Sie gibt ein weiteres Mal diese Zeichen, er lächelt wieder und nickt ihr freundlich zu. Sie setzt erneut ihren Gesang fort. Als das Lied beendet ist, schaut sie noch einmal zu ihm und sagt in einem erhobenen Ton seinen Namen.

An dieser Stelle zeigt sich die Relevanz, im ethnografischen Forschen auf nonverbale und paraverbale Aspekte zu achten. Die Kommunikation zwischen Schülerin M. und Schüler B. vollzieht sich zunächst nonverbal. Über Lächeln, Blicke und Gesten wird von Schüler B. ein Verhalten verlangt (das Singen am Mikrofon), das er aber verweigert. Allerdings lächelt er, was die Verweigerung abschwächt. Herr L. und Herr H. sind dabei nicht Teil der Kommunikation, da sie keinen Blickkontakt herstellen. Schülerin M. übernimmt selbst Verantwortung und setzt ihre Kommunikation fort. Als dies nicht erfolgreich ist, wechselt sie nach Beendigung des Liedes in die sprachliche Ebene und nennt den Namen von B.

Nach einer kurzen Pause wird der Gesang erneut geprobt. Schüler B. und Schülerin M. stehen jetzt beide in der Mitte des Raumes. Schülerin M. mit dem Blick zu den Keyboards und nach links zu Herrn H. Schüler B. mit dem Blick zu dem Fenster und nach rechts zu Herrn L. (allerdings mit dem Rücken zu mir). Schülerin M. singt und Schüler B. verschränkt die Arme hinter dem Rücken, seine Hände öffnen und schließen sich zu Fäusten, obwohl seine gesamte Haltung sehr locker aussieht. Letzte Probe. Schülerin M. und Schüler B. stehen nebeneinander, Herr L. sitzt links von ihnen und begleitet mit Gesang und Gitarre. Alle drei haben ein Mikrofon vor sich stehen […] Beim Intro verschränkt Schüler B. weiterhin seine Arme hinter dem Rücken. Kurze Zeit später nimmt er die Hände nach vorne und bewegt sich zum Takt. Er und Schülerin M. sind zu diesem Zeitpunkt auf sich und die Instrumente konzentriert. Als Schülerin M. mit dem Gesang beginnt, werden die Bewegungen der Hände von Schüler B. schneller und seine Lippen formen die Worte, die er von dem Text aufnimmt. Seine Hände bewegen sich zu seinem Kopf, die Zeigefinger an die Schläfen gelegt und er hält den Blick gesengt. Als der Refrain einsetzt, beginnt er sofort den Kopf wieder aufzurichten und seine Haltung entspannt sich wieder. Seine Arme verschränkt er locker vor dem Bauch, allerdings verändert sich sein Gesichtsausdruck und er beginnt die Stirn in Falten zu ziehen. Dann beginnt er mit dem Gesang, den niemand ihm Raum außer ihm verstehen kann.

Die Forscherin fokussiert auf Schüler B. Er wird zum Zentrum des Geschehens, seine Konzentration auf das Musikstück erleben wir durch die detaillierte Beschreibung der Körperhaltung mit. In dem Moment, wo B. beginnt zu singen, integriert die Beobachtende die restlichen Akteure wieder in die Schilderung. Dies geschieht zunächst, indem darauf verwiesen wird, dass Schüler B. etwas singt, was niemand anderes im Raum verstehen kann. Die anderen Akteure werden in diesem Moment wieder gegenwärtig und Teil der Darstellung. Dementsprechend fokussiert die ethnografisch Forschende in ihrer Darstellung wieder auf die interaktive Dimension des Geschehens. Wir folgen der Situation durch ihren Blick:

> Schülerin M. blickt Schüler B. aufmerksam an, ihre Hände halten den Zettel mit dem Text zusammengerollt fest. Als sie den Gesang von Schüler B. hört, beginnt sie zu lächeln und sucht den Blick von Herrn H. Sie blickt auf ihren Zettel, den sie mittlerweile wieder ausgerollt hat, dann zu Herrn L. und Herrn H., bevor sie ihren Gesangspart weiter übernimmt.

Schülerin M. übernimmt Verantwortung für die Integration von Schüler B. in den Song. Diese Verantwortungsübernahme verweist auf die ethische Dimension von Bildung, die in Kapitel 4.2 eingehender diskutiert wird. Als Schüler B. die Einladungen, sich am Lied zu beteiligen, annimmt und singt bzw. rappt, wird der Blickkontakt zu den Musikpädagogen gesucht, die als normative Instanzen den Bildungsraum und dessen ethische Struktur aufspannen (ethische Kommunikationsstruktur bezeichnet an dieser Stelle die Art und Weise, wie miteinander im Rahmen des Bildungsraums zu kommunizieren ist, vgl. 4.2). Dadurch, dass die Beobachterin das Lächeln als eine zentrale Form der Kommunikation dechiffriert hat, wird es möglich, Einsichten in die nonverbalen Kommunikationsdynamiken zu erhalten.

> Nun ist es wieder an Schüler B., Schülerin M. zu betrachten. Er lächelt sie an, seine Lippen formen erneut die Worte, die er erfasst. Als sein Part beginnt, richtet sich Schüler B. wieder auf, die Hände in die Hosentaschen geschoben und auf den Gesang von Schülerin M. konzentriert. In dem Moment, wo Schüler B. wieder in den Gesang einstimmt und Schülerin M. Pause hat, blickt sie wiederum erst ihn und dann die Lehrer an, bevor sie sich mit einem Lächeln erneut Schüler B. zuwendet. In dem Moment, wo sowohl Schülerin M. als auch Schüler B. eine Pause haben und der Instrumentalteil einsetzt, blicken sich zwar beide an, aber keiner kann den Blick lange halten. Mit einem Lächeln wenden sie sich voneinander ab. Zum Abschluss des Liedes singen sie gemeinsam. Schülerin M. Deutsch. Schüler B. Somali, wobei Schülerin M. durch Fingerzeichen den Einsatz von Schüler B. deutlich macht. Sie blicken sich erneut an und lächeln sich zu. Bevor Schüler B. mit dem Wort ‚Off' das Lied beendet.

Die Forscherin beschreibt eine intensive Kommunikation, die von der Ermunterung zum Singen bis hin zum erfolgreichen Abschluss des gemeinsam gesungenen Liedes reicht. Es treten Akteure wie Schülerin M. und Schüler B. in den

Vordergrund, flankiert von den normativen Instanzen Herrn H. und Herrn L., die als Lehrende den Bildungsraum aufspannen. Die anderen Bandmitglieder treten zugunsten der Interaktion von Schülerin M. und Schüler B. in den Hintergrund. Diese beiden Akteure entfalten eine Interaktion, die von dem Empowern bzw. der ermutigenden Aufforderung mit aktiv zu werden bis hin zum gemeinsamen Singen reicht. B., der sich anfangs noch weigerte mit zu musizieren, hat dabei sogar noch das letzte Wort, während Schülerin M. im Sinne der Bildungsethik (vgl. 4.2) Verantwortung für B. und seine Partizipation am Lied übernimmt. Diese intensive Aushandlung konnte durch eine detaillierte Beschreibung realisiert werden, die auf die Körperhaltung bzw. para- und nonverbale Ebenen der Kommunikation achtete. Die Darstellung leitet dabei unseren Blick, indem zunächst die Gesamtsituation gezeichnet wird. Anschließend wird unser Blick verstärkt auf Schüler B. gelenkt und danach wieder auf die anderen Akteure wie die Schülerin M., Herrn H. und Herrn L. gerichtet. Die subjektive Dimension der Beschreibung zeigt sich, wenn dieses Protokoll mit dem Protokoll eines anderen ethnografisch Forschenden kontrastiert wird, der das gleiche Ereignis ebenfalls schildert:

> Als die Band das zweite Mal das komponierte Stück mit Gesang spielt, singt Schüler B. einen eigenen Part. Er hat hierfür keine Textvorlage und singt in seiner Muttersprache. Niemand versteht, was er singt. Der gesungene Part wird von allen Anwesenden als harmonisch empfunden und passt gut in den Kontext des Songs.

Die Unterschiede zwischen den Darstellungen des gleichen Ereignisses zeigen beispielhaft die Abhängigkeit intersubjektiver ethnografischer Erkenntnis von dem/der Forschenden. Beobachtungen sind an die Subjektivität des/der ethnografisch Forschenden gebunden. Daher erscheint – und dies ist eine Erkenntnis, die generell für qualitative Sozialforschung gilt – der reflektierte Umgang mit der eigenen Subjektivität im Forschungsprozess als ein wichtiges Merkmal ethnografischer bzw. qualitativer Sozialforschung.

Zugleich zeigen die verschriftlichten Beobachtungen, wie die Schüler*innen sich in der Kreativität entfalten und wie dieser Prozess auch ein intersubjektiver Aushandlungsprozess ist. Dies macht v.a. die detaillierte Darstellung deutlich, bei der nachgezeichnet wird, wie die Schülerin M. über ihr Lächeln Ermutigung und Aufforderung kommuniziert. Es lässt sich nachvollziehen, wie Schüler B. diese Aufforderung annimmt und sich im gemeinsamen Musizieren ausdrückt: B. bringt seine Muttersprache in das musikalische Schaffen des Bandprojekts ein. Er erhält eine Stimme, die zwar nicht von den anderen Bandmitgliedern verstanden wird, B. aber zu einem musikalischen Akteur im Bandgeschehen werden lässt – dies zeigt v.a. die letzte, kurz gehaltene Beschreibung.

Die in 4.2 dargestellte Schilderung des Bildungsprozesses von B. zeigt auf, dass diese Integration von B. in das musikalische Geschehen zu einem positiv konnotierten Selbst-/Weltverhältnis bei B. führt. Zusammenfassend lässt sich festhalten, dass durch die ethnografische Beobachtung ein Blick auf Bildungsdynamiken gewonnen werden kann. Es kann analysiert werden, wie die Beziehungen zwischen den Akteuren strukturiert sind bzw. wie sich die Akteure in einer sozialen Konstellation zueinander verhalten/aufeinander Bezug nehmen und dabei ein positiv konnotiertes Selbst-/Weltverhältnis herstellen können.

Literatur

Bourdieu, P. (1987). *Die feinen Unterschiede. Kritik der gesellschaftlichen Urteilskraft.* Frankfurt am Main: Suhrkamp.

Breidenstein, G., Hirschauer, S., Kalthoff, H. & Nieswand, B. (2013). *Ethnografie. Die Praxis der Feldforschung.* Konstanz: Uvk.

Dellwing, M., & Prus, R. (2012). *Einführung in die interaktionistische Ethnografie. Soziologie im Außendienst.* Wiesbaden: VS Springer.

Flick, U. (2010). *Qualitative Sozialforschung. Eine Einführung.* Reinbek bei Hamburg: Rowolth.

Friebertshäuser, B., & Panagiotopoulou (2013). Ethnografische Feldforschung. In B. Friebertshäuser, A. Langer & A. Prengel (Hrsg.), *Handbuch Qualitative Forschungsmethoden in der Erziehungswissenschaft* (S. 301-322). Weinheim: Beltz/Juventa.

Hadersdorf, B. (2013). Ethnografie im Studium und zur Erforschung der Praxis Sozialer Arbeit und Pädagogik. *Sozial Extra* 37(11), 20-22.

Hahn, H. P. (2013). *Ethnologie. Eine Einführung.* Frankfurt am Main: Suhrkamp.

Kaufmann. J.-C. (1999). *Das verstehende Interview. Theorie und Praxis.* Konstanz: Uvk.

Knoblauch, H. (2001). Fokussierte Ethnographie: Soziologie, Ethnologie und die neue Welle der Ethnographie. *Sozialer Sinn* 2(1), 123-141.

Lüders, C (1995). Beobachten im Feld und Ethnographie. In U Flick, E. v. Kardorff & I. Steinke (Hrsg.) *Qualitative Sozialforschung. Ein Handbuch* (S. 384-401). Reinbek bei Hamburg: Rowolth.

Martin, E., & Wawrinowski, U. (2014). *Beobachtungslehre. Theorie und Praxis reflektierter Beobachtung und Beurteilung.* Weinheim: Beltz/Juventa.

Rehbein, B. (2006). *Die Soziologie Pierre Bourdieus.* Konstanz: Uvk.

Rosenthal, G. (2014). *Interpretative Sozialforschung. Eine Einführung.* Weinheim: Beltz/Juventa.

Simmel, G. (1908). *Soziologie. Untersuchungen über die Formen der Vergesellschaftung.* Berlin: Duncker & Humblot.

Thomas, S. (2010). Ethnografie. In Mey, G., & Mruck, (Hrsg.), *Handbuch Qualitative Forschung in der Psychologie* (S. 462-475). Wiesbaden: VS Springer.

Zander, M. (2009). *Armes Kind – starkes Kind? Die Chance der Resilienz.* Wiesbaden: VS Springer.

3.2 Grounded Theory – Theory under empirical Construction

Die Grounded Theory liefert mit der theoretischen Sensibilität, dem Konzept des iterativen Forschens, ihrem Kodierungsparadigma sowie dem paradigmatischen Modell grundlegende methodologische Überlegungen und methodische Strategien für die qualitative Sozialforschung. Die Auseinandersetzung mit den methodologischen Überlegungen und den methodischen Strategien der Grounded Theory ermöglicht es, sich zentrale Aspekte qualitativer Sozialforschung anwendungsorientiert anzueignen.

3.2.1 Einleitung

Die Grounded Theory wurde von den Soziologen Glaser und Strauss in den 60er Jahren des letzten Jahrhunderts entwickelt (vgl. dazu einführend Mey & Mruck 2007). Dabei stand die Frage im Mittelpunkt, wie sich die von ihnen wahrgenommene Kluft zwischen Theorie und Praxis im empirischen Forschen überwinden lässt. Ein zentrales Erkenntnisinteresse, das die beiden Begründer der Grounded Theory anrieb bzw. antreibt, ist, wie aus empirischen Daten theoretische Aussagen abgeleitet werden können. Mey und Mruck (2007) differenzieren dabei begrifflich zwischen einer Grounded Theory als Resultat einer empirischen Studie und der Grounded Theory Methodology, welche die Methodenlehre und deren methodologische Begründung umfasst. Im Folgenden wird der Fokus auf diese methodologische Perspektive gelegt, aus der sich methodische Strategien für das Erarbeiten einer empirisch fundierten Theorie ableiten lassen.

3.2.2 In den Daten schlummert die Theorie – Wissenschaftstheoretischer Ausgangspunkt der Grounded Theory

Glaser und Strauss grenzen sich von dem kritischen Rationalismus ab, der oftmals als wissenschaftstheoretische Grundlage quantitativen Forschens beschrieben wird und als anerkannteste Forschungsstrategie der Zeit verstanden werden kann. Das 1967 erschienene „Grundlagenwerk" (Kruse 2015, S. 94) „The Discovery of Grounded Theory", das inzwischen ein „Klassiker soziologischer Methodenliteratur" (Hildenbrand 1998, S. 11) geworden ist, lässt sich in seiner Abgrenzung zum kritischen Rationalismus als wissenschaftstheoretischen Ansatz lesen.

Wir entschieden Mitte 60, ein Buch über Methoden zu schreiben. Wir spürten schon, dass Veränderungen in der Luft lagen, denn wir wollten für die „Kids" schreiben – Leute über 30 schienen uns schon zu festgelegt. Barney hatte das bessere Gefühl, dass ein solches Buch ankommen würde, ich war skeptischer, weil ich älter war. Der Titel, „The Discovery of Grounded Theory" (1967; dt.: 1998), zeigt schon, worauf es uns ankam: nicht wie in den üblichen Methodenbücher die Überprüfung von Theorie, sondern deren Entdeckung „aus den Daten heraus". Grounded Theory ist keine Theorie, sondern eine Methodologie, um in den Daten schlummernde Theorien zu entdecken. (Strauss 2004, S. 51)

Die empirischen Daten liefern den Zugang, um theoretisches Wissen über die Gesellschaft zu generieren. Die empirischen Daten halten die Theorien bereit, die im Zuge des Forschungsprozesses herausgearbeitet werden.

3.2.3 Unvoreingenommenes Forschen – Zur Relevanz der theoretischen Sensibilität

Der angemessene Umgang mit theoretischen Vorannahmen über soziale Phänomene im Zuge des empirischen Forschens nimmt in den Überlegungen zur Grounded Theory eine zentrale Rolle ein.

▶ **Definition: Theoretische Vorannahmen** Theoretische Vorannahmen bezeichnen den Umstand, dass der/die Forschende bereits über Literaturkenntnisse, Alltagsmeinungen etc. eine vorgeformte Perspektive auf den Erkenntnisgegenstand hat bzw. über den Erkenntnisgegenstand bereits ‚Bescheid zu wissen' glaubt. Da der Fokus auf den Daten liegt, aus denen heraus theoretische Modelle abzuleiten sind, sollen theoretische Vorannahmen nicht den forschenden Blick leiten. Geschieht dies doch, besteht die Gefahr, dass der Blick der Forschenden durch das theoretische Vorwissen begrenzt ist.

Hieraus ist allerdings nicht zu schließen, dass theoretische (Vor-)Annahmen nicht an den Forschungsgegenstand herangetragen werden dürfen. Eine solche Extremposition lässt sich zwar an einigen Stellen in dem ‚Klassiker der Grounded Theory' von 1967 erkennen, wurde aber später u.a. von Strauss (vgl. Strauss 1998) zurückgenommen bzw. abgeschwächt.[21] In der Grounded Theory geht es eher um den

---

21 Glaser vertritt dagegen einen Ansatz, der durch ein kritischeres Verhältnis zur Theorieintegration in den Forschungsprozess geprägt ist (vgl. Glaser 1978, zur Kritik vgl. Strübing 2004). An dieser Stelle wird sich dem Konzept der theoretischen Sensibilität

angemessenen „Umgang mit Vorwissen" (Kruse 2015, S. 99). Empirische Daten
bzw. Forschungsgegenstände sollen nicht hinter theoretischen Vorannahmen ver-
schwinden.

▶ Kurz notiert: theorieoffenes Forschen   Ein Ziel bei der Anwendung der
  Grounded Theory in der Datenauswertung besteht darin, dass theoretische
  Konstruktionen aus der Auseinandersetzung mit dem Forschungsgegenstand bzw. mit dem Datenmaterial erwachsen. Dafür kann auch theoretisches Wissen herangezogen werden – vorausgesetzt, der Umgang mit
  den Daten legt einen solchen Bezug auf theoretische Überlegungen nahe.
  Grounded Theory lässt sich aus dieser Perspektive als ein theorieoffenes
  Forschen verstehen, das durch einen „unvoreingenommenen Blick auf den
  singulären Fall vor dem Hintergrund theoretischer Informiertheit" (Hildenbrand 1998, S. 14) gekennzeichnet ist.

Um einen angemessenen Umgang mit theoretischen Vorannahmen zu ermöglichen und zu verhindern, dass der/die Forscher*in mit theoretischen „Scheuklap-
pen" (Strauss & Corbin 1996, S. 56) an die Interpretation der Daten heran geht,
wurde das Modell der ‚theoretischen Sensibilität' entwickelt (vgl. dazu auch das
gleichnamige Buch von Glaser 1978) – „Theoretische Sensibilität bezieht sich auf
die Fähigkeit, Einsichten zu haben, den Daten Bedeutung zu verleihen, die Fähigkeit zu verstehen und das Wichtige vom Unwichtigen zu trennen […] Erst die
theoretische Sensibilität erlaubt es, eine gegenstandsverankerte […] Theorie zu
entwickeln" (Strauss & Corbin 1996, S. 25).

▶ **Definition: theoretische Sensibilität**   Theoretische Sensibilität bezeichnet
einen deutungsoffenen Umgang mit Daten, aus denen begriffliche Abstraktionen
in Form von Kategorien und später Theorien konstruiert werden sollen. Durch
theoretische Vorkenntnisse, berufliche oder persönliche Erfahrungen in Bezug auf
den Forschungsgegenstand lässt sich theoretisches Vorwissen in den Forschungsprozess einbringen – vorausgesetzt dies geschieht auf Grundlage der Auseinandersetzung mit den Daten (vgl. Strauss & Corbin 1996, S. 26). Es geht um die
Etablierung eines Primats der Daten, denen der Bezug auf theoretisches Wissen
nachgeordnet ist.

---

von Strauss angeschlossen, da es, anders als bei Glaser, verstärkt die Integration des
theoretischen Wissens zu allen Phasen des iterativen Forschungsprozesses ermöglicht.

Theoretische Sensibilität ermöglicht einen differenzierten Blick auf den Forschungsgegenstand (vgl. Strauss & Corbin 1996, S. 27). Um theoretisch sensibel zu bleiben und nicht theoriegeleitet den Daten eine Bedeutung zuzuschreiben, empfehlen Strauss und Corbin (1996) eine Reihe von Erkenntnisstrategien, die es ermöglichen, einen theorieoffenen Blick auf die Daten einzunehmen. Durch diese Strategien werden dem/der Forschenden Hilfsmittel an die Hand gegeben, die ihm/ihr dabei helfen, soziale Phänomene nicht durch theoretische Vorannahmen vorschnell zu kategorisieren. Der forschende Blick kann offen gehalten werden. Derart lässt sich dem Umstand begegnen, dass der/die Forscher*in Dinge für ‚selbst-verständlich' hält, die vielleicht gar nicht so selbst-verständlich sind.

Werkzeugkasten: theoretische Sensibilität

1. Um sich den Daten zu nähern bzw. diese ‚aufzubrechen', sollen immer wieder Fragen an die Daten gestellt werden. Dabei lassen sich z.B. die sechs ‚W-Fragen' (Wer? Wann? Wo? Was? Wie? Wie viel? Warum?) an das Datenmaterial herantragen.

2. Um zu verhindern, dass die Daten nicht als ‚selbst-verständlich' erscheinen, können Phänomene/Ereignisse in Form eines Gedankenexperiments umgekehrt bzw. ‚auf den Kopf' gestellt werden (Flip-Flop-Technik). So lässt sich fragen: Wenn der umgekehrte Sachverhalt uns aus diesen und jenen Gründen komisch vorkommt, weil wir daran nicht gewöhnt sind, können wir erkennen, an was wir alles bereits bei dem ‚selbst-verständlichen' Sachverhalt gewöhnt sind.

3. Bei der Technik ‚Schwenken der roten Fahne' werden Selbstverständlichkeiten gezielt infrage gestellt. Sprachlich lassen sich diese Selbstverständlichkeiten in Daten an Formulierungen wie ‚immer' oder ‚nie' festmachen. Es lässt sich dann beispielsweise fragen: Was ist genau gemeint, wenn ‚nie' etwas gemacht wird – warum ist dies so? Oder: Warum wird ‚immer' von etwas ausgegangen? Für Strauss und Corbin (1996) besteht die **„analytische Konsequenz"** dieses Vorgehens darin, **„niemals etwas für selbstverständlich zu halten"** (Strauss & Corbin 1996, S. 71, H.i.O.).

Bei diesen Strategien geht es v.a. darum, eine Haltung gegenüber dem Datenmaterial einzunehmen, die es ermöglicht, das ‚Selbst-Verständliche' erkenntniskritisch einzuklammern und dadurch Neues zu entdecken, was in den Daten ‚schlummert'.

Zusammenfassend lässt sich festhalten, dass im Rahmen der Grounded Theory theoretische Vorannahmen zwar nicht ‚verboten' sind, aber nur eine unter vielen Möglichkeiten darstellen sollten, Erkenntnisse aus der Auseinandersetzung mit den Daten zu gewinnen. Aus dieser Perspektive lassen sich theoretische Vorannahmen als heuristische Strategien nutzen, um sich einem Forschungsgegenstand anzunähern und diesen u.a. mit den Kodierverfahren der Grounded Theory (offenes Kodieren, axiales Kodieren, selektives Kodieren) zu bearbeiten. Der Ansatz der theoretischen Sensibilität kann dabei helfen, sich einem Forschungsgegenstand anzunähern, ohne diesen schon gänzlich ‚durch die Brille der Theorie' zu definieren. Dementsprechend verstehen Mey & Mruck (2007) Grounded Theory Methodology v.a. als einen „Forschungsstil, eine Vorgehensweise und eine Haltung und erst in zweiter Linie als eine ‚einfache' Auswertungsmethode" (Mey & Mruck 2007, S. 17).

3.2.4 Mit der Grounded Theory zu Theorien mittlerer Reichweite

Mit dem Ansatz der theoretischen Sensibilität wird deutlich, dass in der Grounded Theory die Daten den Erkenntnisprozess definieren und diese daher den Ausgangspunkt für die Theorieentwicklung darstellen. Die Daten bestätigen oder falsifizieren nicht theoretische Überlegungen. Vielmehr bilden die Daten den Ausgangspunkt für die Entwicklung von theoretischen Überlegungen. In diesem Kontext gilt es auf das spezifische Verständnis von Theorie aufmerksam zu machen, das bei der Auseinandersetzung mit der Grounded Theory eine Rolle spielt: Nach der Grounded Theory besteht der Ausgangspunkt des Forschens in der Auseinandersetzung mit konkreten soziale Phänomenen. Im Zuge dieser Auseinandersetzung entstehen theoretische Überlegungen. Da der Ausgangspunkt in der Auseinandersetzung mit einem gegebenen sozialen Phänomen liegt, handelt es sich bei der Grounded Theory um ein induktives Analyseverfahren.

▶ Kurz notiert: Deduktion versus Induktion   Die Bezeichnung Deduktion kommt aus dem Lateinischen und lässt sich mit ‚Fortführen'/‚Ableiten' übersetzen. Als Erkenntnisstrategie schließt die Deduktion vom Allgemeinen auf das Konkrete – z.B., wenn gefolgert wird: Alle Menschen haben ein Gesicht. Daraus folgt, dass Aristoteles auch ein Gesicht hat, da er auch ein Mensch ist. Die generelle theoretische Annahme, dass alle Menschen ein Gesicht haben, wird auf den konkreten bzw. besonderen Fall ‚Aristoteles' angewendet. Hier handelt es sich folglich um ein deduktives Vorgehen. Die Bezeichnung Induktion kommt ebenfalls aus dem Lateinischen und lässt sich mit ‚Hineinführen' übersetzen. Bei der Induktion wird von dem Konkreten Fall auf das Allgemeine geschlossen – z.b., wenn gefolgert wird: Aristoteles hat ein Gesicht, Platon hat ein Gesicht und Sokrates hat ein Gesicht. Daraus lässt sich folgern, dass alle Menschen ein Gesicht haben. Hier wird auf Einzelfälle Bezug genommen und diese werden verallgemeinert. Popper (1973), der den kritischen Rationalismus begründete, hat darauf hingewiesen, dass es immer die Möglichkeit gibt, dass Verallgemeinerungen sich ‚irren können'. Wenn man beispielsweise nur weiße Schwäne beobachtet hat, lässt sich verallgemeinern, dass alle Schwäne weiß sind. Sobald allerdings ein schwarzer Schwan auftaucht, stimmt die Verallgemeinerung nicht mehr (vgl. Popper 1973). Die Verallgemeinbarkeit von induktiven Analysen stellt daher auch ein Aspekt dar, der in den Diskussionen zur qualitativen Forschung viel Aufmerksamkeit zukommt.

Das induktive Analyseverfahren der Grounded Theory zeichnet sich durch einen erkenntniskritischen, konstruktiven Umgang mit theoretischen Vorannahmen aus. Durch die induktive Orientierung handelt es sich bei der Formulierung von Theorien wiederum um Theorien mittlerer Reichweite.

▶ **Definition: Theorien mittlerer Reichweite**   Der Begriff geht auf den Soziologen Merton (1949/1968) zurück: Theorien mittlerer Reichweite stellen Theorien über begrenzte soziale Strukturen und Verhaltensbereiche dar – z.b. über Strukturen und Verhaltensformen in bestimmten Organisationen. Daher besitzen Theorien mittlerer Reichweite lediglich eine beschränkte raum-zeitliche Geltung. Sogenannte große Theorien oder Basistheorien, die abstrakt ganze Gesellschaftssysteme erklären, lassen sich mit ‚Theorien mittlerer Reichweite' nicht formulieren.

Mit der Grounded Theory lassen sich nur Theorien formulieren, die sich aus den Daten ergeben und lassen sich daher nur auf den raum-zeitlichen Charakter beziehen, der durch die Daten gegeben ist. Daher können mit der Grounded Theory Theorien mittlerer Reichweite formuliert werden. Dabei steht v.a. die Re-Konstruktion von Interaktionszusammenhängen, deren Kontexte, Konsequenzen und Vorbedingungen im Erkenntnisfokus der Grounded Theory. Dieses spezifische Theorieverständnis muss stets mitgedacht werden, wenn die Grounded Theory für Forschungszwecke eingesetzt werden soll. Die empirisch fundierten Theorien werden als Theorien mittlerer Reichweite durch einen permanenten Bezug auf die Daten formuliert. Diese Form des ‚datenzentrierten Forschens' führt zu einem ‚iterativen Forschungsprozess', bei dem sich die einzelnen Forschungsschritte wiederholen.

3.2.5 Immer wieder aufs Neue – Der iterative Forschungsprozess der Grounded Theory

Die Zielsetzung, eine Grounded Theory bzw. eine ,in den Daten verankerte Theorie' zu formulieren, führt zu einem iterativen Forschungsprozess, also einem Forschungsprozess, bei dem sich die einzelnen Schritte wiederholen: Anstatt Daten zu erheben und in einem weiteren Schritt auszuwerten, beeinflussen sich im Idealfall Datenerhebung und Datenauswertung gegenseitig und bilden einen Zirkel bzw. eine sich wiederholende (,iterative') Struktur. Es werden beispielsweise erste Daten erhoben, theoretische Überlegungen angestellt und ausgehend von diesen Überlegungen wieder Daten erhoben, um die theoretischen Überlegungen weiter zu entwickeln. Die zur Verfügung stehenden Daten, der sogenannte Datenkorpus bzw. das Sampling, werden wie die theoretischen Überlegungen nach und nach erweitert. Durch die Orientierung an den Daten kann die ,Eigenlogik eines Falls' (vgl. Hildenbrand 1998, S. 12) re-konstruiert werden. Die theoretischen Überlegungen bleiben dabei stets auf den Fall bezogen und kehren immer wieder von der theoretischen Reflexion zu dem Blick in die Daten und zur Datenerhebung zurück (vgl. Hildenbrand 1998, S. 12). Hildenbrand (1998) beschreibt ein solch dynamisches Forschen als einen „Interaktionsprozeß zwischen Forschern und ihrem Gegenstand" (Hildenbrand 1998, S. 12). Vor dem Hintergrund der erhoben Daten lassen sich Überlegungen und Hypothesen zum Forschungsgegenstand aufstellen und durch weitere Datenerhebungen prüfen. Der Wechsel zwischen theoretischen Überlegungen und Datenerhebung lässt sich auch als ständiger Verifikationsprozess deuten: die theoretischen Überlegungen werden auf Grundlage des Datenmaterials wiederholt auf ihre empirische Haltbarkeit hin geprüft. Das Verständnis des Forschungsgegenstands wird im Zuge des Wechsels zwischen Theoriereflexion und Datenerhebung nach und nach ausgebaut. Der Forschungsprozess findet ein Ende, wenn eine ,theoretische Sättigung' (vgl. 2.7.1) eingetreten ist.

▶ **Definition: theoretische Sättigung**   Theoretische Sättigung beschreibt den Umstand, dass eine erneute Datenerhebung der Theoriebildung nicht weitere Impulse geben kann, also durch eine erneute Datenerhebung keine neuen Informationen für die Theoriebildung mehr generiert werden.

Durch den iterativen Forschungsprozess wird ein permanenter Datenbezug sichergestellt. Theoretische Überlegungen werden immer wieder mit Daten konfrontiert, die erhoben werden, um diese Überlegungen zu prüfen.

3.2.6 Von den Daten zur Theorie – Die Auswertungsstrategien der Grounded Theory

Dieser iterative bzw. sich wiederholende Forschungsprozess zeigt sich auch in den Kodierverfahren, die sich für die Grounded Theory nutzen lassen.

▶ **Definition: Kodierung**   Ganz grundsätzlich bezeichnet Kodierung die Zuordnung von Textstellen zu Kategorien. Dabei können Kategorien induktiv oder deduktiv gewonnen werden (vgl. 3.3). Durch Kodierung lässt sich ein Text interpretativ ordnen.

Die induktiven Kodierverfahren der Grounded Theory sind v.a. von Strauss entwickelt worden, der damit eine Präzisierung/Ausarbeitung der Auswertungsstrategien anstrebte, die im gemeinsamen Buch mit Glaser von 1967 eher skizziert worden sind.[22]
Die Analyseschritte des

- offenen Kodierens,
- axialen Kodierens und
- selektiven Kodierens

bilden den iterativen Forschungszyklus der Grounded Theory methodisch auf der Ebene der Datenauswertung ab. In der Praxis gehen diese drei Kodierverfahren im Forschungsverfahren ineinander über und lassen sich nicht klar voneinander trennen. Dennoch erscheint eine analytische Trennung zwischen den Kodierverfahren

---

22   Die Kodierverfahren wurden v.a. in Strauss & Corbin (1996) vorgestellt und von Glaser in seinem Buch „Emerging vs. Forcing. Basics of Grounded Theory Analyses" (1992) kritisiert, da er dadurch eine Einengung der Grounded Theory zu normativen Auswertungsstrategien sah. Im Zuge seiner kritischen Abgrenzung zu der Weiterentwicklung der Grounded Theory gründete Glaser das Grounded Theory Institut, http://www.groundedtheory.com. Zu einer differenzierten Auseinandersetzung zwischen den unterschiedlichen Konzeptionen zur Grounded Theory und der Diskussion zwischen Strauss und Glaser siehe Mey & Mruck (2007) sowie Strübing (2004), zu Glasers Kodierstrategien siehe Glaser (1978).

als relevant, um sich in deren Anwendung einzuüben. Dem Kodierverfahren der Grounded Theory liegt die Annahme zugrunde, dass die Daten als Indikatoren (Hinweise) für ein Konzept dienen, dass in den Daten schlummert und das sich durch die Kodierverfahren identifizieren/re-konstruieren lässt (vgl. Mey & Mruck 2007, S. 25).

3.2.6.1 Das offene Kodieren

Das sogenannte offene Kodieren ist der erste Kodierschritt im Auswertungsprozess, in dem bereits erste Kategorien gebildet werden. Im offenen Kodieren geht es um ein ,Aufbrechen der Daten' (Strauss & Corbin 1996, S. 44), also um eine analytische Re-Konstruktion der Daten. Diese Re-Konstruktion der Daten führt weg von einer linearen Ordnung und hin zu einer analytischen Ordnung.

▶ **Definition: analytische Ordnung**   Oftmals besitzen erhobene Daten lineare Ordnungen: In Interviews wird so erzählt, dass der/die Gesprächspartner*in dem Inhalt folgen kann. Daher werden die Erzählungen so präsentiert, dass nach und nach Informationen dazu kommen, so dass alles für den/die Zuhörer*in verständlich bleibt. Bei Beobachtungsprotokollen werden im Idealfall Beobachtungen schriftlich so dargestellt, dass Außenstehende, die bei einem Ereignis nicht dabei waren, diesem Ereignis folgen können. Diese linearen Ordnungen (zuerst passierte dies und dann passierte das) werden in einem Kodierprozess in eine analytische Ordnung überführt. Strauss und Corbin nennen diesen Prozess das ,Aufbrechen und Konzeptionalisieren' (Corbin & Strauss 1996, S. 45) der Daten. Aufbrechen bedeutet, dass die Daten dahingehend befragt werden, was sie in Bezug auf das Erkenntnisinteresse/die Fragestellung des Forschungsprojektes aussagen. Es geht also nicht mehr um das geschilderte Ereignis, sondern um das geschilderte Ereignis im Kontext der Forschungsfrage: Welche Informationen, die in den Daten liegen, helfen uns, um mehr über das zu erfahren, was uns in unserer Forschung interessiert? Hierfür werden die Informationen zergliedert (,analysiert'). Im Zuge der Zergliederung erhalten die Daten Überschriften – sie werden also Kategorien zugeordnet. Erfahrungsgemäß ist der Schritt, Daten Kategorien zuzuordnen bzw. aus der Auseinandersetzung mit den Daten Kategorien zu formulieren, einer der schwierigsten Schritte im Prozess der Datenauswertung. Je nach Forschungsstrategie gibt es deduktive Kategorien, also bereits vorgefertigte Kategorien (z.B. in der qualitativen Inhaltsanalyse, vgl. 3.3) oder Kategorien werden induktiv nach und nach gebildet (z.B. in der Grounded Theory).

Das offene Kodieren ist für die Grounded Theory von zentraler Bedeutung, da hier das Einnehmen einer offenen Perspektive auf die Daten möglich wird. Auf diese Weise wird die theoretische Sensibilität realisiert, die als Erkenntnishaltung das Forschen der Grounded Theory mit auszeichnet. Eine solch theorieoffene Perspektive soll verhindern, einen (theoretisch) voreingenommenen Blick auf die Daten zu werfen. Das offene Kodieren ermöglicht methodisch auf der Ebene der Datenauswertung (und jenseits von theoretischen Vorannahmen) Unerwartetes zu entdecken.

Werkzeugkasten: W-Fragen als heuristische Strategie
Um für einen solchen Entdeckungsprozess die Daten zu ordnen, lassen sich bei dem offenen Kodieren – wie beim Kodieren generell üblich – Textstellen farbig markieren und erste Kategorien bilden bzw. zuordnen. Als heuristische Strategien lassen sich W-Fragen an soziale Phänomene herantragen, die so bei der Konstruktion einer analytischen Ordnung helfen können:

- Wer: Wer sind die Akteure? Lassen sich Überschriften für Akteursgruppen finden?
- Was: Was für ein soziales Phänomen wird in den Blick genommen?
- Wann/Wo: Klärung der raum-zeitlichen Dimension des sozialen Phänomens.
- Warum: Was sind die Bedingungen der Konstitution des sozialen Phänomens? Welche Begründungen werden von den involvierten Akteuren für ihr jeweiliges Handeln gegeben? Lassen sich Kategorien für unterschiedliche Begründungen finden?
- Wie: Wie lassen sich die Strategien der Akteure beschreiben? Wie laufen die Prozesse des untersuchten sozialen Phänomens ab?
- Wozu: Was sind die Intentionen der involvierten Akteure? Was sind die Zielvorstellungen der Akteure? Was sind die Zielsetzungen des ablaufenden Prozesses? (vgl. dazu Böhm 2000, S. 477f.)

Durch die Auseinandersetzung mit den W-Fragen können erste Konzepte entwickelt werden. Konzepte sind dabei „[k]onzeptuelle Bezeichnungen oder Etiketten, die einzelnen Ereignissen, Vorkommnissen oder anderen Beispielen für Phänomene zugeordnet werden" (Strauss & Corbin 1996, S. 43). In der Grounded Theory lassen sich Konzepte weiter verdichten und in Kategorien zusammenfassen. Das Konzeptionalisieren stellt den ersten Schritt dar, die Daten in eine analytische

Ordnung zu überführen und wird mit der Metapher des ‚Aufbrechens' der Daten umschrieben:

> Mit Aufbrechen und Konzeptualisieren meinen wir das Herausgreifen einer Beobachtung, eines Satzes, eines Abschnitts und das Vergeben von Namen für jeden einzelnen darin enthaltenen Vorfall, jede Idee oder jedes Ereignis – für etwas, das für ein Phänomen steht oder es repräsentiert. Wie gehen wir dabei vor? Wir stellen über jede Einheit Fragen wie: Was ist das? Was repräsentiert es? Wir vergleichen bei unserem weiteren Vorgehen Vorfall mit Vorfall, so daß ähnliche Phänomene denselben Namen bekommen können. Ansonsten würden wir zu viele Namen erhalten und sehr verwirrt werden! (Strauss & Corbin 1996, S. 45)

Die Konzepte stellen den Schritt zu der Konstruktion einer analytischen Ordnung dar – erste Ideen lassen sich konzeptionalisieren und nach und nach zu Kategorien verdichten. Verschiedene soziale Phänomene, die sich ähnlich sind, die sich in ihrer Struktur ähneln, werden dabei einer gleichen Kategorie zugeordnet: Soziale Phänomene werden geordnet – der zentrale Prozess des Kategorisierens hat begonnen.

Werkzeugkasten: Kategorienbildung
Die Zuweisung von Kategorien beruht auf der Logik des Vergleichens: Was ist gleich? Was unterscheidet? Ist das soziale Phänomen XY noch ähnlich genug mit dem sozialen Phänomen YZ, so dass sie beide dem gleichen Konzept zugeordnet werden können oder lohnt es sich, ein neues Konzept zu formulieren? Über das Bilden von ‚Überschriften' werden die Daten vom Konkreten zum Abstrakten überführt: Die Überschriften fassen abstrakt zusammen, was die sozialen Phänomene ausmacht. Abstrakt meint in diesem Fall das Weglassen von Einzelheiten, um etwas Allgemeineres herauszuarbeiten, das soziale Phänomene trotz leichter Differenzen miteinander gemein haben (vgl. 3.3.4.2). Der Prozess vom Konkreten zum Allgemeinen setzt sich fort, wenn Überschriften gefunden werden, die wiederum Überschriften zusammenfassen. Dieser weiterführende Abstraktionsprozess führt zur Bildung von Kategorien.

Von Konzepten lassen sich Kategorien unterscheiden, die quasi ein Konzept höherer Ordnung (vgl. Strauss & Corbin 1996, S. 43) darstellen: „Der Prozess des Gruppierens der Konzepte, die zu demselben Phänomen zu gehören scheinen, wird *Kategorisieren* genannt" (Strauss & Corbin 1996, S. 47, H.i.O.). Auch wenn hier

aus forschungspragmatischen Gründen bzw. für eine niedrigschwellige Anwend-
barkeit der Methode eine begriffliche Ordnung der Bezeichnungen Konzept und
Kategorie angestrebt ist, bleibt festzuhalten, dass die „Begriffe ‚Konzept', ‚Kode'
und ‚Kategorie' und die dazugehörigen Prozesse [...] Kodieren und Kategorisieren
[...] von den Begründer/innen der GTM und ihren Übersetzer/innen nicht durch-
gängig unterschieden" (Muckel 2007, S. 338) werden.

▶ **Definition: In-Vivo-Kodes und konzeptuelle Kodes**   Bei dem Finden von
Überschriften für Konzepte und Kategorien lässt sich in der Grounded Theory
v.a. zwischen konzeptuellen Kodes (conceptual codes) und In-Vivo-Kodes unterscheiden.

• Die konzeptionellen Kodes basieren oftmals auf theoretischen Annahmen
  (Konzepten) und lassen sich im Sinne von ‚theoretischen Überschriften' verstehen (z.B. Prekaritätsangst als Kategorie für durch befristete Arbeitsverträge be-
  dingte Zukunftsangst von jungen Arbeitnehmer*innen. Prekarität ist der theoretische Fachbegriff für eine solche Form der Zukunftsangst, vgl. Kergel 2016).
• In Vivo-Kodes wiederum sind Bezeichnungen für Phänomene, die von den Akteuren bzw. Gesprächspartner*innen, die interviewt wurden, selbst verwendet
  werden. Diese Bezeichnungen eignen sich als Überschriften bzw. Kategorien,
  weil sie das bezeichnete Phänomen treffend aus der Lebenswelt der Akteure
  heraus beschreiben. Gerade durch In-Vivo-Kodes sind Kodierungsverfahren
  stark an der Lebenswelt der beforschten Akteure orientiert – z.B. wenn ein Gesprächspartner über seine Angsterfahrung formuliert: „Und dann hatte ich wieder Angst vor allem, Angst vor dem Verlust davor, was ich aus meinem Leben
  mache, was mit meinem Job passiert, am nächsten Morgen wieder aufzustehen
  und durch den Tag zu gehen. Irgendwie hatte ich Überangst". An dieser Stelle
  bietet sich ‚Überangst' als In-Vivo-Kode an, um die verdichteten Angstzustän-
  de zu bezeichnen, in denen das Individuen sich mit mehreren Angstszenarien
  auf einmal auseinandersetzt.

Das offene Kodieren kann eine „Sprungbrettfunktion" (Strauss 1998, S. 100) besitzen, da „[d]er Forscher [...] nicht gänzlich im Bereich [...] [der] Daten [bleibt],
sondern er springt schnell heraus, um über Daten und Phänomene, die vom ur-
sprünglichen Phänomen zumindest etwas entfernt sind, nachzudenken, zu speku-
lieren oder Hypothesen zu bilden" (Strauss 1998, S. 100).
In dieser Phase der ersten Entdeckungen, die das offene Kodieren darstellt, treten viele Informationen zu Tage. Daher erscheint die Frage nach *dem* richtigen
Vorgehen von zentraler Relevanz. Hier beruhigt Strauss die Forschenden: „Ma-

chen Sie sich keine Sorgen, fast jeder Weg bringt brauchbare Ergebnisse" (Strauss 1998, S. 100).

Werkzeugkasten: Der erste analytische Blick auf die Daten
Es gibt mehrere Möglichkeiten, sich für das offene Kodieren die Daten das erste Mal analytisch ,anzusehen':

- Die Daten können zunächst einmal ,überflogen' werden. Alles was interessant erscheint, kann per ,Memos' – also in Form von kleinen Notizen – festgehalten werden. Parallel oder anschließend lässt sich prüfen, ob erste Kategorien bzw. Überschriften gefunden werden können. Auf Memos können Ideen/Gedanken notiert werden, die beispielsweise beim Durchlesen von Interviews oder dem Beobachten von Situationen entstehen. Überlegungen zu Kategorien und Verbindungen zwischen Kategorien lassen sich ebenfalls auf Memos festhalten, wie auch Formulierungen für den Abschlussbericht. Memos begleiten den/die Forscher*in durch den Auswertungsprozess und bieten die Möglichkeit, theoretische Überlegungen zu sammeln sowie zu systematisieren. Aus dieser Perspektive stellen Memos ein zentrales Bindeglied zwischen der Datenauswertung und Theoriebildung dar – weshalb sie von entscheidender Bedeutung für den Forschungsprozess der Grounded Theory sind.
- Anstatt das Material zu überfliegen, können die Daten aber auch Absatz für Absatz, Satz für Satz (in der Sequenzanalyse im Sinne der Objektiven Hermeneutik auch Wort für Wort, vgl. 3.4.6) durchgegangen und kodiert werden.
- Es sind aber auch Mischformen denkbar: So kann beispielsweise das Datenmaterial überflogen und hervorstechende Stellen gleich zu Beginn einer genauen Analyse bzw. Feinanalyse unterzogen werden – die heuristische Frage würde hier lauten: Warum sticht diese Stelle heraus? Im Zuge des Auswertungsprozesses können auch Fragen nach Zusammenhängen und Unklarheiten auf Memos notiert werden. Durch diese Strategien lassen sich erste Konzepte bzw. Kategorien und Bezüge entdecken.

Das offene Kodieren ermöglicht es, dass durch die Auseinandersetzung mit den Daten erste Kategorien gewonnen werden. Kategorien besitzen Eigenschaften bzw. Merkmale, die verschieden ausgeprägt sein können. Diese

Eigenschaften und deren Ausprägungen stellen jeweils eine Dimension einer Kategorie dar. So kann die Kategorie ‚Lachen' die Ausprägungen ‚laut/leise', ‚lang/kurz', ‚freudig/traurig' etc. enthalten.

▶ **Definition: Dimensionalisieren**   Die Eigenschaftsbeschreibung einer Kategorie – also welche Eigenschaften weist eine Kategorie in welcher Ausprägung auf – lässt sich auch mit dem Begriff ‚Dimensionalisieren' fassen. „Dimensionalisieren meint nichts anderes als Unterscheidungen zu treffen, die zu den Dimensionen (Eigenschaften, die häufig polar zu formulieren sind und dadurch neue Fragen aufwerfen) eines Themas, eines Kodes und damit letztlich auch zu einer Kategorie führen." (Muckel 2007, S. 339) Es geht dabei um eine Differenzierung zwischen thematisch vergleichbaren Passagen: Eigenschaften werden dabei als Ausprägung einer Kategorie verstanden und fungieren quasi als Subkategorien, wodurch die Kategorie ausdimensionalisiert wird. Dies setzt voraus, dass Phänomene/Kontexte miteinander verglichen werden und vor dem Hintergrund dieser Vergleiche Kategorien gebildet bzw. Kategorien und deren Subkategorien zugeordnet werden.

So lässt sich die Kategorie ‚Laufen' in ‚schnelles Laufen', ‚langsames Laufen', ‚hüpfendes Laufen', ‚schleichendes Laufen' etc. ausdifferenzieren. Die Kategorien und deren Ausdimensionalisierungen erfolgen in der Auseinandersetzung mit dem Datenmaterial – in diesem Fall mit den verschiedenen Formen des Laufens. Im Zuge des Auswertungsprozesses werden diese Kategorien weiter ausdifferenziert (sollte das Laufen vom Gehen und Joggen unterschieden werden?) und ausdimensionalisiert (lassen sich noch andere Formen des Laufens finden?). Zudem lassen sich auch einzelne Kategorien verdichten, zusammenfassen bzw. einer übergeordneten Kategorie zuordnen – z.B. lassen sich Laufen, Gehen und Joggen in der Oberkategorie ‚Bewegung' zusammenfassen. Diese Kategorie lässt sich dann beispielsweise mit der Kategorie ‚Nicht-Bewegung' kontrastieren, die Tätigkeiten wie Sitzen und Stehen umfasst. Diese Form der Verfeinerung der Analyse findet v.a. im axialen Kodieren statt.

3.2.6.2 Das axiale Kodieren

Axiales Kodieren stellt das Kodierverfahren dar, bei dem Verbindungen zwischen Kategorien gesucht werden. In dieser Phase nehmen die Interpretation und das Suchen nach Zusammenhängen bzw. die ‚Erklärungen von Daten' einen größeren Raum ein. Im offenen Kodieren werden erste Kategorien gebildet. Diese Kategorien werden im axialen Kodieren in ein Verhältnis zueinander gebracht: Das heißt, sie werden erklärt bzw. in einen Kontext gesetzt und Verbindung zu anderen Kategorien werden konstruiert.

Werkzeugkasten: Strategien für das axiale Kodieren
Im Sinne heuristischer Strategien lassen sich für die Phase des axialen Kodierens folgende Leitfragen formulieren:

- Wie kommt es zu welchen Handlungen? oder abstrakter gefragt:
- Welche Bedingungen konstituieren die Phänomene, die einer Kategorie zugeordnet sind?
- Mit welchen anderen Kategorien steht diese Kategorie wie und warum in Verbindung?

Corbin und Strauss (1996) schlagen als heuristische Strategien für das axiale Kodieren das sogenannte ‚paradigmatische Modell' vor, um Kategorien miteinander in einen sinnvollen Zusammenhang zu setzen.

> [W]ir entwickeln jede Kategorie (Phänomen) in bezug auf die ursächlichen Bedingungen, die zu dem Phänomen führen, in bezug auf die spezifischen dimensionalen Ausprägungen dieses Phänomens hinsichtlich seiner Eigenschaften, in bezug auf den Kontext, auf die benutzten Handlungs- und interaktionalen Strategien, die im Lichte des betreffenden Kontexts eingesetzt werden, um auf das Phänomen zu reagieren, damit umzugehen und es zu bewältigen und bezüglich der Konsequenzen jeder ausgeführten Handlung/Interaktion (Strauss & Corbin 1996, S. 93).

Das paradigmatische Modell lässt sich auch als ein kausales Handlungsmodell bzw. als ein ‚Wirkungsmodell' verstehen, das nach Ursache und Wirkungsprozessen von sozialen Dynamiken fragt. Es ist daher der re-konstruktiven Sozialforschung zuzuordnen. Hier zeigt sich eine Schwerpunktsetzung des Analysefokus der Kodierstrategien der Grounded Theory: V.a. Handlungs- und Interaktionskontexte lassen sich mit dem Kodierverfahren der Grounded Theory analytisch aufarbeiten. Anhand des paradigmatischen Modells als heuristische Analysestrategie kann eine „Rekonstruktion der symbolisch-sozialen Ordnung, innerhalb derer sich Handlungen und Interaktionen vollziehen, aus der Analyse der dokumentierten Handlungen und Interaktionen" (Krinninger & Müller 2012, S. 64) geleistet werden. Das paradigmatische Modell setzt sich aus dem Zusammenspiel der Elemente ‚Kontext', ‚intervenierende Bedingung', ‚Handlungs- und interaktionale Strategien' sowie ‚Konsequenz' zusammen. Diese Elemente werden im Folgenden skizziert:

Mit Hilfe des paradigmatischen Modells lassen sich ursächliche Bedingungen identifizieren, die zu einem sozialen Phänomen führen. Dieses soziale Phänomen ist der Kontext von einer Handlung. „Ein *Kontext* **stellt den spezifischen Satz von Eigenschaften dar, die zu einem Vorfall gehören,** d.h. die Anordnung von Ereignissen oder Vorfällen, die zu einem Phänomen gehören in einem dimensionalen Bereich" (Strauss & Corbin 1996, S. 80, H.i.O.).

In diesem Kontext haben die Akteure Handlungsmöglichkeiten. Die Grundlage dieser Handlungsmöglichkeiten wird intervenierende Bedingung genannt. Intervenierende Bedingungen lassen sich als der strukturelle Rahmen verstehen, aus dem sich Handlungsoptionen ergeben, die einem Akteur in einer Situation zur Verfügung stehen. *„Intervenierende Bedingungen sind die breiten und allgemeinen Bedingungen, die auf Handlung- und interaktionale Strategien einwirken.* Diese Bedingungen beinhalten: Zeit, Raum, Kultur, sozial-ökonomischer Status, technologischer Status, Karriere, Geschichte und individuelle Biographie" (Strauss & Corbin 1996, S. 82, H.i.O.). Es gibt folglich einen Kontext, in dem den Akteuren ein Set von Handlungsmöglichkeiten zur Verfügung steht. Mit einer Handlung bzw. Interaktion wirken Akteure auf diesen Kontext ein (Handlungs- und Interaktionale Strategien). Dabei sind Handlungen ‚prozessual' – d.h., sie sind „in ihrer Natur entwickelnd. Deswegen können sie in bezug auf Abfolgen oder Bewegung oder Veränderungen über die Zeit untersucht werden" (Strauss & Corbin 1996, S. 83). Zudem sind Handlungen und Interaktionen zweckorientiert und zielgerichtet (vgl. ebenda). Handlungen werden „aus bestimmten Gründen getan – als Antwort auf ein Phänomen oder um es zu bewältigen" (ebenda). Handlungen und Interkationen wirken verändernd auf den Kontext zurück, dem sie entstammen und bilden derart die Konsequenz und re-definieren den Kontext: **„Die Konsequenzen einer Handlung/Interaktion zu einem Zeitpunkt können so zu einem Teil der Bedingungen zu einem späteren Zeitpunkt werden"** (Strauss & Corbin 1996, S. 85, H.i.O.).

Beispiel: Das paradigmatische Modell – Eine Veranschaulichung

Das folgende Beispiel ist zwar stark schematisierend, es schildert einen Prozess und stellt keine Theorie dar. Es wird also keine re-konstruktive Abstraktion eines Prozesses geleistet. Diese Vereinfachung ermöglicht es allerdings, die Wirkzusammenhänge sozialer Prozesse mit den Begriffen des paradigmatischen Modells zu veranschaulichen. Erfahrungsgemäß erleichtert eine solche Veranschaulichung den Zugang zum analytischen Umgang mit dem paradigmatischen Model (für eine konkrete Analyse, die das paradigmatische Modell einsetzt, siehe weiter unten). Nehmen wir eine Bewerbersituation. Vier männliche Bewerber warten schweigend vor dem Raum, in dem Einstellungsgespräche

stattfinden. Es herrscht Schweigen. Die Bewerber gucken mit ernsten Gesichts-
ausdrücken starr geradeaus. Diese angespannte Situation lässt sich als ‚Aus-
gangsposition' nehmen und kann zu dem Umstand führen, dass sich die Akteure in dieser Situation unangenehm fühlen. Diese Situation bildet den ‚Kontext'.
Die Akteure haben jeweils verschiedene ‚intervenierende Bedingungen'. Beispielsweise wäre es möglich, dass sich ein Bewerber, für den dies die erste Bewerbersituation ist, sich vollkommen auf die Fragen konzentriert, die ihm im
Vorstellungsgespräch gestellt werden könnten. Ein anderer Bewerber könnte
sich sicherer fühlen, da er bereits positive Erfahrungen in Bewerbungssituatio-
nen gemacht hat. Er hätte andere Handlungsoptionen zur Auswahl, da er sich
mutiger fühlt. Dieser Bewerber könnte eine scherzhafte Bemerkung machen,
da er sich seiner selbst sicherer ist. Diese Handlungsoption würde dem ersten
Bewerber nicht ohne weiteres zur Verfügung stehen, da andere biografische Erfahrungen vorhanden sind. Diese scherzhafte Bemerkung stellt eine potenzielle
‚Handlungs'-, bzw. eine ‚interaktionale Strategie' dar. Würde diese scherzhafte
Bemerkung realisiert, könnte diese als Handlung/Interaktion einen Spannungs-
abbau in Form von Lachen und Lächeln der anderen Bewerber hervorrufen.
Eine ‚Konsequenz' würde darin bestehen, dass die Bewerber miteinander ins
Gespräch kommen, scherzen und so die Spannung weiter abbauen.

Um im Sinne des paradigmatischen Modells Muster in Wirkungszusammenhängen zu identifizieren, können die Daten so arrangiert werden, dass die Aussage getätigt werden kann: **„Unter diesen Bedingungen (Auflistung) passiert das und
das; während unter anderen Bedingungen das und das eintritt"** (Strauss &
Corbin 1996, S. 107, H.i.O.). Strauss und Corbin gehen dabei von der generellen
Übertragbarkeit des paradigmatischen Modells als Analysestrategie aus. Werden
beispielsweise Angstgefühle untersucht, lässt sich danach fragen, was die ursächlichen Bedingungen dieser Angstgefühle sind und welche intervenierenden Bedingungen den jeweiligen Akteuren warum zur Verfügung stehen. Durch welche
Handlungs- bzw. interaktionalen Strategien wird auf diese Angstgefühle reagiert,
welche Konsequenzen entstehen hieraus und wie re-definieren diese Konsequenzen den Kontext? Dem paradigmatischen Modell liegt die Überlegung zugrunde,
dass soziale Phänomene Prozesse darstellen, die kausalstrukturiert sind. Es lassen
sich Ursache-Wirkungs-Zusammenhänge herausarbeiten. Soziale Situationen sind
Produkte (und auch Ausgangspunkte) von Handlungen/Interaktionen. Dementsprechend geht es beim axialen Kodieren, bei dem das paradigmatische Modell
zum Einsatz kommt, um ein Suchen nach ‚Wirkbeziehungen'. Das Vorhandensein
von Wirkbeziehungen wird im Auswertungsprozess zunächst vermutet. Die vermuteten Beziehungen müssen durch Daten verifiziert werden. Es lässt sich fragen:

Gibt es Hinweise in den Daten, die die Vermutung über die bestehenden Verbindungen zwischen den Kategorien erhärten? Dabei sollte im Sinne einer wissenschaftlichen Erkenntniskritik zugleich nach Gegenbeispielen gesucht werden, die auf anderen Wirkbeziehungen zwischen Kategorien beruhen könnten. Durch die Anwendung von Gegenbeispielen kann der Forderung nach einem theorieoffenen Forschen entsprochen werden. Die empirische Fundierung von vermuteten Beziehungen erfordert ein Wechselspiel zwischen Vermuten und Überprüfen (vgl. Strauss & Corbin 1996, S. 89). Durch dieses Wechselspiel wird eine gegenstandsbezogene Theorie bzw. eine in den Daten verankerte Theoriebildung möglich, welche die Grounded Theory auszeichnet. Als finale Kodierungsstrategie der Grounded Theory folgt auf das axiale Kodieren das selektive Kodieren.

3.2.6.3 Das selektive Kodieren

Das selektive Kodieren lässt sich als eine Fortsetzung des axialen Kodierens „**auf einer höheren abstrakteren Ebene**" (Strauss & Corbin 1996, S. 95, H.i.O.) begreifen. Es geht beim selektiven Kodieren um die Konstruktion eines „roten Fadens" (Strauss & Corbin 1996, S. 96) bzw. eines „Hauptthemas" (Corbin 2003, S. 74).

> Der erste Schritt besteht im Offenlegen des *roten Fadens der Geschichte*. Der zweite besteht aus *dem Verbinden der ergänzenden Kategorien* rund um die *Kernkategorie* mit Hilfe des *Paradigmas*. Der dritte umfaßt das *Verbinden der Kategorien auf der dimensionalen Ebene*. Der vierte beinhaltet *das Validieren dieser Beziehungen* durch die Daten. Der fünfte und letzte Schritt besteht im *Auffüllen der Kategorien*, die einer weiteren Verfeinerung und/oder Entwicklung bedürfen. (Strauss & Corbin 1996, S. 95, H.i.O.)

Beim selektiven Kodieren soll eine ‚beschreibende, re-konstruktive Geschichte' der analysierten Situation bzw. des analysierten Phänomens geleistet werden. Die Wirkbeziehungen, die mit Hilfe des paradigmatischen Modells herausgearbeitet wurden, werden verdichtet (vgl. Strauss & Corbin 1996, S. 101f.) und so dargestellt, dass die herausgearbeiteten Wirkbeziehungen quasi für Außenstehende ‚erzählt' werden können. Hierfür schlagen Corbin und Strauss folgendes Schema vor, durch das die einzelnen Kategorien in eine sequentielle Ordnung gebracht werden können: „A (Bedingungen) führt zu B (Phänomen), was zu C (Kontext) führt, was zu D (Handlung/Interaktion […]) führt, was dann zu E (Konsequenzen) führt" (Strauss & Corbin 1996, S. 101).

Werkzeugkasten: Konstruktion des roten Fadens
Um die Wirkstruktur im Sinne eines ‚roten Fadens' zu re-konstruieren, lassen sich bei der Nutzung des paradigmatischen Modells folgende Leitfragen heranziehen:

- Welche ursächlichen Bedingungen des Falles führen zu welchen sozialen Situationen bzw. Kontexten?
- Was für ein Kontext wird gebildet?
- Welche intervenierenden Bedingungen stehen den jeweiligen Akteuren warum zur Verfügung?
- Welche Handlungsstrategien werden wie warum realisiert und führen dabei zu welchen Konsequenzen?

Diese Fragen helfen bei der Suche nach einer ‚Schlüsselkategorie' bzw. bei der Konstruktion eines ‚roten Fadens'. Dabei werden die Thesen des Wirkzusammenhanges, die im Zuge des axialen Kodierens entwickelt wurden, validiert. Zu der Schlüsselkategorie werden „alle der Schlüsselkategorie nachgeordneten Kategorien und Subkategorien *systematisch* in Bezug gesetzt. Obwohl der Forscher einige dieser Zusammenhänge schon hergestellt hat, sucht er jetzt konzentriert nach neuen Bezügen und kodiert diese" (Strauss 1998, S. 107, H.i.O.). Beim selektiven Kodieren geht es folglich auch darum, die einzelnen Kategorien miteinander final zu verbinden und dabei den roten Faden einer ‚Geschichte' bzw. einen Wirkungszusammenhang zu re-konstruieren. Um dies zu leisten, schlagen Strauss und Corbin vor, dass Forschende sich mit der Frage auseinandersetzen, was in dem „Untersuchungsbereich am auffallendsten" (Strauss & Corbin 1996, S. 97) ist? – bzw. „Was halte ich für das Hauptproblem?" (ebenda). Die Antwort auf diese Fragen soll in wenigen Sätzen notiert werden, damit nicht die Gefahr droht, sich in Details zu verlieren. Ohne eine solche Geschichte „bleiben die Kategorien nur eine Liste mit Begriffen" (Strauss & Corbin 1996, S. 104).

Werkzeugkasten: Zusammenfassungen schreiben
In der Forschungspraxis kann es vorkommen, dass man sich in Feinanalysen und in der Definition der Beziehungen zwischen Kategorien ‚verliert'. Um nicht die Übersicht zu verlieren kann es helfen, zu den jeweiligen Kategorien und/oder zu den untersuchten Fällen Zusammenfassungen zu schreiben und so einen provisorischen roten Faden zu konstruieren.

Dadurch, dass Aussagen über Beziehungen getätigt werden, diese Beziehungen aus der Auseinandersetzung mit den Daten abgeleitet und an den Daten validiert werden, entsteht eine empirisch fundierte Theorie über eine Wirkstruktur bzw. eine Grounded Theory. Ein Phänomen gilt dann als theoretisch ausreichend erklärt, wenn ein Wirkzusammenhang logisch re-konstruiert werden konnte und durch die Daten bestätigt wird bzw. durch den Bezug auf die Daten theoretisch gesättigt ist: Es lassen sich also durch Bezug auf die Daten keine alternativen theoretischen Re-Konstruktionen bilden. Werden mehrere Fälle untersucht und miteinander verglichen, können abweichende Geschichten nebeneinander gestellt und vergleichend diskutiert werden. Dies kann bis zur Typenbildung führen (vgl. dazu 3.6.4.3). Im Folgenden soll anhand eines Beispiels aus der qualitativen Bildungsforschung aufgezeigt werden, wie sich das paradigmatische Modell für theorieoffene Analysestrategien einsetzen lässt.

3.2.7 Bildung als Übungslernen – Das paradigmatische Modell in der Analysepraxis

In der Auseinandersetzung mit den Daten zu dem Forschungsprojekt ‚Die Schule rockt!' (vgl. 3.1.10) wurde ‚die Übung' als ein zentrales Konzept entdeckt, welches regelrecht in den Daten schlummerte. Erst durch eine theoretische Sensibilität wurde die Entdeckung dieses Konzepts möglich – also durch eine erkenntnisstrategische Offenheit des forschenden Blicks. Es gab zwar das Konzept des Bildungslernens als theoretisches Muster, dennoch konnte eine offene, erkenntniskritische Haltung durch die Perspektive der forschenden Studierenden und begleitenden Dozent*innen realisiert werden. Diese Offenheit ermöglichte es, darauf aufmerksam zu werden, dass in den Äußerungen der Musikpädagogen sowie in den Äußerungen der Kinder als auch in den Beobachtungsprotokollen stets auf das Üben bzw. die Wiederholung als Lernstrategie Bezug genommen wurde. Dies führte dazu, dass die Daten bezüglich der Grundschule sowie der Oberschule nochmals mit einem Fokus auf die Kategorie des Übens durchgesehen wurden. Nachdem im ‚offenen Kodieren' die Kategorie des Übens allgemein in den Blick genommen worden war, wurde die heuristische Frage formuliert: Wer übt wie wann warum? Diese Fragestellung wurde genutzt, um im Sinne des paradigmatischen Modells eine Wirkbeziehung zu re-konstruieren. Im Folgenden wird sich in der Darstellung des Übens ausschließlich auf die Daten aus der Oberschule bezogen.

3.2.7.1 Üben – Re-konstruiert anhand des paradigmatischen Modells

Der Kontext

Der Kontext, in dem geübt wurde, bildeten die Bandproben. Möglichkeiten außerhalb der Bandproben zu üben, stand den Schüler*innen aufgrund mangelnder finanziellen Ressourcen und/oder aufgrund mangelnder Unterstützung seitens der Eltern nicht zur Verfügung. Dabei sind die Bandproben zielgerichtet orientiert: Alle Schüler*innen müssen üben, damit gemeinsame Auftritte realisiert werden können. Vor dem Hintergrund dieser Zielorientierung stellen die Musikpädagogen sicher, dass die Schüler*innen im Zusammenspiel mit den anderen Schüler*innen ‚das Richtige richtig spielen' – z.B. die richtigen Akkorde zur richtigen Zeit mit den richtigen Fingern greifen und im richtigen Rhythmus spielen. Die Bandproben eröffnen den Möglichkeitsraum, ein Musikinstrument zu lernen. Gelernt wird über die Phasen des Zeigens (Vermitteln der Fähigkeiten, wie etwas zu spielen ist) und des Übens (Optimieren der vermittelten Fähigkeiten durch ständige Wiederholung). Die Regelmäßigkeit der Bandproben ermöglicht die Regelmäßigkeit, die für das Üben notwendig. Dieses ‚Set von Eigenschaften' konstituiert die Bandproben als den Kontext.

Intervenierende Bedingungen

Dieser Kontext bedingt intervenierende Bedingungen, also Bedingungen, die den Handlungsspielraum der Schüler*innen definieren: Entweder die Schüler*innen akzeptieren die zielgerichtete Ausrichtung der Bandarbeit, d.h. sie lassen sich neue Lieder zeigen und eignen sich diese über das Üben an oder sie verlassen die Band. Wenn die Schüler*innen dagegen Fragen zum richtigen Üben mit den Instrumenten haben, werden diese sofort beantwortet. Oftmals identifizieren die Musikpädagogen auch ein falsches Spielen und korrigieren dieses quasi pro-aktiv bei den Schüler*innen sofort. Die restlichen Schüler*innen müssen solange warten und sich still verhalten, bis der richtige Umgang vermittelt worden ist. Die Schüler*innen warten auch geduldig, bis die nötigen Hilfestellungen vermittelt und von der/ dem Schüler*in umgesetzt wurde. Die Schüler*innen scheinen zu wissen, dass jeder andere wie sie selbst auch üben muss, um den Umgang mit den Instrumenten zu erlernen. Die intervenierenden Handlungen/Interaktionen sind grundsätzlich eingeschränkt, da das Üben eine konstitutive Voraussetzung für die Teilnahme am Bandprojekt darstellt. Ist diese Voraussetzung akzeptiert, ergeben sich für die Schüler*innen eine Reihe von Handlungsmöglichkeiten, um ihre Fertigkeiten durch das Üben zu trainieren. So können die Schüler*innen beispielsweise die Musikpädagogen um Hilfe bitten oder gezielt andere Schüler*innen beobachten, die das gleiche Instrument spielen (z.b. wie greifen die anderen einen Akkord auf der Gitarre?).

Konsequenzen

Das Üben ermöglicht einen Fortschritt vom ‚Zeigen' zum ‚selber können', die Musikpädagogen werden in diesem Kontext als Helfende wahrgenommen, die diese Form der Selbstermächtigung ermöglichen: Durch das zunächst angeleitete Üben wird sich der angemessene Umgang mit den Musikinstrumenten angeeignet. Eine zentrale Zielstellung stellen die Auftritte dar, ein Stück muss ausreichend geübt worden sein, damit es auch auf Auftritten präsentiert werden kann. Eine weitere Konsequenz besteht neben den Auftritten darin, dass ständig Neues gelernt und geübt wird – es konstituiert sich ein potenziell infiniter Zirkel des Übens.

Um eine hermeneutische bzw. verstehend-nachvollziehende Lesart dieses Modells zu ermöglichen, werden im Folgenden zur Illustration Zitate aus den Gruppeninterviews mit den Schüler*innen aus der Oberschule angeführt. Dabei kann der ‚rote Faden' des Übens nochmal re-konstruierend dargestellt werden. Es werden auch Textstellen herangezogen, die implizit auf das Üben verweisen. Beispielsweise Äußerungen von Schüler*innen, in denen sie über den Lernfortschritt an den Instrumenten sprechen:

> B6 (12 Jahre):   Also, als ich das das erste Mal gelernt habe, da habe ich halt schon ein bisschen so meine Zeit gebraucht. Aber dann konnte ich's eigentlich recht schnell. Wenn man wirklich Lust darauf hat, das zu lernen, dann ist es auch nicht so kompliziert.

Durch die empowernden, begleitenden Vermittlungsstrategien seitens der Musikpädagogen wird dieser Übungsprozess als drucklos aber leistungsorientiert erfahren, derart auch von den Schüler*innen beurteilt. Es stellen sich Fortschritte im Umgang mit dem Instrument ein, so werden weniger Fehler gemacht:

> B7 (11 Jahre):   Also, das ist nicht so kompliziert. Ähem, also jeden Tag lernt man auch mehr. Und bald kann man es sehr einfach gut spielen. Und dann hat man auch keine Fehler.

Neues zu lernen und sich durch Übung anzueignen, stellt eine Herausforderung dar, die durch intrinsische Motivation gemeistert wird. Es lässt sich in der Band eine handwerkliche Lernorientierung erkennen, die sich u.a. darin zeigt, dass die Schüler*innen im Zuge der Interviews stets wieder herausstellen, dass sie ‚etwas lernen'. So sagt eine Schülerin, dass es „Spaß bringt neue Akkorde zu lernen". Auf die Frage, warum dies so sei, antwortet sie:

> B4 (14 Jahre): Weil dann ist das eine Herausforderung, das wieder zu lernen und zu können.

> B5 (11 Jahre): Es macht Spaß die Lieder zu spielen. Das wir es lernen. Vorher konnte ich ja gar nicht spielen.

Eine analoge intrinsisch motivierte Lernmotivation zeigt sich bei der Sängerin der Band:

> B2 (14 Jahre): Ich liebe es einfach, neue Songtexte zu lernen, dann sie auswendig zu lernen, da bin ich immer stolz drauf.

Dieser Fortschrittsprozess wurde im Sinne des expansiven Lernens auch als Überwinden von Widerständen wahrgenommen und führte zu einer erhöhten Selbstwirksamkeit in anderen Bereichen: So überträgt eine Schülerin die in der Band gemachten Selbstwirksamkeitserfahrungen auf den schulischen Leistungsbereich und stellt so für sich eine Bildungskarriere her:

> B2 (14 Jahre): Referate ... Also früher habe ich mich immer geschämt und dann wurde ich immer knallrot im Gesicht. Das ist zwar jetzt auch immer noch. Aber seitdem ich singe ist es jetzt eben nicht mehr so schlimm und ich kann besser Referate halten und deswegen habe ich auch bessere Noten.

3.2.7.2 Das Üben aus bildungstheoretischer Perspektive

Das Üben lässt sich auch aus bildungstheoretischer Perspektive analysieren: In der Übung entfaltet sich die Aneignung eines Instruments und ist dabei ein Teil des Weltaneignungsprozesses, der Bildung auszeichnet. Fremdes wird zum Eigenen gemacht, wobei durch Üben ein „besseres Können" (Brinkmann 2008, S. 281) realisiert wird. Dabei lässt sich ein positiv konnotiertes Üben als eine spezifische Form des Bildungslernens verstehen. Üben kann wie in diesem Fall eine performative, iterative Konstruktion eines positiv konnotierten Selbst-/Weltverhältnisses darstellen: Die Identität als Musiker*in im schulischen Kontext wird durch das Üben in den Bandproben iterativ hergestellt. Aus dieser Perspektive – und dies stellt eine theoretische Erweiterung der empirisch fundierten Theorie über das Üben in Bildungskontexten dar – wird eine pädagogische „Geringschätzung der Übung" (Brinkmann 2008, S. 285) überwunden. Üben stellt weniger eine Repetition des Erlernten dar. Vielmehr stellt das Individuum sich und sein Selbst-/Weltverhältnis im Üben als eine spezifische Form des Lernens immer wieder her.

Üben lässt sich als eine ‚Selbsttechnik' verstehen, im Zuge dessen das Individuum bzw. Subjekt ein Selbst-/Weltverhältnis performativ herstellt. Diese theoretischen Überlegungen erweiternd, lässt sich mit Bezug auf ein integratives Bildungsverständnis festhalten, dass Üben auch subjektivierende Dynamiken entfalten kann. Gesellschaftliche, normative Erwartungshaltungen schreiben sich durch das Üben in das Individuum ein. Üben oszilliert aus dieser Perspektive zwischen expansivem Lernen bzw. Bildungslernen und Subjektivierungsdynamiken. Durch ein Üben, das Merkmale von Bildungslernen trägt, stellt das Subjekt ein positiv konnotiertes Selbst-/Weltverhältnis her. Ein Üben, in dem normative Vorgaben internalisiert werden, lässt sich als Teil von Subjektvierungsdynamiken identifizieren (vgl. 1.1.5): „Die Analyse der Übung als pädagogische Form, die sich performativ ausprägt, macht also auf der Seite des Subjekts sowohl die Reproduktion von Normen und Machtstrukturen als auch deren Überschreitung erkennbar" (Brinkmann 2008, S. 288).

Die Re-Konstruktion des Übens mittels der Analysestrategie des paradigmatischen Modells ermöglicht es herauszuarbeiten, wie sich Üben im Zuge des Bandprojekts als Bildungslernen vollzieht. Eine ähnliche Analysestrategie, die die Konstellation sozialer Prozesse fokussiert, stellt die Analyse von Bildungsräumen dar (vgl. 4.1).

Zusammenfassend lässt sich festhalten, dass die Grounded Theory methodologische und methodisch zentrale Zugänge für die qualitative Sozialforschung liefert: So wird die Prämisse der Offenheit des Forschens methodologisch mit dem Bezug auf die Daten begründet. Zugleich werden methodische Strategien an die Hand gegeben, diese methodologischen Überlegungen im Forschen zu realisieren. Gleiches gilt für den iterativen Forschungsprozess, der methodologisch durch die Relevanz auf den Datenbezug begründet ist und sich u.a. mit dem Konzept der theoretischen Sättigung methodisch umsetzen lässt. Die Kodierstrategien der Grounded Theory gewährleisten im Sinne der theoretischen Sensibilität einen theorieoffenen Blick (hier v.a. das offene Kodieren) und ermöglichen es zugleich, einen systematischen induktiven Kodierprozess forschungspragmatisch durchzuführen. Im Zuge des Kodierprozesses können durch das paradigmatische Modell Prozesse/Wirkmodelle re-konstruiert werden. Hier besteht ein weiterer Vorteil der Analysestrategien der Grounded Theory: Wenn beispielsweise im Zuge der integrativen Bildungsforschung die Dynamiken sozialer Konstellationen in den forschenden Blick genommen werden sollen, lässt sich dies über das paradigmatische Modell leisten. Diese Dynamiken können durch die Analysestrategien des paradigmatischen Modells dahingehend befragt werden, wie sich subjektivierende Dynamiken und/oder Bildung entfalten. In dem hier skizzierten Analysebeispiel vollzieht sich Bildung durch das Üben, durch das ein positiv konnotiertes Selbst-/Weltverhältnis bei den Schüler*innen hergestellt wird.

Literatur

Böhm, A. (2000). Theoretisches Codieren, In U. Flick, E. v. Kardorff & I. Steinke (Hrsg.). *Qualitative Forschung. Ein Handbuch* (S. 475-485). Reinbek bei Hamburg: Rowolth.

Brinkmann, M. (2008). Üben – elementares Lernen. Überlegungen zur Phänomenologie, Theorie und Didaktik der pädagogischen Übung. In K. Mitgutsch, E. Sattler, K. Westphal & M. Breinbauer (Hrsg.), *Dem Lernen auf der Spur. Die pädagogische Perspektive* (S. 278-294). Stuttgart: Klett-Cotta.

Corbin, J. (2003). Grounded Theory. In R. Bohnsack, W. Marotzki & M. Meuser (Hrsg.), *Hauptbegriffe qualitativer Sozialforschung* (S. 70-75). Opladen: Leske + Budrich.

Glaser, B. G. (1978). *Theoretical Sensivity. Advances in the Methodology of Grounded Theory.* Chicago: Mill Valey: Sociology Press.

Glaser, B. G. (1992). *Emergence vs. forcing: Basics of grounded theory.* Mill Vallex: Sociological Press.

Glaser, B. G., & Strauss, A. L. (2006) *The Discovery of Grounded Theory. Strategies for Qualitative Research.* Brunswick: Aldine Transaction.

Hildenbrand, B. (1998). Vorwort. In A. S. Strauss, *Grundlagen qualitativer Forschung* (S. 11-17). München: Fink.

Kergel, D. (2016). Bildungssoziologie und Prekaritätsforschung: Castingshows als Prekaritätsnarration. In R.-D. Hepp, R. Riesinger & D. Kergel (Hrsg.), *Precarity – Shift in the center of the Society. Interdisciplinary Perspectives* (S. 177-196). Wiesbaden: VS Springer.

Krinninger, D., & Müller, H.-R. (2012). Hide and Seek. Zur Sensibilisierung für den normativen Gehalt empirisch gestützter Bildungstheorie. In I. Miethe & H.-R. Müller (Hrsg.), *Qualitative Bildungsforschung und Bildungstheorie* (S. 57-75). Opladen: Barbara Budrich.

Kruse, J. (2015). *Qualitative Interviewforschung. Ein integrativer Ansatz.* Weinheim: Juventa/Beltz.

Merton, R. K. (1995). *Soziologische Theorie und soziale Struktur.* Berlin: De Gruyter.

Mey, G., & Mruck, K. (2007). Grounded Theory Methodologie – Bemerkungen zu einem prominenten Forschungsstil. *Historical Social Research/Historische Sozialforschung. Supplement* 19, 11-39.

Muckel, P. (2007). Die Entwicklung von Kategorien mit der Methode der Grounded Theory. In G. May & K. Mruck (Hrsg.), *Grounded Theory Reader* (S. 333-352). Wiesbaden: VS Springer.

Popper, K. R. (1973). *Logik der Forschung.* Tübingen: Mohr.

Strauss, A. L. (1998). *Grundlagen qualitativer Sozialforschung*. München: Fink.

Strauss, A. L. (2004). „Forschung ist harte Arbeit, es ist immer ein Stück Leiden damit verbunden. Deshalb muss es auf der anderen Seite Spaß machen". Anselm Strauss im Interview mit Heiner Legewie und Barbara Schervier-Legewie. *Forum Qualitative Sozialforschung/Forum Qualitative Research* 5(3), Art. 22.

Strauss, A. L., & Corbin, J. (1996). *Grundlagen qualitativer Sozialforschung*. Weinheim: Beltz.

Strübing, J. (2004). *Grounded Theory. Zur sozialtheoretischen und epistemologischen fundierung des Verfahrens der empirisch begründeten Theoriebildung*. Wiesbaden: VS Springer.

3.3 Die qualitative Inhaltsanalyse – Mit einem Kamm durch die Daten

Die qualitative Inhaltsanalyse ermöglicht anhand von Kategoriensystemen auch größere Datenmengen zu analysieren und diese miteinander zu vergleichen. Bei qualitativen Inhaltsanalysen lassen sich induktive, deduktive Kategorisierungsstrategien aber auch Mischformen einsetzen. Daten können dabei zugleich kategorie- und fallorientiert geordnet werden. Im deutschsprachigen Raum ist der Begriff der qualitativen Inhaltsanalyse v.a. durch die methodischen Konzeptionen von Mayring beeinflusst und stellt ein häufig eingesetztes Auswertungsverfahren dar.

3.3.1 Frequenz und Fallorientierung – Die Inhaltsanalyse zwischen qualitativer und quantitativer Forschung

Die Inhaltsanalyse wurde im Kontext von Untersuchungen zu Kriegsberichten und Kriegspropaganda während des Zweiten Weltkrieges entwickelt. Dabei wurde noch nicht zwischen einer quantitativen und qualitativen Inhaltsanalyse differenziert. Als sozialwissenschaftliche Methode befasst sich die Inhaltsanalyse „mit der systematischen Erhebung und Auswertung von Texten, Bildern und Filmen" (Diekmann 2012, S. 576). Im Jahr 1941 erschien Lasswells Studie „Experimental Division of the Study of Wartime Communication" und 1948 wurde von Berelson und Lazarsfeld das Lehrbuch „The Analysis of Communication Content" veröffentlicht. Die ‚klassische Inhaltsanalyse', wie sie in den 1940er Jahren als ‚Content Analysis' zu einer systematischen Forschungsmethode entwickelt wurde, basiert im Kern auf der Idee, Kategorien zu bilden und das empirische Material entlang dieser Kategorien zu ordnen. Im Laufe der Jahrzehnte hat sich allerdings die „‚Content Analysis' immer mehr in Richtung einer quantitativen Inhaltsanalyse entwickelt, welche dem qualitativen Aspekt der Textanalyse, dem Text-Verstehen, immer geringere Aufmerksamkeit schenkte" (Kuckartz 2014, S. 75). Bei der quantitativen Inhaltsanalyse stellt die Frequenzanalyse „die wohl meistverfolgte Zielsetzung inhaltsanalytischer Arbeiten" (Diekmann 2012, S. 597) dar. Bei der Frequenzanalyse werden Worthäufigkeiten von „Begriffen, Ausdrücken spezifischer Bedeutung, Themen u.a.m." (Diekmann 2012, S. 597) ausgezählt und analysiert.

▶ Kurz notiert: Frequenzanalyse ein Beispiel   Ein Beispiel für eine Frequenzanalyse stellt die 2011 veröffentlichte Studie „Skandalisierung im Fernsehen. Strategien, Erscheinungsformen und Rezeption von Reality TV Formaten" dar. Im Rahmen der Studie wurde eine Frequenzanalyse erstellt, die nach der Häufigkeit von Grenzverletzungen in Castingshows fragt. U.a. wurde festgestellt, dass „[b]ei der Castingshow **DSDS – Deutschland sucht den Superstar** von RTL [...] die Anzahl provokativer Ereignisse im Zeitverlauf stark zugenommen" (Lünenborg et al. 2011, S. 3, H.i.O.) hat. „Während in der dritten Staffel im Jahr 2005/2006 durchschnittlich 0,8 Provokationen je Netto-Sendestunde auftraten, waren es 2009 in der sechsten Staffel im Mittel 2,5 solcher Ereignisse. Gegenstand der Grenzverletzungen war in allen Fällen die Abwertung von Personen aufgrund ihres Verhaltens oder Aussehens z.B. durch verbale, gestische Äußerungen der Juroren, durch suggestive Kameraführung oder andere Mittel" (Lünenborg et al. 2011, S. 3)

Im Bereich der qualitativen Forschung hat sich die Inhaltsanalyse als ein Vorgehen etabliert, das es ermöglicht, verschiedene Texte wie Interviews durch das gleiche Kategoriensystem auszuwerten und diese verschiedenen Texte vergleichend zu betrachten. Anders als bei einer quantitativen Inhaltsanalyse wird in der qualitativen Inhaltsanalyse auch der einzelne Fall mit in den Blick genommen. Kategorien und Fälle lassen sich durch die qualitative Inhaltsanalyse miteinander systematisch vergleichen.

▶ Kurz notiert: Auswertungsmatrix   Anhand der Auswertungsmatrix kann zwischen Fällen und Kategorien zugleich differenziert werden. Es wird möglich, die komplexe Datenauswahl (z.B. kontrastive Fälle) trotz des kategorisierenden Vorgehens angemessen abzubilden, da neben der Zuordnung des Textes zu Kategorien auch gleich eine analytische Perspektive auf die jeweiligen Fälle ermöglicht wird

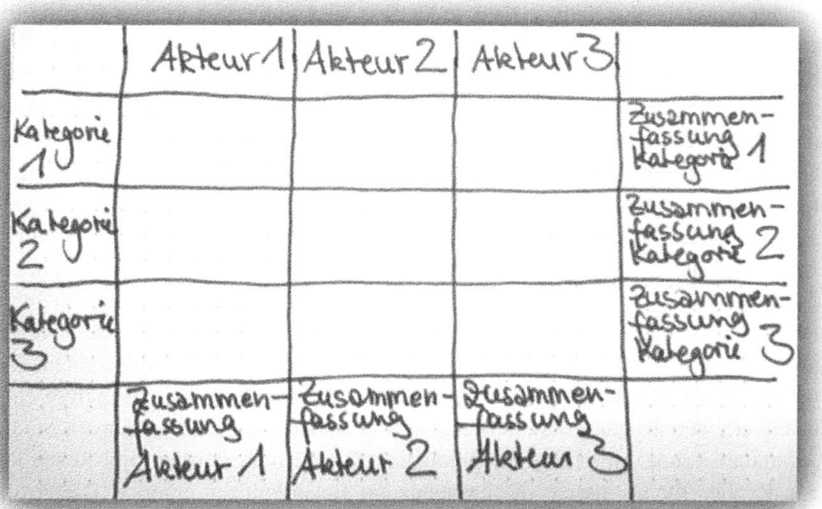

Abbildung 3   Auswertungsmatrix für die qualitative Inhaltsanalyse. Die Auswertungsmatrix ermöglicht es, zugleich fall- und kategorienorientiert Daten auszuwerten (eigene Darstellung, orientiert an Kuckartz 2014, S. 47).

3.3.2 Differenzen zwischen qualitativer und quantitativer Inhaltsanalyse

Es wird gemeinhin zwischen der quantitativen und der qualitativen Inhaltsanalyse
unterschieden. Obgleich bereits 1952 Ansätze existierten, die qualitative Inhaltsanalyse als Ergänzung einer quantitativen Inhaltsanalyse zu begreifen, begann
v.a. Mayrings Ansatz der qualitativen Inhaltsanalyse im Zuge der 80er Jahre des
letzten Jahrhunderts im deutschsprachigen Raum eine einflussreiche Wirkung zu
entfalten. Im Kontext einer Interviewstudie des DFG-Projekts „Kognitive Kontrolle in Krisensituationen: Arbeitslosigkeit bei Lehrern" (Ulich et al. 1982), das die
psychosozialen Auswirkungen von Arbeitslosigkeit beleuchtete, wurden mittels
Leitfadeninterviews 600 Befragungen durchgeführt. Im Zuge dieses Forschungsprojektes ergab sich die Herausforderung, das Material angemessen analytisch auszuwerten. Dies führte zur Ausdifferenzierung der qualitativen Inhaltsanalyse nach
Mayring. Ein zentraler Unterschied, der die qualitative Inhaltsanalyse wie auch
die qualitative Sozialforschung generell von quantitativen Verfahren unterscheidet, stellt die Art und Weise dar, wie Texte als Daten bewertet werden. Während

bei der qualitativen Inhaltsanalyse jeder Text als einmalige Form der Kommunikation verstanden wird, stellen die Texte in der quantitativen Inhaltsanalyse eine Kombination von Merkmalen dar. Dass gerade ein Text in das Sampling aufgenommen wurde und ein anderer Text nicht, ist bei der quantitativen Inhaltsanalyse rein zufällig. Anders verhält es sich bei der qualitativen Inhaltsanalyse: Werden beispielsweise Interviews als Datengrundlage für das Verfahren der qualitativen Inhaltsanalyse gewählt, so ist der Entstehungskontext der Interviews ebenso einmalig wie die Interaktion der Gesprächspartner*innen und die so generierten Erzählungen und Texte. In der Auswertung gilt es, diese Einmaligkeit der Daten, die durch qualitative Erhebungsverfahren erhoben wurden, angemessen zu beachten. Bei Verfahren der quantitativen Inhaltsanalyse repräsentieren die Texte dagegen jeweils eine überindividuelle, standardisierte Ansammlung von Merkmalen. Ein weiterer Unterschied besteht darin, dass in der quantitativen Inhaltsanalyse eher Daten erhoben als analysiert werden. So wird in der unter 4.3.1 erwähnten Studie „Skandalisierung im Fernsehen. Strategien, Erscheinungsformen und Rezeption von Reality TV Formaten" die Frequenz der Beleidigungen erhoben. Die ermittelten Beleidigungsfrequenzen stellen Daten dar, die z.B. durch weiterführende statistische Operationen ausgewertet und interpretiert werden können.

▶ Kurz notiert: induktive Kategorienbildung als Interpretationsleistung   Bei der qualitativen Inhaltsanalyse werden die Daten durch die Zuordnung zu Kategorien systematisch geordnet und dadurch in eine analytische Ordnung überführt. Im Ordnungsprozess selbst vollzieht sich eine Interpretation, wie sich an dem Ansatz der induktiven Kategorienbildung im Zuge einer qualitativen Inhaltsanalyse festmachen lässt: Durch die Auseinandersetzung mit dem Datenmaterial wird nach und nach ein Kategoriensystem entwickelt. Die Zuordnung zu Kategorien erfordert eine interpretative Auseinandersetzung mit dem Text: Wie ist ein Textausschnitt zu verstehen, welcher Kategorie lässt er sich warum zuordnen?

Die unterschiedliche Perspektive auf die Daten bzw. der unterschiedliche Umgang mit den Daten lässt sich auch an der Differenzierung zwischen einer reduktiven und einer explikativen Inhaltsanalyse ablesen (vgl. Lamnek & Krell 2016, S. 470): Bei der qualitativen Inhaltsanalyse ließe sich eher von einer explikativen Inhaltsanalyse sprechen, da „latente Kommunikationsinhalte" (Lamnek & Krell 2016, S. 470) bei der Auswertung des Textes mit einfließen – z.B. welche Kontextbedingungen strukturieren das Gespräch, das ausgewertet werden soll? Bei der reduktiven „eher quantitative[n] Inhaltsanalyse" (ebenda) werden solche Aspekte, die die Einmaligkeit eines Textes in den Blick nehmen, ausgeblendet, um den Text als überindividuellen Merkmalsträger auswerten zu können. Grundsätzlich haben qualitative und quantitative Inhaltsanalyse gemeinsam, dass sie Texte bzw. Textelemente Kategorien zuordnen.

3.3.3 Kategorienbildung als Herzstück der qualitativen Inhaltsanalyse

Die qualitative Inhaltsanalyse arbeitet kategorienbasiert ,komprimierend und resümierend' (vgl. Kuckartz 2014, S. 76). Dadurch, dass ein und dasselbe Kategoriensystem für verschiedene Daten verwendet werden kann (z.b. verschiedene Interviewtranskripte), wird es möglich, auch größere Datenmengen mit der qualitativen Inhaltsanalyse auszuwerten. Vor diesem Hintergrund wird die Relevanz des Kategoriensystems für die qualitative Inhaltsanalyse ersichtlich. So versteht Schreier das Kategoriensystem als „,Herzstück' der qualitativen Inhaltsanalyse" (vgl. Schreier 2014, para. 4). Es ist „[d]er Grundgedanke der Qualitativen Inhaltsanalyse [...] die methodische Systematik der *Content Analysis* im Umgang mit auch umfangreichen Textmaterialien beizubehalten und auf die qualitativen Analyseschritte der Textinterpretation anzuwenden" (Mayring & Brunner 2013, S. 324, H.i.O.).

▶ Kurz notiert: Kategorienbildung Bei der qualitativen Inhaltsanalyse sowie bei der quantitativen Inhaltsanalyse werden Textstellen Kategorien zugeordnet. Dabei wird bei quantitativen Inhaltsanalysen oftmals so vorgegangen, dass Kategorien aus der theoretisch fundierten Fragestellung abgeleitet werden. Auf Grundlage dieser Kategorien wird der Text dann durchgesehen und Kategorien zugeordnet. Bei der qualitativen Inhaltsanalyse ist der Prozess der Kategorienbildung von dem Aspekt der Offenheit qualitativen Forschens geprägt.

Bei der qualitativen Inhaltsanalyse gibt es mehrere Formen der Kategorienbildung, die Anwendung finden können. So ermöglicht die qualitative Inhaltsanalyse die Ordnung von Material anhand...

- deduktiver Kategorien bzw. vorab definierter Kategorien: „Deduktiv gebildete Kategorien werden [...] in der empirischen Sozialforschung an das Material herangetragen, d.h. sie existieren bereits, *bevor* das Datenmaterial gesichtet oder codiert wird" (Kuckartz 2014, S. 62, H.i.O.). Bei der deduktiven Kategorienbildung werden Kategorien aus einer „bereits vorhandenen Systematisierung"

(Kuckartz 2014, S. 60) wie einer Forschungsfrage oder dem Interviewleitfaden abgeleitet. Dies setzt ein Erkenntnisinteresse voraus, das Ausgangspunkt für die Formulierung von Kategorien ist. Die Kategorien dienen dazu, das Datenmaterial zu systematisieren und zu ordnen: „Die Kategorien als Kurzformulierungen stellen die Analyseaspekte dar, die an das Material herangetragen werden sollen. Sie sind wie ein Rechen, der durch das Material gezogen wird und an dessen Zinken Materialbestände hängen bleiben" (Mayring & Brunner 2013, S. 325).

- induktiver Kategorienbildung: Gerade die induktive Kategorienbildung stellt gemäß Mayring und Brunner (2013) „eine der wichtigsten qualitativen inhaltsanalytischen Techniken" (Mayring & Brunner 2013, S. 327) dar. Bei der induktiven Kategorienbildung werden die Daten durch Kategorien geordnet, die sich aus der Auseinandersetzung mit den Daten ergeben. Kategorien werden während der Auseinandersetzung mit den Daten ‚gefunden' und ausdifferenziert. Wenn keine neuen Kategorien mehr gebildet werden können, da zur Zuordnung von Textstellen die bereits formulierten Kategorien ausreichen, lässt sich davon ausgehen, dass eine Sättigung des Materials eingetreten ist.[23] Das Kodieren bzw. der Prozess der induktiven Kategorienbildung sollte durch die Reflexion begleitet sein, was die jeweilig gebildete Kategorie in Bezug zu der Forschungsfrage leisten kann (vgl. dazu auch eingehender Kuckartz 2014, S. 63f.).

- Mischformen: Die Konstruktion eines Kategoriensystems muss nicht zwangsläufig rein induktiv oder rein deduktiv organisiert sein. Es sind auch Kombinationsmodelle denkbar. So können beispielsweise vorab theoriebasiert, deduktiv Oberkategorien gebildet werden. Diese Oberkategorien werden dann im Zuge des Auswertungsverfahrens durch induktive Kategorienbildung in Subkategorien weiter ausdifferenziert oder durch andere, passendere Oberkategorien ersetzt.

▶ Kurz notiert: Kategorienbildung – disjunkt und erschöpfend   Um Textstellen Kategorien zuordnen zu können, ist die Kategorienbildung von zentraler Relevanz. Dabei ist darauf zu achten, dass durch die Kategorien eine „intersubjektiv eindeutige Zuordnung" (Mayring & Brunner 2013, S. 325) von Textstellen möglich wird. Ist dies gewährleistet, können auch größere Text-

---

23   Die induktive Kategorienbildung weist in der forschungspragmatischen Kodierpraxis Parallelen zu dem Kodierverfahren der Grounded Theory auf. Ein grundlegender Unterschied besteht in der Offenheit der Forschungsfrage, welche die Grounded Theory durch den Ansatz der theoretischen Sensibilität realisiert (siehe eingehender zum Verhältnis zwischen qualitativer Inhaltsanalyse und Grounded Theory Kuckartz 2014, S. 66ff.).

mengen von unterschiedlichen Forscher*innen mit dem gleichen Kategoriensystem durchgesehen werden. Für eine intersubjektiv valide Kategorienbildung ist dabei entscheidend, dass die Kategorien

1. disjunkt und
2. erschöpfend

sind. Disjunkt meint hier, dass die Kategorien klar voneinander getrennt sind und sich nicht inhaltlich überschneiden. Erschöpfend bedeutet, dass die Kategorien so klar formuliert sind, dass die Textstelle einer Kategorie zugeordnet werden kann. Wenn sich Textstellen nicht einer Kategorie zuordnen lassen, ist zu prüfen, ob die bisherigen Kategoriedefinitionen wirklich erschöpfend sind oder nicht weiter ausformuliert werden sollten oder eine weitere Kategorie gebildet werden muss.

Beim Durchgehen durch das Datenmaterial und dem Verkoden von Textstellen sollten sich die Forscher*innen bewusst sein, dass Textstellen mehrere Kategorien zugleich zugeordnet werden können, wenn die Textstellen sowohl Aspekte der einen sowie einer anderen Kategorie thematisieren.

Die Logik, Textstellen einem Kategoriensystem zuzuordnen, stellt die Grundlage inhaltsanalytischer Verfahren dar. Das Kategoriensystem fährt gleichsam wie ein Kamm durch die Daten. Bei der qualitativen Inhaltsanalyse besteht die Herausforderung darin, keinen standardisierten Blick, sondern einen offenen verstehenden Blick auf die Daten einzunehmen. Dieses Verständnis bildet die Grundlage von verschiedenen Formen der qualitativen Inhaltsanalyse. Im Folgenden wird die inhaltlich-strukturierende Inhaltsanalyse genauer vorgestellt, da diese als Grundlage für weiterführende Formen der qualitativen Inhaltsanalyse angesehen werden kann.

3.3.4 Das Ordnen der Daten – Die inhaltlich-strukturierende Inhaltsanalyse

Bei den Erkenntnismöglichkeiten der qualitativen Inhaltsanalyse wird zwischen einer Reihe von Varianten differenziert. Als Resultat einer Literatursichtung listet Schreier (2014) elf Varianten qualitativer inhaltsanalytischer Verfahren auf. Von diesen elf Verfahren wird im Folgenden die inhaltlich-strukturierende Inhaltsanalyse dargestellt. Diese lässt sich als der „Kern einer qualitativen Inhaltsanalyse" (Schreier 2014, para. 5) verstehen. Auf Grundlage der inhaltlich-strukturierenden

Inhaltsanalyse können die anderen Ausprägungen der qualitativen Inhaltsanalyse erarbeitet werden. „Ziel inhaltlicher Strukturierung ist es, bestimmte Themen, Inhalte, Aspekte aus dem Material herauszufiltern und zusammenzufassen" (Mayring 2010, S. 98). Die Themen, die aus dem Text herausgearbeitet werden sollen, bilden Kategorien. Die dementsprechenden Textstellen werden diesen Themen zugeordnet. Derart wird der Inhalt analytisch geordnet bzw. strukturiert. Bei der inhaltlich-strukturierenden qualitativen Inhaltsanalyse kommen Strategien zum Einsatz, die von der Kategorienbildung, über das Formulieren von sogenannten Ankerbeispielen bis hin zur Kontextanalyse reichen.

3.3.4.1 Kategorienbildung in der inhaltlich-strukturierenden Inhaltsanalyse

Grundsätzlich gilt für die Kategorienbildung das unter 3.3.2 beschriebene Vorgehen und die Möglichkeit, zwischen deduktiver, induktiver oder deduktiv-induktiver Kodierungsform wählen zu können. Es lässt sich noch erweiternd ergänzend, dass je mehr das eigene Erkenntnisinteresse bzw. die eigene Forschungsfrage ausdifferenziert und explizit gemacht wird, es einfacher ist, die Kategorien aus der Forschungsfrage/dem Interviewleitfaden heraus zu entwickeln.

Werkzeugkasten: deduktive Kategorienbildung in der qualitativen Inhaltsanalyse
Um deduktiv Kategorien zu formulieren, kann sich an den folgenden Fragen orientiert werden:

- Warum sind welche Kategorien wichtig?
- Wodurch ist eine Kategorie definiert?
- Welche Merkmale muss eine Textstelle aufweisen, um sie einer Kategorie zuordnen zu können?

Aus forschungspragmatischen Gründen sollte der Kodierungsprozess nicht mit einer zu großen Anzahl an Kategorien begonnen werden. So kann ein erstes Kodieren mit 10-20 Hauptkategorien begonnen werden (vgl. Kuckartz 2014, S. 77). Im Sinne eines Probelaufs lässt sich dann testen, wie sinnvoll dieses Kategoriensystem ist oder ob es nochmal überarbeitet werden sollte. Als Richtlinie kann gelten, dass ca. 10%-25% des Datenmaterials in einem Probelauf durchgesehen werden sollte (vgl. Kuckartz 2014, S. 80). Bei der Kodierung einer Textstelle empfiehlt es sich, die Textstelle so zu wählen, „dass ein codiertes Segment auch außerhalb des Kontextes noch verständlich ist" (Kuckartz 2014, S. 82). In der Forschungspraxis hat es sich gezeigt, dass es hilfreich ist, ein deduktives Kategoriensystem zunächst einem/einer anderen Forscher*in zu zeigen und zu erklären. Wenn hier erste Unsicherheiten auftauchen, ist dies ein Zeichen dafür, dass das Kategoriensystem nochmal überarbeitet werden muss, bevor es einem Probedurchlauf unterzogen wird.

Wenn verstärkt induktiv kodiert werden soll, kann ggf. auf einen solchen Probelauf verzichtet werden, da sich das Kategoriensystem im Zuge des Auswertungsprozesses weiter ausdifferenziert und derart validiert: Wenn neue Kategorien gebildet worden sind, ergibt sich die Herausforderung, das bereits kodierte Material nochmal mit Bezug auf die neu gebildete Kategorie durchzusehen.

Werkzeugkasten: Kategorienreflexion bei induktiver Kategorienbildung

Wenn eine Kategorie aus dem Material heraus konstruiert werden konnte, sollte (z.B. auf einem Memo) notiert werden, welche Relevanz die Kategorie in Bezug zum Erkenntnisinteresse/zur Forschungsfrage hat – z.B.:

- Wie hilft die Kategorie zur Beantwortung der Forschungsfrage weiter?
- Welcher Teilaspekt des Erkenntnisinteresses/der Forschungsfrage wird durch die Kategorie thematisiert?
- Mit welchen anderen Kategorien steht diese Kategorie wie genau in Verbindung?

Diese Fragen können dabei helfen, die induktiv entstandenen Kategorien in Verbindung zueinander zu setzen und dabei die Forschungsfrage nicht aus den Blick zu verlieren.

Bei der Konstruktion eines Kategoriensystems empfiehlt es sich im Sinne wissenschaftlicher Gütekriterien qualitativer Sozialforschung auf ein intersubjektiv-konsensuelles Vorgehen zurückzugreifen: Im Idealfall kodieren zwei Forscher*innen unabhängig voneinander den gleichen Text und vergleichen anschließend, ob sie die jeweiligen Textstellen den gleichen Kategorien zugeordnet haben. Gerade Differenzen bei der Zuordnung von Kategorien verweisen auf ein unterschiedliches Verständnis von Kategorien und/oder Textstellen. Durch die Diskussion der Gründe der jeweiligen Kategorisierung kann ein ‚Konsens', also ein gemeinsames Verständnis des Kategoriensystems geschaffen werden. Im Zuge einer solchen ‚Konsensbildung' können die Kategorien weiter ausdifferenziert und ausdefiniert werden. Mayring und Brunner (2013) schlagen vor, von einem/einer anderem/anderen Forscher*in, nach „Abschluss der Analyse zumindest Teile des Materials erneut" (Mayring & Brunner 2013, S. 326) durchsehen zu lassen, „ohne, dass dabei auf die zunächst erfolgten Kodierungen gesehen wird" (ebenda). Eine hohe Übereinstimmung lässt sich dabei als ein Indikator für die Stabilität des gebildeten Kategoriensystems verstehen (vgl. Mayring & Brunner 2013, S. 326, dieses Verfahren wird auch als Feststellung der Intrakoderreliabilität bezeichnet, ggf. lässt sich auch ein Index errechnen, wie sehr die Kodierungsergebnisse übereinstimmen).

3.3.4.2 Vom Konkreten zum Abstrakten – Ankerbeispiele und Abstraktionsprozess als Informationsverlust

Um ein valides Auswertungsverfahren zu ermöglichen, bei dem unterschiedliche Forscher*innen mehrere Texte nach dem gleichen Kategoriensystem durchsehen, empfiehlt Mayring mit Ankerbeispielen zu arbeiten: „Die Ankerbeipiele sammeln (proto-)typische Textstellen, die als Musterbeispiele für eine Kategorienzuordnung gelten können" (Mayring & Brunner 2013, S. 327f.).

▶ **Definition: Ankerbeispiele** Ankerbeispiele stellen exemplarische Textstellen für eine Kategorie dar. Wenn es z.B. Schwierigkeiten bei der Zuordnung von Textstellen zu Kategorien geben sollte, kann der/die Forschende sich an den Ankerbeispielen orientieren. Ein Ankerbeispiel weist also in beispielhafter Form die Merkmale auf, die eine Textstelle besitzt, um sie einer bestimmten Kategorie zuordnen zu können.

Gerade bei der Formulierung von Ankerbeispielen zeigt sich die Herausforderung allen induktiven Kodierens, nämlich das Finden einer abstrakten Überschrift für konkrete Textstellen. Für diesen Erkenntnisgang vom Konkreten zum Abstrakten hat Mayring ein Modell der sukzessiven Zusammenfassung entwickelt, das er in Interpretationsregeln formuliert. Dabei sollen die Arbeitsschritte „Paraphrasierung, Generalisierung auf das Abstraktionsniveau, Erste Reduktion und Zweite Reduktion" (vgl. Mayring 2010, S. 70) durchlaufen werden. So lässt sich schrittweise das Abstraktionsniveau erhöhen.

Z1: Paraphrasierung
Z1.1: Streiche alle nicht (oder wenig) inhaltstragende Textbestandteile wie ausschmückende, wiederholende, verdeutlichende Wendungen!
Z1.2: Übersetze die inhaltstragenden Textstellen auf eine einheitliche Sprachebene!

Z1.3: Transformiere sie auf eine grammatikalische Kurzform. (Mayring 2010, S. 70, H.i.O.)

Im nächsten Schritt (nach der Zählung von Mayring **„Z2: Generalisierung auf das Abstraktionsniveau"**, Mayring 2010, S. 70, H.i.O.) soll der paraphrasierte Inhalt auf das nächste Abstraktionsniveau ‚gehoben' werden. Dafür lassen sich die zentralen inhaltlichen Wörter aus der vorangegangenen Paraphrasierung identifizieren. Um diese Wörter herum soll ein neuer Satz gebildet werden, der vom konkreten Beispiel zu einer abstrakteren, allgemeineren Formulierung führt.[24] Bei dem nächsten Schritt – der „ersten Reduktion" (Z3, Mayring 2010, S. 70) – werden mehrere Kategorien bzw. Generalisierungen zusammengeführt. Dabei gilt es, „bedeutungsgleiche Paraphrasen innerhalb der Auswertungseinheiten" (ebenda) zu streichen (Abstraktionsschritt Z3.1) wie „Paraphrasen, die auf dem neuen Abstraktionsniveau nicht als wesentlich inhaltstragend erachtet werden" (ebenda, Abstraktionsschritt Z3.2). Dabei kann es wie bei der folgenden Reduktion zu einer „Bündelung" (ebenda, Abstraktionsschritt Z4.1) von Paraphrasen kommen. Diese Abstraktionsstrategien lassen sich stets weiterführen. So sieht Mayring den Abstraktionsschritt einer zweiten Reduktion vor (Z4, Mayring 2010, S. 70), der den gleichen Abstraktions- bzw. Zusammenfassungsstrategien der ersten Reduktion folgt. Grundlegendes Vorgehen stellt also eine zusammenfassende Paraphrasierung dar. Ausgehend von der Paraphrasierung lässt sich dann um die zentralen Wörter und Begriffe ein Satz formulieren, der von der konkreten Textstelle losgelöst ist. Dieses Vorgehen soll exemplarisch anhand eines Abstraktionsprozesses nachvollzogen werden. Ausgangspunkt ist eine studentische Äußerung, die im Rahmen einer bildungstheoretisch fundierten Evaluation einer universitären Lehrveranstaltung mittels einer offenen Frage erhoben worden ist (siehe dazu ausführlicher Punkt 4.1 sowie Kergel & Heidkamp 2015). Im Sinne einer induktiven Kategorienbildung wurde eine Äußerung herangezogen, die als Ankerbeispiel dient. Es lässt sich exemplarisch aufzeigen, wie eine konkrete Äußerung nach und nach verallgemeinert wird.

PKZ 10:   Es war sehr interessant zu sehen, welche Ideen und Ansichten die anderen Gruppenmitglieder zu dem eigenen Thema haben, v. a. da dabei auch neue Aspekte aufgekommen sind, *die wir zuvor noch nicht thematisiert hatten.*

---

24 An dieser Stelle können wie bei den folgenden zwei Schritten „theoretische Vorannahmen bei Zweifesfällen zu Hilfe" (Mayring 2010, S. 70) genommen werden, um eine passende inhaltliche, abstrahierende Zusammenfassung zu formulieren.

In einem ersten Schritt wurde die deutungsoffene Relation ‚andere Gruppenmitglieder' und ‚die wir noch nicht thematisiert hatten' geklärt (im Zitat kursiv geschrieben). Wer ist mit dem Personalpronomen ‚wir' gemeint und wer sind die
‚anderen Gruppenmitglieder'? Diese Klärung ergab sich aus einer ‚engeren Kontextanalyse' (siehe dazu unten): Die Textstelle stellt eine Antwort auf die Frage
nach der Einschätzung des erhaltenen Feedbacks einer anderen Gruppe dar. Die
‚anderen Gruppenmitglieder' sind die Mitglieder der anderen Gruppe, die das
Feedback gegeben hat. ‚Wir' sind die Mitglieder einer Gruppe, die das Feedback
erhalten hat. Nachdem diese Deutungsoffenheit durch das Heranziehen von Kontextinformationen geklärt werden konnte, wurden zentrale Textstellen identifiziert.
Das Erkenntnisinteresse lag auf den Effekten von Feedbackprozessen in Bezug
auf die Wissenskonstruktion. Daher wurde v.a. auf die Beziehung zwischen der
Gruppe, die Feedback erhält, und der Gruppe, die Feedback gibt, geachtet. Anhand
dieses Erkenntnisfokus wurden folgende Streichungen vorgenommen:

> PKZ 10: ~~Es war sehr interessant zu sehen, welche~~ Ideen ~~und Ansichten die~~
> anderen Gruppenmitglieder zu dem eigenen Thema haben, ~~v. a. da~~
> ~~dabei auch~~ neue Aspekte aufgekommen ~~sind~~, die wir zuvor noch
> nicht thematisiert hatten.

Im Rahmen der Evaluation lag der Erkenntnisfokus auf den Effekten von Feedbackprozessen. Daher wurde die Einschätzung ‚interessant' gestrichen. Würde der
Fokus auf der Erlebnisdimension von Feedbackprozessen liegen, würde ‚interessant' als Modalitätsmarker (also die Art und Weise, wie etwas erlebt wurde), eine
zentrale Bedeutung haben. Hier lässt sich ablesen, wie das Erkenntnisinteresse die
Kategorienbestimmung mit definiert. Zudem wurde von einer Bedeutungsanalogie
von ‚Ideen' und ‚Ansichten' ausgegangen. In einem sequenzanalytischen Verfahren im Sinne der objektiven Hermeneutik würde die semantische Differenz zwischen beiden Wörtern genau in den Blick genommen (vgl. 3.4.6). Aber im Kontext
des reduktionistischen Verfahrens zur Feststellung der Relation ‚Feedback geben
und Feedback nehmen', wurde auf eine solche Ausdifferenzierung semantischer
Gehalte verzichtet. Eine solche Differenzierung erschien auch deshalb als nicht
zielführend, weil die Thematisierung von Ideen, die zu Aspekten führen, in keiner
weiteren Äußerung vorgenommen wurde. Es hätte sich aus dieser Differenzierung
keine Kategorie entwickeln lassen, da es nicht möglich gewesen wäre, mehrere
Textstellen dieser Kategorie zuzuordnen. Vor dem Hintergrund dieser analytischen Überlegungen ergibt sich folgende abstrahierende Zusammenfassung der
Textstelle:

> Durch die Ideen der anderen Gruppenmitglieder zum eigenen Thema kommen neue Aspekte auf.

In dieser Paraphrase wird darauf eingegangen, dass die Ideen zu neuen Aspekten führen. Hierbei wird nicht weiter spezifiziert, wie diese Aspekte gefunden werden (ob zum Beispiel neue Ideen in der eigenen Gruppe gefunden werden). Diese fragende Perspektive auf das Verhältnis der Ideen der anderen Gruppenmitglieder zu den neu gefundenen Aspekten wird in einer weiterführenden Abstraktion ausgeklammert. Der in der Äußerung beschriebene Prozess des Feedbackgebens (Gruppenmitglieder äußern Ansichten und Ideen, was das Aufkommen neuer Aspekte bedingt), wird durch den Begriff ‚Feedback' ersetzt. So wird folgende abstrahierende Formulierung konstruiert.

> Durch das Feedback werden neue Aspekte generiert.

Diese Re-Konstruktion eines Abstraktionsprozesses zeigt auf, dass die Abstraktion auch stets einen Verlust von Informationen bedingt. Vor dem Hintergrund der Gütemerkmale qualitativer Sozialforschung und mit Bezug auf das jeweilige Erkenntnisinteresse, ergibt sich die Herausforderung, zu reflektieren, warum welche Informationen im Zuge des Abstraktionsprozesses wegfallen können, ohne dass das Ausgangsmaterial dabei verfälscht wird.

3.3.4.3 Zum besseren Verständnis – Die Explikation

Bei der Kategorisierung von Daten kann es zu Verständnisschwierigkeiten von Textstellen kommen. Im Sinne eines explikativen inhaltsanalytischen Vorgehens empfiehlt Mayring (1994) eine Kontextualisierung (Explikation) der Daten – „Explikationen werden dann notwendig, wenn einzelne Textstellen unklar sind, d.h. wenn die lexikalisch-grammatische Definition der fraglichen Textstelle nicht ausreicht, sie zu verstehen" (Mayring 1994, S. 167). So können bei einer komplexen, schwer verständlichen Textstelle andere Textstellen aus den vorliegenden Daten – z.B. dem gleichen Interview – herangezogen werden. Dieses Vorgehen wird als ‚enge Explikation' bezeichnet. Bei der ‚weiten Explikation' bzw. Kontextanalyse kann zusätzliche erklärendes/explizierendes Material herangezogen werden. Zur Erklärung der Textstelle ließen sich zum Beispiel Informationen zu der Entstehungssituation der Daten ebenso heranziehen wie theoretische Überlegungen. Auf Grundlage solcher explizierenden Zusatzinformationen kann eine erklärende Paraphrase zu einer unklaren Textstelle gebildet werden. Aus dieser Perspektive lassen sich Explikationen als Kontextanalysen interpretieren, um einen verstehenden Zugang zu inhaltlich unklaren Textstellen zu schaffen.

Werkzeugkasten: Was wann zu machen ist – Der Ablaufplan
Für einen zielorientierten und effizienten Ablauf qualitativer Inhaltsanalysen empfiehlt Mayring die vorgelagerte Erstellung eines Ablaufplans. Anhand eines solchen Ablaufplans kann die Auswertungsarbeit strukturiert werden. Im Laufe des Auswertungsprozesses liefert ein solcher Plan eine Struktur sowie eine Gesamtperspektive auf den Auswertungsprozess. Eine solche Perspektive soll verhindern, dass Forscher*innen sich in den einzelnen Arbeitsschritten verlieren (vgl. Kuckartz 2014, S. 78). Generell empfiehlt es sich, bei Forschungsvorhaben stets Deadlines, Ablaufpläne u.ä. zu erstellen. So kann verhindert werden, dass das Gefühl entsteht, das Forschungsprojekt sei ‚nicht mehr zu organisieren', ‚das alles zu viel wird' und ‚nicht mehr zu schaffen' ist. Diese Pläne werden erfahrungsgemäß im Forschungsprozess neu justiert und an die Gegebenheiten angepasst.

3.3.4.4 Am Ende ist alles übersichtlich – Darstellung der Auswertungsergebnisse

Für die Auswertung lassen sich thematische sowie fallbezogene Zusammenfassungen formulieren. Dabei kann beispielsweise so vorgegangen werden, dass zunächst fallbezogene Zusammenfassungen formuliert werden. Vor allem bei kleineren Stichproben (bis max. 15 Interviews) lassen sich Übersichten für jeden Fall erstellen (z.B. für jede/n befragte/n Gesprächspartner*in). Bei größeren Datenmengen sollte aber aus forschungspragmatischen Gründen davon abgesehen werden. So müssen Fallübersichten nicht für jeden der interviewten Personen verfasst werden, sondern es lassen sich einzelne Fälle auswählen. Dabei kann beispielsweise ein maximaler Kontrast oder minimaler Kontrast durch die ausgewählten Fälle hergestellt werden.

Werkzeugkasten: Zusammenfassung der Auswertungsergebnisse
In der Forschungspraxis hat es sich als nützlich erwiesen, zur Orientierung bei den Fallzusammenfassungen auf die oben dargestellte von Kuckartz (2014, vgl. 3.3.1) übernommene Themenmatrix zurückzugreifen. Derart lässt sich eine übersichtliche Zusammenfassung der unterschiedlichen Fälle sowie eine kategorienbasierte Zusammenfassung formulieren. Für eine kategorienbasierte Zusammenfassung kann sich der/die Forschende auch an der Leitfrage orientieren: ‚Was wird zu diesem Thema alles gesagt?' (vgl. Kuckartz 2014, S. 94). Diese Leitfrage lässt sich an jede Kategorie stellen.

Ein zentraler Teil der Interpretationsarbeit liegt darin, herauszuarbeiten, wie die Subkategorien und die Hauptkategorien sowie die Hauptkategorien untereinander zusammenhängen.

Es können kategorienbasierte Fallübersichten erstellt werden. Dabei werden die Fälle anhand von allen oder ausgewählten Kategorien miteinander verglichen. In den Fallzusammenfassungen müssen nicht zwingend alle Kategorien thematisiert werden. Orientiert an der Forschungsfrage lassen sich einzelne thematische Aspekte in den Vordergrund rücken. Generell ist es relevant, diese Fallzusammenfassung immer in Bezug zur Forschungsfrage zu erstellen. Die einzelnen Aspekte der Forschungsfrage sollten in der Darstellung der Fälle stets explizit gemacht werden.

3.3.5 Übergänge von der qualitativen Inhaltsanalyse zu standardisierenden Verfahren

Auf diese Auswertungsstrategien der inhaltlich-strukturierenden Inhaltsanalyse aufbauend, lassen sich weitere qualitative inhaltsanalytische Verfahren entwickeln. Ein Verfahren, das eine solche Weiterentwicklung darstellt, ist die sogenannte ‚skalierende Inhaltsanalyse' (Mayring 2010), die von Kuckartz (2014) sowie Schreier (2014) als ‚evaluative Inhaltsanalyse' bezeichnet wird. Bei der skalierenden Inhaltsanalyse wird durch eine Standardisierung der Daten eine Nähe zur quantitativen Inhaltsanalyse hergestellt. Dafür wird die Möglichkeit genutzt, dass sich neben einer Zuordnung zu Kategorien auch eine ‚Be-Wertung' der Ausprägungen der Kategoriedimensionen vornehmen lässt. So kann bei der Kategorie ‚Präferenz' zwischen ‚starke Präferenz', ‚leichte Präferenz' und ‚keine Präferenz' unterschieden werden. Dabei sollte die Möglichkeit bestehen, eine Textstelle aufgrund mangelnder Informationen nicht bewerten zu können (vgl. dazu eingehender Kuckartz 2014, S. 98). Die Einschätzung der Ausprägung einer Kategorie ermöglicht es, Kategoriedimensionen zu standardisieren. So können beispielsweise Präferenzen ‚übergreifend' (z.B. bei verschiedenen Gesprächspartner*innen, die interviewt wurden) standardisiert miteinander verglichen werden. Eine solche ‚evaluative Inhaltsanalyse' stellt eine „*Einschätzung, Klassifizierung und Bewertung von Inhalten*" (Kuckartz 2014, S. 98, H.i.O.) dar. Eine Konsequenz dieser ‚bewertenden' Einschätzung der Kategoriendimensionen besteht darin, statistische Verfahren wie das Erstellen von Kreuztabellen einzusetzen. Es lassen sich also induktiv Kategorien entwickeln, deren Ausprägungen bei einem anschließenden Kodiervorgang ‚be-wertet' werden. Diese Kategorien lassen sich als Variablen interpretieren, die verschiedene Ausprägungen annehmen können. Wenn beispielsweise mehrere Gesprächspartner*innen bei einem Interview zu einer Fernsehserie sagen, dass diese sehr spannend sei, ließe sich dann diese Serie als Kategorie annehmen. Die Kategorie wäre ‚Serie XY ist spannend'. Diese Kategorie könnte dann als Variable mehrere Ausprägungen aufweisen (spannend, sehr spannend, spannendste Serie aller Zeiten). Die Textstellen, bei denen über die Serie gesprochen wird, müssten dann aber eine solche Einschätzung bzw. Bewertung nahelegen. Die qualitative Inhaltsanalyse wird durch ein solches Vorgehen in ein standardisiert orientiertes Forschen überführt:

> Durch die erzielte Skalierung und Materialreduktion ähnelt das Verfahren einerseits der quantitativen Inhaltsanalyse. Andererseits stellt gerade der Vorgang der Einschätzung eine in hohem Maße interpretative Handlung dar, woraus sich die besondere Bedeutung klarer Kategoriendefinitionen einschließlich einer wechselseitigen Abgrenzung der Unterkategorien ergibt (Schreier 2014, para. 19).

Die Standardisierung stellt eine spezifische bzw. bewertende Form des Umgangs mit Kategorien dar, die auf dem Vorgehen der inhaltlich-strukturierenden Inhaltsanalyse fußt (vgl. Mayring 2010, S. 101).

3.3.6 Die qualitative Inhaltsanalyse im Kontext qualitativer Bildungsforschung

Das Forschungsteam und die Forschungsfragen
Im Rahmen des Forschungsprojekts ‚Learning to Battle. Battlerap zwischen Handwerk und Lebensgefühl' ist ein Auswertungsverfahren zur Anwendung gekommen, bei dem auch gezielt Strategien der qualitativen Inhaltsanalyse eingesetzt wurden. Das Forschungsprojekt wurde zwischen September 2014 und September 2015 durchgeführt. Das Forschungsteam war interdisziplinär zusammengesetzt und bestand jeweils aus zwei Soziolog*innen der Freien Universität Berlin und zwei Bildungswissenschaftler*innen der Carl von Ossietzky Universität Oldenburg. Das Team hatte bereits in anderen Forschungsprojekten in verschiedenen Konstellationen zusammengearbeitet. Ausgangspunkt war das Erkenntnisinteresse, ob und inwiefern sich Bildung im Kontext von Battlerap vollzieht. Hierbei wurde ein Fokus auf Bildungsprozesse gelegt:

• Führt die sozialisatorische Aneignung der Rolle als Battlerapper zu einem positiv konnotierten Selbst-/Weltverhältnis?

- Welche Bedeutung haben die Lernerfahrungen beim dem Erlernen von Battle-raptechniken?
- Lassen sich bei dem Erlernen von Battleraptechniken bzw. bei der Auseinandersetzung mit Battlerap Formen des Bildungslernens identifizieren?

Heuristische Phase

Für die heuristische Phase wurden zum einen über YouTube verfügbare deutschsprachige Rapbattles gesichtet. Hier wurde sich vornehmlich auf Rapbattles der Plattform ‚Rap am Mittwoch' konzentriert. Die Entscheidung, den Fokus v.a. auf diese Plattform zu legen, ergab sich aus dem Umstand, dass ‚Rap am Mittwoch' die populärste Plattform zum Thema deutschsprachigen Freestyle-Battleraps darstellt (dies lässt sich u.a. anderen an den Klickzahlen der Videos und der Abonnementzahlen des YouTubes-Kanals festmachen; beim Freestyle-Battlerap werden Herabwürdigungen *ad hoc* in Reimform formuliert). Über seinen YouTube-Kanal hat ‚Rap am Mittwoch' Rappbattles im Videoformat seit September 2010 archiviert, wobei dieses Archiv beständig erweitert wird. Es wurden 250 Videos durchgesehen und Memos zu verbalen, non- und paraverbalen Kommunikationsformen gesammelt. Ein gezielter Beobachtungsfokus lag auf den Zuschauerreaktionen sowie auf konventionalisierten Formen der Herabwürdigung des Gegners. Zusätzlich wurden in dieser heuristischen Phase des Forschungsprojekts verdeckte teilnehmende Beobachtungen bei Veranstaltungen von ‚Rap am Mittwoch' durchgeführt. Bei den teilnehmenden Beobachtungen stand vor allem die Relation zwischen Battlerappern und Zuschauer*innen im Zentrum, da diese Relation nicht durch die Videosichtung ausreichend bestimmt werden konnte. Im Forschungsteam wurden die Beobachtungsprotokolle sowie die Notizen zu den Videosichtungen ausgewertet und erste Kategorien entwickelt, die das Selbst-/Weltverhältnis eines Battlerappers bestimmen könnten. Um diese Kriterien zu validieren, wurde mit einem Battlerapper ein narratives Interview geführt. Hierfür wurde zunächst ein Battlerapper über Facebook kontaktiert, der zu diesem Zeitpunkt drei Jahre als Battlerapper aktiv war und über Reputation in der Szene als ‚Legende' und ‚Kämpferherz' verfügt. Das verstehende Interview wurde mit Strategien der Narrationsanalyse ausgewertet, wobei im Wesentlichen die Schritte ‚formale Textanalyse', ‚strukturelle inhaltliche Beschreibung', ‚analytische Abstraktion' und ‚Wissensanalyse' (vgl. dazu Punkt 3.5.5) zum Einsatz kamen. Im Zuge der Analyse wurde der Sozialisationsprozess zum Battlerapper re-konstruiert. In einem zweiten Schritt wurde herausgearbeitet, an welchen Merkmalen sich identifizieren lässt, warum es sich bei diesem Sozialisationsprozess um einen Bildungsprozess handelt (vgl. dazu Punkt 1.5.6.2). Hierbei wurde ein integratives Bildungsverständnis zugrunde gelegt, das im zweiten Kapitel formuliert wird. Im Anschluss wurde das Sample bestimmt.

Erstellung des Samples

Vor dem Hintergrund...

- der Videosichtungen,
- der teilnehmenden verdeckten Beobachtungen,
- der Formulierung von Kategorien, die das Selbst-/Weltverhältnis von Battlerappern ausmachen könnten und
- einer ersten Validierung dieser Kategorien über ein narratives Interview sowie
- einer narrationsanalytischen Konstruktion eines Sozialisationsprozesses zum Battlerappers und der damit
- verbundenen Analyse, inwieweit es sich bei diesem Prozess um einen Bildungsprozess handelt,

wurde ein erstes Sample formuliert. Das Sample umfasst...

- einen Battlerapper, der zu dem Zeitpunkt in der Szene etabliert war,
- einen Battlerapper, der erst seit relativ kurzer Zeit in der Szene aktiv war und als einer der neuen Stars gehandelt wurde,
- einen erfolgreichen Battlerapper, der auch bundesweite Rapwettbewerbe gewonnen hatte und als Untergrundrapper erfolgreich ist,
- einen Battlerapper, der in der Szene relativ kurz in Erscheinung getreten war, eine Website für das Training für Freestyle entwickelte und über Jahre Freestylerap trainiert hat sowie
- einen Battlerapper, der aufgrund seiner radikalen Herabwürdigungen des Gegners äußerst umstritten war und zugleich als einer der besten Techniker in der Szene geschätzt wurde.

Zu Beginn des Forschungsprojekts wurde sich auf Freestyle als Battleraptechnik bezogen. Es zeigte sich im Laufe des Forschungsprojekts, dass sich Freestyle-Battlerapper gezielt von Battlerappern abgrenzen, die an Video-Battles (Battles via Musikvideos) oder Audio-Battles (Battles via Audio-Dateien) teilnehmen. Vor dem Hintergrund der Auswertungen der Interviews mit den Gesprächspartnern wurde das Sample daher um zwei Battlerapper erweitert, die in sogenannten Audio-Battles gegeneinander antreten. Die systematische Kontrastierung von Akteuren der beiden Formen des Battleraps führte schließlich zur Typenbildung im Sinne der dokumentarischen Methode (vgl. dazu Punkt 3.6.4.3). Die Gesprächspartner wurden dabei jeweils über Facebook kontaktiert. Es handelt sich bei dem Sample ausschließlich um Männer, was den Umstand spiegelt, dass der Battlerap eine (fast) ausschließliche Männerdomäne darstellt.

So war unter den 250 gesichteten Rapbattles lediglich eines mit weiblicher Beteiligung.

Datenerhebungsmethode

Mit den Gesprächspartnern wurden im Sinne des verstehenden Interviews, wie es von Kaufmann (1999) entwickelt worden ist, narrativ orientierte Interviews durchgeführt. Die jeweiligen Fragen dienten als Narrationsimpulse. Dabei thematisierten die Fragen Aspekte, die vor dem Hintergrund der bisherigen Forschung als Kategorien für das Selbst-/Weltverhältnis von Battlerappern angenommen wurden und Auskunft über den Sozialisationsprozess zum Battlerapper geben sollten.

Datenauswertung

Die Aspekte, die in den Fragen thematisiert wurden, dienten als Kategorien für eine Auswertung der Interviews mit den Methoden der qualitativen Inhaltsanalyse. Diese deduktiven Oberkategorien wurden durch eine Auswertung der Interviews im Sinne der induktiven Kategorienbildung validiert bzw. modifiziert und weiter ausdifferenziert. Am Ende wurden die verschiedenen Äußerungen im Sinne der Auswertungsmatrix der qualitativen Inhaltsanalyse gegenübergestellt und fallspezifisch zusammengefasst. Zugleich wurden bei ausgewählten Fällen auch Narrationsanalysen durchgeführt (vgl. dazu 3.5). Durch dieses Vorgehen war es möglich, die Bildungsprozesse der einzelnen Battlerapper zu re-konstruieren und die Kulturwelt des Battleraps zu vermessen. Der Begriff der Kulturwelt stammt von Diaz-Bone (2006). Kulturwelten entfalten sich u.a. in popkulturellen sowie subkulturellen Räumen und weisen eine spezifische Art und Weise auf, Wertesetzungen vorzunehmen und Sachverhalte zu thematisieren. Darüber hinaus zeichnen sich Kulturwelten durch eine spezifische Art und Weise aus, wie ‚ästhetische Aspekte' (Diaz-Bone 2006, S. 261) erlebt werden. Durch die qualitative Inhaltsanalyse konnten Kategorien gebildet werden, die es ermöglichen, zentrale Merkmale zu benennen, die die Selbst-/Weltverhältnisse der Battlerapper sowie den Battlerap als eine spezifische Kulturwelt prägen. Im Folgenden wird die Kulturwelt des Live-Battlerap anhand von Kategorien skizziert, die durch ein inhaltsanalytisches Verfahren erarbeitet wurden. Dabei werden ausgewählte Kategorien beschrieben, die durch die qualitative Inhaltsanalyse re-konstruiert werden konnten und es ermöglichen, die Kulturwelt ‚Battlerap' zu ‚verstehen'.

Rapformen

Generell lässt sich beim Live-Battlerap (also Battlerap, der sich vor dem Publikum vollzieht) zwischen zwei Rapformen unterscheiden: Freestyle und A-Capella. Beim Freestyle geht es um eine *ad hoc* Auseinandersetzung, bei der die Technikbeherrschung und die die schnelle Reaktion (‚re-battle') auf die Herabwürdigungen des Gegenübers im Fokus steht.

Beim A-Capella schreiben die Battlerapper einen Text vor. Die gezielte Vorbereitung auf den Gegner steht im Vordergrund. Im Zuge der Vorbereitung wird auch recherchiert, um charakterliche und äußerliche Schwächen des Gegners zu identifizieren, die dann in den Battles thematisiert werden. Die Battlerapper schreiben für ein A-Capella-Battle drei Runden von mindestens drei Minuten Länge. Diese Runden werden dann abwechselnd auf einer Bühne performt. Der Gegnerbezug wird hierbei im Kontrast zum spontanen Freestyle-Battle wesentlich persönlicher erfahren.

Generell werden beim Battlerap die Anfeindungen und Herabwürdigungen nicht als verletzend wahrgenommen. Dies erfordert die Entwicklung einer professionellen Haltung. Diese professionelle Haltung zeichnet sich dadurch aus, ‚eiskalt' beim Beleidigen zu sein und auch ‚eiskalt' zu bleiben, wenn man beleidigt wird. Das Resultat beim Freestyle ist situationsgebunden und von der Tagesform abhängig. Ein Spannungsmerkmal beim A-Capella-Battlerap besteht darin, nicht zu wissen, mit welchen Themen der Gegner sich vorbereitet hat. Bei ‚Rap am Mittwoch' entscheidet das Publikum die Freestyle Battles – über Handzeichen wird per Mehrheitsentscheid ermittelt, wer gewonnen und wer verloren hat. A-Capella-Battles werden oftmals von einem sogenannten Expertengremium beurteilt, das auch einen Sieger feststellt.

Kompetitiver Charakter des Battleraps und Lernorientierung

Battlerap wird als Medium geschildert, in dem sich die Battlerapper aufgrund ihrer Technik als kompetent erleben und durch diese Kompetenz Anerkennung erfahren. Dies bildet auch eine Lernmotivation. Der kompetitive Charakter des Battleraps (‚der Gladiatorenkäfig') wird dabei als Herausforderung empfunden und eröffnet die Möglichkeit, die eigenen Kompetenzen einer Öffentlichkeit zu präsentieren und derart Anerkennung von anderen Battlerappern sowie von dem Publikum zu erhalten. Der kompetitive Charakter führt zu einem gesteigerten Anspruch an die eigene Technik. So werden als Erfolgserlebnisse Situationen geschildert, in denen die eigenen Grenzen überschritten wurden, Auftritte besonders gut funktionierten und die Battlerapper Anerkennung vom Publikum und anderen Battlerappern erfuhren. Nach Aussage der Battlerapper betrifft der schlimmste erlebte Moment im Battlerap nicht einen mangelnden Zuspruch seitens des Publikums, eine Niederlage oder eine als besonders schlimm empfundene Herabwürdigung des Gegners. Dagegen werden Situationen als schlimmste erlebte Momente im Battlerap geschildert, in denen die Battlerapper die eigene Leistung als nicht ausreichend und mangelhaft empfanden: Beispielsweise, wenn ‚gechockt' bzw.

auswendig Gelerntes im A-Capella-Battle vergessen wurde. Hieran zeigt sich die Leistungsorientierung des Battleraps, aber auch eine Form der Selbstermächtigung wird deutlich. Die eigene Leistung bildet die Beurteilungsgrundlage – was das Subjekt als handlungsmächtig erscheinen lässt: Wenn etwas nicht gut läuft, existiert die Möglichkeit, sich durch Fehleranalysen eine Perspektive zu erarbeiten, mit der sich aus eigener Kraft zukünftig Fehler und damit unangenehme Situationen vermeiden lassen können. Diese analytische Perspektive zeigt sich auch in der Wahrnehmung des Gegners.

Gegner im Battlerap

Treffen im Freestyle-Battle zwei Rapper aufeinander, existiert die Strategie, den anderen Battlerapper als Gegner gezielt auf saliente Merkmale ‚zu scannen' und diese in ‚Punchlines zu verpacken'. Punchlines stellen pointierte Beleidigungen in Reimform dar. Der Gegner wird in dem Moment der Auseinandersetzung emotional besetzt. So wird v.a. bei dem A-Capella-Battle ‚ob künstlich oder nicht' eine Abneigung gegen den Gegner aufgebaut. Diese emotionale Besetzung des Gegners wird mit der Beendigung des Battles aufgelöst. So werden oftmals nach gemeinsamen Battles diese reflektiert und einzelne ‚Lines', also gerappte Passagen, evaluativ thematisiert. Im Zuge dieses Austauschs zollen sich die Rapper gegenseitig Anerkennung – selbst, wenn der Gegner einen ‚vernichtend geschlagen' hat. Die Battlerapgegner treten dabei in ein kollegiales Verhältnis: Andere Battlerapper werden als Kollegen verstanden. Wenn der Gegner bessere/innovativere Herabwürdigungen formuliert hat, sind diese anerkennend zu wertschätzen. Diese gegenseitige Wertschätzung spiegelt einen kollegialen Peer-Mentoring Ansatz wider, der in der Szene mit ‚Each one teach one' beschrieben wird. Wird das Einnehmen einer solchen kollegialen Haltung verweigert, stellt dies einen Codebruch dar.

Umgang mit Niederlagen

Der hohe Anspruch an Raptechnik führt zu einem konstruktiven Verhältnis in Bezug auf Niederlagen. Anstatt Wut auf den Gegner zu entwickeln, der einem durch Herabwürdigungen eine Niederlage zugefügt hat und damit auch die Anerkennung in der Szene bedroht, wird die Leistung des Gegners geschätzt. Die Niederlage wird als Ausgangspunkt für eine lösungsorientierte Fehleranalyse genommen. Dabei wird analysiert, was der Gegner besser gemacht hat, wovon man noch lernen kann und wie man sich konkret verbessern kann. Der in dem Battlerap überlegene Gegner wird dadurch in eine anerkennende, kollegiale Nähe gerückt – was auch dem Kodex entspricht, die Leistung des Gegenübers stets wertzuschätzen. Der Leistungsanspruch führt dazu, die Niederlage nicht als Krise zu empfinden, bei der die eigene Existenz als Battlerapper bedroht wird. Vielmehr verstärkt die Niederlage das leistungsorientierte Lernen. Wird diesem leistungsorientierten Lernen entsprochen, führt dies zu einem positiven Selbst-/Weltverhältnis, welches selbst durch Niederlagen in Battleraps, die in der Szene als vernichtend thematisiert werden, nicht erschüttert werden kann, sondern das Selbstbild des lernenden Battlerappers eher verstärken.

Keine Grenzen der Herabwürdigung

Im Freestyle-Battlerap existiert keine Grenze bei der Herabwürdigung des Gegners, vielmehr muss man als Battlerapper ‚skrupellos' sein. Beide Rapper haben das gleiche Recht, sich in dem ‚lyrischen Straßenkampf' Battlerap ohne Grenzen zu beleidigen. Wenn es Grenzen gibt, sind diese eher ästhetischer Natur: Wenn Beleidigungen primitiv werden und nicht kunstvoll aufbereitet sind, wird dies als Verstoß gegen den Technikanspruch, der Battlerap auszeichnet, gewertet. Dass es keine Grenzen der Herabwürdigung gibt, wird auch damit begründet, dass nicht der Rapper persönlich, sondern die ‚Kunstfigur' attackiert wird, die der Rapper mit seinem Künstlernamen repräsentiert. So wie kein Rapper mit seinem ‚wahren Namen' auftritt, sondern einen Künstlernamen verwendet, wird auch nur die Kunstfigur beleidigt. Allerdings ergibt sich eine Ambivalenz, wenn beim sogenannten ‚Real Talk' Fakten aus dem Leben der Rapper herabwürdigend thematisiert werden. Diese Ambivalenz wird auch von den Rappern reflektiert, aber nicht weiter problematisiert.

Freestyle als spontane Kreativität und Ethik der eigenen Lines

Dem Battlerap ist trotz der inhaltlichen Enttabuisierung eine ethische Dimension inhärent. Diese bezieht sich auf die technische Kompetenz: Bei dem Freestyle-Battlerap gilt es als Tabu, etwas zu rappen, was vermeintlich gefreestylt ist, aber einen vorgeschriebenen Text darstellt. Eine zu flüssig gerappte Herabwürdigung kann ein Indiz für einen solchen Bruch gegen den Imperativ der spontanen Kreativität des Freestylerap darstellen. In den eigenen ‚Lines' zeigt sich die schöpferische Kreativität der Battlerapper. Daher stellt es einen schweren Codebruch dar, bereits von anderen Rappern erfundene ‚Lines', also Herabwürdigungen in Reimform, zu verwenden (‚Biten').

Körper und Kleidung

Der Körper stellt eine Dimension der ‚Delivery' dar, also der Art und Weise, wie der Text dem Publikum präsentiert wird. Bei A-Capella-Battles kann die Körperbewegung im Sinne einer ‚Choreografie' eingesetzt werden und auch dazu dienen, sich an Textstellen zu erinnern, wenn diese mit einer Körperbewegung verknüpft werden. Performanz wird hier mit kognitiven Memorierungsstrategien verbunden.

Sowohl bei A-Capella-Battles sowie bei Freestyle-Battles wird die Körperhaltung gezielt trainiert, um eine angemessene körperliche Delivery zu realisieren, durch die sich erst der Effekt der Herabwürdigungen angemessen entfalten kann. Zugleich wird der Körper dazu genutzt, um Souveränität zu präsentieren, während der Gegner einen herabwürdigt: Hierbei kommen Strategien zum Einsatz, die über anerkennendes Lachen, gelangweiltes zur Seite gucken bis hin zur konstanten Fixierung des Gegners reichen.

Wie die Körperhaltung wird auch die Kleidung strategisch eingesetzt. So ist darauf zu achten, dass durch Kleidung dem Gegner keine Angriffsfläche gegeben wird. Zum Teil vermarkten sich die Battlerapper über ihre Kleidung selbst, wenn sie Punchlines von sich auf T-Shirts drucken oder Basecaps mit ihren Künstlernamen tragen.

Publikum

Das eigene professionelle Selbstverständnis als Battlerapper korrespondiert mit einer kritischen Einschätzung des Publikums seitens der Battlerapper. So wird oftmals das Publikum zu weiten Teilen als nicht fachkundig beurteilt. Vielmehr muss das Publikum den Blick für die technischen Anforderungen noch ,lernen'. Hier zeigt sich wieder die Lernzentrierung, die das Selbst-/Weltverhältnis des Battlerappers auszeichnet. Diese kritische Sicht auf das Publikum steht dabei in einem Spannungsverhältnis zu der Abhängigkeit der Battlerapper vom Publikum. Zumindest im Rahmen der Battlerapplattform ,Rap am Mittwoch' entscheidet das Publikum bei Freestyle-Battles über Sieg und Niederlage. Dies bedingt eine gewisse Abhängigkeit des Battlerappers vom Publikum. Trotz dieses Spannungsverhältnisses wird gerade bei Live-Battles die Wirkung von z.T. über 900 Zuschauer*innen als emotionales Erlebnis hervorgehoben. Hier wird die Anerkennung seitens des Publikums als ein zentrales positives Erlebnis erzählt – beispielsweise, wenn die Zuschauer*innen wegen der performten Punchlines ,ausrasten' oder den Namen des Battlerappers skandieren. Die Beziehung des Battlerappers zum Publikum oszilliert zwischen kritischer Betrachtung, der Wahrnehmung eines Abhängigkeitsverhältnisses (Entscheidung über Sieg und Niederlage) und bildet ein zentrales Merkmal des Erlebnisses Live-Battlerap.

Zusammenfassend lässt sich festhalten, dass mit Kategorien, die die kulturelle Lebenswelt des Battleraps abbilden, ein Kontext re-konstruiert wird, in dem sich Bildung entfalten kann. Die Entfaltung von Bildungsprozessen wurde v.a. anhand eines narrationsanalytischen Auswertungsverfahrens herausgearbeitet und wird unter 3.5.6 gezielter dargestellt. Das Zusammenspiel der Kategorien ermöglicht es, die Kulturwelt des Battleraps zu re-konstruieren. Durch die Lernzentrierung sind die Battlerapper in der Lage, mit Rückschlägen umgehen und diese konstruktiv wenden zu können. Das Trainieren der eigenen Raptechnik und das Durchführen einer Fehleranalyse lassen sich als Strategien der Selbstermächtigung deuten. Das ‚kollegiale Verhältnis' der Battlerapper ist durch Respekt und Anerkennung geprägt, wodurch sich ein positiv konnotiertes Selbst-/Weltverhältnis herstellen lässt. Voraussetzung ist die stetige Selbstoptimierung als Battlerapper, die durch eine Form des Trainings der eigenen Technik realisiert wird.

Die qualitative Inhaltsanalyse ermöglicht es, Kategorien zu identifizieren und durch diese Kategorien Datenmaterial auch fallübergreifend ordnen zu können. Derart ist es möglich, mehrere Fälle kategorienbasiert vergleichend einander gegenüberzustellen. Diese Verzahnung von Kategorienkonstruktion und Fallarbeit ermöglicht eine fallspezifische und zugleich überindividuelle Perspektive auf das Datenmaterial. Indem das Datenmaterial kategoriengeleitet geordnet wird, können durch die Auswertungsstrategien der qualitativen Inhaltsanalyse auch größere Mengen an Datenmaterial von verschiedenen Forscher*innen durchgesehen werden. Durch ihre Verzahnung von kategorien- und fallbasierten Auswertungsperspektiven kann die qualitative Inhaltsanalyse bei verschiedene Forschungsthemen eingesetzt werden, um der Spezifität des konkreten Falles ebenso gerecht zu werden wie der Analyse von Kategorien.

Literatur

Berelson, B., & Lazarsfeld, P. F. (1948). *The Analysis of Communication Content.* Chicago: University of Chicago Press.

Diaz-Bone, R. (2006). Zur Methodologisierung der Foucaultschen Diskursanalyse. *Historical Social Research* 31, 243-274.

Diekmann, A. (2012). *Empirische Sozialforschung. Grundlagen, Methoden, Grundlagen.* Reinbeck bei Hamburg: Rowolth.

Kaufmann. J.-C. (1999). *Das verstehende Interview. Theorie und Praxis.* Konstanz: Uvk.

Kergel, D., & Heidkamp, B. (2015). *Forschendes Lernen mit digitalen Medien. Ein Lehrbuch. #theorie #praxis #evaluation.* Münster: Waxmann.

Kracauer, S. (1952). The challenge of qualitative content analysis. *Public Opinion Quarterly* 16, 631-642.

Kuckartz, U. (2014). *Qualitative Inhaltsanalyse. Methoden, Praxis, Computerunterstützung.* Weinheim: Beltz/Juventa.

Lamnek, S., & Krell, C. (2016). *Qualitative Sozialforschung.* Weinheim: Beltz.

Lasswell, H. (1941). *Describing the Contents of Communication. Experimental Division for the Study of Wartime Communication.* Doc. No. 9. Washington: Libary of Congress.

Mayring, P. (1994). Qualitative Inhaltsanalyse. In A. Boehm, A. Mengel, T. Muhr (Hrsg.), *Texte verstehen: Konzepte, Methoden, Werkzeuge* (S. 159-175). Konstanz: Uvk.

Mayring, P. (2010). *Qualitative Inhaltsanalyse. Grundlagen und Techniken.* Weinheim: Beltz.

Mayring, P., & Brunner, E. (2013). Qualitative Inhaltsanalyse. In B. Friebertshäuser, A. Langer & A. Prengel (Hrsg.), *Handbuch Qualitative Forschungsmethoden in der Erziehungswissenschaft* (S. 323-334). Weinheim: Juventa/Beltz.

Lünenborg, M., Martens, D., Köhler, T., & Töpper, C. (2011). Skandalisierung im Fernsehen. Strategien, Erscheinungsformen und Rezeption von Reality TV Formaten. Eine Untersuchung im Auftrag der Landesanstalt für Medien Nordrhein-Westfalen (LfM). Kurzfassung. URL: http://www.polsoz.fu-berlin.de/kommwiss/arbeitstellen/journalistik/ media/2011_03_28-Kurzfassung-Skandalisierung-im-Fernsehen.pdf. Zuletzt zugegriffen: 28. Mai 2017.

Schreier, M. (2014). Varianten qualitativer Inhaltsanalyse: Ein Wegweiser im Dickicht der Begrifflichkeiten. *Forum Qualitative Sozialforschung/Forum: Qualitative Social Research* 15(1), Art. 18.

Ulich, D., Haußer, K., Strehmel, P., Mayring, P. & Kandler, M. (1982). *Kognitive Kontrolle in Krisensituationen. Arbeitslosigkeit bei Lehrern. Arbeitsbericht III des DFG-Projekts.* Universität Augsburg und Universität München.

3.4 Objektive Hermeneutik – Gesagtes ganz genau genommen

Anhand der methodischen Strategien der objektiven Hermeneutik lässt sich verstehend (hermeneutisch) nachvollziehen, wie in Interaktionen überindividuelle bzw. ‚objektive' Strukturen wirken und wie diese Strukturen das Handeln der Akteure prägen. Es geht also nicht darum, wie Akteure eine Situation erleben, sondern welche Strukturen bzw. Regeln Interaktionsprozesse mitdefinieren.

3.4.1 Was ist ein Text? Was ist ein Protokoll?

Die objektive Hermeneutik wurde seit den 1970er Jahren v.a. von dem Soziologen Oevermann entwickelt. Dabei kommt der Sprache als Untersuchungsgegenstand eine hervorgehobene Bedeutung zu. So stellen Texte den Zugang zu sozialen Phänomen dar – „Die Objektive Hermeneutik geht davon aus, dass sich die sinnstrukturierte Welt durch Sprache in ‚Ausdrucksgestalten' (den sprachlichen Äußerungen) konstruiert und in Texten materialisiert" (Wernet 2006, S. 11). Es gilt dabei zu beachten, dass Oevermann nicht lediglich schriftsprachliche Artefakte als Text versteht, sondern von einem ‚erweiterten Textbegriff' ausgeht (vgl. Oevermann 2002, S. 3), unter den „alle Ausdrucksgestalten menschlicher Praxis bis hin zu Landschaften, Erinnerungen und Dingen der materialen Alltagskultur" (Oevermann 2002, S. 3) fallen. Texte sind aus dieser Perspektive Artefakte sozialer Phänomene. Auch eine Landschaft existiert nur aus der Perspektive der Betrachter*innen. Die Landschaft wird als Landschaft vom Menschen definiert, sie kann als schön oder nicht schön beschrieben werden. Texte fungieren quasi als Protokolle sozialer Phänomene – „Ein Protokoll ist nichts anderes als eine vertextete soziale Wirklichkeit" (Wernet 2006, S. 12). Die Beschreibung/Darstellung einer Landschaft – ob im Bild oder in einem Tagebucheintrag – kann so der Analyse durch die objektive Hermeneutik zugänglich gemacht werden. Texte stellen aus dieser Perspektive eine Materialisierung menschlicher Wahrnehmung dar. Sie geben Auskunft darüber, nach welchen sozialen Regeln/gesellschaftlichen Mustern/ Normen der Akteur die Welt wahrnimmt. Anhand von Texten lässt sich die Sinnstrukturierung von Welt re-konstruieren. Als Protokolle geben sie über die Art und Weise Auskunft, wie wir die Welt wahrnehmen bzw. wie unsere Wahrnehmung strukturiert ist. Vor allem in sozialen Interaktionen zeigt sich die Zielgerichtetheit bzw. sogenannte ‚Sinnstrukturiertheit', die das menschliche Handeln ausmacht.

3.4.2   Alles ist sinnvoll!

Texte bzw. Protokolle bilden die Datengrundlage für die Analysestrategien der objektiven Hermeneutik, durch die die Struktur der sozialen Wirklichkeit analytisch thematisiert werden kann. Es wird davon ausgegangen, dass eine intersubjektiv gültige bzw. ‚objektive' Sinnstrukturiertheit von Welt besteht. Äußerungen und Handlungen sind zielgerichtet und in Zweck-Mittel-Beziehungen eingebunden. So kann die Frage ‚Ist der Platz noch frei?' in der Bahn das Ziel verfolgen, zu klären, ob sich auf den betreffenden Platz gesetzt werden kann. Äußerungen und Handlungen verfolgen also stets ein Ziel, sie haben einen Sinn. Die Beschreibung einer Landschaft hat den Sinn, anderen die Landschaft vor Augen zu führen. In ‚normalen' Alltagsinteraktionen gibt es kein Jenseits von einem Sinn, da jede Handlung und jede Äußerung zielgerichtet ist. Exemplarisch lässt sich die ‚Sinnstruktur' von Handlungen und Äußerungen an Begrüßungen festmachen, die einer der zentralen Interaktionen des Alltags darstellen: Wenn jemand auf die Begrüßung „Schönen guten Tag, mein Name ist Herr Müller" erwidert: „Ghjguzgjhh", erscheint diese Antwort auf die Begrüßung als ‚sinnlos', da sie nicht zielgerichtet ist. Allerdings setzt dies voraus, dass vorher gesellschaftlich festgelegt worden ist, was sinnvoll ist und was nicht. Es gibt keine Handlung jenseits des Sinns. Handlungen verfügen stets über ein Handlungsziel, sie sind zielgerichtet und daher sinnvoll. Wenn etwas als sinnlos erscheint, lässt sich fragen, warum dies so ist. Es ist zu überlegen,

- ob der Akteur, der die sinnlose Handlung ausführt, vielleicht ein anderes Handlungsziel vor Augen hat und
- ob vor diesem Handlungsziel diese Handlung doch Sinn macht.

Vor diesem alternativen Handlungsziel kann dann das Verhalten des Akteurs wieder sinnlogisch erscheinen. „Die Sinnstrukturiertheit sozialer Gebilde ist nicht hintergehbar" (Wernet 2006, S. 32).

3.4.3 Regelaneignung durch regelgeleitete Wiederholung

Aus der erkenntnistheoretischen Perspektive, dass soziale Praxis performativ im Handeln hergestellt wird, ergeben sich für die objektive Hermeneutik zwei zentrale Prämissen:

- Soziales Handeln ist sinnhaftes Handeln und damit ein zielgerichtetes Handeln.
- Soziales Handeln ist ein regelgeleitetes Handeln.

Um sinnhaft handeln zu können, müssen Kommunikationsregeln erfüllt werden. Wenn jemand auf die Begrüßung „Schönen guten Tag, mein Name ist Herr Müller" antwortet: „Mein Name ist Herr Meyer", basiert diese Interaktion auf der Regel, dass sich in Begrüßungssituationen beide Gesprächspartner miteinander bekannt machen, sich einander vorstellen. Für eine gelingende Kommunikation erscheint es folglich als sinnvoll bzw. als zielgerichtet, dass sich beide Gesprächspartner*innen gegenseitig beim Namen kennen und deswegen einander vorstellen. Als Akteure besitzen wir dabei eine intuitive Regelkompetenz – wir wissen intuitiv über die Regeln Bescheid, die dem Handeln vorausgehen. Die Regeln/Möglichkeiten/Muster, die unsere Interaktionen strukturieren bzw. zielgerichtet werden lassen, werden mit dem Begriff der Sinnstruktur gefasst.

3.4.4 Durch die Analyse von Interaktionen zur Re-Konstruktion von Sinnstrukturen

Obgleich uns in unserem Alltag diese Regeln oftmals nicht bewusst sind, wenden wir sie quasi intuitiv an, weil wir sie kennen und mit ihnen vertraut sind. So weist beispielsweise Oevermann (2002) darauf hin, „daß die sprachlich erzeugten objektiven Bedeutungen den subjektiven Intentionen konstitutionslogisch vorausliegen und nicht umgekehrt der je subjektiv gemeinte bzw. intendierte Sinn die objektive Bedeutung von Ausdrücken erzeugt" (Oevermann 2002, S. 1). Durch das Hineinwachsen in ein soziales Umfeld, werden wir mit dessen Regeln vertraut. Wir scheinen intuitiv darüber Bescheid zu wissen, wie wir uns in einer Situation zu verhalten haben. Wir haben seit unserer Geburt immer wieder gesehen, wie

Menschen sich begrüßen. Durch Nachmachen und Selbermachen haben wir uns Formen der Begrüßung angeeignet.

▶ **Definition: latente Sinnstruktur**   Durch regelgeleitete Wiederholung eignen wir uns an, wie ‚man' sich richtig begrüßt. Das ‚man' verweist hier auf die überindividuelle Regelhaftigkeit, die uns nicht stets bewusst sein muss. Die überindividuelle Regelhaftigkeit, die dem Akteur als solche oftmals nicht bewusst ist, wird mit dem Begriff der ‚latenten Sinnstruktur' gefasst. Latent stammt aus dem Lateinischen und lässt sich mit ‚verborgen sein' übersetzen. Unser Handeln basiert auf der (oftmals unbewussten) Kenntnis der Sinnstrukturen und ist durch diese geprägt.

Latente Sinnstrukturen werden dabei von dem subjektiv-intentionalen Sinn der Akteure abgegrenzt – „Die Differenz zwischen der Ebene der objektiven latenten Sinnstrukturen und der Ebene der subjektiv-intentionalen Repräsentanz ist für die objektive Hermeneutik entscheidend" (Oevermann et al. 1979, S. 380). Die konkreten Handlungen sind Manifestationen latenter Sinnstrukturen, auch wenn dem Akteur dies nicht bewusst ist. Diese latenten Sinnstrukturen prägen unser Handeln bzw. ermöglichen das Handeln erst, da sie die Regeln festlegen. Wenn ein Mann einer Frau die Tür aufhält, ‚weil es sich so gehört', dann möchte der Mann die Regeln einhalten. Der subjektiv-intentionale Sinn besteht darin, höflich zu sein und die Frau angemessen zu behandeln. In der latenten Sinnstruktur wird dabei eine Geschlechterbeziehung performativ re-produziert, in der der Mann die Frau umwirbt. Das Türaufhalten (be-)deutet dabei auf die Hierarchie der Beziehung Mann (aktiv)/Frau (passiv).

Beispiel: latente Sinnstrukturen

Es lässt sich auf die Begrüßung „Schönen guten Tag, mein Name ist Herr Müller" erwidern: „Schönen guten Tag, mein Name ist Herr Meyer. Ich wollte Sie schon immer fragen, ob …", oder es ließe sich erwidern: „Schönen guten Tag, mein Name ist Herr Meyer, ich muss leider dringend weiter, vielleicht können wir ein anderes Mal miteinander ins Gespräch kommen". Die Begrüßung und das gegenseitige bekannt machen eröffnen also u.a. die Handlungsoptionen, ein Gespräch zu initiieren oder einem Gespräch aus dem Wege zu gehen. Allerdings sollte Herr Meyer nicht die Begrüßung von Herrn Müller ignorieren, ein solches Verhalten würde gegen die latente Sinnstruktur von Begrüßungsinteraktionen verstoßen – ‚so etwas tut man nicht'.

Als Analyseverfahren thematisiert die objektive Hermeneutik die Aufdeckung/
Re-Konstruktion latenter Sinnstrukturen. Im Zuge von Analysen wird beispielsweise herausgearbeitet, wie sich Interkationen durch regelgeleitetes Agieren und
Reagieren vollziehen. Als Analysemethode re-konstruiert die objektive Hermeneutik folglich nicht das persönliche Erleben einer Handlung, sondern die formalen Strukturen von Interaktionsvollzügen:

> Die objektive Hermeneutik ist nicht eine Methode des Verstehen im Sinne eines
> Nachvollzugs subjektiver Dispositionen oder der Übernahme von subjektiven
> Perspektiven des Untersuchungsgegenstandes, erst recht nicht eine Methode des
> Sich-Einfühlens, sondern eine strikte analytische, in sich objektive Methode der lü-
> ckenlosen Erschließung und Rekonstruktion von objektiven Sinn- und Bedeutungs-
> strukturen (Oevermann 2002, S. 6).

Es geht *nicht* um die Re-Konstruktion von subjektiven Erlebensebenen, sondern
darum, wie sich eine Struktur im Zuge des Handelns herausbildet bzw. um die
‚Strukturgenese'.

▶ **Definition: Strukturbegriff in der objektiven Hermeneutik** Strukturen
lassen sich im Kontext der objektiven Hermeneutik als Deutungs- und Handlungsmuster verstehen, die soziale Interaktionen ermöglichen/ihnen eine Gestalt geben
(also vorgeben, wie in welchen Situationen gehandelt werden kann). Strukturen
werden im Interaktionsprozess aktualisiert. Die Strukturen ermöglichen Interaktionsprozesse und entstehen wiederum erst durch den performativen Vollzug
dieser Interaktionsprozesse.

Bei der objektiven Hermeneutik wird die Regelhaftigkeit von Interaktionen in
den Blick genommen. Die Auswertungsverfahren, die im Kontext der objektiven Hermeneutik zum Einsatz kommen, ermöglichen es, aufzuzeigen, wie durch
Interaktionen soziale Wirklichkeit hergestellt wird – „Die objektive Hermeneutik
ist ein Verfahren, […] objektiv geltenden Sinnstrukturen intersubjektiv überprüf-
bar je konkret an der lesbaren Ausdruckgestalt zu entziffern" (Oevermann 2002,
S. 2). Latente Sinnstrukturen werden besonders gut in typischen Handlungsvollzügen sichtbar, die einer überindividuellen Regelhaftigkeit unterliegen. Typische
Handlungsvollzüge lassen sich dabei als Fallstrukturen bzw. als Grundmuster von
Handlungsvollzügen in Interaktionsprozessen verstehen. Durch die Analysestrategien der objektiven Hermeneutik können Prozessstrukturen herausgearbeitet und
so typische Fallstrukturen re-konstruiert werden.

3.4.5   Textgenauigkeit oder ‚Nichts ist zufällig!'

Die Analysestrategien der objektiven Hermeneutik beruhen auf der Prämisse, dass die Forscher*innen über ein intuitives Regelwissen verfügen und dieses intuitive Regelwissen im Zuge des Interpretationsprozesses reflektieren. Wird im Sinne der objektiven Hermeneutik ein Text interpretiert, sind die Forscher*innen dazu aufgefordert, ihr eigenes Regelwissen mit einzubringen und dieses Regelwissen in der Auseinandersetzung mit dem Datenmaterial zu verobjektivieren: Um im Sinne der objektiven Hermeneutik zu forschen, kommt es darauf an, sich seines Regelwissens bewusst zu werden. Um eine solche Verobjektivierung leisten zu können und dieses verobjektivierte Regelwissen für Analysen nutzbar zu machen, wurden im Zuge der methodologischen und methodischen Auseinandersetzung mit der objektiven Hermeneutik Interpretationstechniken entwickelt, die in Analyseverfahren eingesetzt werden können. Allerdings lässt sich aus diesen Interpretationstechniken nicht ein standardisiertes Verfahren der Analyse gemäß der objektiven Hermeneutik ableiten – „Entgegen einem weit verbreiteten Irrtum gibt es nicht *ein* Verfahren der objektiv-hermeneutischen Textinterpretation. Es existiert lediglich ein gewisses gemeinsames Grundverständnis, das sich von Fall zu Fall in unterschiedliche, sich teilweise ausschließende Varianten ausfaltet" (Reichertz 2013, S. 516, H.i.O.). Ein generelles Merkmal, das dieses Grundverständnis prägt, besteht darin, dass die Interpretationstechniken der objektiven Hermeneutik sich durch Textgenauigkeit auszeichnen – „Für den objektiven Hermeneuten ist nichts zufällig oder zu unauffällig" (Oevermann 1993, S. 129). Ein weiteres Merkmal des Grundverständnisses, das die Auseinandersetzung mit einem Text im Sinne der objektiven Hermeneutik prägt, liegt darin, dass der Text gezielt auf seine verschiedenen möglichen Bedeutungsebenen untersucht wird. Dafür lassen sich Interpretationstechniken ausmachen, die im Zuge der analytischen Verfahren der objektiven Hermeneutik zum Einsatz kommen. Die Interpretationstechniken können als Prinzipien verstanden werden, die in ‚Varianten' im Zuge der interpretativen Auseinandersetzung mit einem Text Anwendung finden. Mit Bezug auf Wernet (2006) lassen sich fünf Interpretationstechniken bzw. ‚Interpretationsprinzipien' (vgl. Wernet 2006, S. 21ff.) benennen, die eine Textanalyse im Sinne der objektiven Hermeneutik auszeichnen:

- Sequenzialität,
- Kontextfreiheit,
- Wörtlichkeit,
- Extensivität und
- Sparsamkeit.

Diese Interpretationstechniken ermöglichen eine genaue bzw. detaillierte Auseinandersetzung mit den verschiedenen Bedeutungsebenen eines Textes. Die Interpretationstechniken leisten ihren Teil dazu, dass gemäß Nohl (2013) die objektive Hermeneutik „das derzeit elaborierteste fallrekonstruktive Verfahren" (Nohl 2013, S. 16) darstellt.

3.4.6 Schritt für Schritt – Die Sequenzanalyse

Das Prinzip der Sequenzialität besagt, dass ein Text Schritt für Schritt durchgegangen wird. Anstatt einen Text nach Textstellen durchzusehen und ihm Kategorien zuzuordnen, wie dies beispielsweise in der qualitativen Inhaltsanalyse geschieht, wird in der Sequenzanalyse eine ausgewählte Textstelle im Idealfall Wort für Wort durchgegangen. „Die interpretatorische Grundhaltung ist wiederum, den Text als Text ernst zu nehmen, ihn also nicht als Steinbruch der Information oder als Jahrmarkt der Bedeutungsangebote auszuwerten, den Text also nicht ‚auszuschlachten'" (Wernet 2006, S. 27). Entsprechend der linearen Konstruktion von einer Interaktion, die durch ein Nacheinander von Agieren und Reagieren geprägt ist, re-konstruiert die Sequenzanalyse diesen Prozess auch linear durch eine Analyse des Nacheinanders der Dynamik von Agieren und Reagieren. Die Textstelle bzw. ‚Sequenzstelle', die der interpretierten Textstelle folgt, wird ebenso wie jegliches Kontextwissen ausgeklammert. Als Methode ist das sequenzanalytische Vorgehen „selbst dem wirklichen Reproduktionsprozess nachgebaut" (Oevermann et al. 1979, S. 422).

▶ Kurz notiert: lineare Struktur von Interaktionen   Soziale Phänomene wie Begrüßungen laufen regelgeleitet und dabei linear ab. Auf eine Aktion folgt eine Reaktion. Je nachdem, wie auf eine Begrüßung reagiert wird, ergeben sich Möglichkeiten des Gegenübers, auf diese Begrüßung zu reagieren. Möchte der Begrüßte beispielsweise in eine weiterführende Interaktion eintreten oder nicht? Entsprechend dieser Entscheidung nutzt er (oftmals intuitiv) sein Regelwissen, um sich angemessen und zielgerichtet in einer Situation zu verhalten. Nach und nach entspinnt sich derart ein ‚Fall'. In der Forschungspraxis lässt sich eine sequenzielle Re-Konstruktion u.a. dadurch umsetzen, dass die Textstelle, die auf die zu interpretierende Textstelle folgt, mit einem weißen Blatt überdeckt wird.

In der objektiven Hermeneutik liegt der Akzent auf der Linearität des Textes bzw. einer Textstelle, deren Bedeutung sequenziell erschlossen wird – also Schritt für

Schritt. Handeln entfaltet sich aus dieser Perspektive aus einem Nacheinander sequenzieller Handlungen, aus „Nachfolgeäußerungen und Anschlussreaktionen" (Bohnsack 2003, S. 563). Durch die Sequenzanalyse lässt sich diese Linearität von Interaktionen re-konstruieren.

Werkzeugkasten: Wo beginnt die Sequenzanalyse?
Aus forschungspragmatischer Perspektive stellt sich die Frage, an welcher Stelle eines Textes eine Sequenzanalyse zu beginnen ist. In jeder Situation wird in einem sozialen Mit- bzw. Nacheinander Sinn aufgrund von Regelwissen generiert. Daher kann theoretisch jede Textstelle herangezogen und als Beginn einer Sequenzanalyse bestimmt werden. Pilz (2007) weist darauf hin, dass es möglich ist, jede Stelle eines Textes als Ausgangspunkt einer Interaktion zu nehmen, „[d]a die Sequenzanalyse auf der elementaren Prämisse beruht, alle Erscheinungsformen von Praxis […] seien durch Sequenziertheit konstituiert" (Pilz 2007, S. 565). Aufgrund dieser Überlegung kann eine Sequenzanalyse „prinzipiell an jeder Stelle des Textes" (ebenda) begonnen werden, „[d]enn an jeder Sequenzstelle ist zugleich eine Eröffnungs- als auch Beschließungsfunktion erfüllt, setzt die Reproduktion von Neuem ein, zeigt sich also die Fallstruktur" (ebenda). Welche Stelle aber tatsächlich ausgewählt wird, hängt von dem Erkenntnisinteresse bzw. der Forschungsfrage ab. Darüber hinaus können Textstellen ausgewählt werden, die bei einem ersten Durchgehen eines Protokolls als interessant und/oder bemerkenswert herausstechen. Oftmals empfiehlt es sich, Handlungsanfänge als Textstellen für den Beginn einer Sequenzanalyse auszuwählen. Da die wörtliche Sequenzanalyse zeitintensiv ist, schlägt Wernet (2006) vor, sich gezielt auf ausgewählte Textstellen zu konzentrieren und diese Textstellen einer Feinanalyse zu unterziehen (vgl. Wernet 2006, S. 32f.).

Anhand der Sequenzanalyse kann re-konstruiert werden, durch welche Erzeugungsregeln Handlungen konstruiert und welche Bedeutungen durch Erzeugungsregeln hervorgebracht werden. Um dies zu leisten, wird die Sequenzanalyse mit der Interpretationstechnik der Kontextfreiheit kombiniert.

3.4.7   Kontextfreiheit als ‚künstliche Naivität' und Gedankenexperimente zur Kontextkonstruktion

Die Kontextfreiheit stellt eine weitere zentrale Interpretationstechnik der objektiven Hermeneutik dar, um die Erzeugungsregeln für Interaktionen durch eine Analyse von Interaktionen herauszuarbeiten. Bei der Kontextfreiheit soll das Vorwissen, in welchem Kontext eine Äußerung getätigt wurde, strategisch ausgeblendet werden. Es gilt, zunächst einen Textteil ohne den Kontext zu betrachten und den Kontext erst später in der Interpretation heranzuziehen. Durch das Prinzip der Kontextfreiheit wird sichergestellt, dass der Textteil, der einer sequenziellen Betrachtung unterworfen werden soll, nicht bereits durch den Kontext interpretiert wird. Sonst würde das Ergebnis der Interpretation bereits mit dem Kontext vorliegen. Als Beispiel für die Relevanz der Kontextfreiheit sei die Äußerung „Bleiben Sie bitte sitzen" genannt. Diese Äußerung könnte in verschiedenen Kontexten fallen.

Beispiel 1 – das ‚Kaffee-Beispiel':

Person A möchte sich Kaffee vom Frühstücksbuffet holen, da sagt ein Bekannter (Person B): „Oh, das ist eine gute Idee, ich hole mir auch einen Kaffee" und ist dabei aufzustehen. Person A ist bereits auf dem Weg zum Buffet und sagt: „Bleiben Sie bitte sitzen. Ich bringe Ihnen gerne Kaffee mit". Durch die Bemerkung ‚Bleiben Sie bitte sitzen' ist eine Hilfestellung signalisiert. Person B muss sich nicht auf dem Weg zum Kaffee machen, da Person A bereits den Kaffee holt und somit den Weg für Person B abnimmt. Die Implikationen des Gesagten sind u.a. eine Form der ‚Für-Sorge' – Person A holt nicht nur Kaffee für sich, sondern auch für Person B (vgl. eingehender zum Begriff der Für-Sorge 4.2).

Beispiel 2 – das ‚Verdächtigen-Beispiel':

Die Äußerung „Bleiben Sie bitte sitzen" gewinnt in einem anderen Kontext eine völlig andere Bedeutung. So lässt sich die Situation annehmen, dass zwei Polizisten einen Verdächtigen festgenommen haben. Dieser sitzt auf einem Stuhl zwischen den beiden Polizisten, die rechts und links neben ihm stehen. Der Verdächtige protestiert gegen die Festnahme und macht Anstalten, vom Stuhl aufstehen. Da legt der Polizist, der links von dem Verdächtigen steht, die Hand auf die Schulter des Verdächtigen und sagt: „Bleiben Sie bitte sitzen. Wir müssen erst noch den Tatbestand klären". Die Äußerung stellt in diesem Kontext weniger eine Form der Bitte als vielmehr eine Disziplinierung des Festgenommenen dar.

Die gleiche Äußerung generiert je nach Kontext eine andere Bedeutung. Aber die Besonderheit einer Äußerung lässt sich nur über das Prinzip der Wörtlichkeit erkennen. Die Kontextfreiheit hilft auch dabei, Implikationen über das eigene Verständnis einer Situation frei zu legen. Im Sinne einer ‚künstlichen Naivität' (vgl. Wernet 2006, S. 22) gilt es, so zu tun, als wäre der weitere Verlauf einer Sequenz sowie der Kontext der Sequenzstelle unbekannt. Um eine solche erkenntniskritische künstliche Naivität methodisch zu realisieren, werden gezielt Gedankenexperimente im Zuge des sequenzanalytischen Vorgehens eingebunden. Durch die Gedankenexperimente, die das anschließende, mögliche Handeln thematisieren, lässt sich zum einen sequenzanalytisch nachvollziehen, wie sich die „Schließung vorausgehend eröffneter Möglichkeiten und Öffnung neuer Optionen in eine offene Zukunft" (Overmann 2002, S. 6, H.i.O.) herausbilden. Bei der Interpretation einer jeden Sequenzstelle lassen sich als heuristische Strategie folgende zwei Fragen einsetzen:

• In welchem Kontext wird normalerweise eine solche Äußerung getätigt?
• Wie könnte auf diese Äußerung reagiert werden? Welche Reaktionen/Antworten sind denkbar? (vgl. Nohl 2013, S. 20)

Durch ein solches sequenzielles, gedankenexperimentelles Vorgehen kann aufgezeigt werden, welche Möglichkeiten in der analysierten Interaktion gewählt werden und welche nicht. Derart wird re-konstruiert, wie sich sukzessive eine Fallstruktur entfaltet. Wird eine Sequenz als Ganzes gelesen, scheinen die einzelnen Reaktionen aufeinander logisch und konsequent – fast so, als gäbe es keine andere Möglichkeit der Entwicklung einer Interaktion. Durch die Interpretationstechniken der Sequenzialität, Kontextfreiheit und der Formulierung von Gedankenexperimenten kann diese Perspektive ‚aufgebrochen' werden. Die Sequenzialität ermöglicht es, herauszuarbeiten, wie sich nach und nach eine Interaktion entfaltet. Die Kontextfreiheit re-konstruiert, welche Bedeutung z.B. ein Wort in einem Kontext haben kann. Dabei helfen die Gedankenexperimente, in denen Szenarien entworfen werden, in welchen Kontexten eine Äußerung welche Bedeutung ergibt.

3.4.8   Beim Wort genommen – Das Prinzip der Wörtlichkeit

Eng mit dem Prinzip der Kontextfreiheit ist das Prinzip der Wörtlichkeit verbunden: Was wird gesagt und was wird durch das Gesagte signalisiert? Durch die Beachtung der Wörtlichkeit lassen sich Bedeutungsebenen entdecken, die sonst schnell übersehen werden können. Dies soll an dem obig entwickelten Beispiel zur Äußerung „Bleiben Sie bitte sitzen" aufgezeigt werden: Würde *nicht* auf das Prinzip der Wörtlichkeit geachtet werden, so könnte zum ersten Beispiel festgestellt werden: Jemand bringt einem Bekannten einen Kaffee vom Buffet mit. Zum zweiten Beispiel ließe sich sagen: Ein Polizist diszipliniert einen Verdächtigen, damit der Verdächtige nicht den Sitzplatz verlässt. Der Äußerung „Bitte bleiben Sie sitzen" würde dabei keine weitere Bedeutung zugemessen. Der analytische Blick würde in beiden Fällen diese Äußerung vernachlässigen. Durch die Auswertungsstrategien der objektiven Hermeneutik wird aber ein Zugang zu den Besonderheiten dieser Äußerung „Bitte bleiben Sie sitzen" eröffnet. Durch das Prinzip der Wörtlichkeit können wir der Frage nachgehen, was die abgeschlossene Äußerung. „Bleiben Sie bitte sitzen" ohne Kontext signalisiert: Das sprachliche Gebilde stellt eine paradoxale Figur dar. Es wird eine Aufforderung geäußert, die grammatisch durch den Imperativ markiert ist und semantisch als Bitte fungiert. Diese ‚Bitte' richtet sich entweder an eine oder mehrere Person, da entweder die 3. Person Plural oder die ‚Höflichkeitsform' für eine oder mehrere Personen durch das ‚Sie' bezeichnet werden kann. Allein durch das Personalpronomen ergibt sich bereits eine gewisse Deutungsoffenheit: Wird eine Person in Form einer förmlichen Anrede angesprochen bzw. aufgefordert sitzen zu bleiben oder richtet sich die Aufforderung an eine Gruppe? – z.B. an ein Publikum, das aufsteht, wenn ein/e Vortragende*r den Saal betritt. Im ersten Beispiel, bei dem ein Bekannter Kaffee bringt, verstärkt die Aufforderung, sitzen zu bleiben, die Intention des Für-Sorgens. Zugleich wird der zwingende Charakter des Für-Sorgens deutlich: Jede Form der Für-Sorge setzt voraus, dass sich jemand umsorgen lässt. Die ‚Bitte' erscheint als notwendig, damit der Bekannte sitzen bleibt bzw. sich so verhält, dass der Sprechende die Rolle des Für-Sorgenden einnehmen kann. In dieser Kontextualisierung des Beispiels scheint der Aspekt der Bitte zu überwiegen. Im zweiten Beispiel, bei dem der Verdächtige gebeten wird, sitzen zu bleiben, steht der Imperativ, sitzen zu bleiben im Vordergrund. Dieser Imperativ wird durch die ‚Bitte' euphemisiert bzw. ‚netter' formuliert. Es geht um einen Befehl, der durch die ‚Bitte' im kommunikativen Verhalten lediglich einen freundlicheren ‚Anstrich' bekommt. Die jeweilige unterschiedliche Entwicklung von Bedeutungen der gleichen Äußerung wird u.a. dadurch möglich, dass die Struktur der Äußerung eine Deutungsoffenheit zwischen dem Befehl und der Bitte aufweist. Auf der grammatischen Ebene wird diese

Deutungsoffenheit über die formale Figur des Imperativs möglich. Der Imperativ kann semantisch sowohl Bitte als auch Befehl signalisieren. Ohne die Prinzipien der Kontextfreiheit und der Wörtlichkeit besteht im Interpretationsprozess die Gefahr, dieses semantische Spannungsgefälle, das aufgrund der formalen Struktur des Imperativs möglich wird, zu übersehen. Die Interpretation würde dann Gefahr laufen, darauf reduziert zu werden, dass ein Bekannter Kaffee bringt und ein Verdächtiger diszipliniert wird. Die durch den Polizist formulierte Euphemisierung des Ausgeliefertseins des Festgenommenen könnte verdeckt werden, indem in der Auswertung lediglich der Aspekt der Disziplinierung fokussiert wird. Zudem könnte der ‚zwingende' Charakter der Für-Sorge im ‚Kaffee-Beispiel' unberücksichtigt gelassen werden. Mit Bezug auf dieses Beispiel lässt sich festhalten, dass gerade das Prinzip der Wörtlichkeit es ermöglicht, auf mikrosprachlicher Ebene Sinnstrukturen und damit einhergehende Hierarchien und Machtbeziehungen – wie den ‚zwingenden Charakter' der Für-Sorge – zu re-konstruieren.

3.4.9   Wurde alles gesagt? – Das Prinzip der Extensivität und des typischen Kontexts

Die Offenheit der Formulierung „Bitte bleiben Sie sitzen", die zwischen Imperativ und Bitte sowie dem förmlichen Ansprechen einer Person oder einer Gruppe changiert, zeigt die Relevanz der Interpretationstechnik der Extensivität: Alle möglichen Lesarten einer Sequenzstelle sollen herausgearbeitet werden.

▶ **Definition: Lesarten**   Lesart bezeichnet die Art und Weise, wie Sequenzstellen verstanden werden können, wobei jede Lesart sich aus der Logik der Sequenzstelle ergeben muss – „Lesarten sind für Oevermann also entweder streng durch den Text motiviert – oder es sind keine Lesarten" (Pilz 2007, S. 574). Es werden gedankenexperimentell Kontexte angenommen, in denen die Sequenz Sinn macht. Gemäß der Interpretationstechnik der Extensivität sollen die Forschenden alle möglichen typischen Lesarten benennen, in denen eine Sequenzstelle Sinn macht bzw. eine sinnvolle Bedeutung erhält.

Durch die Benennung aller möglicher typischen Lesarten lässt sich herausarbeiten, welche allgemeine Fallstruktur re-konstruiert wird, welche Handlungsoptionen realisiert werden und welche nicht – z.B. wird die Fallstruktur ‚Rollenzuweisung als Umsorgter' konstituiert? Oder handelt es sich um das ‚Unterlaufen' dieser Fallstruktur, da Person B sagt: „Ach vielen Dank, den Kaffee hole ich mir lieber selbst".

Vor dem Hintergrund der Vielfalt möglicher Anschlusshandlungen erscheint eine extensive Benennung aller Lesarten als Voraussetzung, um die Komplexität einer Fallstruktur angemessen analysieren zu können. Die extensive Haltung bezieht sich nicht nur auf die Sequenzstelle und die Prüfung, in welchen typischen Kontexten diese Sequenzstelle welche Bedeutung hat. Vielmehr sollen Gedankenexperimente alle möglichen denkbaren, typischen Lesarten und Reaktionen benennen (was kann eine Äußerung, ein Wort etc. in welchen Situationen jeweils ‚be-deuten'?). Wichtig ist an dieser Stelle das Prinzip der Sparsamkeit, nachdem nur typische Kontexte benannt werden sollten. Typisch meint hier, dass beispielsweise ein grundlegender Kontext benannt wird. So ist es ausreichend, einmal die ‚Bitte' als Fallstruktur anzunehmen und einmal den ‚Imperativ' als Fallstruktur anzunehmen. Es müssen nicht verschiedene Formen des ‚Bittens' durchgespielt werden. Es geht folglich darum, die unterschiedlichen grundlegenden Kontexte zu identifizieren. Dementsprechend muss bei der gedankenexperimentellen Benennung von typischen Kontexten darauf geachtet werden, dass es nicht zu „bloß schematische[n] Wiederholungen der erzählten Geschichten" (Wernet 2006, S. 45) kommt. Der/die Forscher*in steht vor der Herausforderung, zwischen Extensivität (alle möglichen typischen Kontexte sollten benannt werden) und Sparsamkeit (Kontexte sollten sich nicht in leichter Variation wiederholen) zu changieren. Die fragende Haltung, welche die Interpretationstechnik der Extensivität auszeichnet, bezieht sich auch auf die möglichen Anschlusshandlungen. Die Interpretationstechnik ‚Extensivität' erfordert folglich eine fragende Haltung, die auch thematisiert, wie eine Textstelle weitergeführt werden kann. So könnte das Pronomen ‚viele' der Beginn eines Grußes sein („viele Grüße") oder die Beschreibung einer Situation einleiten („viele Menschen standen vor dem Haus versammelt, als ich kam"). Im Anschluss an die Analyse einer getätigten Äußerung wie einer Begrüßung kann sich der/die Forschende fragen: Wie kann Person XY auf Äußerung Z reagieren? (z.B. durch Annehmen der Situation und Eröffnen des Gesprächs oder Ausweichen eines Gesprächs). Die Interpretationstechnik der Extensivität ermöglicht es dem/der Forscher*in, einen reflexiven, verobjektivierenden Zugang zu dem eigenen – latenten – Regelverständnis zu schaffen.[25] Forscher*innen werden

---

25 Bohnsack (2003) und Nohl (2013) weisen kritisch darauf hin, dass bei diesem Vorgehen die Normalitätserwartungen der Forschenden zur ‚Normalitätsfolie' werden. Die von den Forscher*innen durchgeführten Gedankenexperimente „In welchem Kontext werden normalerweise solche Äußerungen getätigt" und „Was könnte einer solchen Äußerung folgen?" unterliegen dabei keiner empirisch fundierten Überprüfung über die „Angemessenheit" (Nohl 2013, S. 20) dieser Gedankenexperimente. Die Normalitätsvorstellungen der Forschenden, so der Einwand von Bohnsack und Nohl, werden nicht erkenntniskritisch thematisiert. Eine methodische Konsequenz dieser kritischen

aus dieser Perspektive Expert*innen der kulturellen Regeln und Strukturen, die sie im Zuge ihrer Interpretation erforschen. Sukzessive lässt sich in der Analyse durch das Zusammenspiel der Interpretationstechniken der Sequenzanalyse, der Kontextfreiheit, dem Prinzip der Wörtlichkeit und der Extensivität eine Interaktionsstruktur re-konstruieren. Die Genese von Strukturprinzipen einer sozialen Handlung bzw. einer Fallstruktur wie beispielsweise eine Begrüßung können so re-konstruiert werden.

3.4.10 Schematisierter Interpretationsablauf und das Prinzip der Sparsamkeit

Es stellt sich die Frage, wie diese Interpretationstechniken in einer Analyse ineinandergreifen. Wernet (2006) weist darauf hin, dass „das Wörtlichkeitsprinzip, das Prinzip der Kontextfreiheit und das Extensivitätsprinzip eng miteinander verwoben" (Wernet 2006, S. 33) sind. „Zusammen formulieren sie die Vorschrift, den Text so zu nehmen, wie er ist: alles, was da steht und genau so, wie es da steht." (Wernet 2006, S. 33) Im Folgenden soll ein schematisierter Ablauf dargestellt werden, der aufzeigt, wie die verschiedenen Interpretationstechniken zur Anwendung kommen können.

In einem ersten Schritt wird die ausgewählte Sequenz Schritt für Schritt durchgegangen. Hier kann Wort für Wort, die Relation von Satzteilen wie Verb und Objekt oder Satz für Satz durchgegangen werden. Aber auch wenn im Idealfall Wort für Wort durchgegangen werden sollte, kann dies aus forschungspragmatischen Gründen nicht immer geleistet werden.

Bei der ersten Sequenzstelle lässt sich überlegen, in welchen Kontexten die Eingangssequenzstelle eingebettet sein könnte – um was für einen Fall könnte es sich hier handeln? Es wird also eine Hypothese zur Struktur des Falles bzw. eine ‚Fallstrukturhypothese' formuliert. Hierfür können Gedankenexperimente gebildet werden: In welchen typischen Kontexten könnte eine Äußerung wie die vorliegende fallen? Um die Handlungsregeln und Handlungsoptionen herauszuarbeiten, kann am Ende jeder Sequenzstelle durch Gedankenexperimente die Möglichkeiten anschließender Handlungen herausgearbeitet werden (vgl. Wernet 2006, S. 28f.). Zuerst wird gefragt:

Auseinandersetzung liegt darin, dass bei der Bildung von Lesarten bzw. Vergleichen in der dokumentarischen Methode vornehmlich auf empirische Daten und nicht auf die Normalitätsvorstellungen der Forschenden zurückgegriffen werden soll.

- In welchen typischen Kontexten kann eine solche Äußerung wie „Bitte bleiben Sie sitzen" oder ein Pronomen wie ‚viele' stehen. An die Benennung der Kontexte schließt sich die Frage an:
- Welche Handlungsoptionen, welche Anschlussäußerungen stehen in welchen typischen Kontexten zur Verfügung?

Es wird wie bei der Benennung von Kontexten davon ausgegangen, dass es um Handlungsoptionen geht, die im ‚Alltäglichen' im weitesten Sinne bzw. in der Sphäre des Normalen liegen. In Bezug auf das ‚Kaffee-Beispiel' ließe sich überlegen,

- ob die angesprochene Person erwidert: „Vielen Dank, ich hätte gerne den Kaffee mit Milch". In diesem Beispiel würde die Rolle als Umsorgter angenommen werden.
- Er könnte aber auch sagen: „Ach ich weiß nicht, ob ich vielleicht doch lieber einen Tee hätte. Ich schaue, was im Buffet alles so im Angebot ist". Durch diese Äußerung würde er sich der Rolle des Umsorgten entziehen.

Die Gedankenexperimente werden anschließend mit der empirisch realisierten Handlungsoption verglichen. Durch die Hinzuziehung der folgenden Sequenzstelle lässt sich auch prüfen, ob der Kontext sich genauer erschließen lässt und wie sich das soziale Geschehen bzw. die Interaktion fortschreitet. In einem nächsten Schritt wird das sequenzanalytische Verfahren weiter geführt. Bei der Analyse von Interaktionen lässt sich beispielsweise fragen: Wie reagiert der Interaktionspartner auf die Erwiderung? An dieser Stelle wiederholt sich die gedankenexperimentelle Benennung typischer Anschlussmöglichkeiten. Dieses Verfahren lässt sich bis zum Abschluss der ausgewählten Sequenzanalyse durchführen. Das sequenzanalytische Vorgehen, gekoppelt mit den Gedankenexperimenten, ermöglicht das Nachzeichnen von Interaktionsverläufen. Im Zuge einer solchen Re-Konstruktion lässt sich herausarbeiten, wie die Akteure hätten reagieren können und welche Formen der Handlungen letztendlich realisiert worden sind. Diese Doppelbewegung zwischen tatsächlicher Realisierung und Freilegung von Handlungsmöglichkeiten lässt sich beispielsweise dafür einsetzen, um zu re-konstruieren, an welcher Stelle durch welche realisierten Handlungsoptionen Interaktionen eskalierten und durch welche Handlungsoptionen eine solche Eskalation hätte abgewendet werden können.

Werkzeugkasten: Wenn Unerwartetes passiert
Wenn nun alle möglichen Reaktionen in Form von Gedankenexperimenten durchgespielt worden sind und im Textprotokoll eine Reaktion erfolgt, die nicht vom Forscherteam antizipiert worden ist, kann dies ein Indiz dafür sein, dass hier Regelwissen außer Kraft gesetzt worden ist oder auf ‚blinde Flecken' bei den Forscher*innen hinweisen.

Bei dem Einsatz von Analyseverfahren der objektiven Hermeneutik gilt es zu bedenken, dass diese sehr zeitaufwendig sind, worauf auch Oevermann et al. (1979) hinweisen – „Wir benötigen in den Anfängen für den ersten Durchgang der Interpretation einer Seite eines verschrifteten Protokolls, die ca. zwei bis vier Minuten Interaktionsdauer entspricht, innerhalb einer Gruppe von drei bis sieben Mitgliedern in der Regel 10 bis 15 Stunden" (Oevermann et al. 1979, S. 393). Es gilt folglich, in einem Abwägen zwischen Forschungsfrage und Erkenntnisinteresse auf der einen und forschungspragmatischen Aspekten (z.B. Zeitressourcen) auf der anderen Seite die Sampleauswahl zu bestimmen.

3.4.11 Macht durch Sprache – Die Sequenzanalyse in Praxis

Im Folgenden wird eine Auswertungsskizze dargestellt, die sich an dem sequenzanalytischen Verfahren der objektiven Hermeneutik orientiert. Anhand dieser Skizze lässt sich empirisch aufzeigen, inwiefern durch die objektive Hermeneutik sprachlich manifestierte Machtstrukturen bzw. Hierarchien und Abhängigkeitsverhältnisse analytisch herausgearbeitet werden können. Gerade durch diese machtanalytische Dimension der objektiven Hermeneutik lassen sich Interpellationen und Subjektivierungsdynamiken gezielt in den Blick nehmen (siehe dazu 3.8). Die ausgewählte Sequenz beginnt mit der ersten Person Singular:

Ich...
Hier wird mit der ersten Person Singular begonnen. Es werden damit Auftakthandlungen ausgeschlossen, die mit Verben beginnen und Fragen signalisieren – z.B. „Gehst Du ...?"; „Hat er ...?"; „Bekommen Sie ...?". Damit sind auch Verben im Konjunktiv ausgeschlossen, die auf Bitten hinweisen würden („Würden Sie...?"; „Könnte Ich...?"). Da die Sequenz mit der ersten Person Singular begonnen wird, kann eine ‚Ich-Zentrierung' vermutet werden, weil der Sprecher mit einem Personalpronomen, das sich auf ihn bezieht, den Satz eröffnet. Der Akteur bringt sich selbst aktiv in das Geschehen ein, das er formuliert. Ausgehend von

einer Subjekt-Verb-Objekt-Satzstruktur wird sich vermutlich ein Verb anschlie-ßen, das die Art und Weise, wie sich der Akteur als Subjekt des von ihm geäußer-ten Satzes bestimmt, spezifiziert: Die Formulierung ‚Ich könnte' würde beispiels-weise auf eine potentielle Selbstverortung hinweisen („Ich könnte jetzt ein Buch lesen"), während die Formulierung ‚Ich war' auf eine vergangene Selbstveror-tung verweist („Ich war gerade in der Küche, als …"). Die Erwartung auf ein Verb als folgende Sequenzstelle setzt voraus, dass der Akteur regelgerecht die deutsche Sprache beherrscht. Wäre dies nicht der Fall, müssten auch noch Formulierungen wie „Ich nicht können verstehen" o.ä. in Betracht gezogen werden.

„Ich habe…"

Hier wird ein Modalverb genutzt. Die Handlung, die durch das Verb markiert wird, kann an dieser Stelle nicht voll erschlossen werden. Das Modalverb ‚haben' besitzt wie jedes andere Hilfsverb auch eine spezifische Semantik. So lässt sich das Verb ‚haben' von dem Verb ‚sein' abgrenzen, das auf Zustände und Identitäten verweist (z.B. „Ich bin nett"; „Ich bin Herr XY"). Durch das Hilfsverb ‚haben' wird

- ein Besitz angezeigt – z.b. „Ich habe Geld".
- Oder, es kann eine Bedürftigkeit ausgedrückt werden – „Ich habe Hunger". In dem ersten Fall wird Handlungsmacht angezeigt, die sich durch den Besitz er-öffnet, der zweite Fall signalisiert ein Defizit.
- Es ist aber auch möglich, dass eine Präteritumskonstruktion gebildet wird – z.B. „Ich habe ihn damals kennen gelernt".

Es lassen sich also verschiedene Anschlüsse denken, die von der Präteritumskons-truktion über das Anzeigen von Besitz und Handlungsmacht bis hin zu einer Be-dürfnisäußerung reichen.

„Ich habe heute…"

Durch das Adverb ‚heute' wird das Subjekt und die mit dem Hilfsverb ‚haben' verknüpfte

- Tätigkeit (z.B. „Ich habe heute gelacht") bzw.
- der mit dem Hilfsverb ‚haben' verknüpft Zustand („Ich habe heute Hunger"; „Ich habe heute Geld")

zeitlich lokalisiert. Die in der Äußerung vorgenommene Information hat einen ex-pliziten, indexikalischen Zeitbezug. Die Selbstverortung des Subjekts könnte entweder mit einem folgenden Verb oder Objekt spezifiziert werden. Je nachdem, ob ein Verb oder ein Objekt folgt, wird die Fallstruktur

* der Tätigkeit/Handlungsbeschreibung („Ich habe eingekauft") oder
* der Zustandsbeschreibung/des Besitzanzeigens („Ich habe Geld")

auf Ebene der linearen (oder auch ‚syntagmatischen') Satzstruktur realisiert.

„Ich habe heute leider…"

Wider Erwarten folgt kein Verb oder Objekt, sondern ein Adverb. Durch das Adverb ‚leider' erfährt die mögliche Tätigkeit/der mögliche Zustand eine Bewertung. Das Adverb ‚leider' wird in der Regel dazu eigesetzt, um dem Gegenüber bzw. gegenüber einem Dritten Bedauern mitzuteilen – z.B. „Leider konnte ich ihnen nicht helfen"; „Leider habe ich vergessen, dir etwas mit zu bringen"; „Leider bin ich heute nicht in der Lage, zur Arbeit zu kommen"; „Leider hat er den Bus verpasst". Mit Bezug auf die bisherige Satzkonstruktion lässt sich das Adverb ‚leider' weiter semantisch kontextualisieren. Das sprechende Individuum (markiert durch das ‚Ich'), ‚hat' irgendetwas, dem ‚heute' (also zeitlich konkret indexikalisiert), die Implikation des ‚Bedauernden' inhärent ist. Damit wird die Deutung des ‚haben' als Marker von Besitz aktualisiert, das etwas bedauernswertes impliziert: „Ich habe heute schlechte Nachrichten". Es wäre aber auch möglich, dass ein Fehlen von etwas signalisiert werden könnte – beispielsweise „Ich habe heute leider kein Geld für dich". Die Satzstruktur rückt in jedem dieser Fälle die Handlungsmächtigkeit des Individuums gezielt in den Vordergrund: Durch die Setzung der ersten Person Singular zu Satzbeginn hat sich der Akteur als handelnde Instanz installiert und damit die eigene Relevanz in das Zentrum gerückt. Diese Selbstpositionierung des Akteurs wird deutlich, wenn die vollzogene Formulierung „Ich habe heute leider…" mit der Alternativformulierung „Leider habe ich heute…" kontrastiert wird. Bei der zweiten Formulierung hätte das Bedauern eine stärker hervorgehobene Bedeutung erhalten, da es am Satzanfang eine zentralere Positionierung in der syntagmatischen bzw. linearen Struktur des Satzes erhalten hätte. Durch das Adverb ‚heute' wird das ‚Außer-Ordentliche' des Bedauerns signalisiert. Heute ist etwas anders, als es ansonsten der Fall ist: „Heute ist mein Glückstag", dies setzt voraus, dass nicht jeder Tag ein Glückstag sein kann.

„Ich habe heute leider kein…"

Der Negationspartikel ‚kein' verweist auf das Fehlen von ‚Etwas'. Mit Bezug auf das zeitliche Adverb ‚heute' lässt sich vermuten, dass sonst oder normalerweise dieses Fehlen nicht der Fall ist. Das Fehlen von ‚Etwas' setzt jemanden in einen

‚bedauernswerten' Zustand. Das sprechende Individuum ist normalerweise im Besitz von ‚Etwas', was jemanden in einen nicht-bedauernswerten Zustand setzt. Diese Semantik zeigt sich auch auf formaler Ebene der Satzkonstruktion, an deren Beginn der Selbstbezug des sprechenden Individuums (‚Ich') steht. Die semantische Zentrierung auf die Mächtigkeit des sprechenden Individuums wird auf der formalen Ebene des Satzbaus gespiegelt.

„Ich habe heute leider kein Foto..."

Hier stellt sich die Frage, in welchem Kontext die Bedeutung eines Fotos von Relevanz ist. Um diesen Kontext zu bestimmen, erscheint es als relevant, die Anschlussmöglichkeiten gedankenexperimentell zu thematisieren. Es ließe sich der Fall annehmen, dass bei einer Reise kein Foto aufgenommen wurde: „Ich habe heute leider kein Foto von dem Eifelturm gemacht". Dies setzt als Kontext einen mehrtätigen Aufenthalt in Paris voraus, bei dem an den anderen Tagen auch ein Foto gemacht worden ist oder hätte gemacht werden können, da sonst die ‚außer-ordentliche' Semantik der Formulierung ‚heute leider' sinnlos erscheinen würde. Ein anderer grundlegender bzw. ‚typischer' Kontext wäre, wenn beispielsweise ein Arbeitskollege jeden Tag einem anderen Kollegen Fotos von den Kindern zeigen würde – „Ich habe heute leider kein Foto von unserem Kleinen mit". Ein weiterer typischer Kontext wäre die Formulierung „Ich habe heute leider kein Foto für Dich". Dieser Satz entstammt der popkulturellen Sphäre und ist eine Äußerung, die von Heidi Klum im Rahmen der Castingshow ‚Germanys next Top Model' (GNTM) regelmäßig geäußert wird (vgl. dazu eingehender 3.8.5). In der Castingshow stehen mehrere Mädchen/junge Frauen in einem Wettbewerb um den Titel ‚Germanys next Top Model'. In jeder Sendung scheiden Kandidatinnen aus der Castingshow aus. Das Foto repräsentiert quasi als Trophäe die Qualifikation für die nächste Runde. Heidi Klum überreicht den Kandidatinnen ein Foto, auf dem diese als Models abgebildet sind. Die Kandidatin, die nicht in die nächste Runde einzieht, erhält kein Foto und scheidet aus der Castingshow aus. Dieser Akt wird mit dem Satz „Ich habe heute leider kein Foto für dich" begleitet. Bei der weiteren Analyse der Formulierung „Ich habe heute leider kein Foto" stellt sich nun die Frage,

- ob es sich um eine Fallstruktur des Bedauerns in einer alltäglichen Situation oder
- ob es sich bei der bislang analysierten Satzstruktur um die besondere Fallstruktur des Mitteilens über das Ausscheiden aus der Castingshow GNTM handelt.

„Ich habe heute leider kein Foto für..."

Die Präposition ‚für' signalisiert Formen, jemanden etwas zukommen zu lassen („Hier ist ein Geschenk für dich"), der persönlichen Adressierung („Der Anruf ist für dich") oder eine spezifische Adressierung („Das Nackenkissen ist für den Nacken gut"). Durch die Konstruktion „Ich habe etwas für ihn/dich/sie" wird eine Form der Gabe sprachlich hergestellt: Der Sprechende gibt, ein anderer Akteur nimmt oder mehrere andere Akteure nehmen. Der/die Sprechende ist hierbei im Besitz von etwas, das empfangen wird. Diese Relation konstituiert eine Asymmetrie der Beziehung. Diese asymmetrische Beziehung wird durch die syntagmatische Struktur des Satzes verstärkt, da das ‚Ich' als gebende Instanz an erster Stelle steht.

„Ich habe heute leider kein Foto für Dich."

Das letzte Wort verifiziert die aufgestellte Strukturhypothese, dass es sich bei dem geäußerten Satz um die Verkündigung des Ausscheidens einer Kandidatin aus der Castingshow GNTM handeln könnte. Allerdings sind auch weiterhin andere Strukturhypothesen denkbar. Die Formulierung „Ich habe etwas für dich" lässt sich als Teil einer Fallstruktur verstehen, die den Akt der Gabe markiert. Der Akteur installiert sich als Gebender. In dem hier vorliegenden Fall wird die Gabe nicht realisiert. Diese verweigerte Gabe wird durch den Negationspartikel ‚kein' markiert. Die nicht erhaltene Gabe rückt das Gegenüber, das diese Gabe sonst immer bzw. bis auf ‚heute' erhalten hat, in eine bedauernswerte Situation (markiert durch das Adverb ‚leider'). Damit wird eine klare Hierarchiebeziehung etabliert, bei der das sprechende Ich durch den Besitz des Fotos die Rolle des Gebenden einnimmt. Dass diese Gabe verweigert und zugleich das Verweigern der Gabe bedauert wird, konstruiert eine Ambivalenz aus Handlungsmacht („Ich kann geben, tue dies aber nicht") und Bedauern. Es wird bedauert, dass die eigene Handlungsmacht in Form einer Gabe nicht realisiert wird – „Ich kann geben, tue dies leider aber nicht". Diese Ambivalenz zeigt einen logischen Bruch auf. Dieser Bruch besteht darin, dass der Akteur etwas nicht macht, was er machen könnte und dieses zugleich im Akt des (ausbleibenden) Handelns bedauert. Aus dieser Perspektive erscheint entweder das ausgedrückte Bedauern um die verweigerte Gabe als fraglich, da ansonsten der sprechende Akteur hätte anders handeln können. Oder, das der sprechende Akteur nicht die Handlungsmacht besitzt, die im Sprechakt signalisiert wird.

Die objektive Hermeneutik eignet sich im Zuge des hier vorgestellten integrativen Ansatzes in der qualitativen Bildungsforschung u.a. dazu, Interpellationen und Subjektivierungsdynamiken herauszuarbeiten: Wie werden durch Äußerungen Machtbeziehungen konstituiert? Wie werden Interpellationen bzw. normative Erwartungshaltungen formuliert? Wie werden diese Interpellationen durch Interaktionszusammenhänge ratifiziert – also vom ‚angerufenem' Akteur aufgenommen und verarbeitet? Z.B. wird auf die Äußerung „Ich hätte von dir mehr erwartet" geantwortet „Ja, aber ich habe mir wirklich Mühe gegeben" oder wird geantwortet „Ja, ich von dir auch". Wird bei der ersten Antwortmöglichkeit die normative, interpellative Haltung übernommen, was auf Subjektivierungsdynamiken hinweist (vgl. dazu 3.8.4 & 3.8.5), wird beim zweiten Beispiel diese normative Erwartungshaltung durch eine Umkehrung („Ja, ich von dir auch") unterlaufen. Das in der ersten Äußerung („Ich hatte von dir mehr erwartet") etablierte Hierarchiegefüge wird durch die ironische Inversion gebrochen. Die Analysestrategien der objektiven Hermeneutik ermöglichen auf mikrosprachlicher Ebene, Hierarchiegefälle und Abhängigkeitsverhältnisse dezidiert in den Blick zu nehmen. Die Interpretationstechniken der objektiven Hermeneutik erfordern es, dass das Geäußerte ganz genau genommen wird. Die objektive Hermeneutik bietet die Möglichkeit, Interaktionsdynamiken durch den Blick auf das Detail zu re-konstruieren.

Literatur

Bohnsack, R. (2003). Dokumentarische Methode und sozialwissenschaftliche Hermeneutik. *Zeitschrift für Erziehungswissenschaft* 6(4), 550-570.

Nohl, A. M. (2013). *Relationale Typenbildung und Mehrebenenvergleich. Neue Wege der dokumentarischen Methode.* Wiesbaden: VS Springer.

Oevermann, U. (1993). Die objektive Hermeneutik als unverzichtbare methodologische Grundlage für die Analyse von Subjektivität. Zugleich eine Kritik der Tiefenhermeneutik. In T. Jung & S. Müller-Doohm (Hrsg.), *,Wirklichkeit' im Deutungsprozeß. Verstehen und Methoden in den Kultur- und Sozialwissenschaften* (S. 106-189). Frankfurt am Main: Suhrkamp.

Oevermann, U. (2002). Klinische Soziologie auf der Basis der Methodologie der objektiven Hermeneutik – Manifest der objektiv hermeneutischen Sozialforschung. URL: https://www.deutsche-digitale-bibliothek.de/binary/3HCVA55FV7PBI5I42WDPTM5OOA2X5FYP/full/1.pdf. Zuletzt zugegriffen: 28 Mai 2017.

Oevermann, U., Allert, T., Konau, E., & Krambeck, J. (1979). Die Methodologie einer ‚objektiven Hermeneutik' und ihre allgemeine forschungslogische Bedeutung in den Sozialwissenschaften. In H.-G. Soeffner (Hrsg.), *Interpretative Verfahren in den Sozial- und Textwissenschaften* (S. 352-434). Stuttgart: Metzler.

Pilz, W. (2007). *Krisengeschöpfe Zur Theorie und Methodologie der Objektiven Hermeneutik.* Wiesbaden: Deutscher Universitätsverlag.

Reichertz, J. (2013). Objektive Hermeneutik und hermeneutische Wissenssoziologie. In U. Flick, E. v. Kardorff & I. Steinke (Hrsg.), *Qualitative Forschung. Ein Handbuch* (S. 514-524). Reinbek bei Hamburg: Rowolth.

Wernet, A. (2006). *Einführung in die Interpretationstechnik der Objektiven Hermeneutik.* Wiesbaden: VS Springer.

3.5 Das narrative Interview und die Narrationsanalyse – Wie erzählen wir unsere Geschichte?

Das narrative Interview und die Narrationsanalyse stellen Formen der Daten-erhebung bzw. der Datenauswertung dar, die eng miteinander verzahnt sind. In ihrem Zusammenspiel ermöglichen Datenerhebungsmethode und Auswertungs-strategie es, biografische Prozesse zu re-konstruieren. Narratives Interview wie Narrationsanalyse stellen zentrale Verfahren in der qualitativen Biografiefor-schung dar.

3.5.1 Mit Datenerhebungsstrategien und Auswertungs-methoden zur Biografieanalyse

Das narrative Interview stellt ein zentrales Interviewverfahren in der biografischen Forschung dar und ist eng mit der Auswertungsmethode der Narrationsanalyse verbunden. Zum Teil werden Erhebungs- und Datenauswertungsmethode unter dem Begriff ‚narratives Interview' zusammengefasst. Dies liegt auch darin be-gründet, dass narratives Interview und die Narrationsanalyse von Schütze entwi-ckelt und systematisch aufeinander bezogen werden (vgl. Schütze 1983). Obgleich im Rahmen dieses Kapitels ein Schwerpunkt auf Auswertungsstrategien liegt, wird im Folgenden dennoch die Erhebungsmethode des narrativen Interviews kurz dargestellt. Dieses Vorgehen liegt darin begründet, dass das Verzahnen von dem narrativen Interview als Datenerhebungsstrategie mit der Narrationsanalyse als Datenauswertungsstrategie einen Zugang zu der subjektiven Erlebensdimension von Bildungsprozessen ermöglicht. Durch den Erzählraum, der durch das narra-tive Interview eröffnet wird, kann eine „retrospektive Erfahrungsverarbeitung" (Schütze 1976, S. 22) initiiert werden. Das narrative Interview ermöglicht „[d]as Erzählen von Erfahrungsprozessen, die sich auf die Konstituierung des Selbst be-zieh[en]" (Ecarius 2006, S. 98). Aus dieser Perspektive stellt das narrative Inter-view eine Datenerhebungsmethode dar, welche einen „Blick *auf individuelle und kollektive Lern- und Bildungsprozesse*" (Jakob 2013, S. 220, H.i.O.) eröffnet, da „[j]edes Erzählen selbsterlebter Erfahrungen […] sich zumindest partiell auf *die Veränderungen des Selbst des Erzählers als Biographieträgers*" (Schütze 1984, S. 84, H.i.O.) bezieht.

▶ Kurz notiert: narratives Interview und Narrationsanalyse   Narratives Inter-view und Narrationsanalyse kommen v.a. im Bereich der Biografieforschung zum Einsatz. Dies liegt u.a. darin begründet, dass sich biografische Prozesse über einen langen Zeitraum erstrecken und daher am ehesten retrospektiv über die die Narration der Akteure bzw. der ‚Biografieträger' erfassen lassen. Zugleich bieten das narrative Interview und die Narrationsanalyse einen hermeneutischen Zugang zu der lebensgeschichtlichen Selbstdeutung bzw. zu der Konstruktion von biografischen Prozessen als Sinnzusammenhang. Da die qualitative Biografieforschung sich auch mit der Transformation von Selbst- und Weltbildern auseinandersetzt, sehen Vertreter*innen qualitativer Bildungsforschung, die einem transformatorischen Bildungsverständnis verpflichtet sind, hier einen methodischen Ansatz, Bildungsprozesse zu beforschen (vgl. exempl. Nohl 2006). Die dabei entwickelten methodischen Strategien ermöglichen es, auch im Sinne eines integrativen Bildungsverständnisses, die retrospektive Narration von Bildungsprozessen in den Blick zu nehmen (vgl. dazu auch 4.2). Dabei wird ein Akzent darauf gelegt, inwiefern sich im Zuge biografischer Prozesse ein positiv konnotiertes Selbst-/Weltverhältnis herausbildet.

3.5.2 Freiraum zum Erzählen – Das narrative Interview

Kennzeichnend für das narrative Interview ist, dass dem/der Gesprächspartner*in ein Höchstmaß an narrativer Freiheit eingeräumt wird. Bei dem narrativen Interview handelt es sich dementsprechend um eine offene Interviewform gegenüber halbstrukturierten Interviewformen wie dem episodischen Interview, dem problemzentrierten Interview oder dem strukturierten Interview (z.B. Leitfadeninterviews).[26] Durch den Erzählfreiraum, den das narrative Interview eröffnet, erhalten die Gesprächspartner*innen einen hohen Grad an Gestaltungsfreiraum, was allerdings auch eine Herausforderung darstellt: „Im Erzählen von Selbsterlebtem, muss der Erzähler sich selbst als Handlungsträger der Geschichte, als geschichtlich und gegenwärtig Erlebender und als durch Erfahrungen geprägter Akteur kenntlich machen" (Lucius-Hoene & Deppermann 2005, S. 167). Dabei orientiert sich das narrative Interview an der mündlichen Erzählung, die gemäß Schütze einen „Grundtyp von Erzählung" (Schütze 1976, S. 7) darstellt. Schütze (1983) weist darauf hin, dass das narrative Interview Datentexte generiert, „welche die

---

26 Interviewleitfäden können im Sinne halbstrukturierter Verfahren eher Orientierungsfragen für die Interviewdurchführung darstellen. Der Höhe des Strukturierungsgrads eines Leitfadeninterviews (also ob jede Frage mit dem gleichen Wording gestellt wird und die Fragen in der gleichen Reihenfolge gestellt werden) hängt u.a. vom Erkenntnisinteresse der Fragestellung sowie der vorgesehenen Auswertungsmethode ab.

Ereignisverstrickungen und die lebensgeschichtlichen Erfahrungsaufschichtung des Biographieträgers so lückenlos reproduzieren, wie das im Rahmen systematischer sozialwissenschaftlicher Forschung überhaupt nur möglich ist" (Schütze 1983, S. 285). Dabei sieht Schütze einen Mehrwert des narrativen Interviews darin, dass nicht lediglich die Darstellung biografischer Prozesse erhoben wird. Durch den Erzählfreiraum, den das narrative Interview eröffnet, wird es möglich, dass auch „die ‚inneren Reaktionen', die Erfahrungen des Biographieträgers mit den Ereignissen und ihre interpretative Verarbeitung" (Schütze 1983, S. 221) zugänglich werden. Schütze vertritt dabei die erzähltheoretisch fundierte These, dass das Erzählen der ‚eigenerlebten' Erfahrung Datentexte generiert, die u.a. der emotionalen Dimension dieser Erfahrungen noch am nächsten stehen: Im Erzählprozess sieht sich der/die Gesprächspartner*in mit den geschilderten Erlebnissen sowie deren emotionalen Implikationen konfrontiert. Im Akt der Erzählung werden die geschilderten Erlebnisse dabei zum Teil emotional wieder durchlebt (vgl. Schütze 1987, S. 14).

3.5.3   Struktur des narrativen Interviews

Um Möglichkeitsräume zu eröffnen, in denen sich Erzählungen entfalten können, ist von dem/der Interviewer*in eine Strukturierung des Interaktionsgeschehens zu leisten. Um dem Anspruch gerecht zu werden, Freiräume für Erzählungen zu eröffnen, ist das narrative Interview in drei Teile gegliedert:

- Stegreiferzählung,
- immanente Nachfragen,
- exmanente Nachfragen.

Werkzeugkasten: Informieren über den Strukturverlauf
Es empfiehlt sich, vor der Durchführung eines narrativen Interviews den/ die Gesprächspartner*in über den Verlauf des Interviews zu informieren. Zudem können im Zuge von Interviews, in denen biografische Aspekte thematisiert werden, oftmals intime Dinge angesprochen werden. Daher ist es wichtig, dass eine vertrauensvolle Atmosphäre entstehen kann. Dazu gehört auch, dass ausreichend Zeit für die Begegnung eingeplant ist. So kann es passieren, dass vor dem Interview eine längere Eingangsphase des gegenseitigen Kennenlernens und Begrüßens steht. Zudem tauschen sich Gesprächspartner*in und Interviewer*in nach dem Interview oftmals weiter

aus. Gerade in diesen ‚informellen Gesprächen', die sich an ein Interview anschließen, werden oftmals – quasi als Nachklang des Interviews – wichtige Dinge geäußert. Daher empfiehlt es sich, diese Aspekte zumindest durch ein Gedächtnisprotokoll festzuhalten.

Das narrative Interview beginnt mit einem Erzählstimulus, der sogenannten ‚Erzählaufforderung'. Erzählaufforderungen können dabei offen gehalten sein oder etwas geschlossener formuliert werden und sich dabei auf ein Thema mit Anfang- und Endpunkt fokussieren. Wenn Erzählaufforderungen zeitliche Anfangspunkte benennen, kann dies dabei helfen, dass die „Interviewten in einen Fluss des Erinnerns" (Rosenthal 2014, S. 158) gelangen (siehe dazu eingehender Rosenthal 2014, S. 162ff.). Bei biografisch-narrativen Interviews wird oftmals die gesamte Lebensgeschichte erzählt, was zu entsprechend weiten Erzählungsaufforderungen führt. So schlägt Rosenthal zur Orientierung folgende Formulierung vor:

Ich möchte Sie bitten, mir Ihre (Familien- und Ihre) Lebensgeschichte zu erzählen, all die Erlebnisse, die Ihnen einfallen. Sie können sich dazu so viel Zeit nehmen, wie Sie möchten. Ich werde Sie erst einmal nicht unterbrechen, mir nur einige Notizen machen und später noch darauf zurückkommen. Sollten wir heute nicht genügend Zeit haben, dann können wir auch gerne noch ein zweites Gespräch führen (Rosenthal 2014, S. 159).

Werkzeugkasten: Impulsfrage
Wenn in der Interviewphase der Stegreiferzählung Erzählungen nicht zustande kommen sollten, lassen sich die Erzählaufforderungen modifiziert und etwas konkretisiert wiederholen. Solche modifizierten, konkretisierten Erzählaufforderungen können dann dazu führen, dass der/die Gesprächspartner*in von der Erzählung eines konkreten Ereignisses in einen fortgesetzten Erzählfluss kommt. Für den immanenten Nachfrageteil empfiehlt es sich, während des Interviewverlaufs Notizen zu machen.

Der/die Gesprächspartner*in hat in der anschließenden Interviewphase der ‚narrativen Eingangserzählung' den Freiraum, seine/ihre Erfahrungen/Erlebnisse zu schildern. Dabei wird die Erzählung oftmals mit einer Koda bzw. einer abschließenden Bemerkung wie „Ja, das war dann eigentlich auch alles" beendet. In dieser Phase sollten keine Fragen gestellt werden, damit der/die Gesprächspartner*in genug Raum für seine/ihre Erzählung erhält. Die sogenannten ‚Zugzwänge des

Erzählens' sorgen dabei dafür, dass die generierten Erzählungen eine kohärente – also eine sinnvoll zusammenhängende – Gestalt erhalten.

▶ Kurz notiert: narratives Interview und Narrationsanalyse　Das narrative Interview wurde in den 1970er Jahre entwickelt, als Schütze Machtstrukturen in der Lokalpolitik erforschte. Durch das narrative Interview wurde es möglich, dass Lokalpolitiker authentische Beschreibungen des politischen Geschehens gegeben haben. Wenn beispielsweise die Lokalpolitiker aufgefordert wurden, exemplarische Ereignisse zu erläutern, generierten sie Erzählungen, die Zugang zu einem Geschehen ermöglichten, das nicht durch strategische Vorüberlegungen geprägt war: Um die Schilderung der Ereignisse nachvollziehbar zu machen, wurden von Gesprächspartnern auch Details und persönliche Einschätzungen mitgeteilt. Dies führte zu einer authentischen Schilderung. Im Zuge der Gestaltung der Erzählung steht der/die Erzählende unter einem sogenannten ‚Zugzwang des Erzählens', er/sie muss sicherstellen, dass dem Gegenüber die Erzählung verständlich ist. Dies entspricht der „Grundfunktion von Erzählungen, Nichtbeteiligte an in sich relativ geschlossenen Ereigniskonstellationen erlebter Wirklichkeit, d.h. an Geschichten vermittelt teilhaben zu lassen" (Schütze 1976, S. 8). Durch die Narrationsanalyse wird ein Zugang zu der Wahrnehmung von Prozessen/Ereignissen aus Sicht der Gesprächspartner*innen geleistet. Derart wird ein analytischer Zugang eröffnet, der es ermöglicht, die Logik dieser Narrationen zu re-konstruieren: Was wird wie erzählt? Was wird ausgespart? Welche Aspekte werden wie thematisiert? Welche Aspekte werden wie (moralisch) legitimiert?

Da Erzählungen intersubjektiv nachvollziehbar bzw. dem Gegenüber verständlich sein müssen, sind die Gesprächspartner*innen bemüht, eine kohärente Erzählung zu konstruieren. Die Zugzwänge des Erzählens können dazu führen, dass Gesprächspartner*innen „mehr erzählen als sie zunächst vor der Erzählung vielleicht beabsichtigen, dass ihnen im Erzählvorgang auch mehr und mehr einfällt, und zum anderen, dass sie ihre Erzählungen aber auch beschränken müssen, um sich nicht völlig in allen möglichen Details zu verfangen" (Rosenthal 2014, S. 155). Schütze (1982; 1984) identifiziert drei ‚Zugzwänge' des Erzählens – den Gestaltungszwang, den Kondensierungszwang sowie den Detaillierungszwang. Diese Zugzwänge ermöglichen einen unverstellten Zugang zu der Perspektive/dem Erleben des/der Erzähler*in: Durch das spontane Erzählen bleibt beispielsweise keine Zeit Sachverhalte aus strategischen Gründen auszusparen (z.B., um eine geschönte Selbstdarstellung zu konstruieren).

- Gestalterschließungszwang: Der Gestalterschließungszwang bezeichnet das Phänomen, eine Erzählung so fortzuführen, dass sie logisch und kohärent erscheint und zu einem Abschluss gelangt. Dieser Abschluss kann durch eine Schlussformulierung (Coda) wie „Das war's dann" sprachlich markiert werden.
- Kondensierungszwang: Der Kondensierungszwang stellt den Umstand dar, dass Erzählungen ‚zielgerichtet' sein müssen und sich auf das Wesentliche beschränken, damit das Gegenüber der Erzählung folgen kann. So sorgt der Kondensierungszwang dafür, dass sich der/die Erzähler*in nicht in der Schilderung von Details verliert.
- Detaillierungszwang: Der Detaillierungszwang bezeichnet den ‚Zwang', relevante Kontextinformationen zu liefern, damit die Erzählung verständlich wird. Damit das Gegenüber eine Erzählung verstehen kann, müssen Hintergrundinformationen vermittelt werden.

An die ‚narrative Eingangserzählung' schließt sich der ‚immanente Nachfrageteil' an. Hier kann der/die Interviewer*in Fragen stellen, die sich auf Aspekte (‚Erzählzapfen') der Eingangserzählung beziehen. In dieser Phase des Interviews können auch Aspekte thematisiert werden, die nicht in der Erzählung erwähnt wurden, aber wichtig für das Verständnis der Erzählung sind. Durch Nachfragen wird dem/der Gesprächspartner*in die Möglichkeit geboten, den ‚roten Faden' aufzunehmen und Aspekte weiter auszuführen, die in der Eingangserzählung nur angedeutet oder gestreift wurden. Auf den immanenten Nachfrageteil folgt der ‚exmanente Nachfrageteil'. In diesem Teil wird u.a. Raum für Beschreibungen und Theorien bezüglich der eigenen Erfahrungen/des geschilderten Sachverhalts geboten. Es kann also nochmals explizit erfragt werden, wie der/die Gesprächspartner*in Erlebnisse rückblickend beurteilt. Es lassen sich aber auch Fragen zu Aspekten stellen, die forschungsrelevant sind und im bisherigen Interviewverlauf nicht thematisiert wurden.

Werkzeugkasten: Transkriptions-Tipps für das narrative Interview
Das narrative Interview generiert eine Datenform, durch die „kontinuierlich soziale Prozesse [dargestellt] bzw. zum Ausdruck" (Schütze 1983, S. 286) gebracht werden können. Fuchs-Heinritz (2005, S. 310) empfiehlt für das narrative Interview ein Transkriptionssystem zu verwenden, bei dem neben verbalen Teilen auch Erzählhemmungen und Verlegenheitspausen abgebildet werden. Dies ermöglicht es später anhand der Transkription zu erschließen, an welchen Stellen das Herstellen einer Erzählung ins Stocken gerät. Ein solch wiederholtes Stocken an zentralen Stellen kann z.B. ein Hinweis

> darauf sein, dass für den/die Erzähler*in bestimmte Themen/Lebensab-schnitte/Ereignisse noch problematisch erscheinen und einer autobiografi-schen Bearbeitung bedürfen.

In der Auswertung der Daten, die durch das narrative Interview generiert werden, kommt der Steggreiferzählung eine zentrale Bedeutung zu. Im Idealfall ermöglicht die Stegreiferzählung einen – von strategischen Überlegungen unverzerrten – Zugang zu den biografischen Erfahrungen des/der Gesprächspartner*in. Diese Überlegung geht auf Schütze zurück, der eine Strukturgleichheit bei der Konstitution von Erfahrung und Erzählung annimmt. In Narrationen wird Erlebtes wiedergegeben und dadurch affektiv (wieder) erlebt (Schütze 1984, 78f.). „So kann z.b. das Erzählen von dramatischen Ereignissen (z.B. Kriegsereignisse) Emotionsschübe wie Tränen, Trauer oder Wut hervorrufen und zu szenisch hoch ausgestalteten Erlebnisschilderungen führen" (Ecarius 2006, S. 105). Mit der Narrationsanalyse wurden Auswertungsstrategien entwickelt, die es ermöglichen, Erlebnisschilderungen methodisch systematisch zu analysieren.

3.5.4 Methodologische und methodische Überlegungen zur Narrationsanalyse

Die Datenerhebungsmethode des narrativen Interviews beruht auf der Grundannahme, dass Zugzwänge des Erzählens kohärente Erzählungen hervorbringen – das Erzählte muss dem Gegenüber verständlich sein. Diese Datenerhebungsmethode findet mit der Narrationsanalyse auf der Ebene der Datenauswertung ihre Entsprechung. Die Narrationsanalyse ermöglicht es, aus hermeneutisch-verstehender Perspektive biografische Prozesse zu re-konstruieren. Es kann herausgearbeitet werden, inwiefern sich in diesen biografischen Verläufen Bildungsprozesse entfalten. Narrationsanalysen basieren auf der Annahme, dass Narrationen eine Erzähllogik aufweisen, die sich re-konstruieren lässt. Diese Erzähllogik, also die Art und Weise, wie eine Narration aufgebaut wird, ermöglicht einen Zugang dazu, wie Ereignisse/Prozesse erlebt worden sind. Es geht folglich nicht lediglich darum, was gesagt wird, sondern auch darum, wie das Gesagte in der Erzählung präsentiert wird.

Werkzeugkasten: Analyse der Eingangssequenz
Im Zuge der Analyse von narrativen Interviews kann gerade die Auseinandersetzung mit der Eingangssequenz für die Interpretationsarbeit wichtige Hinweise geben. Oftmals bemüht sich der/die Gesprächspartner*in hier um eine Selbstpräsentation und adressatengerechte Darstellung. Die Auseinandersetzung mit der Eingangssequenz kann gezielt dafür genutzt werden, erste Hypothesen zum weiteren Erzählungsverlauf zu entwickeln: Welche biografischen Prozesse werden wie thematisiert? Welche Selbst-/Weltdeutung bzw. welches Selbst-/Weltverhältnis könnte im Verlauf der weitergehenden Erzählungen wie thematisiert werden? Diese Vorüberlegungen lassen sich dann auf einem Memo notieren und später mit den Analyseergebnissen abgleichen. Im Sinne der theoretischen Sensibilität ist dabei zu beachten, dass diese erste Hypothesenbildung nicht den Blick auf die Daten verengt.

Erzählung, Beschreibung und Argumentation als Ordnungsprozeduren

Da eine Erzählung intersubjektiv verständlich sein muss, um ihren kommunikativen Charakter entfalten zu können, werden im Prozess der Erzählung ‚Ordnungsprozeduren' angewandt, die die Erzählung strukturieren. Schütze (1987) unterscheidet hier zwischen den drei Ordnungsprozeduren Erzählung, Beschreibung und Argumentation.

- Erzählung: Die Erzählung liefert eine – oftmals detaillierte – Darstellung eines Ereignisses/Prozesses. In Erzählungen werden Prozesse/Ereignisse detaillierter in ihrer Genese geschildert. Wenn Informationen über Ort, Zeit und beteiligten Personen genannt werden, kann dies ein Indikator für Erzählungen sein.
- Beschreibung: Bei der Beschreibung werden „statische Strukturen" (Rosenthal 2014, S. 152) geschildert, ohne dass der/die Erzähler*in auf zeitliche Abläufe eingeht. In Beschreibungen werden u.a. wiederkehrende Ereignisse zusammenfassend dargestellt. Daher können beispielsweise temporale Adverbien (immer, stets, täglich…), die die Frequenz angeben, Indikatoren für Beschreibungen sein.
- Argumentation: Durch Argumentationen werden Zusammenhänge dargestellt, Begründungen, Einschätzungen oder Theorien über das eigene Handeln (‚Eigentheorien') gegeben. Es wird sich positioniert, Verhaltensweisen werden legitimiert/gerechtfertigt. Konjunktionen wie ‚Denn' oder ‚Weil' aber auch Formulierungen wie „Aus meiner Perspektive…", „Persönlich bin ich der Meinung, dass…" könnten Indikatoren für eine Argumentation sein. Während

Erzählungen und Darstellungen oftmals im Präteritum gehalten sind, werden Argumentationen so gut wie immer im Präsens formuliert und verweisen auf die gegenwärtige Einschätzung eines retrospektiv erzählten Sachverhalts.

Diese drei Darstellungsformen lassen sich nutzen, um die Struktur einer Narration zu re-konstruieren. Es lässt sich herausarbeiten, wann ‚Beschreibungen' genutzt werden, um beispielsweise Kontextwissen zu vermitteln und für welche Aspekte ‚Argumentationen' gewählt werden. So kann die Verwendung einer Argumentation darauf verweisen, dass der/die Gesprächspartner*in davon ausgeht, dass bestimmte Aspekte einer ‚Legitimierung' bedürfen. Textsorten werden folglich nicht zufällig gewählt, sondern verweisen u.a. darauf, was der/die Gesprächspartner*in für selbstverständlich hält und was nicht. Welcher Sachverhalt begründet oder detaillierter beschrieben wird, was wie argumentiert wird, verweist auf die Perspektive des Akteurs auf die Welt und eröffnet einen Zugang zu dessen Selbst-/Weltwahrnehmung. In Narrationsanalysen stehen aber weniger Beschreibungen und Argumentationen, sondern oftmals die Erzählungen im Fokus, da v.a. hier das subjektive Erleben eines Prozesses/Ereignisses sichtbar wird. Rosenthal (2014) weist darauf hin, dass die „in Erzählungen von eigenerlebten Situationen eingebetteten Kognitionen und Gefühle" (Rosenthal 2014, S. 155) den Gedanken und Gefühlen der damaligen Situationen näher sind „als die vom vergangenen Handlungskontext abgehobenen Argumente im Hier und Jetzt der Gesprächssituation" (Rosenthal 2014, S. 155). Durch die Argumentation wird die persönliche Einschätzung dieser Ereignisse geleistet und die Darstellung liefert oftmals die relevanten Kontextinformationen. Bei der interpretativen Auseinandersetzung mit den in narrativen Interviews generierten Erzählungen gilt es erkenntniskritisch zu beachten, dass die Erzählungen Zugänge zu Prozessen und Ereignissen geben. Diese Prozesse und Ereignisse werden von einem/einer Gesprächspartner*in zu einem bestimmten Zeitpunkt geschildert. Zu anderen Zeitpunkten könnte die Erinnerung und das Erzählen des gleichen Ereignisses eine andere Erzählung generieren, da sich die Perspektive auf das Ereignis geändert hat. Vor diesem Hintergrund stellt die Erzählung bzw. die narrationsanalytische Aufarbeitung von Erzählungen nicht lediglich eine retrospektive Re-Konstruktion eines Ereignisses bzw. biografischen Prozesses dar. So kann auch analytisch herausgearbeitet werden, wie Ereignisse/Erfahrungen verarbeitet wurden bzw. werden, welche Relevanz die erzählten Ereignisse für die biografische Selbstwahrnehmung bzw. Selbstinterpretation des Akteurs besitzen. Vor allem Argumentationen liefern wichtige Hinweise, die es ermöglichen, eine Verortung des Gegenwartsstandpunktes des Erzählers/der Erzählerin zu re-konstruieren:

Theoretische Reflexionen und evaluative Stellungnahmen haben stets einen starken inhaltlichen Bezug zum Gegenwartsstandpunkt des Erzählers, denn dem Anspruch nach gelten ja argumentative, abstrakt-beschreibende und bewertende Sätze über die unmittelbare Situations- und Episodengrenzen der erzählten Geschichte hinaus (Schütze 1987, S. 149).

Um eine Erzählung methodisch angemessen analysieren zu können, entwirft Schütze das Konzept einer Narrationsanalyse. Im Folgenden werden die einzelnen Schritte einer solchen Narrationsanalyse vorgestellt.

3.5.5 Aufbau der Narrationsanalyse

Für eine gelingende Erzählung muss der/die Erzählende die verschiedenen Zugzwänge des Erzählens moderieren. Der/die Erzählende steht vor der Herausforderung, auf die Zwänge der Gestalterschließung, Kondensierung und Detaillierung angemessen einzugehen. Obgleich aus einer machtanalytischen Perspektive entstanden, setzt Schütze das narrative Interview und die Narrationsanalyse in der Biografieforschung ein. Beides eignet sich insofern für die Biografieforschung, als dass das narratives Interview und die Narrationsanalyse einen Zugang ermöglichen, um eine Antwort auf die Fragestellung zu finden: „Wie [...] [deutet] der Biographieträger seine Lebensgeschichte?" (Schütze 1983, S. 284). Schütze verfolgt dabei einen biografieanalytischen Ansatz, bei dem angenommen wird, dass eine Re-Konstruktion von überindividuellen Prozessstrukturen möglich ist – „Ich möchte die These vertreten, daß es sinnvoll ist, die Frage nach Prozeßstrukturen des individuellen Lebenslaufs zu stellen und davon auszugehen, daß es elementare Formen dieser Prozeßstrukturen gibt, die im Prinzip (wenn auch z.T. nur spurenweise) in allen Lebensläufen anzutreffen sind" (Schütze 1983, S. 284). Diesen Überlegungen entsprechend formuliert Schütze Eckpunkte einer Analysestrategie, um biografische Verläufe zu re-konstruieren. Diese Strategie ermöglicht es gemäß Schütze, überindividuelle Prozessstrukturen herauszuarbeiten. Im Folgenden wird die von Schütze entwickelte Analysestrategie für die biografische Forschung dargestellt. Es gibt allerdings auch alternative Analysestrategien, um biografische Prozesse zu re-konstruieren.[27] Das narrationsanalytischen Auswertungsverfahren

---

27 Ein alternative Strategie, biografische Prozesse zu re-konstruieren, wurde von Rosenthal (2014) entwickelt. Rosenthal schlägt ein sechsstufiges Modell vor, bei der 1. die biografischen Daten analysiert werden; 2. Text- und thematische Feldanalysen durchgeführt werden (sequenzielle Analyse der Textsegmente/Prüfung des Beziehungszu-

ist durch die sequenzielle Re-Konstruktion der Erzählung geprägt. Hier unterscheidet sich die Narrationsanalyse von anderen Auswertungsverfahren wie der qualitativen Inhaltsanalyse, bei der Textstellen Kategorien zugeordnet werden.

3.5.5.1 Formale Textanalyse

Im Zuge der Narrationsanalyse lässt sich in einem ersten Schritt eine Struktur der Narration re-konstruieren, indem die einzelnen Narrationssequenzen gegliedert und einem Kommunikationsschemata zugeordnet werden: Welches Kommunikationsschemata bzw. welche Ordnungsprozedur (Erzählung; Beschreibung; Argumentation) ist in einem Abschnitt vorherrschend? Durch dieses Vorgehen kann die Struktur bzw. Gestalt einer Erzählung re-konstruiert werden. Die Erzählung wird ohne Beschreibungen und Argumentationen als ‚Ganzes' re-konstruiert und gelesen. Es sind folglich „zunächst einmal alle nicht-narrativen Textpassagen zu eliminieren und sodann den ‚bereinigten' Erzähltext auf seine formalen Abschnitte hin zu segmentieren" (Schütze 1983, S. 286). Wenn im Nachfrageteil zusätzlich ein inhaltliches Segment auftaucht, kann in der Re-Konstruktion der Struktur der Haupterzählung darauf verwiesen werden. Bei diesem Vorgehen lassen sich die einzelnen Segmente durchnummerieren und inhaltlich charakterisieren – Worin geht es in dem jeweiligen Segment? Was wird thematisiert? Derart kann eine Übersicht über die Struktur einer Erzählung und die jeweiligen ‚selbstständigen Erzählsegmente' (vgl. Schütze 1984, S. 89) erarbeitet werden. Es entsteht „eine Art Inhaltsverzeichnis" (Rosenthal 2014, S. 199) über den biografischen Prozessverlauf: Wann wird welches biografische Ereignis thematisiert? Gibt es eine Eingangserzählung, die im Sinne eines Abstracts die Erzählung zusammenfasst? Lässt sich eine Coda erkennen?

---

sammenhangs der Segmente: Welche Aspekt werden thematisiert?; Welche Aspekte werden nur kurz thematisiert?; Welche Aspekte werden eingehender thematisiert?); 3. Re-Konstruktion der Fallgeschichte (vor dem Hintergrund von Schritt zwei wird eine Verschriftlichung der Biografie geleistet, wobei der Text nochmals sequenziell durchgegangen wird); 4. Feinanalyse ausgewählter Textstellen (hier werden Hypothesen genutzt, um sich analytisch mit der Biografie des/der Gesprächspartner*in auseinanderzusetzen); 5. Kontrastierung der erzählten mit der erlebten Lebensgeschichte (hier werden erlebte und erzählte Lebensgeschichte in Relation zueinander gesetzt; dabei wird herausgearbeitet, welche biografische Bedeutung das Erzählte hat und welche Relevanz das Erzählte für die „Selbstrepräsentation in der Gegenwart" (Rosenthal 2014, S. 186) besitzt; 6. ggf. Typenbildung (Konstruktion von Verlaufstypen, die die „Regeln des genetischen Prozesses angeben und diesen auch erklären können" [Rosenthal 2014, S. 208]).

Werkzeugkasten: Identifizierung von Segmenten
Bei der Bestimmung von Segmenten kann ein gezielter Blick nach Konjunktion (‚Beziehungswörtern') helfen: Oftmals sind Segmente über Konjunktionskonstruktionen („und dann", „nachdem ich", „dann war es aber so") miteinander verbunden. Diese Konstruktionen haben die Funktion von „Rahmenschaltelementen", die „anzeigen, daß eine Darstellungseinheit abgeschlossen ist" (Schütze 1983, S. 286) und dabei Segmente miteinander verbinden. Darüber hinaus schlägt Rosenthal (2014) vor, auf „Redewechsel, Änderung der Textsorte und inhaltliche Modifikation" (Rosenthal 2014, S. 198) zu achten, da diese Aspekte mögliche Indikatoren für Segmentwechsel darstellen können.

In dem Schritt der formalen Textanalyse wird das Transkript des Interviews durchgegangen und in Abschnitte gegliedert. Dieses Vorgehen gründet auf der Annahme, dass Narrationen sequenziell strukturiert sind: Es werden nicht mehrere Dinge auf einmal erzählt, sonst würde die Gefahr bestehen, dass das Gegenüber der Erzählung nicht mehr folgen kann. Sequenzen folgen aufeinander und konstituieren derart die Struktur (‚Gestalt') der Erzählung. Um diese Gestalt zu re-konstruieren wird die Erzählung durchgegangen, es wird geprüft, wo Abschnitte bzw. Sequenzen identifiziert werden können. Bei jedem Abschnitt wird u.a. anhand formalsprachlicher Kriterien festgestellt, welche Darstellungsform vorherrschend ist. Am Ende der formalen Textanalyse steht eine von Darstellungen und Argumentationen ‚bereinigte' Textgestalt.

3.5.5.2 Strukturelle inhaltliche Beschreibung

In diesem „zentralen" und „aufwendigsten" (Jakob 2013, S. 227) Auswertungsschritt des narrationsanalytischen Vorgehens werden die einzelnen Segmente der Erzählung genauer analysiert: „Die strukturelle Beschreibung arbeitet die einzelnen zeitlich begrenzten Prozeßstrukturen des Lebenslaufs [...] heraus" (Schütze 1983, S. 286). Prozessstrukturen lassen sich in diesem Kontext als das Zusammenspiel der Lebensereignisse mit den Deutungsmustern verstehen, mit denen diese Lebensereignisse interpretativ von den Akteuren verarbeitet werden: Die Schulzeit stellt einen wichtigen biografischen Prozess dar. Schulzeit wird dabei erlebt und gedeutet. Prozessstrukturen stellen eine Verbindung zwischen diesen Deutungsmustern und den faktischen biografischen Prozessverläufen dar. Diese Prozessstrukturen werden in den Erzählungen thematisiert. Eine autobiografische Erzählung ist dabei eine Erzählung von Veränderungsprozessen, in der die „Zu-

standsänderungen des Biographieträgers" (Schütze 1984, S. 100, H.i.O.) thematisiert wird. So gehören zu den

> Prozeßstrukturen des Lebenslaufs – d.h. festgefügte institutionell bestimmte Lebenssituationen; Höhepunktsituationen; Ereignisverstrickungen, die erlitten werden; dramatische Wendepunkte oder allmähliche Wandlungen; sowie geplante und durchgeführte biographische Handlungsabläufe (Schütze 1983, S. 286).

Dementsprechend wird in der strukturellen inhaltlichen Beschreibung re-konstruiert, was in den einzelnen Segmenten wie erzählt wird. Dazu kann im Sinne eines Memos neben jedem Erzählsegment notiert werden, ob bzw. was bei der inhaltlichen Thematisierung innerhalb des Erzählsegments auffällt. So kann für jedes Segment ein kurzes Memo mit einer Inhaltszusammenfassung erstellt werden – Worum geht es in diesem Segment? Welche Themen/Ereignisse werden wie erzählt? Was ist auffällig?

Werkzeugkasten: Jedes Segment ist wichtig
Aus forschungspragmatischer Perspektive ist es hilfreich, davon auszugehen, dass in jedem Erzählsegment etwas ‚Bemerkenswertes' thematisiert wird. Diese heuristische Unterstellung führt zu einem analytisch aufmerksameren Blick und hindert Forscher*innen, vorschnell Erzählsegmente beiseite zu legen. Um den analytischen Blick für die Erzählung zu schärfen, kann es im Sinne einer heuristischen Strategie helfen, sich an folgenden Leitfragen zu orientieren:

- Welche Ereignisse werden in dem vorliegenden Erzählsegment eher kurz abgehandelt und welchen wird mehr Aufmerksamkeit in der Erzählung gewidmet?
- Lässt sich eine Erzähllinie identifizieren? „*Eine Erzähllinie ist als eine thematisch spezifische Verknüpfung von Prozeßstrukturen des Lebensablaufs unter einem zentralen Gesichtspunkt anzusehen*" (Schütze 1984, S. 105, H.i.O.).
- Welche Themen werden im Sinne von ‚Erzählketten' wiederholt aufgegriffen?
- Wo finden sich lange Pausen und eine abgebrochene Erzählung oder wiederholtes Stocken in der Erzählung? Diese formalen Aspekte könnten auf ausgeblendete und/oder problematische Sachverhalte in der Erzählung hinweisen.

• Welche Anekdoten werden szenisch dargestellt? Szenische Darstellungen und die Verwendung indirekter Rede werden oftmals im Kontext von Situationen eingesetzt, die für den/die Erzählenden Relevanz besitzen (vgl. dazu auch Fuchs-Heinritz 2005, S. 313).

Als Analyseschritt re-konstruiert „[d]ie strukturelle Beschreibung [...] die faktische Erfahrungs- und Erinnerungsaufschichtung des Erzählers und Biographieträgers in ihrer erzählkommunikativen und lebensgeschichtlichen Kontextgebundenheit" (Schütze 1984, S. 114f.).

3.5.5.3 Analytische Abstraktion

Aufbauend auf die strukturelle inhaltliche Beschreibung, werden in der analytischen Abstraktion die Segmente „von den Details der einzelnen dargestellten Lebensabschnitte gelöst" (Schütze 1983, S. 286). Die einzelnen Segmente bzw. Lebensabschnitte werden miteinander in Beziehung gesetzt. Derart wird es möglich, eine *„biographische Gesamtformung"* (Schütze 1983, S. 286, H.i.O.) zu re-konstruieren. Es kann eine Gesamtbiografie bzw. eine „lebensgeschichtliche Abfolge der erfahrungsdominanten Prozeßstrukturen in den einzelnen Lebensabschnitten bis zur gegenwärtig dominanten Prozeßstruktur" (Schütze 1983, S. 286) re-konstruiert werden. Im Zuge der analytischen Beschreibung lässt sich

• eine thematische Schwerpunktsetzung herausarbeiten (welches Gewicht besitzen welche Prozessstrukturen im Kontext der Gesamterzählung?);
• die Logik der Erzählung nachvollziehen (was folgt auf was? Welche Prozessstruktur wird wie von einer anderen Prozessstruktur abgelöst?);
• die Entwicklung der Erzählung re-konstruieren (welchen Verlauf nimmt die Erzählung?).

Es hat sich gezeigt, dass gerade zu Beginn der Stegreiferzählung eine biografische Gesamtdeutung seitens des Biografieträgers vorgenommen wird. „Die ersten Äußerungen in einem offenen Interview sind immer signifikant. Hier muß sich die zur Rede gestellte Person buchstäblich ins Nichts entwerfen, was oft dazu führt, daß bereits in den ersten völlig unscheinbaren Äußerungen das Ganze eines Lebens zum Vorschein kommt" (Bude 1998, S. 252). Vor Beginn der eigentlichen Narrationsanalyse lassen sich anhand der Auseinandersetzung mit der Eingangssequenz erste Hypothesen zu der biografischen Gesamtdeutung aufstellen. Die analytische Abstraktion bietet dann den Raum, diese ersten Hypothesen in Bezug auf die Erzählung erneut zu prüfen (siehe dazu auch Schütze 1984, S. 84ff.).

3.5.5.4 Wissensanalyse

In der Wissensanalyse wird die ‚argumentative' Perspektive des/der Gesprächspartner*in den analytischen Blick genommen. Um dies zu leisten, können folgende heuristische Fragen herangezogen werden:

- Wie werden die Erzählungen argumentativ gerahmt? Welche Argumentationen werden zu einem erzählten Ereignis formuliert?
- Wie wird die eigene Biografie reflektiert?
- Welche Selbst-/Weltdeutungsmuster lassen sich identifizieren?

In diesem Analyseschritt kann auch das Verfahren der ‚pragmatischen Brechung' zum Einsatz kommen: Die Eigentheorien können im Zuge der Narrationsanalyse mit den erzählten Erfahrungen/Erlebnissen kontrastiert werden.

- Gibt es beispielsweise Differenzen zwischen der Erzählung eines Ereignisses und der argumentativen Reflexion dieses Ereignisses?
- Wenn ja, worauf könnten diese Differenzen verweisen?

Durch diese Kontrastierung lässt sich gezielt herausarbeiten, *welche* Aspekte der erzählten Erfahrungen/Erlebnisse *wie* in der Selbstdeutung thematisiert und *welche* Aspekte ausgeblendet werden. Das Verfahren der pragmatischen Brechung ermöglicht es, tiefergehende Zugänge zu dem Selbstverständnis bzw. zu der Selbsteinschätzung des/der Erzählenden zu erhalten, da erzähltes Ereignis und reflektiertes Ereignis miteinander gezielt kontrastiert werden. Als Analyseschritt ermöglicht die Wissensanalyse einen Zugang zu der Selbst-/Weltdeutung und damit auch zu dem Selbst-/Weltverhältnis des/der Erzähler*in.

3.5.5.5 Kontrastive Vergleiche

Stand in den vorherigen Analyseschritten die Auseinandersetzung bzw. Re-Konstruktion einer Erzählung im Fokus, werden in diesem Analyseschritt auch die Erzählungen anderer Akteure in den Blick genommen. Durch kontrastive Vergleiche lassen sich Gemeinsamkeiten und Differenzen zwischen den biografischen Prozessen verschiedener Akteure herausarbeiten. Um einen systematischen Vergleich zu leisten, lassen sich biografische Prozesse von verschiedenen Akteuren im Sinne einer minimalen sowie einer maximalen Kontrastierung gegenüberstellen. Schütze (1983, S. 287) empfiehlt dabei, zunächst einen minimalen Kontrast vorzunehmen. So können strukturelle Gemeinsamkeiten zwischen den Fällen leichter identifiziert werden. Durch die Kontrastierung kann von einem konkreten Fall abstrahiert werden, so dass sich fallübergreifende Verlaufsstrukturen re-konstruieren lassen. In einem weiteren Schritt kann eine maximale Kontrastierung vorgenommen werden. Durch eine solche maximale Kontrastierung wird es möglich, „alternative Strukturen biographisch-sozialer Prozesse in ihrer unterschiedlichen lebensgeschichtlichen Wirksamkeit heraus[zu]arbeiten" (Schütze 1983, S. 288). Anstatt der Identifikation von strukturellen Gemeinsamkeiten können auch Differenzen herausgearbeitet werden. Die maximale Kontrastierung ermöglicht es aber auch, ‚Elementarkategorien' (Schütze 1983, S. 288) zu identifizieren, „die selbst den miteinander konfrontierten Alternativprozessen noch gemeinsam sind" (Schütze 1983, S. 288). Durch kontrastive Vergleiche kann das Allgemeine im Besonderen erkannt werden. Im Analyseschritt des kontrastiven Vergleichens werden folglich Prozessstrukturen herausgearbeitet, die über den Einzelfall hinausgehen.

3.5.5.6 Konstruktion eines theoretischen Modells

Dieser Auswertungsschritt führt die fallübergreifende Analyse von biografischen Prozessstrukturen weiter. Aus einer Metaperspektive wird Fragen zu biografischen Verläufen nachgegangen. Dabei werden „Prozeßmodelle spezifischer Arten von Lebensläufen, ihrer Phasen, Bedingungen und Problembereiche" (Schütze 1983, S. 288) re-konstruiert. Im vorangegangenen Auswertungsschritt des kontrastiven Vergleichs wurden fallübergreifende Prozessstrukturen identifiziert. Diese fallübergreifenden Prozessstrukturen lassen sich abstrahierend als Prozessmodelle verstehen. In der Auswertungsphase der Konstruktion eines theoretischen Modells können diese Prozessmodelle einander gegenübergestellt werden. Schütze unterscheidet zwischen basalen Prozessmodellen, die herangezogen werden können, um biografische Verläufe bzw. biografische Prozessstrukturen interpretieren zu können. Diese Prozessmodelle basieren auf ‚typischen' Haltungen gegenüber lebensgeschichtlichen Prozessen. Schütze differenziert vier grundsätzlich Haltungen (vgl. Schütze 1984; Nohl 2005).

• Handlungsschemata „können vom Biographieträger geplant sein, und der Erfahrungsablauf besteht dann in dem erfolgreichen oder erfolglosen Versuch, sie zu verwirklichen" (Schütze 1984, S. 92). Handlungsschemata sind dadurch gekennzeichnet, dass sich der Akteur zumindest partiell gegenüber seiner Biografie als handlungsmächtig begreift.

- Institutionelle Ablaufmuster der Lebensgeschichte bzw. Erwartungsmuster sind dadurch definiert, dass der Akteur sich als teilaktiv begreift. Bei institutionellen Ablauf- und Erwartungsmustern ist der Akteur in gesamtgesellschaftliche Institutionalisierungen (z.B. Familienzyklus) oder bereichsspezifische Institutionen (z.b. Schule) eingebunden. Der biografische Verlauf ist dabei durch einen „gesellschaftlichen oder organisatorischen Erwartungsfahrpla[n]" geprägt. Dieser Erwartungsfahrplan wird „vom Biographieträger und seinen Interaktionspartnern bzw. -kontrahenten erwartet [...] und der Erfahrungsablauf besteht dann in der rechtzeitigen, beschleunigten, verzögerten, behinderten, gescheiterten Abwicklung der einzelnen Erwartungsschritte" (Schütze 1984, S. 92).
- Schütze konstruiert Verlaufskurven, die als eine schematische Darstellung der Wahrnehmung lebensgeschichtlicher Ereignisse zu verstehen sind. Ein entscheidendes Merkmal der Verlaufskurven besteht darin, dass der Biografieträger durch lebensgeschichtliche Ereignisse ‚übermächtig überwältigt' (vgl. Schütze 1984, S. 92) wird. Dabei kann der Biografieträger „zunächst nur noch auf diese ‚konditionell' reagieren, um mühsam einen labilen Gleichgewichtszustand der alltäglichen Lebensgestaltung zurückzugewinnen" (Schütze 1984, S. 92). Verlaufskurven lassen sich dabei als Prozessstrukturen des Lebenslaufs darstellen, bei denen zwischen ‚Fallkurven' (Einschränkung der individuellen Handlungsmächtigkeit) und ‚Steigkurven' (Ausweitung der Handlungsmächtigkeit) differenziert werden kann:

> Negative Verlaufskurven – Fallkurven – schränken den Möglichkeitsspielraum für Handlungsaktivitäten und Entwicklungen des Biographieträgers progressiv im Zuge besonderer Verlaufsformen der Aufschichtung ‚heteronomer' Aktivitätsbedingungen ein, die vom Betroffenen nicht kontrolliert werden können. Positive Verlaufskurven – Steigkurven – eröffnen demgegenüber durch die Setzung neuer sozialer Positionierungen neue Möglichkeitsräume für Handlungsaktivitäten und Identitätsentfaltungen des Biographieträgers (Schütze 1983, S. 288, zur empirischen Fundierung des Verlaufskurvenmodells vgl. Schütze 2006).

- Wandlungsprozesse stellen eine spezifische Form der ‚Innenwelt'-Wahrnehmung des Akteurs bzw. ‚Biografieträgers' dar. Die Entfaltung von Wandlungsprozessen „ist aber im Gegensatz zu Handlungsschemata überraschend, und der Biographieträger erfährt sie als systematische Veränderung seiner Erlebnis- und Handlungsmöglichkeiten" (Schütze 1984, S. 92). Wandlungsprozesse lassen sich auch als Rekonfigurationen von Selbst-/Weltverhältnissen definieren, was insbesondere auf eine Anschlussfähigkeit zu einem transformatorischen Bildungsverständnis verweist (vgl. dazu Marotzki 1990, S. 116ff.).

Schütze weist darauf hin, dass Formen dieser Haltungen in Bezug auf biografische Prozesse bzw. in Bezug auf den „Erfahrungsstrom seiner Lebensgeschichte" (Schütze 1984, S. 92) dem Biografieträger dabei helfen, die Erfahrungen/Erlebnisse zu ordnen und zu systematisieren. Diese Haltungen können jeweils mit Bezug auf lebensgeschichtliche Ereignisse aktualisiert werden und prägen weniger durchgehend eine gesamte autobiografische Erzählung. Von den vier grundsätzlichen Haltungen (Handlungsschemata; institutionelle Ablauf- und Erwartungsmuster; Verlaufskurven; Wandlungsprozesse) gegenüber lebensgeschichtlichen Ereignissen grenzt Schütze daher die autobiografische Thematisierung ab. Die autobiografische Thematisierung stellt den Standpunkt dar, vom dem aus der Biografieträger die Lebensgeschichte erzählt und daraus eine resümierende Bewertung ableitet (Schütze 1984, S. 103). Diese resümierende Bewertung kann dabei im Gegensatz zu einzelnen Prozessstrukturen bzw. lebensgeschichtlichen Ereignissen stehen (z.B. wenn ein lebensgeschichtliches Ereignis als problematisch/belastend erfahren wurde, aber im Zuge einer autobiografischen Thematisierung überwunden/bewältigt wird).

Das narrationsanalytische Verfahren ermöglicht eine Re-Konstruktion von biografischen Prozessen. Dabei kann eine Auseinandersetzung mit einzelnen biografischen Erzählungen stattfinden, es lässt sich aber auch ein Prozessmodell erarbeiten, welches über den Einzelfall hinausweist. Für die qualitative Bildungsforschung eröffnen das narrative Interview und das narrationsanalytische Verfahren einen Zugang zu den Selbst-/Weltverhältnissen von Akteuren im Kontext biografischer Verläufe. Für ein integratives Bildungsverständnis ergibt sich die Möglichkeit, durch die Verfahren der Narrationsanalyse herauszuarbeiten, inwiefern sich im Zuge biografischer Prozesse auch ein positiv konnotiertes Selbst-/Weltverhältnis entfaltet bzw. ein Bildungsprozess durchlaufen wird.

3.5.6 Bildungsprozesse im Battlerap – Ein Beispiel aus der Forschungspraxis

Im Zuge des Forschungsprojekt ‚Learning to Battle – Battlerap zwischen Handwerk und Lebensgefühl' sind gezielt Auswertungsverfahren zum Einsatz gekommen, die sich an dem von Schütze entwickelten narrationsanalytischen Verfahren orientierten (vgl. 3.5). Im Folgenden werden die Re-Konstruktionen zweier biografischer Verläufe dargestellt, die als Bildungsprozesse identifiziert wurden. Nach der Skizze der beiden Bildungsprozesse wird ein generalisiertes Prozessmodell vorgestellt, das abstrahiert beschreibt, wie sich Bildungsprozesse durch das Selbstverständnis als Battlerapper vollziehen.

Vom Battlerap zur Sozialen Arbeit

Von B. wird die Bildung zum Rapper bzw. zum Battlerapper als sukzessiver Sozialisationsprozess erzählt: Neben eigenen musikalischen Interessen wird durch ein Jugendfreizeitheim in Kreuzberg für B. als 11-jähriger Jugendlicher ein Möglichkeitsraum eröffnet, an Rap-Workshops teilzunehmen. Hier wurden B. erste positive Rückmeldung gegeben und er entwickelte im Bereich Rap Selbstwirksamkeitserwartungen. Diese Selbstwirksamkeitserwartungen wurden durch die Rückmeldung von Peers und Mentoren verstärkt, die als Autoritäten anerkannt wurden und die ihn förderten. Mit voranschreitendem Lernprozess konnte das Selbstvertrauen in die eigenen technischen Fertigkeiten ausgebaut werden. Flankiert wurde dieser kontinuierliche Lernprozess durch positive Erlebnisse, die für den Ausbau der Selbstwirksamkeitserwartungen eine zentrale Relevanz besitzen: Ein solches Erlebnis war ein Battle gegen Markus Staiger, eine damalige Größe im Feld des Berliner Untergrundrap. Staiger war zu diesem Zeitpunkt der Chef des relevanten Berliner Untergrundlabels Royal Bunker, ist gegenwärtig als Journalist tätig und gilt bis heute als einer der ‚Intellektuellen' der Deutschrapszene. Das gewonnene Rapbattle verstärkte B.'s Wahrnehmung der eigenen Kompetenzen. Wiederkehrend werden solche empowernden Erlebnisse geschildert, die B. weitere Impulse für die Entwicklung zum (Battle-)Rapper gaben. Darüber hinaus konnte B. weitere Erfolge sammeln – so gewann er u.a. zwei bundesweite Rapwettbewerbe. Seit 2011 nimmt B. regelmäßig an den Veranstaltungen der Battlerap-Liga ‚Rap am Mittwoch' teil, was dazu führte, dass Battlerap für B. einen zentralen Fokus darstellte. Battlerap wird von B. als technische Herausforderung gesehen und stellt ein Forum für Anerkennung sowie eine Quelle für Selbstvertrauen dar. Dabei geben nicht vornehmlich die Siege Selbstvertrauen, sondern vielmehr die Überwindung, sich den Konstellationen von Battlesituationen (Publikum, Gegner, andere Battlerapper, die zusehen) zu stellen und diese Herausforderung erfolgreich zu meistern. B. nimmt sich als erfolgreichen Rapkünstler wahr und versteht sich als ‚Multiplikator', der gerne das Wissen, welches er sich über Jahre angeeignet hat, weitergibt. Die positive Peer-Mentoring-Erfahrungen, die er gesammelt hat und die ihm in seinem Weg zum Freestylerap bzw. Battlerap geholfen haben, gibt B. bereits in (internationalen) Workshops weiter. Diese Workshops thematisieren dabei weniger Battlerap, sondern legen einen Akzent auf Freestylerap und Songwriting. Der Wunsch, in diesem Bereich weiterhin tätig zu sein und sein Wissen im Bereich Rap zu vermitteln, zeigt sich auch in B.'s Zukunftsplanung, die zwei Dimensionen aufweist: Zum einen möchte B. auch als songschreibender Rapmusiker ernst genommen werden und veröffentlichte 2016 eine EP zum Freedownload. Ebenfalls 2016 konnte B. einen viralen Hit mit einem Song ‚landen', der mehrere Million Klicks auf YouTube aufweist. Neben einer Karriere als Rapper studiert

B. Soziale Arbeit und möchte vor dem Hintergrund dieser Ausbildung später im Rahmen der Jugendkulturarbeit im Bereich HipHop tätig werden. Begründet wird dies mit dem Wunsch, sein Wissen im Bereich Rap weiterzugeben. B. begründet die pädagogische Relevanz, Kinder und Jugendliche an Rap heranzuführen damit, dass Jugendliche sich über Rap als Akteure artikulieren können. Zudem wird es gemäß B. Jugendlichen via Rap möglich, durch das Verfassen von Texten ein reflexives Erleben zu Problemen herzustellen, die sie belasten.

B. entfaltet seine musikalischen Talente im Zuge eines Lernprozesses, im Rahmen dessen er sich die technischen Kompetenzen für den Battlerap aneignet. Diese Lernprozesse führen zu einem positiv konnotieren Selbst-/Weltverhältnis. Dies führt soweit, dass die berufliche Perspektive und Battlerap integrative miteinander verknüpft werden – beispielsweise durch die Perspektive, als Sozialarbeiter künftig im Bereich der Jugendarbeit u.a. Rapworkshops zu geben.

Durch Battlerap zur konstruktiven Krisenbewältigung

In dem Alter von ca. siebzehn Jahren begann C. sich aktiv mit Rap auseinanderzusetzen. Dabei schrieb C. anfangs nur Texte, zwei Jahre später machte er seine ersten Studioaufnahmen. Battlerap bildete dabei ein zentrales Element, um sich in seinen technischen Fertigkeiten zu üben und diese auszubauen. Ausgeübt wurde der Battlerap oftmals beim ‚Cyphern'[28] mit Freunden auf der Straße. Während dieser Zeit erfüllte Rap für C. eine emotional regulative Funktion und half, Krisenerfahrungen wie den Tod des Vaters zu bearbeiten. Als ‚Rap am Mittwoch' 2010 als Battlerap-Liga gegründet wurde, wollte C. mit seinem größeren Bruder dorthin gehen. Bevor es zu einem Besuch der Veranstaltung kommen konnte, verstarb der Bruder. Die emotionale Belastung, die sich aus dem Tod seines älteren Bruder, seines Vaters sowie eine ernsthafte Erkrankung der Mutter ergab, konnte durch die Teilnahme bei ‚Rap am Mittwoch' emotional aufgefangen werden. Neben dem Abbau von Aggressionen und Frustrationen durch Battlerap bildete v.a. die regelmäßige Teilnahme an den Veranstaltungen von ‚Rap am Mittwoch' eine wichtige Sinnmatrix. Die Teilnahme an den dortigen Freestylebattles ermöglichten Zielorientierung und Regelmäßigkeit. Zudem erhielt eine erfolgreiche Teilnahme an den Veranstaltungen von ‚Rap am Mittwoch' eine symbolische Bedeutung. So hatte C. seinem größeren Bruder vor dessen Tod versprochen, bei ‚Rap am Mittwoch' Champion zu werden (bei jeder Veranstaltung wird im Sinne eines Turniersystems ein Champion gekürt). Der Sieg markiert symbolisch die Überwindung der emotionalen Belastungen. Bevor dies geschah, musste C. einen konstruktiven Umgang mit den emotionalen Belastungen von Battlesituationen finden: In seinen ersten

---

28   Gemeinsames Rappen im Kreis.

Battles stand anfangs der Gedanken im Vordergrund, den Gegner zu ‚vernichten'. C. musste sich damit auseinandersetzen, Strategien zu entwickeln, um mit den Beleidigungen des Gegenübers angemessen umzugehen und professionelle Distanz zu den Herabwürdigungen seitens des Gegners herzustellen – was als Professionalisierungsprozess hin zum Battlerapper interpretiert werden kann. Für C. bietet der Battlerap die Möglichkeit, Wut zu kanalisieren und schließlich abzubauen. Dabei versteht sich C. als einer der ‚kontroversesten Battlerapper', der Grenzen des Battleraps erweitert – wobei er persönlich eine Grenze bei der Thematisierung wirklicher Schicksalsschläge seines Battlerapgegners zieht.

C. hat äußerst versiert Freestyletechniken trainiert und wird auch als einer der technisch kompetentesten Rapper in der Szene anerkannt. Der technische Fokus zeigt sich in elaborierten Lernstrategien. Diese technische Kompetenz im Rap führt dazu, dass er stärker als andere Battlerapper die fehlende Fachexpertise des Publikums problematisiert.

Es wird von C. betont, dass Battlerap ihm die Möglichkeit gibt, sich selbst zu entfalten. Dies begründet C. neben der emotionalen Regulierungsfunktion mit dem Wettkampfgedanken, der Battlerap prägt sowie mit der sozialen Anerkennung. Obgleich C. seit dem Abitur in der Medienbranche beruflich tätig ist, strebt er eine Karriere als songschreibender Rapmusiker an. Im Sinne des ‚Each one teach one'-Gedanken gibt C. sein Wissen an andere Battlerapper weiter und würde auch Workshops in der Jugendarbeit geben. Dies begründet C. mit den Rückmeldung von Menschen, dass er ihnen durch den Umgang mit seinem Schicksal und seiner Kunst Mut gibt. Dabei betont C., dass er gern die Erfahrung an andere weitergeben würde, wie sich Battlerap für einen konstruktiven Umgang mit emotional höchst belastenden Situationen nutzen lässt. C. kann durch seine Aktivität als Battlerapper ein positiv konnotiertes Selbst-/Weltverhältnis ausbilden, welches sich über die Jahre sukzessive entfaltet, bei der Bewältigung von Krisensituationen hilft und seinen Höhepunkt in dem Gewinn des ‚Championtitels' bei ‚Rap am Mittwoch' erfährt.

Konstruktion eines theoretischen Modells

Bei dem kontrastiven Vergleich der biografischen Re-Konstruktionen lassen sich Strukturäquivalenzen herausarbeiten. Diese Strukturäquivalenzen erlauben es, ein generalisiertes Modell des Selbst-/Weltverhältnisses herauszuarbeiten, dass allen befragten Gesprächspartnern gemeinsam ist. Dieses Modell wird im Folgenden dargestellt:

Bei allen Befragten war eine jahrelange Bindung/Affinität zum Rap bzw. Battlerap vorhanden. Sei es, dass Rap und/oder Battlerap bereits ausgeübt wurde oder auch nur, dass eine intensive Rezeption von Battlerap stattgefunden hat. Entscheidender biografischer Wendepunkt war das aktive Teilnehmen an der Battlerap-Liga ‚Rap am Mittwoch', die den Akteuren verstärkt einen Raum für die Narration als Battlerapper eröffnete.

Die Battlerapliga ‚Rap am Mittwoch' konstituiert einen öffentlichen Raum sozialer Anerkennung und wirkt initial auf die Battlerapper, sich in diesem Raum ‚auszuprobieren' und die eignen Fähigkeiten als Battlerapper weiterzuentwickeln. Ausschlaggebend ist dabei, dass ‚Rap am Mittwoch' Battlerap in Form eines Turniersystems formalisiert: Die Rapper können im Rahmen eines regelgeleiteten Wettbewerbs, der eine Qualifikationsrunde, Vorrunde, Halbfinale und Finale umfasst, gegeneinander antreten. Dieser Rahmen konstituiert die Relation Battlerapper/andere Battlerapper als Kollegen/Publikum (vgl. dazu eingehender 3.3.6). Dieses relationale Gefüge ermöglicht es, dass die Battlerapper im Zuge des Wettbewerbs Anerkennung von anderen Battlerappern sowie von dem Publikum erfahren. Die soziale Anerkennung führt zu dem Ausbau eines positiv konnotierten Selbst-/Weltverhältnisses im Zuge dessen das Selbstverständnis als ‚Battlerapper' verstärkt und ausgebaut wird. Zugleich werden die Fertigkeiten und Fähigkeiten anderer Battlerapper wertgeschätzt und nicht abgewertet. Flankiert wird die soziale Anerkennung durch den Technikanspruch, der Battlerap auszeichnet. Ein Effekt des Technikanspruchs besteht darin, dass die Battlerapper sich als selbstwirksam wahrnehmen. Dies eröffnet einen Raum der Selbstermächtigung: Wenn etwas nicht angemessen funktioniert, kann an den eigenen Technikkompetenzen gearbeitet werden. Diese Selbstermächtigung durch das Arbeiten an der Technik initiiert Prozesse des Bildungslernens und ermöglicht es auch, Frustrationserlebnisse wie Niederlagen konstruktiv zu wenden. Zusammenfassend lässt sich festhalten, dass die Battlerapliga ‚Rap am Mittwoch' für die befragten Battlerapper einen Möglichkeitsraum eröffnet, in dem sie sich als Battlerapper begreifen konnten. ‚Rap am Mittwoch' konstruiert eine subkulturelle Institution der ‚Kulturwelt' (Diaz-Bone 2006) Battlerap. Mit Bezug auf Schütze ließe sich sagen, dass institutionelle Erwartungsmuster entstanden sind (Teilnahme an den Wettbewerben, kollegiale Wertschätzung des Gegners und Arbeiten an den eigenen technischen Fähigkeiten). Dieses institutionelle Erwartungsmuster bildet den Rahmen für den Bildungsprozess zum Battlerapper.

Literatur

Bude, H. (1998). Lebenskonstruktionen als Gegenstand der Biographieforschung. In G. Jiittemann & H. Thomae (Hrsg.), *Biographische Methoden in den Humanwissenschaften* (S. 247-258). Weinheim: Psychologie Verlagsunion.

Diaz-Bone, R. (2006). Zur Methodologisierung der Foucaultschen Diskursanalyse. *Historical Social Research* 31, 243-274.

Ecarius, J. (2006). Biographieforschung und Lernen. In H.-H. Krüger & W. Marotzki (Hrsg.), *Handbuch erziehungswissenschaftliche Biographieforschung* (S. 91-108). Wiesbaden: VS Springer.

Fuchs-Heinritz, W. (2005). *Biographische Forschung. Eine Einführung in Praxis und Methoden*. Wiesbaden: VS Springer.

Jakob, G. (2013). Biographische Forschung mit dem narrativen Interview. In B. Friebertshäuser, A. Langer & A. Prengel (Hrsg.), *Handbuch Qualitative Forschungsmethoden in der Erziehungswissenschaft* (S. 219-234). Weinheim: Beltz/Juventa.

Lucius-Hoene, G., & Deppermann, A. (2005). Narrative Identität und Positionierung. *Gesprächsforschung – Online-Zeitschrift zur verbalen Interaktion* Nr. 5, 166-183.

Marotzki, W. (1990). *Entwurf einer strukturalen Bildungstheorie. Biographietheoretische Auslegung von Bildungsprozessen in hochkomplexen Gesellschaften*. Weinheim: Deutscher Studienverlag.

Nohl, A.-M. (2005). Dokumentarische Interpretation narrativer Interviews. *Bildungsforschung* 2(2). urn: nbn:de:0111-opus-46586.

Nohl, A.-M. (2006). *Bildung und Spontaneität. Phasen biographischer Wandlungsprozesse in drei Lebensaltern. Empirische Rekonstruktionen und pragmatische Reflexionen*. Opladen: Barbara Budrich.

Rosenthal, G. (2014). *Interpretative Sozialforschung. Eine Einführung*. Weinheim: Beltz/Juventa.

Schütze, F. (1976). Zur soziologischen und linguistischen Analyse von Erzählungen. In G. Dux & T. Luckmann (Hrsg.), *Beiträge zur Wissenssoziologie – Beiträge zur Religionssoziologie* (S. 7-41). Opladen: Westdeutscher Verlag.

Schütze, F. (1982). Narrative Repräsentation kollektiver Schicksalsbetroffenheit. In E. Lämmert (Hrsg.), *Erzählforschung: Ein Symposion* (S. 568-590). Stuttgart: Metzler.

Schütze, F. (1983). Biographieforschung und narratives Interview. *Neue Praxis* 13(3), 283-293.

Schütze, F. (1984). Kognitive Figuren des autobiographischen Stegreiferzählens. In M. Kohle, R. Günther (Hrsg.), *Biographie und Soziale Wirklichkeit: neue Beiträge und Forschungsperspektiven* (S. 78-111). Stuttgart: Metzler.

Schütze, F. (1987). *Das narrative Interview in Interaktionsfeldstudien: erzähltheoretische Grundlagen. Teil I: Merkmale von Alltagserzählungen und was wir mit ihrer Hilfe erkennen können*. Hagen: Studienbrief Fernuniversität Hagen.

Schütze, F. (2006). Verlaufskurven des Erleidens als Forschungsgegenstand der interpretativen Soziologie. In H.-H. Krüger & W. Marotzki (Hrsg.), *Handbuch erziehungswissenschaftliche Biographieforschung* (S. 205-238). Wiesbaden: VS Springer.

3.6　Die dokumentarische Methode – Das *Wie* unseres Handelns in der Analyse

Die dokumentarische Methode ermöglicht es, gesellschaftliche Sinnstrukturen, Wertesetzungen und Bedeutungsmuster in sozialen Konstellationen herauszuarbeiten. Durch die methodischen Strategien der dokumentarischen Methode las-

sen sich überindividuelle Bedeutungsmuster re-konstruieren, die sich im Selbstverständnis und im Handeln der Akteure manifestieren. Als Auswertungsmethode eröffnet die dokumentarische Methode einen analytischen Zugang zu den Regeln bzw. Orientierungsmustern, die sich im Kontext sozialer Konstellationen zeigen und das Handeln der Akteure mit bestimmen.

3.6.1 Einleitung

Durch die von Bohnsack (vgl. exemplarisch Bohnsack 1983; 1989; 2003) entwickelte dokumentarische Methode wird es möglich, die symbolische Ordnung von Praxisvollzügen analytisch zu thematisieren. Die performative Dynamik zwischen gesellschaftlichen Strukturen und individuellen Handlungen lässt sich durch die dokumentarische Methode aufarbeiten. Entwickelt wurde die dokumentarische Methode in Zusammenhang mit Gruppendiskussionsverfahren. Dass die dokumentarische Methode im Kontext von Gruppendiskussionen entwickelt worden ist, bedeutet aber nicht, dass die dokumentarische Methode als Analysestrategie auf dieses Datenerhebungsverfahren beschränkt bleibt. Vielmehr bietet jedes soziale Ereignis, jedes Artefakt die Möglichkeit, im Sinne der dokumentarischen Methode analysiert zu werden. Zur Begründung greift Bohnsack auf Überlegungen des Soziologen Mannheims zurück, der im ersten Drittel des letzten Jahrhunderts erkenntnistheoretisch zu dem Zusammenhang zwischen individuellem Handeln und kollektiven Regeln gearbeitet hat. Mannheims Überlegungen thematisieren dabei die Praxisdimension sozialer Phänomene. Sein Ansatz der kollektiven Erfahrungsräume, die sich im Praxisvollzug reproduzieren, verweist auf ein performatives Verständnis sozialer Realität: Soziale Situationen präfigurieren durch ihre Strukturvorgaben bzw. Orientierungsmuster die konkreten Handlungen der Individuen, die die Orientierungsmuster in ihrem Handeln reproduzieren. Bohnsack greift diese Überlegungen auf, indem er sie als methodologische Grundlage für das Analyseverfahren der dokumentarischen Methode nutzt. Durch die dokumentarische Methode können die Orientierungsmuster, die den gemeinschaftlichen Erfahrungsraum bzw. den ,konjunktiven Erfahrungsraum' von Akteuren prägen, herausgearbeitet werden. „Indem der Forscher stellvertretend für die Teilnehmer/-innen das Orientierungsmuster interpretiert, leistet er das, was Mannheim [...] *dokumentarische Interpretation* genannt hat, nämlich die begrifflich-theoretische Explikation der wechselseitigen (intuitiven) Verstehensleistungen der Erforschten" (Bohnsack 2013a, S. 208, H.i.O.). Bohnsacks Rückgriff auf Mannheim ermöglicht eine methodologische Fundierung einer Beobachterperspektive, die „auf die Differenz der Sinnstruktur des beobachteten Handelns vom subjektiv gemeinten Sinn der Akteure zielt, gleichwohl aber das Wissen der Akteure selbst als die empirische Basis der Analyse belässt" (Bohnsack, Nentwig-Gesemann & Nohl 2013, S. 12). Durch die Auseinandersetzung mit dem Handeln der Akteure können Forscher*innen Auskunft darüber erhalten, nach welchen impliziten Ordnungsmustern/unbewussten Regeln Akteure ihr Handeln organisieren. Es handelt sich bei der dokumentarischen Methode folglich um ein Auswertungsverfahren, bei dem es „um die Rekonstruktion von Wirklichkeitsdeutungen geht sowie um die Handlungsmuster und sozialen Strukturen, auf denen sie beruhen" (Krinninger & Müller 2012, S. 63). Als Auswertungsmethode eröffnet die dokumentarische Methode einen analytischen Zugang zu den Regeln bzw. Orientierungsmustern, die sich im Kontext sozialer Konstellationen zeigen und die die Praxis des Handelns der Akteure mit bestimmen.

3.6.2 Konjunktiver Raum und konjunktives Wissen

Für den Analyseansatz der dokumentarischen Methode ist das Konzept des konjunktiven Raums von zentraler Relevanz.

▶ **Definition: konjunktiver Raum**   Der konjunktive Raum ist dadurch definiert, dass dessen Akteure mit der Struktur der kollektiven Erfahrungen vertraut sind. Die Akteure besitzen konjunktives Wissen – also Wissen darüber, wie in welchen Situationen zu handeln ist. Gerade dieses konjunktive Wissen bzw. konjunktive Erfahrungswissen gilt es in der dokumentarischen Methode herauszuarbeiten: „Die dokumentarische Methode ist darauf gerichtet, einen Zugang zum konjunktiven Wissen als dem je milieuspezifischen Orientierungswissen zu erschließen" (Bohnsack, Nentwig-Gesemann & Nohl 2013, S. 15). Konjunktives Wissen wird im konjunktiven Erfahrungsraum erlangt. Das konjunktive Wissen wiederum präfiguriert Erfahrungen, Denkstile sowie Handlungsvollzüge und zeigt sich oftmals in routiniertem Handeln.

Ausgangspunkt ist die Überlegung, dass das Individuum stets in soziale Kontexte eingebunden und von diesen Kontexten geprägt ist. Diese gesellschaftliche Bedingtheit allen Handelns lässt sich an einem Gedankenexperiment verdeutlichen: Selbst wenn Robinson Crusoe alleine auf einer Insel strandet, ist sein Wissen über die Welt, die Art und Weise, wie er über die Welt nachdenkt, von der Gesellschaft geprägt, aus der er kommt. Das zeigt sich auch daran, dass er den Kannibalismus ablehnt, den er auf der Insel kennen lernt, da Kannibalismus in seinem Kulturkreis als barbarisch gilt. Robinson Crusoe handelt also nach Regeln und Wertevorstellungen, die der Kultur, durch die er geprägt ist, zu eigen sind. Unser Handeln ist durch Wissen um Regeln, um Werte und durch konventionalisierte bzw. eingeübte und gesellschaftlich anerkannte soziale Praktiken geprägt. Um diese ‚Prägung' analytisch aufzuarbeiten, wird innerhalb der dokumentarischen Methode auf die Begriffe ‚atheoretisches Wissen', ‚kommunikatives Wissen', ‚immanenter Sinngehalt' sowie ‚dokumentarischer Sinngehalt' zurückgegriffen.

3.6.3 Atheoretisches Wissen und kommunikatives Wissen, immanenter und dokumentarischer Sinngehalt

Die soziale Regelhaftigkeit von sozialen Konstellationen oder Räumen (vgl. 1.5.6.3) konstruiert deren Sinnmatrixen bzw. Kollektivvorstellungen. So arbeitet Mannheim heraus, dass ein „jeder Kult, eine jede Zeremonie, ein jeder Dialog" (Mannheim 1980, S. 232) einen Sinnzusammenhang darstellt. Dieser Sinnzusammenhang bildet „eine Totalität, in der der Einzelne seine Funktion und Rolle hat, das Ganze aber etwas ist, das in seiner Aktualisierbarkeit auf eine Mehrzahl der Individuen angewiesen ist und in diesem Sinne über die Einzelpsyche hinausragt" (Mannheim 1980, S. 232). Allerdings sind Praktiken von sozialen Handlungen „ja zunächst nicht etwas zu Denkendes, sondern ein durch verschiedene Individuen in ihrem Zusammenspiel etwas zu Vollziehendes" (Mannheim 1980, S. 232). Viele Alltagshandlungen vollziehen sich in ihrem ‚Zusammenspiel' fast unbewusst: Wenn ein Bekannter einem zuwinkt, so denkt man eher nicht darüber nach, ob jetzt zurück gewunken werden sollte. Vielmehr wird dann zurück gewunken. Winken und Zurückwinken vollziehen sich quasi wie eine rituelle Handlung. Wir wissen über die ‚Regel', dass wir zurückwinken, wenn uns zugewunken wird – das geschieht ohne ‚zu Denkendes', quasi ‚automatisch'. Wir verfügen über atheoretisches Wissen, das oftmals ein verkörpertes Wissen ist: Winkender und Zurück-Winkender konstruieren ‚in Ihrem Zusammenspiel etwas zu Vollziehendes' und teilen so einen Erfahrungsraum. „Atheoretisches Wissen verbindet also Menschen, beruht es doch auf einer gleichartigen Handlungspraxis und Erfahrung" (Nohl 2005, para. 36). Die Winkenden setzen ihre Körper ein, wenden dabei atheoretisches Wissen an, da sie über den Handlungsvollzug nicht nachdenken und nach erlernten Regeln quasi ‚automatisch' handeln. Dabei ist das atheoretische Wissen den Akteuren oftmals nicht unmittelbar zugänglich, „[e]s handelt sich um ein Wissen, welches von den Erforschten selbst nicht ohne weiteres auf den Begriff gebracht, also *begrifflich theoretisch expliziert* werden kann" (Bohnsack 2003, S. 562, H.i.O.). Gerade dieses ‚auf den Begriff bringen' des atheoretischen Wissens bzw. der Strukturen des konjunktiven Erfahrungsraums, in dem sich dieses atheoretische Wissen entfaltet, stellt einen zentralen Erkenntnisfokus der dokumentarischen Methode dar.

Von dem atheoretischen Wissen unterscheidet Bohnsack mit Bezug auf Mannheim das kommunikative Wissen. Kommunikatives Wissen zeigt sich darin, wie Handlungen und deren Motive oder Geschehensabläufe begründet werden. Die Analyse kommunikativen Wissens kann Aufschluss über die diskursiven Orientierungsmuster des konjunktiven Erfahrungsraums geben: Wie werden Sachverhalte erklärt/begründet/legitimiert? Durch die Anwendung atheoretischen Wissens und/ oder kommunikativen Wissens werden der konjunktive Raum und seine Orientierungsmuster sichtbar bzw. ‚dokumentiert': In jeder Handlung wird kommuniziert, dabei werden die Orientierungsmuster des konjunktiven Raums reproduziert und ‚dokumentiert'. Um diese Dualität zwischen individuellem Handeln und Reproduktion der Orientierungsmuster des konjunktiven Raums analytisch aufzuarbeiten, differenziert Bohnsack zwischen ‚immanentem Sinngehalt' und ‚dokumentarischen Sinngehalt'.

▶ **Definition: immanenter Sinngehalt und dokumentarischer Sinngehalt**   Jede Handlung besitzt…

- einen immanenten Sinngehalt – die Akteure kommunizieren konkret/sichtbar miteinander (z.B. man begrüßt sich) und
- einen dokumentarischen Sinngehalt. Die Art und Weise wie kommuniziert wird, wird sichtbar, gibt Auskunft über die Regeln/Konventionen/Wertesetzungen, die die soziale Praxis prägen und derart einen konjunktiven Raum aufspannen.

Die Akteure, so die Logik, die der dokumentarischen Methode zugrunde liegt, nutzen ihr handlungspraktisches Wissen, um zu interagieren.

▶ **Definition: handlungspraktisches Wissen**   Bei dem handlungspraktischen Wissen handelt es sich um das Wissen, das z.T. präreflexiv eingesetzt wird und konventionalisierte Handlungsmuster bzw. die Orientierungsmuster des konjunktiven Raums reproduziert: Muster/Handlungen aus der sozialen Praxis werden aufgrund dessen, dass sie etabliert sind, in den Handlungen reproduziert.

Streckt einem jemand im Zuge einer Begrüßung die Hand entgegen und sagt: „Schönen guten Tag, mein Name ist Herr Müller" werden wir als Akteure in der Situation quasi automatisch, also präreflexiv, unseren Namen nennen, die Hand ergreifen und schütteln. Aus Perspektive der dokumentarischen Methode kann herausgearbeitet werden, dass es sich vor dem Hintergrund der uns bekannten Begrüßungsformen bei der eingesetzten Begrüßungsform um eine eher förmliche Begrüßung handelt. Es wird ein eher förmliches Miteinander etabliert, indem sich die Akteure ‚angemessen' begrüßen und sich nicht überschwänglich in die Arme fallen und sagen „Schönen guten Tag, mein Name ist Herr Müller", „Schön Sie kennenzulernen, mein Name ist Herr Meyer". Der immanente Sinngehalt bzw. der ‚intentionale Ausdruckssinn' des Akteurs wäre in diesem Prozess die Begrüßung, der dokumentarische Sinngehalt wäre die Art und Weise, wie diese Begrüßung durchgeführt wird, das „Wie des Vollzugs" (Marotzki 1995, S. 118). Der dokumentarische Sinngehalt gibt Aufschluss über den konjunktiven Raum und dessen Orientierungsmuster – z.b. handelt es sich um ein förmlich, distanziertes Miteinander oder wird sehr vertraut miteinander umgegangen? Der dokumentarische Sinngehalt ‚dokumentiert' quasi den konjunktiven Raum. Er gibt Auskunft über die grundlegende Art und Weise der Interaktion bzw. der sozialen Konstellationen und deren Konventionen. Die Handlungen dokumentieren zugleich performativ den konjunktiven Raum, in dem sich diese Konstellationen entfalten. Der Rückgriff auf die Analysestrategien der dokumentarischen Methode ermöglicht es, die Dynamik individueller Handlungen im Kontext eines konjunktiven Raums aufzuarbeiten. Hierfür wurden Analysestrategien entwickelt, die im Folgenden dargestellt werden.

3.6.4   Analysestrategien der dokumentarischen Methode

Ein Erkenntnisfokus der dokumentarischen Methode besteht darin, das atheoretische Wissen und kommunikative Wissen und damit das konjunktive Erfahrungswissen sowie die Ordnungsmuster des konjunktiven Raums herauszuarbeiten.

▶ **Definition: konjunktives Erfahrungswissen**   Konjunktives Erfahrungswissen lässt sich als Gesamtheit des Wissens definieren, das die Regeln/Wertesetzungen/Konventionen des konjunktiven Raums beinhaltet.

Um das konjunktive Erfahrungswissen in der Analyse herauszuarbeiten, wird im Zuge der dokumentarischen Methode zwischen dem *Was* gesagt/getan wird und dem, *wie* etwas gesagt/getan wird, differenziert.

• Dem Aspekt, *was* gesagt wird, wird in der formulierenden Interpretation nachgegangen.

- *Wie* etwas gesagt wird, wird in der Phase der reflektierenden Interpretation thematisiert.

In den Analyseschritten der formulierenden Interpretation und der reflektierenden Interpretation geht es folglich darum, das „was (wörtlich) gesagt wird, also das, was *thematisch* wird, von dem zu unterscheiden, wie ein Thema, d.h. in welchem Rahmen es behandelt wird" (Bohnsack, Nentwig-Gesemann & Nohl 2013, S. 15, H.i.O.). Durch die formulierende Interpretation und die reflektierende Interpretation wird der Text aus verschiedenen Perspektiven thematisiert, die ‚scharf' voneinander getrennt sind (vgl. Nohl 2017).

- Zunächst wird in der formulierenden Interpretation eine thematische Ordnung re-konstruiert – das *Was*.
- In der reflektierenden Interpretation wird analytisch auf die Ordnungsmuster abgehoben, die einen konjunktiven Raum konstituieren – das *Wie*.
- In der abschließenden Fall- bzw. Diskursbeschreibung werden diese beiden Ebenen wieder zusammengeführt. Es wird herausgearbeitet, was wie thematisiert wird: Die Äußerungen werden thematisch beleuchtet und zugleich als Aussagen verstanden, die auf Ordnungsmuster des konjunktiven Raums verweisen. Oftmals wird die Typenbildung als eine weitere Stufe in der dokumentarischen Auswertungsstrategie genutzt.

Im Folgenden werden diese Interpretationsschritte eingehender vorgestellt.

3.6.4.1 Formulierende Interpretation – Analyse des Was

Die formulierende Interpretation verbleibt auf der Ebene des immanenten Sinngehalts – also auf der Ebene dessen, *was* gesagt wird. So wird beispielsweise der thematische Gehalt eines Gesprächs re-formulierend zusammengefasst. „Hierbei geht es darum, zunächst konsequent *innerhalb* des Relevanzsystems [...] zu bleiben" (Bohnsack 1999, S. 34. H.i.O.). In der formulierenden Interpretation gilt es nicht zu diskutieren, ob das Geäußerte wahr oder falsch ist. Um sich angemessen auf das *was* zu konzentrieren, ist eine ‚Einklammerung des Geltungscharakters' der Äußerungen erforderlich. Dementsprechend streicht Bohnsack heraus, dass es nicht interessiert, „ob die Darstellungen (faktisch) wahr oder richtig sind, sondern es interessiert, was sich in ihnen über die Darstellenden und deren Orientierungen **dokumentiert**" (Bohnsack 1999, S. 75, H.i.O.). In der formulierenden Interpretation wird im Zuge eines sequenzanalytischen Vorgehens eine Übersicht über den Text und die geäußerten Themen gegeben. „Die Grundstruktur der *Formu-*

lierenden Interpretation ist die thematische Gliederung der Texte, d.h. die Thematisierung von Themen, die Entschlüsselung der (zumeist impliziten) thematischen Struktur der Texte" (Bohnsack 2013a, S. 214, H.i.O.). Hierfür kann der Text
sequenziell durchgegangen und mittels zusammenfassender Formulierungen wie
Überschriften segmentiert werden. Zudem lässt sich der Text in Oberthemen sowie
Unterthemen gliedern. Auf diese Weise wird im Zuge der formulierenden Interpretation ein Text in eine analytische Ordnung überführt. Bohnsack betont, dass
„[d]er dokumentarische Sinngehalt [...] sich erst [erschließt], wenn der *gesamte*
Diskursprozess berücksichtigt wird" (Bohnsack 2013a, S. 209, H.i.O.).

Werkzeugkasten: Tipps zur reformulierenden Interpretation
Auch wenn ein Gesamtverständnis eines transkribierten Interviews relevant
ist, muss nicht zwingend der gesamte transkribierte Text einer reformulierenden Interpretation unterzogen werden. Für die reformulierende Interpretation kann dabei auf die Schritte Grobgliederung, Sequenzselektion und
Feinanalyse zurückgegriffen werden.

- Grobgliederung: Wenn z.B. nicht ein ganzes Interview transkribiert
  werden soll, könnte zuerst das Interview durchgehört und der Strukturverlauf des Gespräches re-konstruiert werden (wann werden welche
  Themen angesprochen?). Es lässt sich derart eine Grobgliederung im
  Sinne eines thematischen Verlaufs skizzieren.
- Sequenzselektion: In einem nächsten Schritt können Stellen ausgewählt
  werden, die für eine genauere Analyse transkribiert und einer reflektierenden Interpretation unterzogen werden sollen. Für die Auswahl kann
  sich gezielt an dem von der Forschungsfrage vorgegebenem Erkenntnisfokus orientiert werden. Generell empfiehlt es sich, auch Textstellen zu
  wählen, die in sich thematisch abgeschlossen sind (vgl. Przyborski &
  Wohlrab-Sahr 2010, S. 287). Daneben kann auch auf Textstellen geachtet werden, in denen sich Themen verdichten, die Metaphorik besonders
  auffällt oder die exemplarisch für etwas stehen (Bohnsack spricht hier
  von Fokussierungsmetaphern, Bohnsack 2013b, S. 250).
- Feinanalyse: Die ausgewählten transkribierten Stellen können dann
  einer Feinanalyse unterzogen werden. In dieser Feinanalyse lässt sich
  der Inhalt der Unterthemen in einem bis zwei Sätzen zusammenfassen.
  Durch diese Form der ‚thematischen Gliederung' wird eine Zusammenfassung des wörtlichen Gehalts eines Textes erstellt.

Durch dieses Überführen des Textes in eine analytische Ordnung wird die thematische Struktur des Textes auf abstrahierender Ebene re-konstruiert – *was* gesagt wird, lässt sich durch dieses Vorgehen analytisch zugänglich machen.

3.6.4.2 Reflektierende Interpretation – Analyse des Wie

In der reflektierenden Interpretation werden die zugrundeliegenden Orientierungs- bzw. Ordnungsmuster herausgearbeitet, die den konjunktiven Raum aufspannen. In dem Übergang von der formulierenden Interpretation zur reflektierenden Interpretation geht es folglich auch um einen Wechsel vom *Was* (gesagt/getan wird) zum *Wie* (etwas gesagt/getan wird): „Das was gesagt, berichtet, diskutiert wird, also das, was *thematisch* wird, gilt es, von dem zu trennen, was sich in dem Gesagten über die Gruppe *dokumentiert* – über deren Orientierungen oder Habitus. Dies ist die Frage danach, *wie* ein Thema, d.h. in welchem *Rahmen* es behandelt wird" (Bohnsack 2013a, S. 213, H.i.O.). Hier besteht die analytische Herausforderung darin, die Ordnungsmuster freizulegen, die den konjunktiven Raum prägen. Die Analyse, was in den einzelnen Abschnitten gesagt wurde, lässt sich nun um die Ebene erweitern, wie etwas gesagt wird. Der re-konstruierte Strukturverlauf eines Interviews bzw. einer Interviewpassage erhält durch die reflektierende Interpretation eine zusätzliche ‚Analyseschicht'. Ein erster Schritt, diesen Ebenenwechsel von der formulierenden Interpretation zur reflektierenden Interpretation zu vollziehen, stellt ein vergleichendes bzw. komparatives Vorgehen dar.

Bohnsack arbeitet heraus, dass die „spezifische Weichen- und Problemstellung bei der Behandlung des Themas und damit der für die Behandlung des Themas ausschlaggebende *Rahmen*" (Bohnsack 2003, S. 34, H.i.O.) unter anderem „dadurch sichtbar gemacht wird, daß ich Alternativen dagegenhalte, dass ich dagegenhalte, wie in anderen Gruppen die Weichen bei der Behandlung desselben bzw. eines vergleichbaren Themas anders gestellt werden" (Bohnsack 1999, S. 36). Um beispielsweise die konkreten Ordnungsmuster in einer Gruppendiskussion herauszuarbeiten (also die Muster, die die Art und Weise vorgeben, wie über ein Thema gesprochen wird), lässt sich ein Vergleich mit einer anderen Gruppe anstellen, die über das gleiche Thema spricht. Die Forscher*innen operieren auf einer sogenannten ‚themenbezogenen Suchebene' (vgl. Nohl 2013, S. 274). Wenn dazu keine Daten vorliegen, kann, wie in der Sequenzanalyse der objektiven Hermeneutik mit Gedankenexperimenten gearbeitet werden – z.B.: Wie könnte eine andere Gruppe über das gleiche Thema sprechen? Allerdings ist dann zu berücksichtigen, dass der herangezogene Kontrastfall nicht empirisch untermauert ist, sondern durch die Forscher*innen konstruiert wurde. Die zugrundeliegende Überlegung besteht darin, dass Gedankenexperimente immer von den Normalitätsvorstellungen und der subjektiven Perspektive der Forscher*innen ausgehen, während empirische Beispiele eine ‚objektive' Form von Gegenhorizonten darstellen – und daher vor dem Hintergrund der Gütekriterien qualitativer Forschung zu bevorzugen sind. Durch den Vergleich mit anderen Gruppen können Differenzen und Gemeinsamkeiten herausgearbeitet werden, die zwischen den Gruppen bei der Diskussion des gleichen Themas bestehen. Durch dieses vergleichende Verfahren kann ein Zugang dazu geschaffen werden, was das ‚Spezielle/Besondere' an der Art und Weise ist, wie ein Thema in der jeweiligen Gruppe behandelt wird.

▶ Kurz notiert: Gegenhorizonte I   In der Analyse können Gegenhorizonte herangezogen werden. Durch den Vergleich zwischen dem untersuchten konjunktiven Raum und dem Gegenhorizont lassen sich Gemeinsamkeiten und Differenzen bestimmen. Durch das Bestimmen von Gemeinsamkeiten und Differenzen zwischen dem untersuchten konjunktiven Raum und dem herangezogenen Gegenhorizont können die Eigenheiten des analysierten konjunktiven Raums besser bestimmt werden. Dementsprechend besitzt der Vergleich zwischen Fällen bzw. die ‚komparative Analyse' im Rahmen der dokumentarischen Methode eine zentrale Bedeutung.

Das vergleichende Vorgehen ermöglicht es, jeweils spezifische Orientierungsrahmen herauszuarbeiten, die strukturieren, wie Sachverhalte thematisiert werden: Ein „Orientierungsrahmen lässt sich in seiner Signifikanz dann empirisch valide erfassen, wenn er von anderen, differenten Orientierungsrahmen, innerhalb derer dieselbe Problemstellung, dasselbe Thema auf andere Art und Weise bearbeitet wird, abgegrenzt werden kann" (Nohl 2017, S. 8).

▶ Kurz notiert: Gegenhorizonte II   Durch den Vergleich werden sogenannte ‚Gegenhorizonte' gebildet. Diese Gegenhorizonte können z.B. eine Thematisierung des gleichen Themas aus ‚positiver Grundstimmung' erzeugen, wenn das gleiche Thema bei der ersten Gruppe aus ‚negativer Grundstimmung' heraus diskutiert worden ist. So ließe sich denken, dass eine Gruppe das Thema der Angemessenheit der Todesstrafe diskutiert und diese grundsätzlich ablehnt. Um herauszuarbeiten, wie die Orientierungsmuster des konjunktiven Raums organisiert sind, kann im Sinne eines Gegenhorizonts die Diskussion einer Gruppe herangezogen werden, die für die Todesstrafe plädiert. Durch dieses Vorgehen lassen sich Ordnungsmuster des konjunktiven Raums durch einen Vergleich herausarbeiten: So könnte beispielsweise in der Gruppe, welche die Todesstrafe ablehnt, ein inhaltliches Ordnungsmuster die Grundüberzeugung der Unantastbarkeit allen Lebens darstellen.

In der anderen Gruppe dagegen, die die Todesstrafe befürwortet, könnte eher ein Vergeltungsgedanke das argumentative Grundmuster prägen. Interessant wäre dabei auch ein Vergleich der Art und Weise der Argumentationsführung – z.b. agiert eine Gruppe eher ‚emotional polemisierend' und die andere Gruppe ‚sachlich argumentierend'?

Orientierungsmuster lassen sich folglich durch Kontrastierungen bzw. durch das Heranziehen von ‚Gegenhorizonten' herausarbeiten. „Die Orientierungsmuster, wie sie in den Diskursen explizit oder in Form von Beschreibungen und Erzählungen metaphorisch entfaltet werden, gewinnen ihre Konturen dadurch, dass sie an […] Gegenhorizonten festgemacht werden" (Bohnsack 1999, S. 151). Gegenhorizonte stellen andere Orientierungsmuster dar. „*Negative* und *positive Gegenhorizonte* […] sind wesentliche Komponenten des Erfahrungsraums einer Gruppe. Sie konstituieren den Rahmen des Erfahrungsraums. Zwischen diesen Komponenten bzw. innerhalb dieses Rahmens ist die von diesem Erfahrungsraum getragene Orientierungsfigur gleichsam aufgespannt. Die Orientierungsfigur ist eingelassen in Erlebnisdarstellungen, in die Darstellung von Erlebnisprozessen" (Bohnsack 1999, S. 151, H.i.O.). Gegenhorizonte lassen sich auch in der gleichen Diskussion verorten, z.B. wenn Befürworter und Gegner der Todesstrafe miteinander diskutieren. Hier kann herausgearbeitet werden, welche Grundkonstellationen im konjunktiven Raum konfliktuös einander gegenüberstehen – z.B. die beiden Wertesetzungen ‚Unantastbarkeit des Lebens' versus ‚Vergeltungsgedanke'. Zugleich lässt sich auch aufzeigen, welche Grundvorstellungen bzw. generellen Orientierungsmuster alle Beteiligten teilen – z.B., dass Mord ein Verbrechen darstellt, das bestraft werden muss. Von dieser Grundgemeinsamkeit ausgehend, konstituiert sich der Konflikt über die Art und Weise der Bestrafung. Ausgewählte Stellen einer Textstelle – z.B. Textstellen die sich als Fokussierungsmetaphern identifizieren lassen – können im Sinne einer reflektierenden Interpretation analysiert werden. Dabei gilt es, darauf zu achten, wie Erzählgegenstände bzw. soziale Phänomene thematisiert werden. Wird emotional oder sachlich diskutiert? Um dieses *Wie* der Thematisierung herauszuarbeiten, wird innerhalb der dokumentarische Methode auf ein kontrastives Verfahren zurückgegriffen.

Nohl (2017) schlägt als eine weitere Vorgehensstrategie vor, bei einzelnen Sequenzen gedankenexperimentell Anschlussmöglichkeiten zu konstruieren. Dabei differenziert Nohl zwischen homologen und heterologen Anschlussmöglichkeiten. Homolog sind Anschlussmöglichkeiten, die dem konjunktiven Raum und dessen Orientierungsrahmen entsprechen. Heterologe Anschlussmöglichkeiten weichen von dem Orientierungsrahmen des konjunktiven Raums ab. Die heterologen Anschlussmöglichkeiten sind dabei mit den Konventionen, Wertesetzungen, die den konjunktiven Raum prägen, nicht kompatibel. Allerdings sollten diese Gedanken-experimente durch empirische Beispiele ergänzt oder im Idealfall ersetzt werden.

Generell stellt der Vergleich in der dokumentarischen Methode eine durchgängige Analysehaltung dar und besitzt eine erkenntnisgenerierende und erkenntnis-kontrollierende Funktion (Bohnsack, Nentwig-Gesemann & Nohl 2013, S. 24).

- Erkenntnisgenerierend: Durch den Vergleich können Differenzen und Gemein-samkeiten bestimmt werden, so dass der untersuchte Fall durch Kontrastfälle differenziert betrachtet werden kann.
- Erkenntniskontrollierend: Die Auseinandersetzung mit verschiedenen Fällen bedingt es, dass eigene Perspektiven, theoretische Vorerwartungen und Selbst-verständlichkeiten relativiert werden.

Werkzeugkasten: Gesprächsverlauf und Gesprächsorganisation
Ein Aufschluss über unterschiedliche Ordnungsmuster kann auch über die Re-Konstruktion des Gesprächsverlaufs und der Gesprächsorganisation ge-wonnen werden. Gesprächsverlauf und Gesprächsorganisation können In-dikatoren für die Ordnungsmuster eines Raumes darstellen. So kann auf-schlussreich sein, darauf zu achten, wie Redebeiträge aufeinander bezogen werden:

- Werden beispielsweise Argumente dialogisch und argumentativ aufei-nander bezogen?
- Gibt es einen argumentativen Austausch im Sinne eines ‚Gegeneinan-ders' (antithetische Diskursorganisation, Bohnsack & Schäffer 2013, S. 331)?
- Stehen Redebeiträge im Sinne einer ‚parallelisierenden Diskursorga-nisation' bezugslos nebeneinander, da „ein identisches Orientierungs-muster in Variationen immer wieder zum Ausdruck gebracht wird" (Bohnsack & Schäffer 2013, S. 331)?

Es lässt sich auch prüfen, ob, wo und wie in einer Diskussion schnell eine Einigung erzielt werden konnte. Es kann in der Analyse darauf geachtet werden, bei welchen Themen beispielsweise sich eine diskutierende Gruppe jeweils lange aufhält, welche Aspekte thematisch weniger intensiv oder gar nicht thematisiert werden.

Grundlegend geht es darum, durch die komparative Analyse Differenzen und Gemeinsamkeiten herauszuarbeiten, um derart die Ordnungsmuster des konjunktiven Raumes freizulegen (vgl. dazu eingehender Przyborski 2004). Bei der dokumentarischen Methode steht dabei die Frage im Fokus „in welchem Erfahrungsraum, die Genese eines *Habitus* zu suchen ist" (Bohnsack 2003, S. 566, H.i.O.). Im Rahmen der dokumentarischen Methode lässt sich der Begriff des Habitus als eine für den konjunktiven Raum spezifische Art und Weise verstehen, wie Akteure soziale Situationen wahrnehmen und in diesen sozialen Situationen agieren.[29] Dabei wird zwischen einer sinngenetischen und einer soziogenetischen Ausprägung des Habitus in konjunktiven Räumen unterschieden.

• Die sinngenetische Interpretation stellt die spezifische Ausprägung eines Habitus in einem konjunktiven Raum dar.
• Die soziogenetische Interpretation thematisiert in der Analyse wie Orientierungsrahmen entstehen bzw. aus welchen sozialen Kontexten sich die Orientierungsrahmen herausbilden.

Die soziogenetische Interpretation kann interindividuelle wie auch intraindividuell Aspekte in den Fokus nehmen.

• Interindividuell meint, dass verschiedene Akteure aufgrund ihrer unterschiedlichen Positionierung im konjunktiven Raum unterschiedliche Haltungen herausbilden konnten (vgl. dazu das Forschungsbeispiel unter 3.6.4.3)
• Intraindividuell meint, dass spezifische Verhaltensmodi bzw. Habitusformen sich aus der Einbettung in einen konjunktiven Erfahrungsraum ergeben. An dieser Stelle lässt sich wieder auf das Forschungsprojekt ‚Die Schule rockt!' Bezug nehmen. So ließe sich prüfen, ob die Schüler*innen als Musiker*innen in dem konjunktiven Raum der Bandproben andere Verhaltensmuster aktualisieren als im schulischen Erfahrungsraum des Klassenverbands. Diese Perspektive ist im Zuge des Forschungsprojektes ‚Die Schule rockt!' nicht aktuali-

---

29   Wird in den Sozialwissenschaften vom Habitus gesprochen, so ist oftmals von dem Ansatz Bourdieus die Rede. Bourdieu hat den Begriff des Habitus in den Sozialwissenschaften wirkmächtig geprägt. Nach Bourdieu stellt der Habitus das sozio-ökonomisch präfigurierte, milieuspezifische Selbstverständnis und Weltverhältnis des Individuums dar. Die Lebenswelt der sozialen Strukturen schreibt sich in die Weltwahrnehmung und Selbstinterpretation des Individuums ein und prägt sein Denken, Handeln, Fühlen (vgl. Bourdieu 1983). Dieser Ansatz ist an das Habitusverständnis der dokumentarischen Methode anschlussfähig (vgl. Bohnsack 2013c).

siert worden, stellt aber eine mögliche Perspektive auf Typenbildung im Sinne der dokumentarischen Methode dar.

Es geht also darum „beobachtete Orientierungsmuster der Sphärendifferenz" (Bohnsack 2003, S. 567) zuzuordnen und „erklärend zu verstehen" (Bohnsack 2003, S. 567). Soziogenetische und sinngenetische Interpretationsperspektiven führen zu der Typenbildung, in dem beide Ansätze eine forschungsmethodische Anwendung finden können.

3.6.4.3 Typenbildung in der dokumentarischen Methode

Ein weiterer Analyseschritt der dokumentarischen Methode stellt die Typenbildung dar. Typen beschreiben eine überindividuelle Art und Weise eines sozialen Phänomens bzw. eine überindividuelle Art und Weise, sich zu einem individuellen Phänomen zu verhalten. Bevor die Typenbildung der dokumentarischen Methode anhand von einem Forschungsbeispiel dargestellt wird, soll der Ansatz der Typenbildung in der qualitativen Sozialforschung kurz skizziert werden.

Typenbildung in der qualitativen Sozialforschung – Eine Skizze
Typenbildung dient dazu, überindividuelle bzw. fallübergreifende Regelmäßigkeiten zu systematisieren. Bei der Typenbildung geht es folglich darum, das Allgemeine im Besonderen herauszuarbeiten. Eine heuristische Fragestrategie, die leitend bei der Typenbildung ist, lässt sich wie folgt formulieren: Lassen sich allgemeine/fallübergreifende/überindividuelle Haltungen bzw. Regeln und Strukturen im Einzelfall identifizieren?

Die Konstruktion einer Reihe von Typen bzw. die Benennung von verschiedenen Typen und deren Systematisierung bildet eine Typologie. Typenbildung kann dazu dienen, empirische Phänomene zu systematisieren und Impulse für die Theoriebildung zu geben. Für die Theoriebildung kann dabei folgende heuristische Fragestellung leitend sein: Wie lassen sich die unterschiedlichen Typen erklären bzw. in einen Zusammenhang miteinander setzen? Grundsätzlich lässt sich zwischen Idealtypen und Realtypen differenzieren. Idealtypen stellen gedanklich zugespitzte Verdichtungen von Haltungen/Ausprägungen dar (Weber 1914). Diese sind in Reinform empirisch nicht vorzufinden, lassen sich im Forschungsprozess aber mit empirischen Fällen kontrastieren. Realtypen stellen dagegen empirisch fundierte Verdichtungen von Fällen dar. Bei der Bildung von Typen können dabei die beiden folgenden heuristischen Fragen herangezogen werden:

- Lassen sich die an einem Fall herausgearbeiteten Merkmale auch bei anderen Fälle identifizieren?
- Lassen sich diese Fälle im Sinne einer ordnenden Beschreibung zusammenfassen bzw. clustern?

Bei der Typenbildung kann zwischen Typenformen differenziert werden, die sich in einem Merkmal – eindimensional – oder in mehreren Merkmalen – mehrdimensional – voneinander unterscheiden (vgl. Kelle & Kluge 2010). Die Fälle, die zu einem Typ gehören, sollten dabei untereinander minimale Kontraste aufweisen. Zu Fällen eines anderen Typs sollten dagegen maximale Kontraste bestehen.

▶ Kurz notiert: Typenbildung als Ordnungsformen   Gebildete Typen lassen sich aber nicht über die analysierten Fälle einfach generalisieren. Daher sollten Typenbildungen am ehesten als Ordnungsformen qualitativer Beschreibungen von sozialen Phänomenen verstanden werden. Typenbildung stellt aus dieser Perspektive eine spezifische systematisierende Re-Konstruktion des herangezogenen Datenmaterials dar. Grundlegend lässt sich bei der Typenbildung zwischen Ideal- und Realtypen differenzieren.

Typenbildung in der dokumentarischen Methode
In der dokumentarischen Methode wurde eine Strategie der Typenbildung entwickelt, die auf dem Konzept des konjunktiven Raums basiert. Dabei wird zwischen einer sinngenetischen und soziogenetischen Typenbildung differenziert. Die Typenbildung in der dokumentarischen Methode schließt folglich an die Formen der sinngenetischen und soziogenetischen Interpretationen an und macht diese Interpretationsperspektive für die Typenbildung nutzbar. Die sinngenetische Typenbildung stellt dabei zentrale Orientierungsmuster eines konjunktiven Raums heraus. Diese Muster werden durch fallübergreifende (oder auch fallinterne) Vergleiche gewonnen:

- Welche Orientierungsmuster sind ‚typisch' bzw.
- welche überindividuell gültigen Orientierungsmuster lassen sich in einem konjunktiven Raum identifizieren?

Die soziogenetische Typenbildung dagegen differenziert zwischen verschiedenen Sub-Orientierungsmustern in einem konjunktiven Raum. Die Typenbildung in der dokumentarischen Methode thematisiert dabei den Fall nicht lediglich in *einer* Bedeutungsschicht oder -dimension, und d.h. in Bezug auf *eine* Typik, sondern zugleich unterschiedliche Dimensionen oder Erfahrungsräume des Falles, so dass unterschiedliche Typiken in ihrer Überlagerung, Verschränkung ineinander und wechselseitigen Modifikation sichtbar werden (Bohnsack 1999, S. 175, H.i.O.).

Für die soziogenetische Typenbildung lassen sich bei dem Vergleich mehrerer Fälle übergeordnete Gemeinsamkeiten identifizieren, die einen konjunktiven Raum kennzeichnen (Basistypik, vgl. Bohnsack 2013b, S. 253f.). Dafür lässt sich folgende heuristische Leitfrage formulieren: Durch welche Elemente eines konjunktiven Raums kommt es zu einer spezifischen bzw. ‚typischen' Haltung?

Trotz der grundlegenden Gemeinsamkeiten besteht die Möglichkeit, dass bei einer ausreichenden Anzahl von Fällen im Sinne der soziogenetischen Typenbildung auch Nuancierungen/Differenzen zwischen den einzelnen Positionen ausgemacht werden können. Es lassen sich also überindividuell gültige Differenzen in den Formen des konjunktiven Wissens identifizieren. Diese Differenzen des konjunktiven Wissens können dann mit Bezug auf die spezifische Lokalisierung der Akteure im konjunktiven Raum verstehend re-konstruiert werden. Dabei lässt sich folgende heuristische Leitfrage formulieren: Durch welche Elemente eines konjunktiven Raums und durch welche überindividuell gültigen, akteursspezifischen Lokalisierungen kommt es zu einer spezifischen bzw. ‚typischen' Haltung?

Auf der Grundlage der Basistypik, „also jene Typik, bei der die Konstruktion einer ganzen Typologie ihren Ausgangspunkt nimmt" (Bohnsack 2013b, S. 253f.), lassen sich für die soziogenetische Typenbildung verschiedene Ausprägungen re-konstruierend ausdifferenzieren: „Jeder Fall wird innerhalb der Typiken der Typologie umfassend verortet und kann damit zum Dokument und Exemplifizierung für mehrere Typiken werden" (Nentwig-Gesemann 2013, S. 317).

So konnte im Rahmen des Forschungsprojektes ‚Learning to Battle. Battlerap zwischen Handwerk und Lebensgefühl' zwischen zwei Typen von Battlerappern differenziert werden. Als ‚Basistypik' bei der Haltung von Battlerappern konnte die Leistungsorientierung, der Fokus auf das Handwerk Battlerap und das kollegiale Verhältnis zu den anderen Battlerappern herausgearbeitet werden (vgl. dazu eingehender 3.3.6). Vor dem Hintergrund dieser Basistypik ließ sich eine medialitätsspezifische Differenz zwischen Freestyle- und Audio-Battlerappern identifizieren: Freestyle-Battlerapper definieren ihre Handwerkskriterien durch die Spezifität von Livesituationen, in denen sich Freestyle-Battlerap entfaltet. Die kreative Spontanität, die darin besteht, aus der Situation des Freestylebattles auf die Herabwürdigungen des Gegners in Reimform konternd einzugehen, stellt die zentrale handwerkliche Herausforderung dar. Diese Herausforderung wird durch die Livekonstellation (Gegner/Publikum/andere zusehende Battlerapper) definiert. Diese Perspektive auf Livebattles begründet eine kritische Perspektive auf Audio- und Videobattles: Audio-Battles weisen aufgrund der anderen medialen Struktur nicht die spezifischen Merkmale auf. Audio-Battlerapper entsprechen nicht dem Anforderungsniveau der ‚Livequalität' des Freestyle-Battleraps. Bei Audio-Battlerappern kommt es ebenfalls zu einer medialitätsspezifischen Selbstverortung. Dabei wird eine Haltung realisiert, die sich mit dem Begriff ‚Kompositionsqualität' fassen lässt. Die Battles werden in Form von Songs ausgetragen. Jeder Battlerapper reagiert auf den Battlesong (‚Disstrack') des Gegners. Der Zeitraum, bis zu dem ein Disstrack als Antwort fertigstellt sein muss, ermöglicht es, an den ‚Antworten zu feilen'. Aus dieser Perspektive zeigt sich der Handwerkscharakter des Battleraps gerade darin, dass die Antwort viel mehr gestaltet bzw. komponiert werden kann als in der Livesituation des Freestyle-Battleraps. Freestyle-Battleraps unterliegen zeitlichen Zwängen (es muss sofort gekontert werden). Eine kompositorische Herabwürdigung des Gegners kann daher nicht wie bei den Audio-Battles realisiert werden. Vor dem Hintergrund dieser Überlegungen entsprechen Freestyle-Battleraps nicht dem Anforderungsprofil der ‚Kompositionsqualität'. Durch den Faktor der Medialität lassen sich zwei ‚typische Haltungen' ausdifferenzieren, die sich im konjunktiven Raum des Battleraps herausbilden – den Live-Battlerapper und den Audio-Battlerapper.

3.6.5 Der konjunktive (Bildungs-)Raum schulischer Rockbands – Ein Beispiel aus dem Forschungsprojekt ‚Die Schule rockt!'

Im Zuge des Forschungsprojektes ‚Die Schule rockt!' wurden mit Schüler*innen der Grundschule und den Schüler*innen der Oberschule Gruppeninterviews geführt (vgl. 3.1.10). Die Auswertung der Gruppeninterviews orientierte sich an Strategien der dokumentarischen Methode. Im Folgenden wird die eingesetzte Auswertungsstrategie (also die Art und Weise des methodischen Vorgehens in der Forschungsphase der Datenauswertung) anhand eines Interviews mit Schüler*innen der Oberschule dargestellt:

• Zunächst wurde das Gruppeninterview im Sinne der formulierenden Interpretation thematisch segmentiert. Die einzelnen thematischen Abschnitte wurden dabei inhaltlich paraphrasiert.
• Im zweiten Schritt wurde herausgearbeitet, wie die inhaltlichen Aspekte thematisiert wurden. Die Art und Weise, wie Themen behandelt wurden, ist durch

die Anwendung eines kontrastiven Verfahrens herausgearbeitet worden. Dabei ist folgende Leitfrage zum Einsatz gekommen: Wie hätte das gleiche Thema in anderen Kontext noch thematisiert werden können? Für dieses kontrastive Verfahren wurde zum Teil auf empirisches Material zurückgegriffen, das aus anderen Forschungsprojekten stammte.

- Anschließend wurden themenspezifische Zusammenfassungen (z.b. Proben, Interaktionen mit den anderen Musiker*innen, Interaktionen mit Herrn H. und Herrn L.) verfasst.
- In einem nächsten Schritt sind die verschiedenen inhaltsspezifischen Thematisierungen miteinander verglichen worden. Dabei lag der Fokus v.a. darauf, ob inhaltsübergreifende Gemeinsamkeiten bei der Thematisierung identifiziert werden konnten – z.b. gab es Elemente, die die Relation zwischen Schüler*innen untereinander und die Relation Herr H./Schüler*innen gemeinsam hatten?
- Hieraus resultierten themenübergreifende Kategorien (u.a. Wertschätzung und Solidarität), die die Kommunikationsstrukturen der Band – also das *Wie* der Kommunikation – prägten.

Dieses Vorgehen wurde mit den anderen Gruppeninterviews wiederholt. Die Analyseergebnisse und gebildeten Kategorien wurden miteinander verglichen und zu einer zusammenfassenden Deutung zusammengeführt. Durch dieses Vorgehen konnten Eckpunkte eines konjunktiven Raums identifiziert werden. Dieser Raum ist u.a. darüber definiert, dass ein leistungsorientiertes gemeinsames Arbeiten eine gegenseitige Anerkennung effektuiert. Die herausgearbeiteten Aspekte, die den konjunktiven Raum aufspannen bzw. die Tiefenstruktur des *Wie* prägen, wurden in Bezug zu den Merkmalen von Bildung gesetzt. Dabei wurde diskutiert, ob, und wenn ja, welche Merkmale darauf verweisen, dass sich in dem konjunktiven Raum des Bandprojekts Bildung vollzieht (lässt sich bei diesem konjunktiven Raum von einem Bildungsraum sprechen? Wenn ja, warum? Wenn nein, warum nicht?). In einem weiteren Schritt wurde dieser Bildungsraum mit anderen konjunktiven Räumen verglichen, die als Bildungsräume identifiziert worden sind. Es zeigte sich eine Strukturäquivalenz in der Raumorganisation, so dass im Sinne einer integrativen qualitativen Bildungsforschung das Modell des Bildungsraums empirisch fundiert werden konnte (vgl. dazu eigehender Punkt 4.1).

Im Folgenden soll an einer Textstelle exemplarisch die interpretative Auseinandersetzung mit den Gruppeninterviews dargestellt werden.

I1:   Super. Dann würde ich praktisch noch mal so in die Runde starten, jetzt bei dir, sag, was hat bei den Auftritten, was bringt dir dabei Spaß?

[...]

B3 (13 Jahre):	Dass die Leute zugucken, bringt auch Spaß.

[...]

B4 (12 Jahre):	Und filmen wahrscheinlich auch.
I1:	Da werdet ihr gefilmt mit Handykamera?
B4 (12 Jahre):	Ja.
B2 (14 Jahre):	Also ich finde es, äh, also ich mag das richtig wenn die Leute ähh applaudieren (.) und ähm immer nach den Auftritten kamen manche zu mir, zum Beispiel wo wir die Fünftklässler eingeschult haben.
I1:	Ja.
B2 (14 Jahre):	'Also, eingesungen haben. Kam, ich hab immer noch Fans, sag ich jetzt mal, die kamen jedes Mal zu mir und sagen wie toll ich gesungen habe und (.) ja.

[...]

B2 (14 Jahre):	Ich mag das richtig.
B1 (13 Jahre):	Also ich mag das immer, also, wenn, das macht mich glücklich, wenn die Leute dann auf einmal so happy sind, wenn wir spielen.

Formulierende Interpretation: Die Schüler*innen thematisieren Auftrittserfahrungen. Dabei wird

• die Aufmerksamkeit der Zuschauer*innen genannt,
• dass der Auftritt mitgeschnitten wird und die positive Rückmeldung von Zuschauer*innen wird thematisiert.
• Zudem wird die eigene Erlebenswelt angesprochen („das macht mich glücklich").

Reflektierende Interpretation: Die Schüler*innen thematisieren die Anerkennung und die symbolische Würdigung, die sie erfahren, wenn der Auftritt gefilmt wird. Zugleich wird ein Wirkungszusammenhang hergestellt: Die Schüler*innen spielen Musik und machen die Zuschauer*innen „happy", was dann wieder emotional rückkoppelnd wirkt, so dass zumindest Schüler B1 „glücklich" wird. Diese emotionale Selbstverortung und beschriebene Kausalität ist besonders hervorzuheben, da „glücklich" vorher und später im Interviewverlauf anders als die modale Prozessbeschreibung „das bringt Spaß" thematisiert wird. Im Sinne eines gedankenexperimentell konstruierten Gegenhorizonts ließe sich denken, dass die Schüler*innen Angst vor den Zuschauer*innen haben und diese als potenzielle Aggressoren erfahren: Z.B. indem die Zuschauer*innen die Schüler*innen ausbuhen oder aufstehen, um den Auftritt der Band nicht weiter zu verfolgen – also die Relation Musiker*innen/Zuschauer*innen auflösen. Vor dem Hintergrund dieses

Vergleichs erscheint v.a. die emotionale Gemeinschaft bemerkenswert, die sich zwischen den Schüler*innen als Musiker*innen und den Zuschauer*innen bildet. Die anderen Gruppeninterviews bestärken diese Deutung:

B5 (11 Jahre):   Da können wir mit den Zuschauern teilen, wie gut wir sind, was wir gelernt haben und mir gefällt es, wenn die klatschen. Da weiß man, wir haben es gut gemacht.

Formulierende Interpretation: Mit den Zuschauer*innen wird die eigene Kompetenz geteilt. Zudem bestärkt die positive Reaktion die Selbstwahrnehmung.

Reflektierende Interpretation: Die Schüler*innen erfahren durch die Auftritte Anerkennung und nehmen sich in ihrer Relation zu den Zuschauer*innen als wirkmächtig dar: Mit ihren Kompetenzen (Musik machen) können sie etwas erreichen. Zudem wirkt die Anerkennung der Zuschauer*innen positiv auf die eigene Wahrnehmung zurück. Es lässt sich von einem performativen Zirkel sprechen, bei dem sich Musizieren und erfahrene Anerkennung durch das Publikum gegenseitig bestärken und antreiben. Die erlebte Form der Selbstwirksamkeit in einem positiv erfahrenen sozialen Kontext wiederholt sich auch in anderen Erzählungen. So wird beispielsweise in dem inhaltlichen Abschnitt, in dem die Arbeitsweise der Band besprochen wird, v.a. die eigene Kreativität thematisiert. So wurde von allen als Lieblingslied ein Lied genannt, das von der Band selbst geschrieben wurde – dabei ist das Lied im Gruppenkontext entstanden:

I: Warum magst Du das Lied?
B2 (14 Jahre):   Weil ich äh stolz drauf war. Weil ich das mit dem Keyboard gemacht habe. Und dann kam die Band dann, also und alle haben angefangen zu spielen. Und dann haben wir uns einen Text rausgesucht und so ist das entstanden. Und deswegen macht es mir Spaß.

Formulierende Interpretation: B2 reflektiert seine eigene emotionale Beziehung zum Lied. Diese emotionale Beziehung zum Lied wird anhand der Entstehungsgeschichte des Lieds re-konstruiert. Zuerst spielt B2 alleine am Keyboard, dann kommen die Mit-Schüler*innen und haben mitgespielt. Anschließend wird ein Text „rausgesucht".

Reflektierende Interpretation: Das Lied wird als Produkt der Band verstanden. Ausgehend von der Keyboardmelodie von B2 wurde das Lied in der Gruppe komponiert. Signifikant ist an dieser Stelle, dass die Entstehung des Liedes als Gruppenprozess gedeutet wird („Und dann kam die Band", „Und dann haben wir uns einen Text rausgesucht"). Die eigene Kreativität geht im Gruppenkontext auf.

Durch diesen Gruppenkontext wird die Kreativität als solche erst entfaltet. Aus der Idee von B2 wurde ein Resultat – das Lieblingslied aller. Es wird beispielweise nicht erzählt, dass Herr H. und Herr L. den Impuls der Keyboardmelodie aufgegriffen und den Prozess der Komposition gesteuert haben. Vor dem Hintergrund dieses möglichen Gegenhorizonts lässt sich ablesen, wie handlungsmächtig und wie solidarisch sich die Schüler*innen als Musiker*innen begreifen, da sie alle gemeinsam sukzessive aus der Keyboardmelodie eine Liedkomposition entwickelt haben. Abstrahierend lässt sich festhalten, dass die Schüler*innen sich als wirkmächtig in einem positiv erfahrenen sozialen Kontext erleben. Diese Wirkmächtigkeit zeigt sich neben den Auftrittserfahrungen und der Wahrnehmung der eigenen Kreativität auch in der Relation zu den Musikpädagogen:

> B6 (12 Jahre):   Wir verstehen uns alle richtig gut miteinander so und äh, dann lachen wir immer zusammen oder Herr H. spielt auf seinem Keyboard irgendwelche komischen, witzige Lieder oder so.

sowie im Erlenen des Musikinstruments:

> B7 (11 Jahre):   Also, das ist nicht so kompliziert. Ähem, also jeden Tag lernt man auch mehr. Und bald kann man es sehr einfach gut spielen. Und dann hat man auch keine Fehler.

Es lassen sich Merkmale herausarbeiten, die das soziale Miteinander des Bildungsraums prägen:

• Die Leistungsorientierung beim Erlenen des Instruments,
• das kollaborative Miteinander/Anerkennung des Anderen[30],
• Wahrnehmung der eigenen Selbstwirksamkeit (z.B. beim Erlenen des Instruments sowie beim gemeinsamen Spielen und bei den Auftritten).

Diese Aspekte lassen sich als Indikatoren für ein positiv konnotiertes Selbst-/Weltverhältnis lesen, das sich in der sozialen Konstellation des Bandprojekts entfaltet. Die Auswertungsergebnisse anderer Daten (z.B. der teilnehmenden Beobachtung, vgl. 3.1.10) stützen diese These und legen eine Perspektive auf Bildungsdynamiken

---

30   Weder Publikum noch Bandmitglieder oder Musikpädagogen werden als ein ‚Gegenüber' wahrgenommen, von dem sich abgegrenzt wird. Vielmehr werden die anderen Akteure als relevante und positiv belegte Akteure im Kontext des Bandprojektes verstanden.

und Bildungsprozesse (vgl. 4.1 & 4.2) frei. Durch ihren Fokus auf die Re-Konstruktion des *Wie* kann die dokumentarische Methode im Kontext einer integrativen Bildungsforschung u.a. dazu eingesetzt werden, die Qualitäten sozialer Konstellationen herauszuarbeiten – entspricht das *Wie* der Kommunikation den normativen Implikationen von Bildung?

Literatur

Bohnsack, R. (1983). *Alltagsinterpretationen und soziologische Rekonstruktion.* Opladen: Westdeutscher Verlag.

Bohnsack, R. (1989). *Generation, Milieu und Geschlecht – Ergebnisse aus Gruppendiskussionen mit Jugendlichen.* Opladen: Leske + Budrich.

Bohnsack, R. (1999). *Rekonstruktive Sozialforschung. Einführung in Methodologie und Praxis qualitativer Forschung.* Opladen: Leske + Budrich.

Bohnsack, R. (2003). Dokumentarische Methode und sozialwissenschaftliche Hermeneutik, *Zeitschrift für Erziehungswissenschaft* 7 (Beiheft 6), S. 550-570.

Bohnsack, R. (2013a). Gruppendiskussionsverfahren und dokumentarische Methode. In B. Friedbertshäuser, A. Langer & A. Prengel (Hrsg.), *Handbuch qualitative Forschungsmethoden in der Erziehungswissenschaft* (S. 205-218). Weinheim: Beltz/Juventa.

Bohnsack, R. (2013b). Typenbildung, Generalisierung und komparative Analyse: Grundprinzipien der dokumentarischen Methode. In R. Bohnsack, I. Nentwig-Gesemann & A.-M. Nohl (Hrsg.), *Die dokumentarische Methode und ihre Forschungspraxis. Grundlagen qualitativer Sozialforschung* (S. 241-270). Wiesbaden: VS Springer.

Bohnsack, R. (2013c). Dokumentarische Methode und die Logik der Praxis. In A. Lenger, C. Schneickert & F. Schumacher (Hrsg.), *Pierre Bourdieus Konzeption des Habitus. Grundlagen, Zugänge, Forschungsperspektiven* (S. 175-200). Wiesbaden: VS Springer.

Bohnsack, R., Nentwig-Gesemann, I., & Nohl, A.-M. (2013). Einleitung: Die dokumentarische Methode und ihre Forschungspraxis. In R. Bohnsack, I. Nentwig-Gesemann & A.-M. Nohl (Hrsg.), *Die dokumentarische Methode und ihre Forschungspraxis. Grundlagen qualitativer Sozialforschung* (S. 9-32). Wiesbaden: VS Springer.

Bohnsack, R. & Schäffer, B. (2013). Exemplarische Textinterpretation: Diskursorganisation und dokumentarische Methode. In R. Bohnsack, I. Nentwig-Geseman & A.-M. Nohl (Hrsg.), *Die dokumentarische Methode und ihre Forschungspraxis. Grundlagen qualitativer Sozialforschung* (S. 331-346). Wiesbaden: VS Springer.

Bourdieu, P. (1983). *Die feinen Unterschiede. Kritik der gesellschaftlichen Vernunft.* Frankfurt am Main: Suhrkamp.

Kelle, U., & Kluge, U. (2010). *Vom Einzelfall zum Typus. Fallvergleich und Fallkontrastierung in der qualitativen Sozialforschung.* Wiesbaden: VS Springer.

Krinninger, D., & Müller, H.-R. (2012). Hide and Seek. Zur Sensibilisierung für den normativen Gehalt empirisch gestützter Bildungstheorie. In I. Miethe & H.-R. Müller (Hrsg.), *Qualitative Bildungsforschung und Bildungstheorie* (S. 57-75). Opladen: Barbara Budrich.

Mannheim, K. (1980). *Strukturen des Denkens.* Frankfurt am Main: Suhrkamp.

Marotzki, W. (1995). Qualitative Bildungsforschung. In E. König & P. Zedler (Hrsg.), *Bilanz qualitativer Forschung Bd.1* (S. 99-133). Weinheim: Deutscher Studien Verlag.

Nentwig-Gesemann, I. (2013), Die Typenbildung der dokumentarischen Methode. In R. Bohnsack, I. Nentwig-Geseman & A.-M. Nohl (Hrsg.), Die dokumentarische Methode und ihre Forschungspraxis. Grundlagen qualitativer Sozialforschung (S. 295-293). Wiesbaden: VS Springer.

Nohl, A. M. (2005). Dokumentarische Interpretation narrativer Interviews. *Bildungsforschung*, 2(2). urn: nbn:de:0111-opus-46586.

Nohl, A.-M. (2013). Komparative Analyse. Forschungspraxis und Methodologie dokumentarischer Interpretation. In R. Bohnsack, I. Nentwig-Geseman & A.-M. Nohl (Hrsg.), *Die dokumentarische Methode und ihre Forschungspraxis. Grundlagen qualitativer Sozialforschung* (S. 271-293). Wiesbaden: VS Springer.

Nohl, A.-M. (2017). *Interview und dokumentarische Methode. Anleitungen für die Forschungspraxis.* Wiesbaden: VS Springer.

Przyborski, A. (2004). *Gesprächsanalyse und dokumentarische Methode. Qualitative Auswertung von Gesprächen, Gruppendiskussionen und anderen Diskursen.* Wiesbaden: VS Springer.

Weber, M. (1914). *Wirtschaft und Gesellschaft.* Tübingen: J.C.B. Mohr.

3.7   Die Diskursanalyse – Wer ist der Diskurs, was sagt er?

Die Diskursanalyse ermöglicht es, überindividuelle Deutungsmuster herauszuarbeiten. Durch die Samplingstrategien der qualitativen Diskursanalyse lässt sich verstehend re-konstruieren, wie Deutungsmuster auf verschiedenen Diskursebenen und aus verschiedenen Akteurspositionen heraus formuliert werden.

3.7.1   Einleitung

Die Diskursanalyse wird verstärkt seit den 1960er Jahren in der Sozialforschung eingesetzt. Als Forschungsmethode lässt sich die Diskursanalyse sowohl einem qualitativen sowie quantitativen Forschungsparadigma zuordnen. Dementsprechend kann zwischen einer quantitativ orientierten Diskursanalyse und einer qualitativ orientierten Diskursanalyse differenziert werden. Entscheidend ist hier die Wahl des Sampling: Eine quantitativ orientierte Diskursanalyse lässt sich im Sinne einer quantitativen Inhaltsanalyse verstehen: Verhältnismäßig große Textmengen werden vor dem Hintergrund festgelegter Kategorien deduktiv durchgegangen (zu dem diskursanalytischen Ansatz im Kontext korpuspragmatischer Analysemethoden vgl. Bubenhofer & Scharloth 2013). Eine qualitativ orientierte Diskursanalyse ist dem hermeneutischen Vorgehen und Samplingmodell qualitativer Sozialforschung verpflichtet. Dabei lässt sich die qualitative Diskursanalyse auch als eine

Vermessung des Diskursraums darstellen: Welche Positionen sind im Rahmen eines Diskursraums ‚sagbar'? Grundlegend ist hierfür die Bedeutung, die Sprache im Zuge des linguistic turn als Untersuchungsgegenstand erfährt. Der linguistic turn bildet die methodologische Grundlage der Diskursanalyse.

3.7.2   Mit Sprache Wirklichkeit schaffen – Der linguistic turn

Der linguistic turn stellt einen Analysefokus dar, bei dem davon ausgegangen wird, dass wir über Sprache Zugang dazu erhalten, wie Akteure die Wirklichkeit interpretieren. Diese These lässt sich weiter ausbauen: Durch die Art und Weise, wie wir durch Sprache den Dingen Bedeutung zuweisen und wie wir durch Begriffe die Wirklichkeit ordnen, konstruieren wir erst diese Wirklichkeit. Diese These soll im Folgenden erläutert werden.

Welterfahrung und Weltaneignung erfordern, die Welt zu verstehen und ihr einen Sinn zu geben. Das Individuum ist nicht losgelöst von der Welt zu denken, die es umgibt. Das Individuum macht Erfahrungen in und mit dieser Welt. Dabei interpretiert das Individuum diese Welt. Es versteht sie bzw. macht sie sich zu eigen, indem es ein verstehendes Verhältnis zur Welt konstruiert. Die Deutung von Welt, die sich im Zuge von Welterfahrung und Weltaneignung vollzieht, ist gesellschaftlich gebunden und durch ein gesellschaftlich ‚vorformuliertes' Weltverständnis vorgegeben. Der Akteur wird demnach in ein Weltverständnis geboren, das über Sprache kommuniziert wird. Die sprachliche Fixierung von Phänomenen gibt die Art und Weise vor, wie über Phänomene gesprochen wird und wie wir über Phänomene denken. Verfolgt man diesen Denkansatz weiter, kann dies zu der These führen, dass Phänomene über Sprache konstituiert werden. Erst über das, was im Erkenntnismedium ‚Sprache' als Phänomen benannt wird, kann man sprechen und sich austauschen: „Bedeutung kann etwas nur haben in einer Sprache" (Frank 1984, S. 283). Im Sinne des linguistic turn wird durch Sprache gesellschaftliche Wirklichkeit bzw. gesellschaftliches Wissen produziert. Die Weltdeutung durch Sprache lässt sich auch mit dem Begriff Diskurs fassen.

▶ **Definition: Diskurs**   Der Diskurs (frz. Rede/Abhandlung) lässt sich als ein Symbolsystem verstehen, durch das über Sprache gesellschaftliche Wirklichkeit konstruiert wird.

Der Diskurs kann als Prozess verstanden werden, bei dem wir durch Sprache und Handlungen Sachverhalte/soziale Phänomene thematisieren:[31] Durch unsere Handlungen und unsere Sprache wird Wirklichkeit konstruiert.

▶ Kurz notiert: Sprache als Erkenntnismedium   Sprache ist nicht ein neutrales Medium von Erkenntnis, sondern wird im Zuge des linguistic turns als erkenntnisgenerierend verstanden. Vor diesem Hintergrund lässt sich Sprache als ein Zeichensystem verstehen, das der Kommunikation dient und über Kommunikation Wissen herstellt. Das Wissen einer Gesellschaft, die Art und Weise, wie eine Gesellschaft die Wirklichkeit versteht, drückt sich auch in deren Sprache bzw. in deren Diskursen aus – also in der Art und Weise, über Dinge zu sprechen.

Vor dem Hintergrund dieser erkenntnistheoretischen Überlegungen zu dem Verhältnis zwischen ‚Sprache' und ‚Wirklichkeit' lässt sich die Analyse von Sprache auch im Sinne einer sozialwissenschaftlichen Forschungsstrategie nutzen: Anstatt eine Beschreibung von Dingen/sozialer Prozesse zu geben, wird im Kontext des linguistic turn eine Analysestrategie entwickelt, die die Art und Weise, wie Dinge beschrieben werden, in den Fokus rückt. „Das bedeutet, dass immer auch die Frage danach gestellt ist, was *nicht sagbar* war bzw. ist" (Jäger 2004, S. 423, H.i.O.). Diskurse werden durch ‚diskursive Praktiken' konstituiert. Diskursive Praktiken generieren im performativen Vollzug Wissen – „Ein Wissen ist das, wovon man in einer diskursiven Praxis sprechen kann" (Foucault 1981, S. 259). Dies schließt gesprochene und geschriebene Sprache gleichermaßen mit ein, gilt aber auch für andere Symbolsysteme wie Bilder: So wird die Geschlechterordnung ‚Mann/Frau' in der Sprache hergestellt, z.B. in dem sich Possessivpronomen auch nach dem Geschlecht richten *ihre* Tasche/*seine* Tasche'. Die Geschlechteridentität wird aber auch durch geschlechtsspezifische Toiletten bzw. durch ikonische Darstellung der Geschlechter markiert, die zeigen, ob es sich um eine ‚Männertoilette' oder ‚Frauentoilette' handelt. Diskursanalysen müssen daher nicht zwangsläufig auf der Analyseebene der gesprochenen/geschriebenen Sprache verbleiben, sondern können sich auch anderen Symboldimensionen zuwenden.

---

31   Es lassen sich verschiedene Diskursverständnisse identifizieren, die auch einen Einfluss auf die Diskursforschung haben. Hier wird auf einen Diskursbegriff und auf diskursanalytische Ansätze rekurriert, die sich auf methodologische sowie methodische Überlegungen Foucaults beziehen. Dies liegt in der Relevanz des Foucaultschen Ansatzes für die Diskursanalyse begründet. Zu einer einführenden Ausdifferenzierung anderer Diskursverständnisse siehe Heindl (2015).

3.7.3 Sprache ist nicht neutral!

Durch Symbolsysteme wird Realität hergestellt (vgl. 2.6.1). Ähnlich wie der symbolische Interaktionismus geht Foucault von der wirklichkeitsgenerierenden Wirkung von Symbolsystemen aus. Foucaults Perspektive auf Diskurse impliziert einen machtanalytischen Ansatz. Dieser machtanalytische Ansatz fokussiert darauf, wie durch Diskurse bzw. diskursive Praktiken (Be-)Wertungen durchgeführt werden (vgl. Foucault 2001). Anhand von Sprache werden Sachverhalte mit Wertungen versehen – über Sprache werden Machtverhältnisse bzw. Abhängigkeitsverhältnisse und Hierarchien hergestellt. Die Konstruktion von Machtstrukturen über diskursive Praktiken vollzieht sich für den sprechenden Akteur dabei oftmals unbewusst – der sprechende Akteur ist sich nicht immer bewusst, dass er in seinem Sprechen Hierarchien reproduziert: z.B. wenn Kinder von Erwachsenen geduzt werden, während Kinder Erwachsene zu siezen haben, ist damit bereits mehr oder weniger bewusst, sprachlich eine Hierarchie in der Beziehung ‚Erwachsene/ Kinder' etabliert. Als ein weiteres Beispiel von diskursiven Machteffekten ließe sich die Bezeichnung ‚Behindert' anführen. Diese Bezeichnung bezieht sich auf Menschen mit einem Handicap, die dadurch definiert sind, physisch/kognitiv etwas nicht leisten zu können, zu dem die Mehrheit der Menschen in der Lage ist. ‚Behindert' definiert ‚behinderte Menschen' als Menschen, die eine Funktion nicht adäquat erfüllen können – ansonsten hätten sie beispielsweise anstatt ‚behindert' (oder im Englischen ‚disabled') als ‚anders-befähigt' (oder ‚other-abled') bezeichnet werden können. Als diskursive Praktik hätte die Bezeichnung ‚anders-befähigt' eher auf die Differenz anstatt auf das Defizit gegenüber ‚nicht-behinderten' Menschen hingewiesen. Als eine Form diskursiver Praktik produziert die Bezeichnung ‚Behinderter' in alltäglichen Gesprächen stets aufs Neue diese Exklusionslogiken, mit denen ‚Menschen mit Handicap' konfrontiert sind. Die Bezeichnungen ‚anders-befähigt' oder ‚Menschen mit Handicap' lassen sich wiederum als Form der Sprachrevision verstehen, um alternative Formen diskursiver Praktiken zu etablieren: Sprachrevisionen – wie die Verschiebung der Bezeichnung ‚Negerkuss' zum ‚Schokokuss' – zeigen an, wie Machtstrukturen über diskursive Praktiken hergestellt aber auch aufgebrochen werden können. Diskursive Praktiken und damit Diskurse sind in Bewegung, ändern sich und damit ändert sich auch unser Verständnis von Wirklichkeit. Diskurse stellen folglich keine statischen Untersuchungsobjekte dar: „Der Diskurs ist kaum mehr als die Spiegelung einer Wahrheit, die vor ihren eigenen Augen entsteht" (Foucault 2001, S. 32).[32]

---

32 So spricht Jäger (2015) von diskursiven Ereignissen „die medial groß herausgestellt werden und als solche medial groß herausgestellte Ereignisse die Richtung und die

Diskursive Praktiken werden in Interaktionen aktualisiert, performativ re-produziert und sind damit in Verstehensprozessen kontextualisiert: Diskurse beeinflussen Akteure in ihrem Handeln, werden aber zugleich durch Akteure in ihrem Handeln hervorgebracht. Gerade diese performative, diskurshervorbringende Bedeutung von Akteuren macht diskursanalytische Ansätze an hermeneutische Analysestrategien anschlussfähig – welche Sprache nutzen Akteure und welche Perspektive auf Wirklichkeit konstruieren sie damit? (vgl. zur Diskussion der hermeneutischen bzw. nicht-hermeneutischen Ausrichtung der Foucaultsch inspirierten Diskursanalyse Keller 2007).

Es lässt sich festhalten, dass die Diskursanalyse eine Forschungsperspektive darstellt, die verschiedene methodische Zugänge ermöglicht. In Anschluss an das Diskursverständnis von Foucault besteht ein Erkenntnisfokus diskursanalytischer Ansätze in der Analyse von Hierarchien und Abhängigkeitsverhältnissen, die durch diskursive Praktiken hergestellt werden (vgl. dazu den ähnlichen Ansatz einer ‚kritischen Diskursanalyse' von Fairclough & Wodak 1997). Diskurse entfalten sich dabei in Dispositiven.

▶ **Definition: Dispositiv** Ein Dispositiv lässt sich als die ‚Infrastruktur' eines Diskurses verstehen (siehe dazu eingehender Jäger 2015, S. 69). Ein Dispositiv umfasst folglich u.a. die Institutionen, Regeln und die Machtverteilungen unter den Akteuren, die einen Diskurs kennzeichnen bzw. einen Diskurs ermöglichen.

Um sich einem Diskurs analytisch zu nähern, schlägt Keller (2011) die folgenden Fragen als übergeordnete Leitfragen für diskursanalytische Verfahren vor (Keller 2011, S. 65):

* „*Wer* darf legitimer Weise *wo* sprechen?"
* „*Was* darf/kann *wie* gesagt werden?" (Keller 2011, S. 67, H.i.O.).

Diese übergeordneten, diskursanalytischen Leitfragen lassen sich in konkrete Fragestellungen der Diskursforschung überführen. Keller erstellt hierfür eine Liste an Fragen, von denen drei exemplarisch im Folgenden genannt seien:

* „Wann taucht ein spezifischer Diskurs auf und wann verschwindet er wieder?"
* „Welche Phänomenbereiche werden dadurch wie konstituiert?"

Qualität des Diskursstrangs, zu dem sie gehören, beeinflussen oder wesentlich bestimmen" (Jäger 2015, S. 83).

- „Welche Akteure besetzen mit welchen Ressourcen, Interessen, Strategien die Sprecherposition?" (Keller 2011, S. 70).

3.7.4 Von der Äußerung zur Aussage zum Sinnverstehen

Diaz-Bone (2006) weist mit Bezug auf Foucault darauf hin, dass ein Diskurs aus einem „System von ‚Aussagen' aus einem Feld" (Diaz-Bone 2006, S. 251) besteht. Um diese These forschungspraktisch nutzbar zu machen, erscheint es als relevant, zwischen Aussagen und Äußerungen zu differenzieren: Im diskursanalytischen Verfahren wird herausgearbeitet, wie konkrete Äußerungen sich als Aussagen verstehen lassen. Äußerungen sind dabei konkrete sprachliche Manifestationen wie „Hallo, mein Name ist Herr Müller". Aussagen bilden dabei eine ‚erste Ebene des Typischen' bzw. einen „inhaltlich gemeinsame[n] Nenner" (Jäger 2015, S. 95), der überindividuelle diskursive Strukturen erkennen lässt. So lässt sich eine Gruppe von Äußerungen zu der Aussage ‚Begrüßungen' zusammenfassen. Aussagen stellen wichtige Elemente oder ‚Funktionen' im Diskurs dar:

> Gegenüber Äußerungen als zeitlich-räumlich spezifische Aussagenereignisse fungieren Aussagen gleichsam als Atome, als konstitutive systematische Bestandteile diskursiver Formierungen bzw. Diskursen. Der Begriff der ‚Aussage' bezeichnet nicht einfach eine Proposition, einen Satz, einen konkreten Sprechakt oder gar einen bestimmten geäußerten Inhalt. Die ‚Aussage' stellt vielmehr eine Funktion dar, die wiederholbar ist, da sie im Diskurs in der Form sprachlicher Zeichen etwas zu etwas anderem in Beziehung setzt. Insofern bezeichnen Aussagen die ‚regel-mäßigen' wiederkehrenden zeichenhaften Verkettungen von Bedeutungsrelationen, die zwar als Funktion des jeweiligen Praxis- bzw. Anwendungsfelds, in das sie eingestellt sind, durch eben dieses Anwendungsfeld, also durch ihren jeweiligen Kontext in ihrer faktischen Wiederholbarkeit eingegrenzt werden (Bührman & Schneider 2008, S. 25f.).

Äußerungen aktualisieren diskursive Strukturen bzw. Aussagen. Diese diskursiven Strukturen bzw. Aussagen lassen sich wiederum durch die Regelhaftigkeit der Äußerungen und deren Bedeutungskerne re-konstruieren (vgl. dazu auch Foucault 1981, S. 115ff.). Um aus Äußerungen Aussagen abzuleiten, kann sich an den folgenden Leitfragen orientiert werden:

- Lassen sich in mehreren Äußerungen unterschiedlicher Akteure bzw. in Diskursfragmenten analoge Klassifikationen erkennen? Diskursfragmente stellen dabei „Textteile dar, die ein *bestimmtes* Thema behandel[n]" (Jäger 2015, S. 80, H.i.O.).

- Lässt sich eine Aussagestruktur re-konstruieren? Lassen sich Äußerungen inhaltlich zusammenfassen? Deuten diese Äußerungen auf eine ‚typische‘ Art und Weise hin, ein Thema zu behandeln?

In Anschluss an Foucault lässt sich das Systematisieren/das Ordnen von Aussagen zu diskursiven Formationen bzw. „Aussagengruppen“ (Foucault 1981, S. 168) als ein zentrales Merkmal diskursanalytischer Verfahren verstehen: „Diskurs wird man eine Menge von Aussagen nennen, insoweit sie zu selben diskursiven Formation gehören […] Er wird durch eine begrenzte Zahl von Aussagen definiert […] Der so verstandene Diskurs ist keine ideale und zeitlose Form“ (Foucault 1981, S. 170, zu den Herausforderungen einer definitorischen Fassung des Begriffs ‚Aussagen‘ bei Foucault vgl. Frank 1984, S. 216). Aus dieser Perspektive stellen diskursanalytische Verfahren konstitutiv Kodierungsverfahren dar, die durch die verstehende Re-Konstruktion von Aussagen überindividuelle Bedeutungsdimension diskursiver Praktiken herausarbeiten. Gerade der Aspekt des Verstehens rückt v.a. qualitative Diskursanalysen in die Nähe hermeneutischer Analysen. Keller weist darauf hin, dass „Diskurse nicht für sich selbst [sprechen], sondern […] erst durch soziale Akteure und deren Sprachakte in gesellschaftlichen Praxisfeldern und institutionellen Gefügen ‚lebendig‘“ (Keller 2007, para. 43) werden. Ein zentrales Merkmal eines diskursanalytischen Erkenntnisinteresses besteht dabei darin, die überindividuellen Aussagenstrukturen zu identifizieren, die Verstehensprozesse beeinflussen.

Obgleich Foucault methodologische Reflexionen zur Diskursanalyse geleistet hat und u.a. mit „Gesellschaft und Wahnsinn“ und „Die Ordnung der Dinge“ Werke veröffentlichte, die methodisch eine diskursanalytische Ausrichtung haben, hat Foucault keine „genauere[n] Angaben über sein methodisches Arbeiten an einzelnen Texten“ (Keller 2007, para. 7) gegeben.[33] Foucault hat selbst dabei „nicht nach Schema F“ (Jäger 2015, S. 8) gearbeitet, sondern seine Vorgehensweise stets auf das Neue „bereichert, verändert, verbessert, umkreist“ (Jäger 2015, S. 8). Dieses Vorgehen von Foucault signalisiert eine generelle methodische Offenheit des diskursanalytischen Verfahrens (vgl. dazu auch Parker 2013, S. 554). Foucaults methodologische Überlegungen zum Diskursbegriff lassen sich als Ausgangspunkt verstehen, eigenständige methodische Strategien für diskursanalytische Verfahren zu entwickeln. Die Offenheit der Diskursanalyse gegenüber methodischen Ansätzen verlangt von diesen Ansätzen wiederum eine Begründung, inwieweit das

---

33 Heindl (2015) begründet dies mit Foucaults Intention, durch eine solche Offenheit eine methodische Flexibilität und Gegenstandsnähe zu realisieren (Heindl 2015, S. 257).

jeweils entwickelte Vorgehen den methodologischen Überlegungen und dem Erkenntnisfokus der Diskursanalyse gerecht wird.

Im Zuge der Auseinandersetzung mit Foucaults Diskursbegriff wurden verschiedene diskursanalytische Ansätze entwickelt beispielsweise der wissenssoziologische Ansatz von Keller (vgl. Keller 2011) oder der Ansatz der kritischen Diskursanalyse von Jäger (vgl. Jäger 2015). Im Folgenden wird ein diskursanalytisches Auswertungsvorgehen vorgestellt, das unterschiedliche methodische Strategien (u.a. von Keller 2011; Jäger 2015; Diaz-Bone 2006) aufgreift und integrativ zusammenführt. Ziel dieses Vorgehens ist es, diskursanalytische Auswertungsstrategien zu skizzieren, die u.a. im Kontext integrativer Bildungsforschung zum Einsatz kommen können.

3.7.5 Diskursanalyse in Practice

3.7.5.1 Diskursanalytisches Sampling

Für die Wahl des Sampling ist die Prämisse entscheidend, dass Diskurse überindividuell sind und sich sowohl in individuellen Narrationen manifestieren wie auch in medialen Berichterstattungen wie beispielsweise in der Tagesschau: „Diskurse können gesamtgesellschaftlicher, alltagskultureller Art sein, wie z.b. der Einwanderungsdiskurs oder der Abtreibungsdiskurs" (Rosenthal 2014, S. 231). Zugleich werden die Diskurse in den jeweiligen gesellschaftlichen Bereichen anders formuliert – beispielsweise wird der Einwanderungsdiskurs im wissenschaftlichen Feld anders thematisiert als im Zuge rechtspopulistischer Wahlveranstaltungen. Diese bereichsspezifischen Diskurse bzw. die bereichsspezifische Ausprägung von Diskursen werden auch als ‚Spezialdiskurse' bezeichnet.

Um ein Sampling für die Diskursanalyse zu erstellen, gilt es, zunächst eine ‚diskursive Einheit' von Texten zu bestimmen. Keller (2011) schlägt vor, zunächst „Wissens- bzw. Diskursfelder" (Keller 2011, S. 85) zu definieren. Eine solche Bestimmung von Wissens- bzw. Diskursfeldern kann über die Wahl eines Themas und/oder die Bestimmung von Akteuren geschehen, die in den ‚diskursanalytischen Blick' genommen werden sollen. Jäger (2015) spricht dabei von Diskurssträngen, die aus „Diskursfragmenten gleichen Themas" (Jäger 2015, S. 80) bestehen.[34] Diese Diskursstränge werden von Aussagen aus unterschiedlichen Dis-

---

34   Diese Diskursfragmente gleichen Themas können zu einem gegenwärtigen Zeitpunkt (synchrone Dimension) oder zu verschiedenen Zeitpunkten (diachrone Dimension) bestehen. Bei Samples, die synchrone Diskursstränge re-konstruieren, werden durch die

kursebenen konstituiert. Beispielsweise der Diskursstrang ‚frühkindliche Erziehung', der von Politiker*innen, Eltern, Erzieher*innen auf verschiedenen Diskursebenen realisiert wird: Aus politischer Perspektive, aus familienorganisatorischer Perspektive, aus professionstheoretischer Perspektive seitens der Erzieher*innen. Dabei sind „Ansichten und Äußerungen […] gleichzeitig als individuelle wie auch als überindividuelle, diskursive Phänomene zu betrachten und zu bewerten" (Jäger et al. 2015, S. 170). Vor dem Hintergrund der Bestimmung eines Wissens- bzw. Diskursfelds lässt sich eine Forschungsfrage formulieren. In einem nächsten Schritt können Diskursebenen und Diskurspositionen bestimmt werden, die im Sampling abgebildet werden sollen. Anschließend können Daten erhoben und ausgewertet werden.

3.7.5.2 Wer spricht wo? – Diskursebene und Diskursposition

Nachdem ein Wissens- bzw. Diskursfeld bestimmt wurde, lassen sich für das Sampling Diskursebenen bzw. Diskurspositionen identifizieren, die durch die Diskursanalyse in den Blick genommen werden soll.

▶ **Definition: Diskursebene**   Diskursebenen werden von Jäger (2015) als „soziale Orte" (Jäger 2015, S. 84) bezeichnet, von denen aus die Akteure sprechen.

Um einen Diskurs zu re-konstruieren bzw. Aussagemuster herauszuarbeiten, bietet es sich an, „heterogene Dokumente" (Keller 2011, S. 88) aus verschiedenen Diskursebenen zusammenzutragen. Es sollte darauf geachtet werden, dass alle relevanten Akteure, die einen Diskurs re-produzieren auch im Sampling vertreten sind. Dabei ist festzuhalten, dass es aus diskursanalytischer Perspektive von zentraler Relevanz ist, dass es das Sampling ermöglicht, akteursübergreifende Äußerungen als überindividuelle Aussagen zu identifizieren. Es geht dabei nicht um die individuelle Position eines Akteurs, sondern der Akteur ist Repräsentant einer Diskursebene. Neben Diskursebenen lässt sich auch zwischen unterschiedlichen Diskurspositionen (Jäger 2015, S. 85) differenzieren.

▶ **Definition: Diskursposition**   Mit dem Begriff Diskursposition werden die verschiedenen Akteursperspektiven bezeichnet, die einen Diskursstrang thematisieren: So kann auf der Diskursebene ‚Medien' zwischen Mainstream-Medien und

---

diskursanalytischen Verfahren die Strukturen gegenwärtiger Diskurse in den Blick genommen. Bei diachronen Diskurssträngen wird eher die Genese eines Diskurses thematisiert. Im Folgenden wird auf synchron orientierte Diskursanalysen fokussiert.

Gegenmedien wie Indymedia unterschieden werden. Durch die Diskurspositionen lässt sich analytisch aufarbeiten, welche „Sprecher" auftreten und was ihre „Modalitäten der Argumentation" (Diaz-Bone 2006, S. 258) sind.

Um für das Sampling bei diskursanalytischen Verfahren auf die Herausforderungen einzugehen, die die verschiedenen Diskursebenen sowie die verschiedenen Diskurspositionen angemessen berücksichtigen, lässt sich auf Strategien des qualitativen Sampling zurückgreifen. So kann ein Vorgehen gewählt werden, das thematisiert, wie Akteure aus unterschiedlichen Positionen durch ihre Äußerungen einen Diskurs aktualisieren.

Werkzeugkasten: diskursanalytisches Sampling
Für ein diskursanalytisches Sampling sollte geklärt werden,

- auf welcher Diskursebene,
- welche Diskurspositionen

eines Diskursstranges gesampelt werden. Dabei ist auch zu bestimmen, welcher Zeitraum bei der Analyse diskursiver Strukturen zu berücksichtigen ist. Diese Form der Perspektivierung definiert das diskursanalytische Sampling. Dabei muss mit Bezug auf das Erkenntnisinteresse/die Forschungsfrage begründet werden, warum welche Diskursebene und welche Diskursposition ausgewählt wird.

3.7.5.3 Das Ordnen der Daten und iterativer Samplingprozess

Nach der Bestimmung des Diskursstranges, der Diskursebene und Diskursposition müssen Textfragmente gesammelt werden. Generell orientiert sich eine qualitativ ausgerichtete Diskursanalyse an der Logik qualitativen Samplings. Wie bei dem theoretical Sampling der Grounded Theory lässt sich die Konstruktion eines solchen Sampling bzw. Datenkorpus erst im Zuge des Sichtungs- und Auswertungsprozesses abschließen. So können beispielsweise Diskursfragmente von Akteuren ausgewählt werden, die eine maximale Kontrastierung ermöglichen und derart das diskursive Feld aufspannen. Ausgehend von dieser Position lassen sich sukzessive weitere Diskursfragmente anderer Akteure sammeln. Durch diese Samplingstrategie kann allmählich der diskursive Raum vermessen werden. Es ist aber auch möglich, gezielt die mediale Berichterstattung zu einem Thema mit der autobiografischen Narration des gleichen Themas im Zuge narrativer Interviews zu vergleichen – z.B. zu dem Thema ‚Wählen rechtspopulistischer Parteien'. Durch dieses Vorgehen wird es möglich, verschiedene Diskursformen – mediale Berichterstattung versus individuelle Narration – und verschiedene Diskurspositionen kontrastiv miteinander in Beziehung zu setzen. Im Rahmen dieses Vergleichs lassen sich Gemeinsamkeiten und Differenzen in der jeweiligen diskursiven Praktik herausarbeiten. Solche Textvergleiche erfordern es, die Daten systematisch zu ordnen. Um den diskursiven Charakter eines Textes zu bestimmen, empfiehlt Jäger (2015, S. 101) u.a. eine genaue Inhaltsangabe des jeweiligen Diskursfragments herzustellen und dabei auch die/den Autor*in zu charakterisieren: Welcher Akteur äußert sich in dem ausgewählten Text? Für jede Diskursposition bzw. jede Diskursebene können im Sinne des theoretical Sampling solange weitere Diskursfragmente herangezogen werden, bis das Sampling ‚theoretisch gesättigt' ist. Wenn keine weiteren Formen der Thematisierung des im Fokus der Diskursanalyse stehenden Sachverhaltes mehr identifiziert werden können, lässt sich das Sampling abschließen (wiederholt sich die Art und Weise der diskursiven Thematisierung eines Sachverhalts oder lassen sich noch neue Thematisierungsformen finden?). Diese Form der Datenauswahl kann es bedingen, dass es analog zur Grounded Theory zu einem iterativen Forschungsprozess kommt, bei dem sich Phasen der Datenerhebung und Datenauswertung abwechseln bzw. ineinander übergehen, wenn neue Thematisierungsformen entdeckt werden.

Für eine erste Strukturierung des Materials lässt sich dieses nach Kategorien wie

- Textsorte,
- Autor,
- Datum,
- knappe Inhaltsangabe,
- besondere Auffälligkeiten des Textes

in einer Tabelle ordnen (vgl. dazu eingehender Jäger 2015, S. 96). Um eine diskursanalytische Re-Konstruktion der Daten zu leisten, also eine Re-Konstruktion, die überindividuelle Diskurskonstellationen aufzeigt, lassen sich heuristische Fragen an die Daten herantragen. Diese Fragen ermöglichen es, die ‚Kontextdimension' von Daten in Diskurskonstellationen herauszuarbeiten (vgl. dazu eingehender Keller 2011, S. 100):

- In welchem zeitgeschichtlichen Kontext sind die Daten erzeugt worden (‚historisch-sozialer', ‚zeitdiagnostischer Kontext')?

- In welchem institutionellen Kontext sind die Daten entstanden bzw. „[w]as sind die besonderen Strukturmerkmale, Regeln und Textformate dieses Feldes" (Keller 2011, S. 100, ‚institutionell-organisatorischer Kontext')?
- Wer ist der/die Autor*in eines Dokuments bzw. „[w]ie sieht der konkrete Zusammenhang von Produktions- und Rezeptionskontext, die Rede-, Schreib- und Aufnahmesituation aus" (Keller 2011, S. 100, ‚situativer Kontext')?

Ist ein theoretisch gesättigter Textkorpus erstellt, kann dieser Korpus anschließend zu einer ersten Darstellung des Diskursstrangs genutzt werden. Die Texte lassen sich in einer beschreibenden Darstellung so zusammenfassen, dass Informationen über zentrale Ereignisse, Personen und Diskurstopoi sowie die Art und Weise, wie diese Informationen auf Diskursebene bzw. aus Akteursperspektive formuliert worden sind, präsentiert werden.

Werkzeugkasten: beschreibende Darstellung

Bei der Durchsicht eines Datenkorpus lässt sich im Sinne einer heuristischen Strategie an folgenden zwei Leitfragen orientieren:

1. „Welche wiederkehrenden Thematisierungen, Problematisierungen finden sich?" (Diaz-Bone 2006, S. 258).
2. „Welche Adjektive, Metaphern, Symbole werden verwendet" (Diaz-Bone 2006, S. 262), wenn ein Sachverhalt diskursiv thematisiert wird?

Mit Bezug auf diese Fragestellungen lässt sich der Diskurs beschreibend darstellen (vgl. Keller 2011, S. 91; Heindl 2015, S. 282ff.; Glasze, Husseini & Mose 2009, S. 293ff.).

Für eine Diskursdarstellung kann es hilfreich sein, die Daten, die den Diskurs repräsentieren, durch Kodierungsprozesse zu ordnen und zu systematisieren. Dieser Forschungsschritt soll im Folgenden aus forschungspraktischer Perspektive thematisiert werden.

3.7.5.4 Diskursanalytisches Kodieren – Durch Kategorienbildung von der Äußerung zur Aussage

Es gilt in der Darstellung des Diskurses durch eine Abstrahierung von Äußerungen Aussagen zu identifizieren, die einen Text prägen. Ausgangspunkt ist die überindividuelle Dimension, die in einer Äußerung ‚schlummert' – „Textanalyse wird zur Diskursanalyse dadurch, dass Texte als Elemente eines überindividuellen sozio-historischen Diskurses begriffen werden" (Keller 2011, S. 34). An dieser Stelle gewinnt der Ansatz, Äußerungen zu Aussagen im Sinne eines ‚inhaltlich gemeinsamen Nenners' zusammenzufassen, eine forschungspraktische Relevanz: Diskursanalytische Verfahren zielen „auf die Ermittlung von *Aussagen*" (Jäger 2015, S. 95, H.i.O.) ab, indem Diskursfragmente „gleicher Inhalte, getrennt nach Themen und Unterthemen, empirisch auf[ge]listet" (Jäger 2015, S. 95) werden. Diese Form der Re-Konstruktion eines überindividuellen, diskursiven Aussagesystems lässt sich als ein signifikantes Merkmal von diskursanalytischen Verfahren verstehen und durch induktive sowie deduktive Kodierungsstrategien realisieren: Bei der Kodierung – gleich ob ein induktives oder deduktives Vorgehen gewählt worden ist – ist auf einen diskursanalytischen Fokus zu achten. Zusammenfassend kann festgehalten werden, dass aus diskursanalytischer Perspektive sich Äußerungen als Aussagen re-konstruieren lassen. Hierbei können induktive wie deduktive Kodierungsstrategien gleichermaßen zum Einsatz kommen.

Werkzeugkasten: Identifizierung von Diskursivierungsstrategien
Diskursivierung bezeichnet die Art und Weise, wie ein Sachverhalt sprachlich dargestellt wird. In diskursanalytischen Analysen geht es auch darum, in Kodierungsprozessen die Art und Weise der diskursiven Darstellung von Sachverhalten herauszuarbeiten. Im Sinne einer heuristischen Strategie lassen sich Fragen an das Datenmaterial herantragen, die Auskunft darüber geben, wie Phänomene diskursiv thematisiert werden. Diese Fragen können für die Kategorienbildung genutzt werden. In Anschluss an Keller lassen sich dafür folgende heuristische Fragen einsetzen: „Was ist das Thema eines Textes? In welchen Kategorien, Argumenten, Klassifikationen usw. wird es behandelt? [...] Gibt es exemplarische Beispiele, Aussage- und Begriffswiederholungen? Welche Bedeutung kommt dem benutzen Vokabular im Unterschied zu anderen, im entsprechenden diskursiven Feld eingesetzten Begriffen zu?" (Keller 2011, S. 102).

3.7.5.5 Induktives und deduktives Kodieren in der Diskursanalyse

Diskursanalytische Ansätze ermöglichen sowohl eine induktive als auch eine deduktive Kodierungsstrategie. Entscheidend ist dabei die Beachtung der Kontextdimension der gewählten Daten, damit diese auch im Sinne von Äußerungen im diskursanalytischen Forschungsprozess re-konstruiert werden können. Als diskursanalytisches Spezifika im Auswertungsprozess lässt sich wie oben dargestellt der Zweischritt der Diskursdarstellung und der Feinanalyse nennen. Dieser diskursanalytische Zweischritt wird von Jäger als Strukturanalyse bezeichnet (vgl. Jäger 2015, S. 95ff.). In der Diskursdarstellung wird

- eine erste Zusammenfassung des Textkorpus (welche Texte werden ausgewählt?) und
- eine erste Skizzierung über das Aussagemuster (wie wird der Erkenntnisgegenstand diskursiv thematisiert?)

gegeben. In diesem Schritt lassen sich theoriegeleitete deduktive, induktive Kategorienbildungsprozesse sowie Mischformen einsetzen. In der ersten Systematisierung des Datenmaterials kann an Kodierstrategien der Grounded Theory angeschlossen werden (vgl. dazu Keller 2007). Anhand einer induktiven Analyse von Äußerungen lässt sich sukzessive über offenes Kodieren, axiales Kodieren und selektives Kodieren ein Ausdimensionalisieren von Kategorien leisten. Diese ausdimensionalisierten Kategorien können als ‚Aussagen' verstanden werden. Das ‚In-Beziehung-Setzen' der Kategorien bzw. der Aussagen im Sinne des paradigmatischen Modells der Grounded Theory (vgl. 3.2.6.2) lässt sich dabei als Re-Konstruktion einer Aussagenstruktur verstehen.

Es kann aber auch im Sinne der qualitativen Inhaltsanalyse ein deduktives Vorgehen gewählt werden, bei dem vorab (theoretisch fundierte) Kategorien für die Analyse zum Einsatz kommen. Als dritte Möglichkeit kann ein Kategoriensystem entwickelt werden, das auf ‚Aussagen' beruht, die im Zuge einer ersten heuristischen Durchsicht des Datenkorpus identifiziert worden sind. Dieses Kategoriensystem kann dann im Zuge der weiteren Datenerhebung und -auswertung ausdifferenziert werden.

Werkzeugkasten: Abstraktion der Äußerung zur Aussage
Zuweilen kann es sich in der forschungspraktischen Arbeit als Herausforderung erweisen, von konkreten Äußerungen auf den ‚gemeinsamen inhaltlichen Nenner' von Aussagen zu schließen. Durch einen solchen gemeinsamen inhaltlichen Nenner werden Äußerungen zu Aussagen. Hier kann auf den Prozess der sukzessiven Abstraktion von Äußerungen zurückgegriffen werden, den Mayring anhand seiner Vorschläge für die Paraphrasierung von Äußerungen methodisch operationalisiert hat (vgl. Mayring 2010, S. 67ff., vgl. 3.3.4.2).

Im Anschluss an eine Diskursdarstellung können typische Beispiele für die Feinanalyse ausgewählt werden. In der Feinanalyse lässt sich anhand dieser ,typischen
Beispiele' aufzeigen, wie Sachverhalte diskursiv dargestellt werden.

3.7.5.6 Ein genauer diskursanalytischer Blick – Die Feinanalyse

Vor dem Hintergrund der ersten Diskursdarstellung werden typische Textstellen
für die Feinanalyse ausgewählt. Diese Auswahl von Textstellen für die Feinanalyse
muss gegenstandsangemessen erscheinen – „Die Datenauswahl zur Feinanalyse ist
ein offener, kriteriengeleiteter Suchprozess" (Keller 2011, S. 92). Es gilt zu begründen, warum es sich bei der ausgewählten Äußerung um eine typische Äußerung
im Sinne der re-konstruierten Aussagenstruktur handelt. Durch die Feinanalyse
besteht die Möglichkeit, die Aussagestrukturen anhand der Analyse typischer Äußerungen genauer in den Blick nehmen. Für die Feinanalyse kann ein ganzer Text
ausgewählt werden. Es lassen sich aber auch größere Textpassagen oder auch nur
ein Satz heranziehen. Dabei sind verschiedene methodische Strategien denkbar:
So können bei der Feinanalyse wieder induktive und/oder deduktive Analysestrategien zum Einsatz kommen. Keller (2011) hebt hervor, dass im Rahmen der objektiven Hermeneutik Deutungsmuster bei Interaktionsprozessen sichtbar werden.
Daher plädiert Keller dafür, die Analysestrategien der objektiven Hermeneutik
auch für die Diskursanalyse nutzbar zu machen – was generell auf die Anschlussfähigkeit von Formen qualitativer Datenauswertung für diskursanalytische Verfahren verweist.[35] In jedem Fall muss die Methodenwahl in der Feinanalyse mit
Bezug auf das Erkenntnisziel begründet werden.

3.7.5.7 Aussagen in Beziehung setzen – Phänomenstruktur und Deutungsmuster

Für das Erkenntnisinteresse der Diskursanalyse ist von entscheidender Bedeutung,
dass die gewonnen Aussagen *in Beziehung* zueinander gesetzt werden, um derart ein Diskursmuster zu re-konstruieren. Um Aussagen in Beziehung zueinander
zu setzen, lassen sich im Sinne heuristischer Strategien Methoden zur Re-Konstruktion der Phänomenstruktur und der Deutungsmuster einsetzen.

---

35   Die Passung zwischen qualitativen Auswertungsstrategien und diskursanalytischem
     Vorgehen zeigt sich auch darin, dass der dokumentarischen Methode und deren Kon-
     zept des konjunktiven Erfahrungsraums diskursanalytische Implikationen inhärent
     sind: Im Zuge der Datenauswertung werden bei der dokumentarischen Methode über-
     individuelle Aussagen herausgearbeitet.

Werkzeugkasten: Re-Konstruktion der Phänomenstruktur
Der Abgleich verschiedener diskursiver Thematisierungen eines Phänomens lässt sich als ‚Phänomenstruktur' (Keller 2011, S. 103ff.) definieren. Bei der Re-Konstruktion der Phänomenstruktur kann sich an den folgenden Leitfragen orientiert werden:

- Wie wird ein Phänomen von verschiedenen diskursrelevanten Akteuren thematisiert und wie wird das Phänomen diskursiv konstituiert (inhaltliche Erschließung, vgl. Keller 2007, para. 39)?
- Welche Aspekte eines Phänomens werden von welchen Akteuren (wie) thematisiert – und welche Aspekte nicht (dimensionale Erschließung, vgl. Keller 2007, para. 22)?

Ausgehend von der Phänomenstruktur lassen sich abstrahierend Deutungsmuster herausarbeiten.

▶ **Definition: Deutungsmuster**   Bei Deutungsmustern handelt es sich um „Interpretationsschemata oder -rahmen (frames), die für individuelle und kollektive Deutungsarbeit im gesellschaftlichen Wissensvorrat zur Verfügung stehen und in ereignisbezogenen Deutungsprozessen aktualisiert werden" (Keller 2011, S. 108, zur forschungspragmatischen Ausdeutung vgl. Lüders & Meuser 1997).

Deutungsmuster entfalten sich u.a. im Zuge von Narrationen. Hierbei ist die Narration nicht wie bei der Narrationsanalyse als die Erzählung von biografischen Prozessen zu verstehen (vgl. 3.5). Vielmehr stellen Narrationen im diskursanalytischen Kontext Deutungsmuster dar – wie werden Phänomene überindividuell als Geschichten erzählt? Als Aussagen haben Narrationen „performativen Charakter: sie konstituieren (bestreitbare) Weltzustände als Erzählungen, in denen es handelnde Akteure, Ereignisse, Herausforderungen, Erfolge und Niederlagen, ‚Gute' und ‚Böse' gibt" (Keller 2011, S. 251). So realisieren sich Deutungsmuster in Narrationen und bilden derart ein Aussagesystem: Beispielsweise wenn der Sozialstaat als sozialer Schutzraum gedeutet wird und die Globalisierung als eine unausweichliche Bedrohung, die im Sinne einer Naturkatastrophe nicht aufzuhalten ist. Die narrative Verknüpfung von dem Deutungsmuster ‚Sozialstaat als Schutzraum' und ‚Globalisierung als unausweichliche Bedrohung' führt zu der Narration, dass der soziale Schutzraum des Sozialstaats durch die unausweichliche Bedrohung der Globalisierung gefährdet ist.

Zusammenfassend lässt sich festhalten, dass anhand der Diskursanalyse über-individuelle Deutungsmuster herausgearbeitet werden können. Durch die Strate-gien der Analyse von Diskursebenen und Diskurspositionen kann re-konstruiert werden, wie sich überindividuelle Deutungsmuster in sozialer Praxis performativ reproduzieren. Die Methode der Diskursanalyse ermöglicht es im Kontext eines integrativen Bildungsverständnisses herauszuarbeiten, inwieweit diskursive Deu-tungsmuster das Selbst-/Weltverhältnis von Akteuren prägen.

3.7.6 Kulturelle Abgrenzung und positive Rückaneignung – Das Bildungspotenzial des Berliner Untergrundrap

Als Beispiel für diskursanalytische Ansätze im Kontext integrativer Bildungsfor-schung sollen im Folgenden Forschungsergebnisse zu dem sogenannten Berliner Untergrundrap im Kontext der ‚Unterschichtsdebatte' dargestellt werden. Die Er-gebnisse sind Teil eines Forschungsprojektes, das in Zusammenarbeit zwischen dem soziologischen Institut der Freien Universität Berlin und dem Berliner Ver-ein VSU (Verein für Sozial- und Umweltpolitik) realisiert worden ist (vgl. Kergel 2010; 2011).

Als Rapgenre erhält der Berliner Untergrundrap seine Identität durch den topo-logischen Verweis auf seine örtliche Herkunft (Berlin bzw. die einzelnen Bezirke, Stadtteile, Kieze), der zugleich eine sozio-ökonomische Positionierung impliziert (zuweilen ist in den Texten von ‚Unterschichtsrap' und ‚Brennpunkt-Musik' die Rede) und explizit sein Selbstverständnis über seine Herkunft aus dem Untergrund versteht (vgl. dazu Kergel 2011). Im Zuge der diskursanalytischen Auseinander-setzung mit dem Berliner Untergrundrap wurde die Forschungsfrage erarbeitet,

- ob Texte des Berliner Untergrundrap die Themen des medialen Unterschichts-diskurses aufnehmen?
- Und falls dies der Fall ist, wie dies geschieht.

Ausgangspunkt war die heuristische Überlegung, dass die mediale Thematisierung der Unterschicht als diskursives Phänomen sowie das subkulturelle Phänomen des Berliner Untergrundraps interdiskursiv miteinander verbunden sind. Verdeutli-chen lässt sich diese Überlegung an der Gegenüberstellung zweier Textpassagen:

Textbeispiel 1

Ehemalige Hauptschüler rauchen fast doppelt so oft wie ehemalige Gymnasiasten. Schon 12- bis 13-jährige Hauptschüler trinken annähernd doppelt so viel Alkohol wie gleichaltrige Gymnasiasten. Fast ein Drittel der Unterschichtsfrauen haben starkes Übergewicht (32 Prozent), viermal so viel wie Oberschichtsfrauen (8 Prozent). Fast Food ist die Nahrung der Unterschicht. Und 25- bis 39-jährige Angehörige der Unterschicht haben dreimal so oft Bewegungsmangel wie Angehörige der Oberschicht. Mit Geld hat das alles nichts zu tun. Im Gegenteil: Einen Monat rauchen ist teurer als der Monatsbeitrag in einem exklusiven Fitness-Studio. Fast Food ist teurer als Selberkochen. Alkohol ist teurer als selbst gepresster Obstsaft, die Presse mitgerechnet. Ungesundes Verhalten ist insgesamt teurer als gesundes. Armut macht also nicht krank. Der schlechte Gesundheitszustand der Unterschicht ist keine Folge des Geldmangels, sondern des Mangels an Disziplin. Disziplinlosigkeit ist eines der Merkmale der neuen Unterschichtskultur. Es gibt noch mehr: Konsumforscher haben ermittelt, dass die Unterschicht zu ‚demonstrativem Konsum' neigt, die angesagtesten Klamotten, das neueste Handy, das Auto mit dem fettesten Auspuffrohr. Und wenn das Geld ausgegeben ist, werden Schulden gemacht. Wofür? Vor allem für Unterhaltungselektronik, sagen Verbraucherschützer. Die Unterschicht lebt im Hier und Heute und kümmert sich nicht um die Zukunft. Weder um die eigene noch um die der Gesellschaft. Die Unterschicht geht der Demokratie verloren. Wahlforscher beobachten seit Jahren: Je geringer die Bildung, desto geringer die Wahlbeteiligung. In Katernberg gingen in diesem Jahr nur 40 Prozent zu den Kommunalwahlen und ganze 28,8 Prozent zu den Europawahlen.[36]

In dem Online-Sternartikel wird die Zugehörigkeit zur Unterschicht als Form der selbstgewählten kulturellen Selbstverortung von den betroffenen Akteuren inszeniert. An dem Artikel lässt sich ablesen, wie der Begriff ‚Unterschicht' als Abgrenzungsmerkmal zu ‚mittelständischen' Idealen wie Nützlichkeit, Funktionalität und Ratio stilisiert wird. Der Begriff ‚Unterschicht' und die Konnotation, die er durch die mediale Inszenierung erhält, wird in seinen Verkürzungen zu einer Möglichkeit individueller Zuschreibung von Selbstausgrenzung: Der Akteur grenzt sich selbst aus, da er einen Lebensstil der Unterschicht selbst wählt.

---

36 http://www.stern.de/panorama/besonders-verstaendliche-und-anschauliche-berichterstattung-das-wahre-elend-3553886.html. Zuletzt abgerufen: 25. Februar 2017.

Textbeispiel 2

Ich hab nicht viel gelernt, kann mich grad mal artikulieren, mein Vater hat immer gewollt, dass ich es mal mit dem Abi probier. Wenn ich keine Grammatik hab, liegt es an meiner Straßenzunge. Ich leb nicht wie ein Bonzenkind, guck ich bin nur ein Straßenjunge (Alpa Gun in dem Song ‚Straßenjunge', von dem Sido-Album ‚Ich' von 2006).[37]

Der Mangel an Bildung steht hier in der Selbstaussage des Rappers in einem kausalen Verhältnis zu einer möglichen fehlerhaften Grammatik. Dem entspricht die Identität als „Straßenjunge" in Opposition zum „Bonzenkind". Kulturelle Ressourcen (oder ‚kulturelles Kapital') wird mit ökonomischen Ressourcen (oder ‚ökonomischem Kapital') verschränkt. Der Prozess der ‚Exklusion' wird auf kultureller Ebene an Hand von Sprache (Straßenzunge) symbolisch festgemacht. Mit Bezug auf die beiden Textbeispiele kann eine erste Forschungsfrage zum Berliner Untergrundrap formuliert werden: Lässt sich der Berliner Untergrundrap als eine Kunstform verstehen,

- die sich der spezifischen Ausdrucksformen des „Mythos HipHop" (Klein & Friedrich 2003, S. 147) bedient und
- diese in Bezug zum Prozess der kulturellen ‚Exklusion' der Unterschichtsdebatte setzt?

Um diese Forschungsfrage für diskursanalytische Forschungsstrategien nutzbar zu machen, wurden in einem ersten Schritt die Diskursdimensionen bestimmt, die in den Forschungsfokus gestellt werden sollten:

- Aus diskursanalytischer Sicht lässt sich der mediale Unterschichtsdiskurs als Diskursebene identifizieren: Medien berichten über ‚die Unterschicht' und produzieren damit Aussagen sowie Deutungsmuster.
- Der Berliner Untergrundrap kann wiederum als eine spezifische Akteursposition der Diskursebene ‚Akteure der Unterschicht' verstanden werden: Akteure berichten in der Kunstform Rap über Exklusionserfahrungen.

---

37   Link zum Text des Songs, bei dem neben Alpa Gun auch Sido vertreten ist: https://genius.com/Sido-strassenjunge-lyrics. Zuletzt aufgerufen: 16. Februar 2017.

Um der These nachzugehen, ob der Berliner Untergrundrap Elemente der Unterschichtsdebatte aufnimmt und diese akteursspezifisch ausdeutet, ist der folgende diskursanalytische Forschungsprozess durchlaufen worden:

1. In einem ersten Schritt sind die ‚Unterschichtsdebatte' und damit einhergehend der Begriff der Exklusion analytisch aufgearbeitet worden. Derart war es möglich, das Forschungsvorhaben theoretisch zu unterfüttern.
2. In einem zweiten Schritt wurde ein Sample erstellt, um eine mediale Form der Thematisierung der Unterschichtsdebatte zu skizzieren. Mit Rückgriff auf Analysen zur Thematisierung der Unterschicht und auf Grundlage des Samples ist ein Kategoriensystem entwickelt worden, das die Form der Thematisierung der ‚Unterschicht' kennzeichnet. Dieser Schritt hatte die Funktion, die mediale Darstellung der Unterschichtsdebatte zu skizzieren. Durch das Kategoriensystem konnte die Diskursebene ‚Medien' damit abgeglichen werden, wie Rapper ‚Unterschicht' in ihren Songtexten thematisierten.
3. In einem dritten Schritt ist ein Sample von 50 Songtexten erstellt worden. Bei der Sichtung der ersten 30 Texte wurde das deduktive Kategoriensystem eingesetzt, das in Schritt zwei entwickelt worden ist. Dieses deduktive Kategoriensystem basiert, wie oben dargestellt, auf der medialen Darstellung der Unterschicht. Aufbauend auf das Kategoriensystem wurden induktiv Kategorien ausdifferenziert, die die akteursspezifischen Modifikationen des Deutungsmusters ‚Unterschicht' benennen. So bildete zum Beispiel ‚Drogenaffinität' als Merkmal der Unterschicht eine deduktive Kategorie. Im Zuge der Durchsicht der Songtexte wurde herausgearbeitet, wie dieses Merkmal im Berliner Untergrundrap diskursiv thematisiert worden ist. So zum Beispiel in Form von hedonistischem (Gras-)Konsum oder in Form einer kriminellen Tätigkeit als Drogendealer. Nach der Sichtung der ersten 30 Texte wurden mit dem neu erarbeiteten Kategoriensystem 20 weitere Songtexte analysiert. Derart konnte im Sinne der theoretischen Sättigung geprüft werden, ob sich neue Aspekte in den anderen Songtexten ausmachen ließen. Da dies nicht der Fall war, konnte man davon ausgehen, dass die Akteursposition an dieser Stelle ausreichend abgebildet wurde.
4. Auf der Grundlage dieses Samples und der Analyse wurden in Schritt vier eine Diskursdarstellung verfasst und Stellen zur Feinanalyse ausgewählt.
5. Am Ende ist ein Deutungsmuster formuliert worden, wobei ein Akzent auf die akteursspezifische Aktualisierung des Deutungsmusters durch Texte des Berliner Untergrundrap gelegt wurde.

Zu Schritt 1

Im Rahmen einer Studie der Friedrich-Ebert-Stiftung (2006) wurde festgestellt, dass rund 8 Prozent der deutschen Bürger zu dem Milieu des abgehängten Prekariats gehören. Dies effektuierte die Diskussion, ob es eine Unterschicht in Deutschland gibt. Dabei führte der fachwissenschaftliche Diskurs schnell weg von einer sozialwissenschaftlichen Analyse hin zu einer medialen Thematisierung der Unterschicht bzw. zur Unterschichtsdebatte. Dabei waren Themen relevant wie

• Wer ist die Unterschicht? bzw.
• Was zeichnet die Unterschicht aus? und
• Was ist das Defizitäre an der Unterschicht?

Im Rahmen der medialen Thematisierung wurde die Bezeichnung ‚Unterschicht' als ein vermeintlich sozialwissenschaftlich definierter Begriff zum Ausgangspunkt von diskursiven Zuschreibungen, wie sie im obigen Textbeispiel 1 dargestellt sind. Diese Form der diskursiven Zuschreibungen sind wiederum von Sozialwissenschaftler*innen aufgegriffen und kritisch thematisiert worden (vgl. Bude & Willisch 2008; Steinert 2008; Kessel, Reutlinger & Ziegler 2007). Kronauer (2006) weist beispielsweise auf die diskursive Thematisierung von Kultur im Zuge der Unterschichtsdebatte hin: „Kultur […] wird hier umgedeutet zur Haltung, die Menschen einnehmen können oder nicht, und die in diesem Fall *die Unterschicht* wie eine Mauer von der Mehrheit trennt" (Kronauer 2006, S. 39, H.i.O.). Dabei wird Kultur zur Einstellungssache – „und wer sich da nicht ändern will, ist selber schuld und hat die Folgen der Abweichung zu tragen" (Kronauer 2006, S. 39). Haltung manifestiert sich in kulturellen Praktiken. Diese Formen kultureller, sozialisatorisch wirksamer Praktiken erhalten ihre Identität durch den Verweis auf das ‚Anders-Sein', durch Abgrenzung gegenüber der vermeintlichen kulturellen Identität von ‚Unterschicht', innerhalb derer sich das Verständnis kultureller Praxis (‚schichtspezifischen Benehmen und Verhalten') als Differenz setzt. Angehörige der Unterschicht sind exkludiert, sie sind nicht mehr Teil von „lebendigen Austauschprozessen" (Castel 2008, S. 71, vgl. dazu auch Paugam 2008) wie Arbeit. Durch ihre defizitäre Haltung ist diese Exklusion selbstverschuldet, was zu einer „Re-Moralisierung der *Unterschicht*-Frage" (Kronauer 2006, S. 38, H.i.O,) führt. Kronauer weist darauf hin, dass zwar eine „Wiedereingliederung der Ausgegrenzten" (Kronauer 2006, S. 42), nicht aber die Strukturen der ausgrenzenden Verhältnisse thematisiert wird (ebenda).

Zu Schritt 2

Vor dem Hintergrund der Analysen wurde ein Sample von 20 Zeitungsartikeln gewählt, die die Unterschicht thematisieren. Dabei wurde v.a. auf kurze Artikel zurückgegriffen, die pointierte Kurzdarstellungen der ,Unterschicht' thematisieren. Hierbei wurden v.a. einflussreiche Medien wie ,Spiegel' bzw. ,Spiegel Online' oder ,Stern' ausgewählt. Vor dem Hintergrund der theoretischen Auseinandersetzung mit der Unterschichtsdebatte sind Kategorien identifiziert worden, die den Begriff der Unterschicht diskursiv markieren. Dazu gehören Merkmale wie mangelnde Disziplin, mangelnde Leistungsorientierung, Hedonismus, Materialismus, Drogenaffinität, Bildungsferne, mangelnde sprachliche Kompetenz, mangelnde Zukunftsperspektive. Diese Merkmale dienten für den folgenden Analyseschritt als deduktives Kategoriensystem, das induktiv ausdifferenziert wurde.

Zu Schritt 3

In diesem Schritt ist ein Datenkorpus aus Songtexten erstellt worden. Dafür wurden zunächst 30 Songtexten die zwischen den Jahren 2004 bis 2009 von sogenannten Berliner Untergrundrappern veröffentlicht wurden, gesammelt. 2004 wurde als Beginn der Untersuchung gesetzt, da sich seit diesem Jahr durch den Erfolg und die mediale Aufmerksamkeit des Songs ,Mein Block' von Sido der Berliner Untergrundrap in der medialen und popkulturellen Öffentlichkeit etablierte. Der Endpunkt wurde durch den Start des Forschungsprojektes im Januar 2009 definiert. Für die Auswahl der Songs wurden die Alben von 12 Berliner Untergrundrappern gesichtet. Es wurde bei dem Sample davon ausgegangen, dass die Rapper tatsächlich den biografischen Hintergrund besitzen, den sie in ihren Texten behaupten und dementsprechend in problematischen sozialen Konstellationen aufgewachsen sind. Diese Annahme ermöglicht es, die Texte als Dokumente von Akteurspositionen zu werten. Um diese Annahme empirisch zu verifizieren, wurde eine biografische Recherche der jeweiligen Akteure geleistet.

Zu Schritt 4 und Schritt 5

In Schritt vier ist im Forschungsprojekt eine Kurzdarstellung des Diskurses gegeben worden, die im Folgenden skizziert wird: Zusammenfassend lässt sich feststellen, dass die medialen Zuschreibungen von ,Unterschicht' in den analysierten Texten aufgenommen werden, wie sich an der folgenden typischen Textstelle aufzeigen lässt:

> Deutscher Rap ist gerettet, nicht der Rede wert. Goldener Adler, grüner Pass haben meine Kumpels nicht, die Unterschicht sagt unterm Strich, der Unterricht ist unwichtig. Ein deutscher Badboy (Fler im Song ,Deutscher Badboy' aus dem Album ,Fremd im eigenen Land' von 2008).[38]

---

38 Link zum gesamten Text des Songs: http://www.songtexte.com/songtext/fler/deutscha-bad-boy-3da0997.html. Zuletzt aufgerufen: 12. Februar 2017.

Die Zuweisungen der medialen Darstellung von Unterschicht wie Disziplinlosigkeit, Hedonismus, Drogenkonsum, mangelnde Zukunftsperspektive werden nicht abgestritten. Auch wird der normative Gehalt dieser Setzungen nicht in Frage gestellt. Vielmehr wird im Sinne einer kulturellen Abgrenzung (Kergel 2009) eine positive Rückaneignung geleistet – die Bilder von der Unterschicht eröffnen den Akteuren diskursive Spielräume. Diese Spielräume werden genutzt, indem die Zugehörigkeit zur Unterschicht als gewolltes Lebensmodell inszeniert wird. Die Defizitorientierung, welche die mediale Diskursebene prägt, wird auf Akteursposition positiv umgedeutet. Die Lebenskultur der Unterschicht und die Exklusion sind selbst gewählt. Mit Bezug auf ein integratives Bildungsverständnis lässt sich die diskursive Strategie der kulturellen Abgrenzung als eine positiv konnotierte diskursive Selbstdarstellung interpretieren. Zugleich wird von den Akteuren darauf hingewiesen, dass die Unterschichtsidentität ein Effekt gesellschaftlicher Ungerechtigkeit darstellt. Exemplarisch lässt sich die Strategie der kulturellen Abgrenzung an einer Textzeile aus dem Song ‚Ihr habt uns so gemacht' (2006 aus dem Album ‚Ich')[39] von Sido festmachen. Der Song war Teil des Textkorpus, der für die Feinanalyse ausgewählt wurde.

Ich weiß wie man dein Auto knackt,
ich weiß wer dein Radio kauft,
ich weiß, ihr geht mir auf den Sack,
ich pust euch um wie ein Kartenhaus.
Bei mir hängt der Hase raus,
geh und erzähl es jedem.
Ihr könnt alle kommen, doch ihr dürft nur mit meinem Penis reden.

Ich weiß wie man kifft, wie man dealt, wie man stiehlt, wie man Scheiß macht,
komm her ich weiß das.
Und ihr seid nicht begeistert, seht euch diesen Jungen an.
Ich bin euer Produkt, ihr dürft euch gar nicht wundern.

Im Zuge von Feinanalysen können Aspekte wie die formale Struktur von Texten oder die Wirkung von Form-Inhalt-Verknüpfungen mit unterschiedlichen methodischen Verfahren analysiert werden. Im Folgenden wird die diskursive Strategie der kulturellen Abgrenzung aus argumentationslogischer Perspektive fokussiert (wie wird die kulturelle Abgrenzung formuliert und wie wird diese Abgrenzung

---

39 Link zum Text des Songs, bei dem neben Sido auch der Rapper Massiv vertreten ist: http://lyrics.wikia.com/wiki/Sido:Ihr_Habt_Uns_So_Gemacht. Zuletzt aufgerufen: 16. Februar 2017.

argumentiert?). Einer vermeintlichen Gesprächsintention und einem dialogischen Austausch wird metaphorisch der Penis entgegengehalten. In einem angedeuteten Dialog wird die Gesprächssituation aufgelöst („Ihr dürft nur mit meinem Penis reden"). Die Gesprächsverweigerung erscheint als eine Aufkündigung der Gesprächsgemeinschaft und damit implizit als die Aufkündigung einer Gemeinschaft, die sich im Selbstverständnis vornehmlich diskursiv konstituiert (vgl. dazu Habermas 1983). In dem Song ‚Ihr habt uns so gemacht' wird zugleich der Prozess der eigenen Sozialisation reflektiert und dementsprechend benannt („Ich bin euer Produkt"). In diesem Kontext wird Gesprächsverweigerung in Bezug zu identitätsbildenden Erfahrungen („ich weiß, wie man...") gesetzt. Die normative Beurteilung („Seht euch diesen Jungen an") wird auf gesellschaftliche Ursächlichkeiten zurückgeführt. Der Zusammenhang zwischen der, durch gesellschaftliche Prozesse hergestellten, sozialen Identität und dem Akt der Gesprächsverweigerung wird so sprachstrategisch inszeniert. Anhand der Benennung der zweiten Person Plural (z.B. „euer Produkt") wird das Bewusstsein der Abgrenzung formuliert. Eine Differenz zwischen der eigenen sozialen Identität und der normativen Mehrheitsgesellschaft, repräsentiert durch die anscheinend kommunikationswillige aber zurückgewiesene zweite Person Plural („Ihr könnt alle kommen"), wird konstruiert. Es findet eine Reflexion in Bezug auf den Prozess von ‚Exklusion' statt, wenn hier provokativ durch Kokettieren mit der eigenen kriminellen Karriere gezielt Distanz zum gesellschaftlichen Rechtsverständnis inszeniert wird.

Zusammenfassend lässt sich festhalten, dass Akteure des Berliner Untergrundrap den Diskurs ‚Unterschicht' aufgreifen. Im Sinne einer Selbstbestärkung wird die ‚Exklusion' als ‚Unterschichtler' ästhetisiert umgekehrt – was sich symbolisch im Gesprächsverzicht manifestiert. Die diskursive Umdeutung ermöglicht einen positiv konnotierten Umgang mit der Zuweisung als ‚Unterschichtsakteur'. Durch diese Umdeutung wird von den Akteuren Handlungsmacht hergestellt, um mit den Defizitzuweisungen konstruktiv umgehen zu können.

Aus der Perspektive einer integrativen qualitativen Bildungsforschung lassen sich anhand diskursanalytischer Verfahren überindividuelle Formen des Sinnverstehens aufzeigen. Durch die Differenzierung zwischen Diskursebenen und Diskurspositionen werden die spezifischen performativen Realisierungen überindividueller ‚Matrixen' diskursanalytisch sichtbar. Es kann herausgearbeitet werden, wie Akteure diskursive Zuweisungen aufnehmen und reproduzieren. Aus dieser Perspektive können diskursanalytische Verfahren auch im Kontext von Interpellationsanalysen ihren Einsatz finden (vgl. 3.8.4).

Literatur

Bubenhofer, N., & Scharloth, J. (2013). Korpusliguistische Diskursanalyse: Der Nutzen empirisch-quantitativer Verfahren. In I. Warnke, U. Meinhof & M. Reisigl (Hrsg.), *Diskurslinguistik im Spannungsfeld von Deskription und Kritik* (S. 147-168). Berlin: Akademie-Verlag.

Bude, H. & Willisch, A. (Hrsg.) (2008). *Exklusion. Die Debatte über die Überflüssigen*. Frankfurt am Main: Suhrkamp.

Bührmann, A. D., & Schneider, W. (2008). *Vom Diskurs zum Dispositiv. Eine Einführung in die Dispositivanalyse*. Bielefeld: Transcript.

Castel, R. (2008). Die Fallstricke des Exklusionsbegriffs. In H. Bude & A. Willisch (Hrsg.) (2007), *Exklusion. Die Debatte über die Überflüssigen* (S. 69-86). Frankfurt am Main: Suhrkamp.

Diaz-Bone, R. (2006). Zur Methodologie der Foucaultschen Diskursanalyse. *Historical Social Research* 31(2), 243-274.

Fairclough, N. & Wodak, R. (1997). Critical Discourse Analysis. In T. van Dijk (Hrsg.), *Discourse as social interaction. Discourse Studies Vl. 2* (S. 258-284). Thousands Oak: Sage.

Foucault, M. (1973). *Wahnsinn und Gesellschaft. Eine Geschichte des Wahns im Zeitalter der Vernunft*. Frankfurt am Main: Suhrkamp.

Foucault, M. (1974). *Die Ordnung der Dinge. Eine Archäologie der Humanwissenschaften*. Frankfurt am Main: Suhrkamp.

Foucault, M. (1981). *Archäologie des Wissens*. Frankfurt am Main: Suhrkamp.

Foucault, M. (2001). *Die Ordnung des Diskurses*. Frankfurt am Main: Fischer.

Frank, M. (1984). *Was ist Neostrukturalismus?* Frankfurt am Main: Suhrkamp.

Friedrich Ebert Stiftung (2006). *Gesellschaft im Reformprozess*. Bonn: Eigenverlag.

Glasze, G., Husseini, S., & Mose, J. (2009). Kodierende Verfahren in der Diskursforschung. In G. Glasze & A. Matissek (Hrsg.), *Handbuch Diskurs und Raum. Theorien und Methoden für die Humangeographie sowie die sozial-und kulturwissenschaftliche Raumforschung* (S. 293-314). Bielefeld: Transcript.

Habermas, J. (1983). *Moralbewußtsein und kommunikatives Handeln*. Frankfurt am Main: Suhrkamp.

Heindl, A. (2015). Diskursanalyse. In A. Hildebrandt, S. Jäckle, F. Wolf & A. Heindl (Hrsg.), *Methodologie, Methoden, Forschungsdesign. Ein Lehrbuch für fortgeschrittene Studierende der Politikwissenschaft* (S. 257-298). Wiesbaden: VS Springer.

Jäger, M. (2004). Die Kritik am Patriarchat im Einwanderungsdiskurs. Analyse einer Diskursverschränkung. In R. Keller, A. Hirseland, W. Schneider & W. Viehöver (Hrsg.), *Sozialwissenschaftliche Diskursanalyse. Bd. 2* (421-438). Wiesbaden: VS Springer.

Jäger, M., Cleve, G., Ruth, I., & Jäger, S. (2015). Leben im Brennpunkt. Der öffentliche Diskurs über den Stadtteil Gelsenkrichen-Bismrack/Schalke-Nord und seine Auswirkungen auf die Bevölkerung. Auf dem Weg zur Dispositivanalyse... In S. Jäger, *Kritische Diskursanalyse. Eine Einführung* (S. 164-235). Münster: Unrast.

Jäger, S. (2015). *Kritische Diskursanalyse. Eine Einführung*. Münster: Unrast.

Keller, R. (2007). Diskurse und Dispositive analysieren. Die Wissenssoziologische Diskursanalyse als Beitrag zu einer wissensanalytischen Profilierung der Diskursforschung. *Forum Qualitative Sozialforschung/Forum Qualitative Social Research* 8(2), Art. 19.

Keller, R. (2011). *Diskursforschung. Eine Einführung für SozialwissenschaftlerInnen.* Wiesbaden: VS Springer.

Kergel, D. (2009). Der Begriff der „Exklusion" und „kulturelle Abgrenzung". In R.-D. Hepp (Hrsg.), *The Fragility of Socio-Structural Components* (S. 149-161). Bremen: Europäischer Hochschulverlag.

Kergel, D. (2010). Myth as Subculture. The Meaning of the Berlin Underground Rap. In *Internet-Zeitschrift für Kulturwissenschaften* 17. URL: http://www.inst.at/trans/17Nr/5-3/5-3_kergel17. Zuletzt zugegriffen: 10. September 2017.

Kergel, D. (2011). *Subjektorientierte Sozialisationstheorie- und Praxis.* Aalborg: Institute for Learning and Philosophy, Aalborg University.

Kessl, F., Reutlinger, C., & Ziegler, H. (Hrsg.) (2007). *Erziehung zur Armut? Soziale Arbeit und die „neue Unterschicht".* Wiesbaden: VS Springer.

Klein, G. & Friedrich, M. (2003). *Ist this real? Die Kultur des HipHop.* Frankfurt am Main: Suhrkamp.

Kronauer, M. (2006). „Exklusion" als Kategorie einer kritischen Gesellschaftsanalyse. Vorschläge für eine anstehende Debatte. In H. Bude & A. Willisch (Hrsg.), *Das Problem der Exklusion. Ausgegrenzte, Entbehrliche, Überflüssige* (S. 27-45). Hamburg: Hamburger Edition.

Lüders, C. & Meuser, M. (1997). Deutungsmusteranalyse. In R. Hitzler & A. Honer (Hrsg.), *Sozialwissenschaftliche Hermeneutik. Eine Einführung* (S. 57-80). Opladen: Leske & Budrich.

Mayring, P. (2010). *Qualitative Inhaltsanalyse. Grundlagen und Techniken.* Weinheim: Beltz.

Parker, I. (2013). Die diskursanalytische Methode. In U. Flick, E. v. Kardorff & I. Steinke (Hrsg.). *Qualitative Sozialforschung. Ein Handbuch* (S. 549-556). Reinbek bei Hanburg: Rowolth.

Paugam, S. (2008). *Die elementaren Formen der Armut.* Hamburg: Hamburger Edition.

Rosenthal, G. (2013). *Interpretative Sozialforschung. Eine Einführung.* Weinheim: Beltz/Juventa.

Steinert, H. (2008). Die Diagnostik der Überflüssigen. In. H. Bude & A. Willisch (Hrsg.), *Exklusion. Die Debatte über die Überflüssigen* (S. 110-120). Frankfurt am Main: Suhrkamp.

3.8 Agencyanalyse, Positioninganalyse und Interpellationsanalyse – Drei Wege zur Analyse von Handlungsmacht

Die Agencyanalyse, Positioninganalyse und Interpellationsanalyse lassen sich als heuristische Strategien begreifen, die es ermöglichen, intersubjektive Konstellationen und Beziehungsmuster zwischen Akteuren sowie Fremd- und Selbstzuschreibung von Handlungsmacht herauszuarbeiten.

3.8.1 Einleitung

Bei diesen Analysestrategien handelt es sich *nicht* um qualitative Forschungsverfahren, die wie die Grounded Theory einen ganzen Forschungsprozess umschreiben. Sie ermöglichen auch *nicht* ein Zusammenführen von Datenerhebung und Datenauswertungsverfahren, wie es bei dem narrativen Interview/der Narrationsanalyse der Fall ist. Vielmehr eröffnen Agency-, Positioning- und Interpellationsanalyse mit verschiedenen Schwerpunktsetzungen die Möglichkeit, auf die Zuschreibung von Handlungsmacht sowie auf die Dynamik sozialer Konstellationen zu fokussieren:

- Agencyanalyse – Wie handlungsmächtig verstehen/erleben sich Akteure selbst in sozialen Kontexten? Wie handlungsmächtig nehmen sie andere Akteure war?
- Positioninganalyse – Wie werden von Akteuren durch die Zuschreibung von Handlungsmacht soziale Positionierungen konstruiert?
- Interpellationsanalyse – Wie werden gesellschaftliche Zuschreibungen und Anforderungen als Interpellationen formuliert? Wie werden diese Interpellationen von den Akteuren im Sinne von Subjektivierungsdynamiken in das eigene Selbst-/Weltverhältnis implementiert?

Da Agency-, Positioning- und Interpellationsanalyse aufeinander aufbauen, werden diese Konzepte im Folgenden nacheinander vorgestellt.

3.8.2 Die hermeneutisch-verstehende Agencyanalyse in der qualitativen Sozialforschung

Agency (aus dem Englischen, lässt sich mit [Stell-]Vertretung, Agentur, aber auch mit Tätigkeit/Aktivität übersetzen) thematisiert im weitesten Sinne das Handeln von Menschen in sozialen Kontexten: „„Agency' ist ein Grundbestandteil aller Konzepte, die erforschen oder erklären, wer oder was über welche Art von Handlungsmächtigkeit verfügt oder diese zugeschrieben bekommt bzw. als welchen und wessen Einwirkungen geschuldet etwas zu erklären ist" (Helfferich 2012, S. 10). Im Kontext von Agencyanalysen kommt daher dem Begriff der Handlungsmacht eine zentrale Bedeutung zu. Handlungsmacht kann dabei als ein Potenzial verstanden werden, in sozialen Kontexten aktiv zu werden und ggf. eigene Vorstellungen realisieren zu können. Dabei geht es nicht um eine ‚objektive' Analyse von Handlungsmacht, sondern um die (Selbst-)Einschätzung von Handlungsmacht seitens der Akteure (wie handlungsmächtig schätzen Akteure sich und andere Akteure in sozialen Kontexten ein?). Aus sozialwissenschaftlicher Perspektive ist der Agencybegriff weit gefasst. Es gibt verschiedene theoretische Ansätze, die das Konzept der Agency jeweils spezifisch kontextualisieren. So wird der Akteur mal stärker als Teil eines Systems analysiert oder mal als Repräsentanten eines sozialen Milieus thematisiert (siehe dazu auch Helfferich 2012, S. 18f.). Im Kontext des hermeneutisch-verstehenden Ansatzes qualitativer Sozialforschung stellen Agencyanalysen ein verstehendes Ausdeuten subjektiver Vorstellungen von Handlungsmacht dar. Zudem wird ein verstehendes Re-Konstruieren von sozialen Konstellationen geleistet. Dabei wird nachgezeichnet, wie in sozialen Konstellationen Akteuren Handlungsmacht zugeschrieben bzw. wie Handlungsmacht erlebt wird. Agencyanalysen ermöglichen es, die Wahrnehmung von Hierarchie- und Abhängigkeitsrelationen in sozialen Kontexten zu re-konstruieren. Es lässt sich danach fragen, wie Hierarchie- und Abhängigkeitsrelationen in sozialen Kontexten erfahren und subjektiv gedeutet bzw. verstanden werden. Agencyanalysen nehmen folglich auch die relationale Eingebundenheit von Individuen in den Blick, aus der heraus Handlungsmacht bzw. Handlungsfähigkeit erfahren wird – „Die Annahme einer sozialen Bestimmtheit von individueller Handlungsfähigkeit ist ebenso unhintergehbar wie die Annahme einer sozial nicht determinierten Selbstbestimmungsfähigkeit" (Scherr 2012, S. 100). Ein hermeneutisch-verstehendes Agencykonzept zeichnet sich aus forschungsmethodischer Perspektive dadurch aus, dass die Zuschreibungen von Handlungsmacht – sei es der eigenen Handlungsmacht oder der Handlungsmacht anderer Akteure – verstehend re-konstruiert werden.[40] Methodologisch fußen hermeneutisch-verstehende Agencyanalysen dabei auf der Grundannahme des interpretativen Paradigmas: Individuen sind in soziale Kontexte eingebunden, interpretieren diese Kontexte und verhalten sich zu ihnen. Diese Interpretationen der Akteure bilden die Grundlage des Handelns bzw. vollziehen sich im Handeln. Durch das Handeln wirkt der Akteur auf die Wirklichkeit ein: „Es ist das Individuum, das handelt oder das handlungsfähig ist" (Helfferich 2012, S. 23). Dies setzt voraus, dass die Akteure auch über einen Handlungsspielraum verfügen, der es ermöglicht, dass die Akteure sich zu sozialen Situationen verhalten können. Bei Agencyanalysen gerät die Wahrnehmung dieses Handlungsspielraums in den Analysefokus:

---

40   Solche hermeneutischen Agencyanalysen sind wieder an andere Agencykonzepte wie das Habitusmodell von Bourdieu anschlussfähig. An dieser Stelle soll v.a. aus forschungspragmatischer Perspektive der Fokus auf einem hermeneutisch-verstehenden Agencykonzept liegen.

Das Agency-Konzept erfasst die subjektiven Vorstellungen, die Menschen davon haben, *wer* (oder *was*) *wann wo wie was* zum Zustandekommen von Ereignissen beiträgt. Diese Forschungsperspektive liefert eine Analyseheuristik, die es ermöglicht, die vielfältigen subjektiven und sozialen Vorstellungen der eigenen (Nicht-) Beteiligung am Zustandekommen von Ereignissen differenziert herauszuarbeiten (Kruse 2015, S. 494, H.i.O.).

Dabei stellt sich die Frage, durch welche methodischen Strategien Agencyanalysen durchgeführt werden können. Um eine Re-Konstruktion zu leisten, wie Akteure wem Handlungsmacht zuschreiben, ist auf Formulierungen zu achten, in denen „subjektive Vorstellungen von handelnden und wirkenden Agenten aller Art" (Helfferich 2012, S. 12) formuliert werden.

Beispiel: Agency im Diskurs

Wenn beispielsweise im Rahmen der ‚Agenda 2010' davon gesprochen wurde, dass Arbeitslose gefordert und gefördert werden sollten, wird damit eine Infantilisierung des Akteurs ‚Arbeitsloser' sprachlich vollzogen: Dem/der Arbeitslosen wird diskursiv eine eingeschränkte Handlungsmacht zugesprochen. Durch erzieherische Maßnahmen muss der/die Arbeitslose in der Entwicklung seiner/ ihrer Handlungsmacht gefördert werden. Die Freilegung der Handlungsmacht von Arbeitslosen wird vom politischen Diskurs in die Nähe erzieherischen Handelns gerückt. Die Thematisierung der politischen Maßnahmen zeichnet sich durch die diskursive Einschränkung von Arbeitslosen aus. Die Arbeitslosen werden dabei über einen Mangel definiert, den sie aufgrund ihrer eingeschränkten Handlungsmacht alleine nicht überwinden können.

Ausgangspunkt der methodischen Strategien, welche die Agencyanalyse auszeichnen, ist die am linguistic turn orientierte These, dass sich Selbst-/Weltverhältnisse sprachlich manifestieren. Die Art und Weise, wie sich Akteure selbst bzw. soziale Konstellationen und andere Akteure beschreiben, verweist auf die Art und Weise, wie Handlungsmacht gedeutet und erlebt wird. Bei der Analyse von Agencykonstruktionen wird daher auf „*Prädikatsausdrücke* (Art des Geschehens) und die durch sie bestimmten *semantischen Rollen* [geachtet], in denen die beteiligten Personen, Mächte, Wirkzentren etc. auftreten" (Lucius-Hoene 2012, S. 48f., H.i.O.). Dabei lassen sich Heuristiken identifizieren, die bei der Re-Konstruktion von Agency eingesetzt werden können.

Werkzeugkasten: Strategien für die Agencyanalyse

Um im Sinne der Agencyanalyse diskursive Zuschreibungen von Handlungsmacht herauszuarbeiten, lässt sich auf grammatikalische Modi der Aktivität des Erlebens achten. Z.B.

- „Ich habe...'' (verweist als Aktivkonstruktion auf einen handelnden Akteur),
- „Ich wurde...'' (verweist als Passivkonstruktion auf einen passiven Akteur, vgl. Helfferich 2012, S. 12).

Es gilt dabei zu beachten, dass die Semantik grammatischer Bedeutungen sich im Sinne der Indexikalität stets aus dem Gesamtkontext eines Satzes ergibt. Daher sollte nicht verkürzt dahingehend interpretiert werden, dass automatisch dort, wo Aktivkonstruktionen erscheinen, ein handelnder Akteur spricht. Umgekehrt verweisen Passivkonstruktionen nicht automatisch auf einen passiven Akteur. Allerdings könnten diese Konstruktionen jeweils eine Wahrnehmung der Einschätzung von Handlungsmacht anzeigen. Ob dies aber wirklich so ist, gilt es aus dem Gesamtkontext einer Äußerung zu erschließen. Die Verwendung von Hilfsverben wie ‚wollen', ‚müssen' oder ‚können' liefern einen Hinweis darauf, wie Sachverhalte eingeschätzt werden (*kann*, *will* oder *muss* man etwas machen?) Hier lässt sich an gedankenexperimentelle Analysestrategien der objektiven Hermeneutik anschließen. So kann beispielsweise eine Formulierung wie „Kann ich Dir helfen?'' mit Formulierungen wie „Darf ich Dir helfen?'', „Muss ich Dir helfen?'' oder „Soll ich Dir helfen?'' kontrastiert werden. Es lässt sich dabei beispielsweise fragen, welche verschiedenen Formen der Akteursbeziehung sich aus der semantischen Differenz zwischen „Muss ich Dir helfen?'' und „Darf ich Dir helfen?'' ergeben. Werden (unkontrollierbare) Wirkmächte beschrieben, wie beispielsweise „Und dann kam die Trennung'' oder „Und dann fiel die Mauer und alles war anders''? Werden Emotionen benannt, die der Kontrolle der Akteure entgehen, z.B. „Und irgendwie war dann das Gefühl da, dass der neue Lebensweg das Richtige für mich war''?

Aufschlussreich kann im Zuge von Agencyanalysen auch sein, darauf zu achten, wie der/die Gesprächspartner*in die dargestellten Sachverhalte bewertet. Interpretiert sich der/die Gesprächspartner*in als Instanz, die objektiv soziale Phänomene darstellt:

- „Also die Lehrer, die sind halt so und es stimmt auch wirklich.''

oder grenzt er/sie die eigene Perspektive auf soziale Phänomene ein:

- „Also, ich weiß ja nicht, was andere sagen, aber für mich hat sich das
  so dargestellt, dass…".

Um Herauszuarbeiten, wie sich Akteure in sozialen Kontexten wahrnehmen, lässt sich auch auf die Verwendung von Personalpronomen achten:

- Wann wird in welchen Kontexten von ‚wir'/‚uns' gesprochen und wann
  wird in welchen Kontexten die erste Person Singular verwendet?
- Wann wechseln Akteure in ihren Narrationen von der ersten Person
  Singular in das unpersönliche ‚man' der dritten Person Singular? Wel-
  che semantische Funktion hat das ‚man'? Steht es beispielsweise für
  Übergeneralisierung oder anonyme Mächte?

Um soziale Konstellationen zu re-konstruieren, lässt sich eine Visualisie-
rung von Beziehungsnetzwerken erstellen: Mit Bezug auf Narrationen von
Akteuren kann derart visuell herausgearbeitet werden „wen oder was eine
Erzählerin als handelndes Zentrum bestimmt, wie sie sich selbst dazu stellt,
welche sonstigen Figuren und Instanzen des Geschehens sie in welcher
Form daran beteiligt sieht" (Lucius-Hoene 2012, S. 44).

Mit der Frage nach der Handlungsmacht wird auch die Frage nach Hierarchie- und
Abhängigkeitsverhältnissen relevant. Mit den methodischen Strategien der Posi-
tionsanalyse wird es möglich, diese Hierarchie- und Abhängigkeitsverhältnisse in
den Blick zu nehmen.

3.8.3 Die Positioninganalyse – Re-Konstruktion von Hand-lungsmacht

Eng mit der Agencyanalyse ist die Positioninganalyse verbunden, die ihre Wurzeln
in der angelsächsischen Discursive Psychology hat (vgl. Harré & van Langenhove
1999).[41] Die Positioninganalyse kann als eine spezifische Form der Agencyanalyse
betrachtet werden. Die Art und Weise, wie Beziehungen von Akteuren ausgedeutet

---

41 Die Discursive Psychology stellt eine Form der Diskursanalyse dar, die sich v.a. auf
    psychologische Aspekte in Diskursen fokussiert (vgl. Edwards & Potter 1992).

werden und wie Akteure dabei sich selbst und anderen Akteuren Handlungsmacht
zuschreiben, stellt den zentralen Schwerpunkt der Positioninganalyse dar.

> *Positionierung* bezeichnet zunächst ganz allgemein die diskursiven Praktiken, mit
> denen Menschen sich selbst und andere in sprachlichen Interaktionen aufeinander
> bezogen als Personen her- und darstellen, welche Attribute, Rollen, Eigenschaften
> und Motive sie mit ihren Handlungen in Anspruch nehmen und zuschreiben, die
> ihrerseits funktional für die lokale Identitätsher- und -darstellung im Gespräch sind
> (Lucius-Hoene & Deppermann 2004, S. 168, H.i.O.).

Die Positioninganalyse besitzt folglich eine sozialräumliche Dimension: Positionen werden in Formen von Beziehungskonstellationen bestimmt. Die dabei
definierten Beziehungsformen vollziehen sich nicht zwischen konkreten Individuen – z.b. die Beziehung Ich/Du – sondern über soziale Rollen und deren
diskursive Bedeutungen: z.b. Schüler*in/Lehrer*in. Mit den Rollen sind jeweils
gesellschaftliche Erwartungen und die Zuschreibungen von Handlungsmacht
verbunden – so hat der/die Lehrer*in andere Möglichkeiten zu handeln als der/
die Schüler*in. Durch die diskursive Zuschreibung von Handlungsmacht werden
gesellschaftliche Hierarchien auf ‚lokaler' Interaktionsebene hergestellt. ‚Lokal'
meint hier, dass konkret Individuen miteinander interagieren und dabei in einem
Hierarchieverhältnis stehen, das gesellschaftlich über Diskurse vorgegeben ist.
Aus der Perspektive der Positioninganalyse werden die „einzelnen sprachlichen
Akte stets als Sprachhandlungen und diskursive Praktiken gesehen" (Kruse 2015,
S. 500). Dieser diskursanalytische Bezug ermöglicht es, die Abhängigkeits- und
Hierarchieverhältnisse in den Blick zu nehmen, die durch Rollenkonstellationen
Beziehungen auf lokaler Ebene mit definieren. Diese Beziehungen auf lokaler
Ebene sind von überindividuellen gesellschaftlichen Rollenkonzepten geprägt. So
ist die Relation zwischen einem/einer Schüler*in und einem/einer Lehrer*in auch
durch gesellschaftliche Rollenerwartungen definiert. Ihre Rollenverständnisse
bringen beide Akteure in die Interkation mit ein – z.b. wenn der/die Lehrer*in
Respekt von dem/der Schüler*in erwartet, da Lehrer*innen gesellschaftlich anerkannte Respektpersonen darstellen (vgl. dazu auch Lucius-Hoene & Deppermann 2004, S. 172). Analytisch lässt sich im Akt der diskursiven Positionierung
zwischen Selbst- und Fremdpositionierung unterscheiden. Selbstpositionierung
bezeichnet in diesem Kontext „die direkte oder indirekte Zuschreibung von Be-
stimmungsstücken zur eigenen Person" (Lucius-Hoene & Depperman 2002,
S. 196). Die Fremdpositionierung schließt die Zuschreibungen von Rollenfunktionen und Handlungsmacht mit ein:

- Rollenfunktionen (welche Rolle nimmt der/die Andere im Interaktionszusammenhang ein?) und
- Agencyzuschreibungen (welche Handlungsmacht wird dem/der Anderen in Interaktionszusammenhängen zugeschrieben?)

Dabei weist jede Selbstpositionierung Elemente der Fremdbestimmung auf und *vice versa*: Jede Selbstzuschreibung als Schüler*in erfordert es, andere mit der Fremdzuschreibung Mitschüler*innen und Lehrer*in zu belegen. Die Zuschreibung von eigener Handlungsmacht geschieht stets in Relation zu den anderen Interaktionsakteuren. Durch den Erkenntnisfokus der Positioninganalyse kann die performative Dimension von Rollenzuweisungen in dialogischen Kontexten herausgearbeitet werden – „Jede Positionierungsaktivität beeinflusst die folgenden Handlungsmöglichkeiten im Gespräch, und viele Positionierungsaktivitäten sind nur verständlich als Reaktionen auf vorangehende Positionierungen" (Lucius-Hoene & Deppermann 2004, S. 170). So lassen sich beispielsweise die Analysestrategien der Sequenzanalyse im Sinne der objektiven Hermeneutik nutzen (vgl. 3.4.11). Im Zuge der Sequenzanalyse ist dann ein Fokus auf die dialogische Bestimmung von Rollenpositionen zu legen.[42]

Werkzeugkasten: Analysestrategien für die Positioninganalyse
Lucius-Hoene und Deppermann (2004) weisen darauf hin, dass diskursive Positionierungen nicht durch eine „bestimmt[e] Klasse von sprachlichen Akten" (Lucius-Hoene & Deppermann 2004, S. 171) vollzogen werden. Für eine positioninganalytische Datenauswertung ergibt sich die Konsequenz, dass auf „diejenigen Aspekte sprachlicher Handlungen" zu achten ist, „mit denen ein Sprecher sich in einer Interaktion zu einer sozial bestimmbaren Person macht" (Lucius-Hoene & Deppermann 2004, S. 168). Dabei lässt sich auch auf die heuristischen Strategien zurückgreifen, die im Zuge einer Agencyanalyse Anwendung finden können.

Die Positioninganalyse ermöglicht es, die wahrgenommene Verteilung von Handlungsmacht in Interaktionszusammenhängen/Beziehungsgefügen durch die Analyse von Fremd- und Selbstzuschreibungen zu re-konstruieren (vgl. Kruse 2015,

---

42　Lucius-Hoene & Deppermann (2004) zeigen auf, wie Positionierungsstrategien sich auf Interviewsituationen auswirken und damit die Datenerhebung beeinflussen können.

S. 501). Die Interpellationsanalyse thematisiert den Aufbau und die Wirkung von normativen Rollenzuweisungen und den Zuweisungen von Handlungsmacht auf Akteure.

3.8.4 Von der Handlungsmacht zur Anrufung – Die Interpellationsanalyse

Die Interpellationsanalyse ermöglicht es, den Ansatz der Subjektivierung und der Interpellation anhand der Methoden qualitativer Sozialforschung für die empirische Forschung nutzbar zu machen. Die Interpellationsanalyse stellt ein methodisches Vorgehen dar, das der Autor dieses Buches im Zuge eigener Forschung entwickelt hat.

▶ **Definition: Subjektivierung**   Subjektivierung bezeichnet die Einschreibung gesellschaftlicher normativer Anforderungen in das Selbst-/Weltverhältnis der Individuen (siehe dazu eingehender 1.1.5).

Um den Ansatz der Subjektivierung für die empirische Forschung angemessen nutzbar zu machen, wird im Folgenden analytisch zwischen...

- Interpellationen bzw. Anrufungen und
- Subjektivierungsdynamiken

differenziert.

▶ **Definition: Interpellation und Subjektivierungsdynamiken**   Interpellationen stellen Anrufungen dar, in denen normative Erwartungen an das Individuum artikuliert werden. Die Anrufung entfalten eine ‚sozialisierende' Wirkung, die sich durch die Analyse der Subjektivierungsdynamiken herausarbeiten lässt. Subjektivierungsdynamiken stellen die Prozesse dar, in denen sich das Individuum zu Anrufungen verhält: Das Individuum setzt sich mit den normativen Ansprüchen auseinander, verhält sich zu diesen und integriert derart die normativen Anforderungen in sein Selbst-/Weltverhältnis. Die Integration normativer Anforderungen in das eigene Selbst-/Weltverhältnis kann dabei zwischen den Polen ‚kritisch ablehnend'/‚affirmativ' verortet werden.

Der Ansatz der Interpellation geht auf den französischen Marxisten Louis Althusser zurück. Althusser (1977) hat in seiner Schrift *Ideologie und ideologische*

Staatsapparate den Akt der Interpellation paradigmatisch anhand einer ‚Urszene'
dargestellt:

> Man kann sich diese Anrufung nach dem Muster der einfachen und alltäglichen An-
> rufung durch einen Polizisten vorstellen: ‚He, Sie da!' Wenn wir einmal annehmen,
> daß die vorgestellte theoretische Szene sich auf der Straße abspielt, so wendet sich
> das angerufene Individuum um Durch diese einfache physische Wendung um 180
> Grad wird es zum Subjekt Warum? Weil es damit anerkennt, daß der Anruf ‚genau'
> ihm galt und daß es ‚gerade es war, das angerufen wurde' (und niemand anderes)
> Wie die Erfahrung zeigt, verfehlen die praktischen Telekommunikationen der An-
> rufung praktisch niemals ihren Mann: Ob durch mündlichen Zuruf oder durch ein
> Pfeifen, der Angerufene erkennt immer genau, daß gerade er es war, der gerufen
> wurde (Althusser 1977, S. 142f.).

Althussers Modell der Anrufung lässt sich aus hermeneutisch-verstehender Perspektive für die qualitative Sozial- bzw. Bildungsforschung nutzbar machen, um
Interpellationen und Subjektivierungsdynamiken empirisch zu beforschen. Mit
der Interpellationsanalyse lassen sich Äußerungen dahingehend analysieren, wie
im Sinne einer diskursiven Praktik rollenspezifische normative Anforderungen an
das Individuum gerichtet werden. Aus dieser Perspektive stellt die Interpellationsanalyse eine spezifische Form der Fokussierung der Erkenntnisperspektive dar,
die bereits durch die Agency- und darauf aufbauend durch die Positioninganalyse
eingenommen worden ist. Im Zuge der Analyse von Interpellationen empfiehlt es
sich, mit dem analytischen Begriff ‚Interpellationsstruktur' zu arbeiten.

▶ **Definition: Interpellationsstruktur**   Interpellationsstruktur lässt sich als
Teil einer begrifflichen Ausdifferenzierung von Interpellation verstehen. Diese begriffliche Ausdifferenzierung ermöglicht es, die Komplexität von Interpellationen
genauer in den analytischen Blick zu nehmen. Interpellationen bilden Strukturen,
wenn Elemente zusammenwirken. Struktur wird dabei als Beziehungsgefüge von
Elementen definiert. Mit Bezug auf diese Überlegungen zur Interpellationsstruktur
lassen sich folgende zwei Leitfragen zur Analyse von Interpellationen formulieren:

• Welche Merkmale lassen sich identifizieren, denen eine interpellative Dimension zu eigen ist?
• Wie wirken diese interpellativen Merkmale zusammen?

Aus dieser Perspektive lässt sich die von Althusser dargestellte Urszene auch mit
Bezug auf die Interpellationsstruktur analysieren: Der Zuruf „He, Sie da!" wird
durch die Uniform des Polizisten flankiert, die ihn als Vertreter der Ordnungs-

macht markiert. Ist bei dem Polizisten noch eine Waffe zu sehen, ‚be-deutet' diese auf das Gewaltmonopol der Exekutive und damit auf die zentrale Rolle hin, die dem Polizisten als Vertreter der Ordnungsmacht zukommt. Aus diesem Zusammenwirken der interpellativen Elemente (Zuruf, Uniform, ggf. Waffe) ergibt sich die Interpellationsstruktur, mit der der Angerufene konfrontiert ist. Würde nun der Fokus darauf gelegt, wie diese Interpellation auf den angerufenen Akteur wirkt, würden die Subjektivierungsdynamiken in den Blick genommen. Subjektivierungsdynamiken stellen quasi die Effekte von Interpellationen dar.

> **Werkzeugkasten: Analysestrategien für die Beforschung von Subjektivierungsdynamiken**
>
> Bei der Analyse von Subjektivierungsdynamiken wird das Wirken von Interpellationen auf das Individuum herausgearbeitet. Es wird hermeneutisch analysiert, wie Interpellationen von angerufenen Individuen erlebt werden. Diese Analyseperspektive gründet auf der hermeneutischen Annahme, dass sich normative Anforderungen, die über Interpellationen an das Individuum gerichtet werden, ‚ganzheitlich' – also kognitiv-emotional – in das Individuum einschreiben. Im Zuge der Analyse von Subjektivierungsdynamiken kann herausarbeitet werden, wie sich das Individuum nach normativen gesellschaftlichen Parametern reflektiert/wahrnimmt und diese normativen Anforderungen internalisiert. Wenn die Interpellationen von dem angerufenen Akteur aufgenommen werden, so sind diese Interpellationen Teil des Selbst-/Weltverhältnisses des Individuums. Um einen methodischen Zugang zu der Analyse von Subjektivierungsdynamiken zu eröffnen, kann wie bei der Interpellationsanalyse auch auf die Analysestrategien der Agency- und Positioninganalyse zurückgegriffen werden. Dabei ist die leitende Erkenntnisfrage, wie sehr sich der Akteur die interpellativen Forderungen zu eigen gemacht hat, wie sehr er sich mit ihnen identifiziert, diese in sein Selbst-/Weltverhältnis aufnimmt oder ob und ggf. wie er sich von den interpellativen Forderungen abgrenzt.

Die Interpellationsanalyse stellt folglich die Frage nach der formalen Form der Anrufung. Die Analyse von Subjektivierungsdynamiken nimmt wiederum die Einschreibungen interpellativer Forderungen in die Selbst-/Weltverhältnisse der Akteure in den Blick.

Im folgenden Abschnitt werden methodischen Strategien der Interpellationsanalyse und methodische Ansätze zur Analyse von Subjektivierungsdynamik eingesetzt, um die Interpellationsstruktur und die subjektivierenden Wirkungen der Castingshow ‚Germany's next Top Model' herauszuarbeiten.

3.8.5 Vom Catwalk zur Juryentscheidung – Interpellationsstruktur und Subjektivierungsdynamiken im Kontext von Castingshows

Im Folgenden werden die Ergebnisse einer Analyse skizziert (Kergel 2016), die sich mit der Interpellationsstruktur von Castingshows am Beispiel der Sendung ‚Germany's next Top Model' (GNTM) auseinandersetzt. Im Zuge dieser Ergebnisskizze wird darauf eingegangen, inwiefern die Interpellationsstruktur der Castingshow Subjektivierungsdynamiken bei jugendlichen Rezipient*innen initiiert. Ausgangspunkt der Analyse ist die These, dass Castingshows eine Interpellationsstruktur aufweisen, durch die Rollenbilder und Wertehaltungen kommuniziert werden. Castingshows lassen sich aus dieser Perspektive als Medien-Rituale verstehen, die als „kollektive Erfahrungswelten" dienen, in denen „Werte, normative Erwartungen, Rollenbilder generiert werden" (Grimm, Neef & Zöllner 2011, S. 8). Aus dieser Perspektive vermögen Medien-Rituale „Interpretationsvorschläge für den Alltag" (ebenda) zu bieten – „Sie machen die eigene Welt handhabbarer, indem sie Komplexität reduzieren" (ebenda). Im Zuge der Analyse wurden Elemente identifiziert, die die Interpellationsstruktur der Castingshow mit definieren. Ausgangspunkt war die Identifikation der dramaturgischen Elemente, die jede Folge der Castingshow GNTM prägen. Es wurden die Elemente ‚Fotoshoot', ‚Catwalk' und ‚Juryentscheidung' identifiziert. Diese Elemente bilden die Grundstruktur der Castingshow, da sie den dramaturgischen Aufbau fast jeder Folge bestimmen.

- In jeder Sendung ‚shooten' Mode-Fotograf*innen Bilder von den Kandidatinnen. Diese ‚Fotoshoots' stellen vermeintlich die Herausforderungen der Modelwelt im Schutzraum GNTM nach. Bei den jeweiligen Fotoshoots gilt es, diverse Hemmschwellen zu überwinden. So müssen die Kandidatinnen im Verlaufe einer Staffel sich u.a. in der Öffentlichkeit, unter Wasser, in der Kälte, in der Hitze, in ‚erotischen Posen' mit und ohne Männer fotografieren lassen. Die ‚Nachwuchsmodels' sollen dabei beispielsweise Höhenängste ebenso wie Ekelschwellen überwinden. Diskursiv werden diese ‚Shootings' mit den normativen Rollenanforderungen legitimiert, die an ein Model gerichtet werden. Im Sinne eines Trainings werden die Kandidatinnen durch die ‚Fotoshoots' an die Realität des Modelalltags herangeführt. Diese Argumentation entfaltet eine interpellative Logik und setzt die Akteurinnen unter Zugzwang: Wenn die Zielvorstellung, ein Topmodel zu werden, realisiert werden soll, ist die Herausforderung eines jeden ‚Fotoshoots' zu bewältigen. Wird dies nicht getan, ist dies ein Nachweis dafür, dass die betreffende Kandidatin nicht den Anforderungen genügt, die an ein Model gestellt werden. Dementsprechend entstehen in jeder Staffel konfliktuöse Situationen. Diese resultieren aus dem Spannungsverhältnis, das sich zwischen den Polen Selbstbestimmung[43]/Angst auf der einen Seite und der Erfüllung normativer Anforderungen/Anrufungen auf der anderen Seite aufspannt.

- Der Catwalk steht am Ende einer stereotypen GNTM-Episode. Die Kandidatinnen sollen ihre Fähigkeiten auf dem Laufsteg – dem Catwalk – unter Beweis stellen. Die materielle Struktur der Laufstege variiert dabei. So müssen die Kandidatinnen über Sand, bergab mit High Heels oder gegen Windmaschinen laufen. Diese ‚Herausforderungen' werden wie die Variationen beim Fotoshooting mit dem Trainingscharakter der Situation legitimiert, welche die Kandidatinnen auf die Anforderungen der Modelwelt vorbereiten sollen. Nach dem Lauf thematisiert die Jury die Catwalk-Qualitäten der jeweiligen Kandidatin; Fortschritte werden gelobt, Stagnation und Rückschritte mit Bezug auf das angestrebte Ziel, ein Model werden zu wollen, problematisiert. Dieses Feedback auf den jeweiligen Walk der einzelnen Kandidatin stellt eine Form der Leistungsbeurteilung dar. Das Training der Catwalk-Qualitäten repräsentiert die Zielstrebigkeit, den Entwicklungswillen sowie das Entwicklungspotenzial der jeweiligen Kandidatin. Generell zeigen sich am Körper die Disziplin und der Leistungswille. So stehen Schlankheit und Sportlichkeit für Disziplin – ein ‚professioneller' Umgang mit dem Körper wird eingefordert. Ein guter Catwalk und ein vielseitiges ‚Posen' beim Shooting werden zum wesentlichen Kapital der Kandidatinnen in der Castingshow. Die Entwicklung der Kandidatinnen wird darauf fokussiert, wie sie ihre ‚Körperbeherrschung' dahingehend ausbauen.

- Die Juryentscheidung bildet den dramaturgischen Höhepunkt einer jeden Sendung. Hier wird verkündet, welche Kandidatinnen die nächste Runde der Castingshow erreichen. In der Juryentscheidung verdichten sich die Wertesetzungen und Momente der normativen Interpellationen – konnten die Kandidatinnen den normativen Anforderungen genügen, so dass sie sich für die nächste Runde qualifizieren? Die Kommentare der Jury, die jede Entscheidung begleiten, verdeutlichen die Momente der Passung zwischen der Identität der Kandidatinnen mit den normativen Anforderungen, welche durch die Jury an

---

43 Die Selbstbestimmung manifestiert sich im Akt der Weigerung – z.B. wenn eine Kandidatin keine ‚erotischen Shoots' machen möchte.

sie gestellt werden. Dabei wird die Leistung in der abgelaufenen Woche bewertet. Aufgrund dieser Bewertung wird über den Verbleib der einzelnen Kandidatinnen entschieden. Dabei erhält jede Kandidatin nach ihrem ‚Walk' eine Beurteilung. Kommen die Kandidatinnen weiter, wird ihnen ein Bild überreicht. Scheiden die Kandidatinnen aus, erhalten sie kein Bild und werden von Heidi Klum mit dem Satz verabschiedet „Ich habe heute leider kein Foto für Dich" (für eine Sequenzanalyse dieses Satzes vgl. 3.4.11).

Fotoshoot, Catwalk und Juryentscheidung bilden das dramaturgische Rückgrat der Castingshow, die durch andere Elemente wie Castings oder Challenges[44] erweitert werden kann. Jedes der drei Elemente weist interpellative Implikationen auf: Im Fotoshoot sowie im Catwalk *muss* die jeweilige Herausforderung gemeistert werden, um dem Anforderungsprofil des Rollenmodells des ‚Model-Sein' zu entsprechen. In der Jurysituation wird evaluiert, ob die jeweilige Kandidatin diesen normativen Ansprüchen genügt. Die interpellativen Implikationen werden im Zuge der Bewertung der Kandidatin expliziert. Dabei wird eine klare Positionierung vorgenommen: Die Jury erscheint als handlungsmächtig, da sie über Verbleib oder Ausscheiden aus der Show entscheiden kann. Zugleich wird den Kandidatinnen auch Handlungsmacht zugesprochen: Der Arbeitswille der Kandidatinnen entscheidet darüber, inwiefern sie den normativen Anforderungen genügen. Es lässt sich folglich eine zweistufige Zuweisung von Handlungsmacht re-konstruieren:
Die Jury repräsentiert die normativen Erwartungen/Anforderungen. Diesen Erwartungen/Anforderungen muss die Kandidatin in den jeweiligen Fotoshoots und Catwalks gerecht werden. Den Kandidatinnen wird also grundsätzlich die Handlungsmacht zugesprochen, den Anforderungen gerecht zu werden. Dabei ist die Handlungsmacht der Kandidatinnen erst durch den Rahmen möglich, der durch Interpellationen geschaffen wird. Die Interpellationen des Formats eröffnen einen ‚normativen Möglichkeitsraum' (Kergel 2012), in dem die Kandidatinnen agieren können/sollen/müssen. Die Handlungsmacht der Kandidatinnen ist aus dieser Perspektive eine untergeordnete Handlungsmacht und die Qualität der Unterordnung wird in der Beurteilung der Jury evaluiert. Die interpellativen Erwartungen als Fremdzuweisungen werden von den Kandidatinnen angenommen und erfüllt. In dieser freiwilligen Übernahme normativer Forderungen zeigt sich exemplarisch das Paradox von Subjektivierung, auf das Bröckling (2012) hingewiesen hat:

---

44 Challenges sind besondere Herausforderungen, denen sich die Kandidatinnen stellen müssen.

Auf der einen Seite ist die Macht, verstanden als Ensemble der Kräfte, die auf das Subjekt einwirken, diesem vorgängig. Das Subjekt ist weder ausschließlich gefügiges Opfer, noch nur eigensinniger Opponent von Machtinterventionen, sondern immer schon deren Effekt. Auf der anderen Seite kann Macht nur gegenüber Subjekten ausgeübt werden, setzt diese also voraus. Sie beruht auf der Kontingenz des Handelns, das sie zu beeinflussen sucht, und damit auf einem unhintergehbaren Moment von Freiheit (Bröckling 2012, S. 132).

Interpellationen wirken auf Akteure, die auch stets die Möglichkeit haben, anders zu handeln. Vor dem Hintergrund dieses Paradox der Subjektivierung entfaltet sich das Forschungsfeld der Subjektivierungsdynamik. In Bezug auf die Analyse der Interpellationsstruktur von GNTM lässt sich die Fragestellung in Hinblick auf Subjektivierungsdynamiken wie folgt erweitern: Wie werden die Interpellationen seitens der Zuschauer*innen rezipiert?

- Werden die Interpellationselemente als notwendige Dramaturgie des Sendungsformats begriffen und als eine Form der medialen Inszenierung verstanden – so, wie jeder Tatort eines Mörders und eines Opfers bedarf?
- Oder werden die Interpellationen auf die eigene Person übertragen, so dass die Interpellationen auf das Selbst-/Weltverhältnis der Zuschauer*innen wirken?

Ist Letzteres der Fall, lässt sich von Subjektivierungsdynamiken sprechen: Die Zuschauer*innen richten sich nach der Interpellationsstruktur des Sendeformats aus – bzw. werden subjektiviert. Für die Beforschung der Wirkungen der Interpellationen der Castingshow GNTM auf jugendliche Zuschauer*innen wurde auf die Ergebnisse von qualitativen Medienwirkungsstudien zurückgegriffen, die sich mit dem sozialisatorischen Potenzial von Castingshows auseinandersetzen (siehe exemplarisch Götz & Gather 2010; Wijnen 2011). Die Ergebnisse der Medienwirkungsstudien zeigen auf, dass jugendliche Zuschauer*innen die Castingshow GNTM zu weiten Teilen empathisch rezipieren. Gaines (2011) fasst diesen Prozess mit dem Begriff des ‚Proxyeffekts‘, der das Einfühlen in Gefühlsleben medial inszenierter Akteure beschreibt (vgl. Gaines 2011). Anhand der Ergebnisse der Medienwirkungsstudien lässt sich herausarbeiten, wie im Sinne des Proxyeffekts die Interpellationen der Castingshow GNTM auf jugendliche Zuschauer*innen wirkt. Dies lässt sich exemplarisch an Äußerungen von Akteuren festmachen, die im Rahmen einer Studie von Götz und Gather (2010) befragt worden sind. Im Rahmen dieser Studie zur Wirkung von Castingshows auf ‚Mädchen und Jugendliche‘ sind „schwerpunktmäßig Mädchen zwischen 12 und 21 Jahren, die regelmäßige Seherinnen von *GNTM* und/oder *DSDS* sind, qualitativ befragt" (Götz & Gather 2010, S. 52, H.i.O.) worden. Das leitende Erkenntnisinteresse der Studie bestand darin, „die typischen Nutzungsmotive zu verstehen und die Bedeutung dieser Begeisterung für die Sendung, insbesondere in Bezug auf das Körperempfinden, nachzuvollziehen" (Götz & Gather 2010, S. 52). Für die Studie wurden 120 Jugendliche im Rahmen einer „offenen schriftlichen Befragung über GNTM (98 Mädchen; 22 Jungen) sowie 57 an der Befragung über Deutschland sucht den Superstar (53 Mädchen, 3 Jungen)" (ebenda) befragt. Dabei wurden

> [e]rgänzend [...] für den qualitativen Teil der Studie Gruppendiskussionen sowie Videoaktionen mit Klassen durchgeführt, in denen SchülerInnen die Sendung nachstellten. Um überindividuelle Alters- und Geschlechtertendenzen sowie Besonderheiten in der Aneignung der beiden Formate herausarbeiten zu können, wurden neben der qualitativen Untersuchung 1.166 repräsentativ ausgewählte Kinder und Jugendliche zwischen 9 und 19 Jahren, die regelmäßig *DSDS* oder *GNTM* sehen, standardisiert im Face-to-face-Interview befragt. Aus dem auf diese Weise gewonnenen qualitativen und standardisierten Datenmaterial wurden typische Momente der Aneignung der beiden Formate herausgearbeitet; vor dem Hintergrund der Ergebnisse wurden ergänzend Medienanalysen durchgeführt (Götz & Gather 2010, S. 52).

Götz und Gather arbeiten heraus, wie sehr die Zuschauer*innen im Sinne des Proxyeffekts sich mit den Kandidatinnen identifizieren:

> Das Verhalten der Kandidatinnen dient als Vorbild und zur Orientierung, wie ‚man' sich bei professionellen Herausforderungen verhalten muss, oder auch zur Abgrenzung, dass ‚man' ‚so was nie machen würde'. Dies sind Formen der Identitätsarbeit, in der die Sendung und die Folgekommunikation am nächsten Tag zur Definition der eigenen Werte und Grenzen genutzt werden (Götz & Gather 2010, S. 53).

Das Erleben der Kandidatinnen wird empathisch mit-erlebt – im Sinne eines Gegenhorizonts ließe sich gedankenexperimentell annehmen, dass die Zuschauer*innen sich mit Heidi Klum als Rollenmodell identifizieren, v.a. da sie als ‚Chefin der Jury' am meisten Handlungsmacht besitzt. Stattdessen werden Identifikationsbezüge zu den Kandidatinnen hergestellt. Zu ähnlichen Ergebnissen kommt eine andere Mediennutzungsstudie, die von Wijnen (2011) durchgeführt worden ist. Die österreichische Studie fragt danach, wie ‚Model-Castingshows im Alltag von Jugendlichen' im Alter von 15 bis 19 Jahren erlebt wird.

> Es wurde der Frage nachgegangen, welche Bedeutung Jungen und Mädchen Model-Castingshows im Vergleich zu anderen Castingshows beimessen und welche Rolle Castingshows generell in der Fernsehrezeption Jugendlicher spielen. Ebenso wurde untersucht, wie die in den genannten Model-Castingshows sowie in anderen

Castingshows dargestellten (Schönheits-)Ideale und Inszenierungen alltäglicher Jugendlicher von den Heranwachsenden beurteilt werden und welche Rolle diese in
deren (Medien-)Alltag im Kontext der für dieses Alter relevanten Entwicklungsauf-
gaben spielen. (Wijnen 2011, S. 5)

Das gesamte Projekt wurde mit 17-18 jährigen Schüler*innen einer Schulklasse
durchgeführt, die als Ko-Forscher*innen fungierten. Derart war es im Sinne der Offenheit qualitativen Forschens möglich, die Akteursperspektive in den Forschungsprozess gezielt mit einzubinden. Im Rahmen des Projekts wurden acht Gruppendiskussionen sowie „17 Leitfadeninterviews mit besonders aussagekräftigen
ProbandInnen (zehn Mädchen und sieben Jungen)" (Wijnen 2011, S. 21) geführt.

Die TeilnehmerInnen der Gruppendiskussionen, von denen jeweils vier in der Stadt
und vier auf dem Land durchgeführt wurden, wurden mittels Screening-Fragebögen
ausgewählt. Das Alter der Untersuchungspopulation beschränkte sich deshalb auf
15 bis 19 Jahre, weil die an dem geplanten Forschungsvorhaben beteiligten Schüler-
Innen zum Zeitpunkt der Erhebung 17 bis 18 Jahre alt waren und die durchgeführten Gruppendiskussionen als Gespräche unter (in etwa) Gleichaltrigen angelegt
waren. (Wijnen 2011, S. 21)

An den präsentierten Textstellen lässt sich ablesen wie sich der Proxyeffekt bzw.
die empathische Identifikation mit den Kandidatinnen seitens der Zuschauer*innen einstellt. Dabei wird als Begründung seitens der Zuschauer*innen das Alter
der Kandidatinnen genannt. Das gemeinsame Alter kann als Indiz dafür gewertet
werden, dass Kandidatinnen und Zuschauer*innen eine gemeinsame Sozialisa-
tionsphase durchlaufen, was das Identifikationspotenzial erhöht:

Die war halt einfach total sympathisch. Ich meine, mit der haben wir uns schon
irgendwie identifizieren können. Die war halt eben auch erst 16 und so naiv halt und
total lieb und so. Und sie hat auch nicht immer gewusst, wie sie es am besten machen
soll. Jeder hat sich immer in sie hinein gefühlt, wenn sie von der Heidi fertig gemacht worden ist. Wir haben uns halt total identifiziert, weil sie halt auch in unserem
Alter war (Lisa, formal höher gebildet, Stadt) (zit. nach Wijnen 2011, S. 43f.).

Es zeigt sich eine emotionale Reaktion auf die Interpellation, die ihre Wirkkraft
durch die Identifikation der Zuschauer*innen mit den Kandidatinnen erhält. Die
vornehmlich weiblichen Zuschauer*innen stehen den Interpellationen nicht kri-
tisch-distanziert oder belustigt-ironisch gegenüber. Vielmehr werden die normativen Anforderungen, die an die Kandidatinnen gestellt werden, übernommen.
Diese Identifikation lässt sich als Subjektivierungsdynamik interpretieren: Inter-

pellationen werden wahrgenommen, anerkannt und die normativen Anforderungen werden affirmativ (also bejahend und nicht kritisch-ablehnend) auf sich selbst bezogen und derart in das eigene Selbst-/Weltverhältnis integriert. So beziehen Zuschauer*innen die Schönheitsideale, mit denen die Kandidatinnen im Rahmen der Sendung konfrontiert sind, auf sich:

> Manchmal, wenn ich mir die Sendung so anschau, denk ich mir, die hat so schöne Beine und gar keinen Bauch. Und ja, dann denk ich mir schon manchmal, dann mach ich halt jetzt ein bisschen Diät. [...] Aber das denk ich nur ganz selten! (Annalena, 15 Jahre, formal höher gebildet, Stadt) (zit. nach Wijnen 2011, S. 58).

Die durch GNTM diskursiv inszenierten Schönheitsideale wirken auf die Zuschauer*innen und können dabei zu einem defizitären Selbst-/Weltverhältnis führen: Im Kontrast zu der betrachteten Kandidatin – die mit Bezug auf die Passung der normativen Schönheitsvorgaben anerkannt wird („die hat so schöne Beine und gar keinen Bauch") – wird eine abwertende Selbstzuschreibung aktualisiert: Während die Kandidatin die Schönheitsvorgaben erfüllt, wird in Bezug auf sich selbst eine Diät in Betracht bezogen. Die Diät lässt sich wiederum als Maßnahme verstehen, sich den vorgegebenen Schönheitsidealen anzunähern. Dies impliziert wiederum, dass sich die jugendliche Zuschauerin als defizitär erfährt, da sie, anders als die Kandidatin, die als Identifikationsfläche dient, nicht die normativen Schönheitsmerkmale aufweist. Diese Subjektivierungsdynamik lässt sich nicht lediglich auf der Ebene der individuellen Selbstreflexion nachweisen, sondern auch in kollektiven Handlungsvollzügen beobachten:

> Lisa: Wir haben halt mal wieder gemeinsam mit Freundinnen geschaut und da haben wir uns gedacht, so jetzt machen wir wie die da auch jede Woche gemeinsam Sport und so.
> Interviewerin: Ihr habt das also richtig durchgezogen?
> Lisa: Nein, nicht so richtig. Also wir haben es genau zwei Wochen durchgehalten mit unserem Sport und unserem Diätplan.
> Interviewerin: Was hattet ihr denn für einen Diätplan?
> Lisa: Ja einfach gesündere Ernährung halt und nicht so viele Kalorien.
> Interviewerin: Und wie war das so für euch?
> Lisa: Na es hat schon richtig Spaß gemacht so zusammen, aber wir haben es halt nicht geschafft.
> Interviewerin: Und waren die Kandidatinnen für euch ein Vorbild?
> Lisa: Ja deshalb haben wir es ja auch gemacht, denn das waren ja eigentlich auch mal ganz normale Mädchen. Die kamen ja nicht von einer Modelagentur sondern die wurden einfach so in ganz Deutschland gecastet. Und dann haben wir uns gedacht, jetzt nehmen wir auch ab. Also wenn die das schaffen, dann schaffen wir das auch.

Also die ganze Show baut ja auf Schönheit und Glamour und so auf. Da haben wir uns halt gedacht, das ist schon cool. Aber wir haben es halt nicht geschafft. Also wir waren halt irgendwie nicht so stark wie die Mädchen in der Show. Die sind halt schon richtig voll diszipliniert, die Mädchen (zit. nach Wijnen 2011, S. 44).

Die vermeintliche Nähe zur eigenen Lebenswelt („Die kamen ja nicht von einer Modelagentur, sondern die wurden einfach so in ganz Deutschland gecastet"), forciert den Identifikationsprozess und die eigene Einschätzung der Handlungsmacht, die in Bezug zur Handlungsmacht der Kandidatinnen gestellt wird („also wenn die das schaffen, schaffen wir das auch"). Die Fremdzuschreibung („die disziplinierten Mädchen") führen zu negativ konnotierten Selbstzuschreibungen („wir waren halt irgendwie nicht so stark wie die Mädchen"). Es lässt sich vermuten, dass die Fremd- und Selbstzuschreibungen auf der Annahme beruhen, dass beide Akteure ‚Kandidatinnen'/‚Zuschauerinnen' potenziell die gleiche Handlungsmacht besitzen, da sie ja der gleichen Lebenswelt entstammen und nicht aus einer Modelagentur kommen. Die Realisierung der Handlungsmacht hängt aus dieser Perspektive dabei von der charakterlichen Eignung ab (die Kandidatinnen werden als ‚stärker' und disziplinierter wahrgenommen). An dieser Stelle zeigt sich die moralische Dimension der Interpellation *in* bzw. *durch* GNTM. So erhält Heidi Klum eine erzieherische Funktion von den Zuschauer*innen zugesprochen: Es geht bei GNTM um mehr, als um die Vermittlung von Sachkompetenz (z.B. Trainieren des Walks). Vielmehr wird eine moralische Dimension aktualisiert, wenn eine charakterliche Eignung der Kandidatinnen diskutiert wird. Diese charakterliche Eignung wird professionstheoretisch begründet: Eine ‚richtige' Einstellung stellt eine Voraussetzung für eine konkurrenzfähige Persönlichkeit auf dem ‚Modelmarkt' dar:

Valentina: Es ist ja so, die achten ja auf die Persönlichkeit und es muss das Gesamtpaket stimmen. Weil eigentlich hätte es ja genauso die Tessa sein können, aber sie haben halt dann gesehen, dass sie nicht wirklich weiterkommt. Weil durch ihre Art und so wird sie keine Jobs kriegen. Es ist nämlich wirklich auch so, dass sie auf die Persönlichkeit schauen und nicht nur aufs Aussehen.
Danija: Ja, Persönlichkeit muss auch dabei sein.
Annalena: Also ich glaub nicht, dass die immer nur auf Persönlichkeit schauen. Weil, wenn wirklich eine dabei ist, die voll fesch ist und so, dann nehmen sie die.
Valentina: Ja eh, sag ich ja nicht. Aber z. B. du musst auch mit dem Kunden umgehen können.
Annalena: Ja eh.
Valentina: Ja, ich nehm jetzt immer die Tessa als Beispiel. Aber das ist das beste Beispiel dafür. Ich meine, sie zeigt ja einfach der Jury den Mittelfinger, weil ihr das nicht gepasst hat, was sie zu ihr gesagt haben, die Kritik also. Ich meine, wenn sie das bei einem Kunden macht, dann kommt sie wirklich nicht weit (formal höher gebildete Mädchen, Stadt) (zit. nach Wijnen 2011, S. 47).

Widerstandsgesten werden negativ gewertet – es wird nicht gefragt „Warum könnte es legitim sein, den Mittelfinger zu zeigen?" Vielmehr wird das Handeln der Kandidatin nach Marktlogiken beurteilt und die Geste des Widerstands wird als geschäftsschädigend gewertet („Ich meine, wenn sie das bei einem Kunden macht, dann kommt sie wirklich nicht weit!"). Das Ausscheiden aus der Show wird dabei als Hilfestellung, als Impuls für Lernprozesse gedeutet. Diese Lernprozesse können zumindest potenziell zu einer Verbesserung/Selbstoptimierung der ausscheidenden Kandidatin beitragen:

> Die Leute lernen ja daraus. Wenn sie rausfliegen, dann wissen sie auch was sie falsch gemacht haben und was sie im Leben dann besser machen können (Ucaer, 15 Jahre, formal niedriger gebildet, Stadt) (zit. nach Wijnen 2011, S. 64).

Durch diese Deutung offenbart sich ein defizitärer Blick auf die ausscheidende Kandidatin. Dieser defizitäre Blick ist auch Ausdruck dafür, dass die Zuschauer*innen die Interpellation der Castingshow anerkennen: Die ausgeschiedene Kandidatin genügt nicht den Anforderungen der Castingshow, daher muss die Kandidatin die Castingshow verlassen. Zusammenfassend lässt sich festhalten, dass die Zuschauer*innen die Interpellationen über den Proxyeffekt aufnehmen und auf sich beziehen. Dabei kommt es zu Subjektivierungsdynamiken. Die Interpellationen der Castingshow haben das Potenzial, sich in das Selbst-/Weltverhältnis der Zuschauer*innen einzuschreiben.

Die Re-Konstruktion von Handlungsmacht erweist sich für die integrative Bildungsforschung als von zentraler Relevanz. Gemäß der sozialen Dimension von Bildung bzw. durch den Umstand, dass sich Bildung stets in Bildungskontexten vollzieht, sind auch die Interaktionszusammenhänge/sozialen Konstellationen von Bildung in den Blick zu nehmen. Dabei lässt sich fragen, ob und ggf. wie sich die Akteure als handlungsmächtig erleben. Mit Bezug auf die Bildungsmerkmale explorative Neugier und Selbstwirksamkeitserwartungen lässt sich dabei folgern: Ohne Handlungsmacht keine Bildung. Explorative Neugier und Selbstwirksamkeitserwartung setzen die Wahrnehmung der eigenen Handlungsmacht voraus bzw. fallen mit dieser zusammen. Im Kontext der Bildungsforschung gilt es, soziale Konstellationen dahingehend zu ‚befragen', ob, wie und ggf. warum sich die Akteure als handlungsmächtig in sozialen Kontexten begreifen und ob sich dadurch Bildung entfalten kann. Die bildungsorientierte Evaluation als ein Forschungsfeld der integrativen Bildungsforschung stellt einen Ansatz dar, diese Überlegungen systematisiert in Bezug zu Lehr-/Lernprozesse zu setzen.

Literatur

Althusser, L. (1977). *Ideologie und ideologische Staatsapparate Aufsätze zur marxistischen Theorie.* Hamburg: Vsa.

Bröckling, U. (2012). Der Ruf des Polizisten. Die Regierung des Selbst und ihre Widerstände. In R. Keller, W. Schneider & W. Viehöver (Hrsg.), *Diskurs, Macht, Subjekt. Theorie und Empirie von Subjektivierung in der Diskursforschung* (S. 131-141). Wiesbaden: VS Springer.

Edwards, D., & Potter, J. (1992). *Discursive Psychology.* Thousands Oaks: Sage.

Gaines, E. (2011). *Media Literacy and Semiotics.* Basingstoke: Palgrave Macmillan.

Götz, M., & Gather, J. (2010). Deutschland sucht den Superstar und Germany's next Topmodel Castingshows und ihre Bedeutung für Kinder und Jugendliche. URL: http://www.br-online.de/jugend/izi/deutsch/publikation/televizion/23_2010_1/castingshows.pdf. Zuletzt zugegriffen: 29. Mai 2017.

Grimm, P., Neef, K., & Zöllner, O. (2011). Medien-Rituale-Jugend: Eine Hinführung zum Thema. In O. Grimm & O. Zöllner (Hrsg.), *Medien-Rituale-Jugend. Perspektiven auf Medienkommunikation im Alltag junger Menschen* (S. 7-12). Stuttgart: Steiner.

Harré, R. & van Langehove (Hrsg.) (1999). *Positioning Theory. Moral Contexts of Intentional* Action. Oxford: Blackwell.

Helfferich, C. (2012). Einleitung: Von roten Heringen, Gräben und Brücken. Versuch einer Kartierung von Agencykonzepten. In S. Bethmann. C. Helfferich, H. Hoffmann & D. Niermann (Hrsg.), *Agency. Qualitative Rekonstruktionen und gesellschaftstheoretische Bezüge von Handlungsmächtigkeit* (S. 9-39). Weinheim: Beltz/Juventa.

Kergel, D. (2012). Angst essen Seele auf. Angstdisposition im Kontext gesellschaftlicher Verunsicherung. In R.-D. Hepp (Hrsg.), *Precarity and Flexibilisation: The New Qualities of the Social Structure. Re-orientation of Economical and Ideological Perspectives* (S. 218-234). Münster: Westfälisches Dampfboot.

Kergel, D. (2016). Bildungssoziologie und Prekaritätsforschung: Castingshows als Prekaritätsnarration. In R.-D. Hepp, R. Riesinger & D. Kergel (Hrsg.), *Precarity – Shift in the center of the Society. Interdisciplinary Perspectives* (S. 177-196). Wiesbaden: VS Springer.

Kruse, H. (2015). *Qualitative Interviewforschung. Ein integrativer Ansatz.* Weinheim: Beltz/Juventa.

Lucius-Hoene, G. (2012). ‚Und dann haben wir's operiert'. Ebenen der Textanalyse narrativer Agency-Konstruktionen. In S. Bethmann. C. Helfferich, H. Hoffmann & D. Niermann (Hrsg.), *Agency. Qualitative Rekonstruktionen und gesellschaftstheoretische Bezüge von Handlungsmächtigkeit* (S. 40-70). Weinheim: Beltz/Juventa.

Lucius-Hoene, G., & Deppermann, A. (2002). *Rekonstruktion narrativer Identität. Ein Arbeitsbuch zur Analyse narrativer Interviews.* Wiesbaden: VS Springer.

Lucius-Hoene, G., & Deppermann, A. (2004). Narrative Identität und Positionierung. *Gesprächsforschung – Online-Zeitschrift zur verbalen Interaktion* Nr. 5, 166-183.

Scherr, A. (2012). Soziale Bedingungen von Agency. Soziologische Eingrenzungen einer sozialtheoretisch nicht auflösbaren Paradoxie. In S. Bethmann. C. Helfferich, H. Hoffmann & D. Niermann (Hrsg.), *Agency. Qualitative Rekonstruktionen und gesellschaftstheoretische Bezüge von Handlungsmächtigkeit* (S. 99-121). Weinheim: Beltz/Juventa.

Wijnen, C. W. (2011). Model-Castingshows im Alltag von Jugendlichen. Projektbericht. http://www.imb-salzburg.at/fleadmin/bilder-inhalt/Media_Research/Abschlussbericht_ Castingshows_fnal_jan2011.pd. Zuletzt zugegriffen: 29. Mai 2017.

Forschungsfelder integrativer Bildungsforschung

4

Im Sinne eines Ausblicks werden im Folgenden mit der Evaluationsforschung sowie der Bildungsethik zwei Forschungsfelder skizziert, im Rahmen derer die Überlegungen zu einem integrativen Bildungsverständnis Anwendung finden können. Forschungsfeld bezeichnet in diesem Kontext ein inhaltlich abgegrenztes Themengebiet, auf das methodische, methodologische sowie bildungstheoretische Überlegungen einer integrativen Bildungsforschung angewendet werden können.

4.1 Bildungsorientierte Evaluation und didaktisches Forschen

Die bildungsorientierte Evaluation überführt die normativen Aspekte eines integrativen Bildungsverständnisses in den Bereich der Evaluation von Lehr-/Lernprozessen und lässt sich in einem weiteren Schritt zum didaktischen Forschen erweitern.

4.1.1 Von der Didaktik des Bildungsraums zur bildungsorientierten Qualitätssicherung

Bildungslernen setzt auf die Eigenaktivität des Subjekts. Ein solches Lernen fußt auf einem Lernverständnis, das Parallelen zu Holzkamps Überlegungen zum expansiven Lernen aufzeigt: Die Selbstbestimmung der Lernenden, die für das expansive Lernen charakteristisch ist (vgl. Holzkamp 1995, S. 247), lässt sich auch als ein Lernen verstehen, indem durch explorative Neugier und Selbstwirksamkeitserwartungen ein positiv konnotiertes Selbst-/Weltverhältnis hergestellt werden kann. Ausgehend von der Prämisse einer Eigenaktivität des Subjekts in Lernprozessen ergibt sich für didaktische Ansätze die Konsequenz, dass Lernen vom Subjekt ausgehend verstanden werden muss (vgl. dazu auch 1.5.6.1): Bildungslernen lässt sich nicht determinieren und basiert auf einem konstruktivistischen Lernbegriff. Aus didaktischer Perspektive geht es folglich weniger um eine Instruktionsdidaktik als vielmehr um die Etablierung einer Ermöglichungsdidaktik (vgl. dazu Arnold 2003). Der Bildungsraum lässt sich zwar als Lernwelt modellieren, indem Rahmenbedingungen/Ermöglichungskontexte für Bildung eröffnet werden. Bildung dagegen lässt sich nicht determinieren. Ob sich in Lernwelten Bildung vollzieht, kann anhand von Datenerhebungs- und Auswertungsstrategien im Sinne einer integrativen Bildungsforschung festgestellt werden. Die Beforschung von Lernräumen und die Prüfung, ob es sich hierbei um Bildungsräume handelt, rückt die integrative Bildungsforschung in die Nähe von Evaluation und Evaluationsforschung. Die Nähe der Beforschung von Bildungsräumen zur Evaluation von Lehr-/ Lerngeschehen ergibt sich aus der theoretisch fundierten normativen Dimension von Bildung: Besteht der Anspruch, einen Bildungsraum im Zuge pädagogischer Praxis zu realisieren, lässt sich das Vorhandensein normativer Aspekte von Bildung als ein Sollwert bestimmen. Die normative Dimension von Bildung kann dann als Qualitätsmerkmal für pädagogische Interaktionsprozesse verstanden werden, wenn in Bezug auf diese pädagogischen Interaktionsprozesse der Anspruch besteht, Bildung bzw. einen Bildungsraum zu realisieren. Qualitative Bildungsforschung wird aus dieser Perspektive zu einer spezifischen Form qualitativer Evaluation bzw. Evaluationsforschung. Um diese These zu untermauern, wird im Folgenden der Begriff der Qualität in Bezug zur Bildung gesetzt

Qualität wird zunehmend zu einem Leitbegriff in pädagogischen Diskursen. Gerade in Bezug auf das pädagogische Feld ist festzuhalten, dass es keine letztgültige Definition gibt, was Bildungs- und Lernprozesse auszeichnet bzw. wie deren Qualitätsparameter zu bestimmen sind: „Es gibt keinen gesellschaftlichen, politischen oder wissenschaftlichen Konsens darüber, was Qualität in den jeweiligen Praxisfeldern und anderen Kontexten eigentlich ist" (Ehlers 2011, S. 56). Vor diesem Hintergrund besteht eine Konsequenz für die Qualitätsbestimmung im pädagogischen Feld darin, prozessspezifische Qualitätsparameter herzuleiten. Qualität als Zweckangemessenheit ist kontextgebunden und abhängig von der Zielsetzung des jeweiligen pädagogischen Prozesses. Dies erfordert es, angepasst an den jeweiligen pädagogischen Prozess Begründungsansätze zu identifizieren. Von diesen Begründungsansätzen ausgehend können dann Qualitätsparameter abgeleitet werden. Die Formulierung von Qualität ist eine Definitionsfrage. Es muss überlegt werden, was wie warum in welchem Kontext zweckangemessen ist. Evaluation zeichnet sich dadurch aus, das Vorhandensein von Qualitätsmerkmalen zu prüfen. Um dies zu leisten, müssen Indikatoren identifiziert werden, die auf das Vorhandensein von Qualitätskriterien verweisen. Zudem müssen ggf. Strategien entwickelt werden, wie ein Ist-Zustand an einen Soll-Zustand angenähert werden kann,

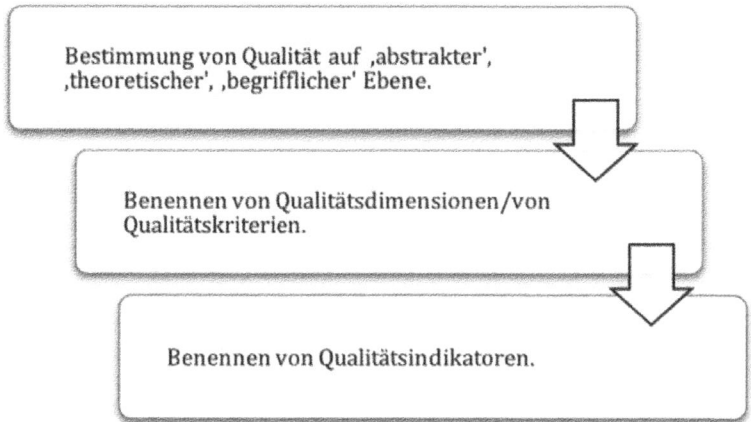

Bestimmung von Qualität auf ‚abstrakter‘, ‚theoretischer‘, ‚begrifflicher‘ Ebene.

Benennen von Qualitätsdimensionen / von Qualitätskriterien.

Benennen von Qualitätsindikatoren.

Abbildung 4   Darstellung des Operationalisierungsprozesses im Rahmen von Qualitätsbestimmung (Kergel & Heidkamp 2015, S. 106).

Beispiel: Identifikation von Indikatoren

Ist beispielsweise ein Qualitätskriterium eines Witzes darin zu sehen, dass er von den Rezipient*innen als lustig empfunden werden soll, stellt sich die Frage, wie das Qualitätsmerkmal ‚Witz wird als lustig wahrgenommen‘ empirisch feststellbar ist. Ein Indikator könnte das Lachen der Rezipient*innen darstellen. Dies bedarf der Begründung: Aus hermeneutisch-verstehender Perspektive lässt sich davon ausgehen, dass Menschen lachen, wenn sie etwas lustig finden. Wenn Menschen nach der Pointe eines Witzes lachen, ist davon auszugehen, dass sie den Witz lustig finden. Aus erkenntniskritischer Perspektive ist dabei einzuräumen, dass die Rezipient*innen aus Höflichkeit lachen könnten, um den/die Erzähler*in des Witzes nicht in Verlegenheit zu bringen.

Qualitätsdefinition und das Finden von geeigneten Indikatoren stellen einen Theorie-Praxis-Transfer dar, der die Frage nach der Messbarkeit von Qualitätsmerkmalen aufwirft. Wurde die Definition eines Qualitätsbegriffs geleistet und Qualitätsindikatoren identifiziert, lässt sich anhand wissenschaftlicher Datenerhebungsverfahren und Auswertungsstrategien prüfen, wie der jeweilig in den evaluativen Blick genommene pädagogische Prozess gestaltet ist. Es wird ein ‚Ist-Wert' erhoben und in Bezug zu dem ‚Soll-Wert' gesetzt. Hieran können sich Überlegungen anschließen, durch welche Maßnahmen der ‚Ist-Wert' dem ‚Soll-Wert' angenähert werden kann. Dieser Evaluationsprozess lässt sich schematisch als Zirkel visualisieren:

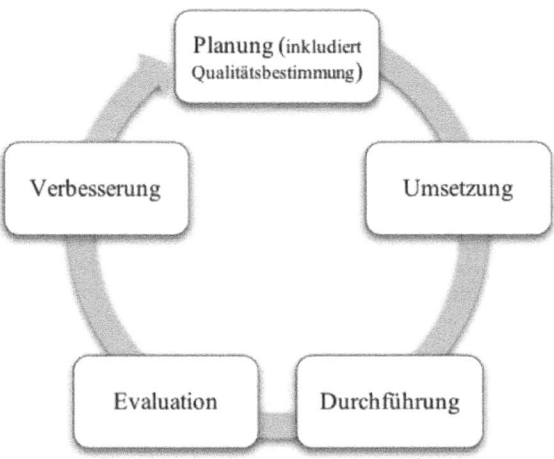

Abbildung 5   Abbildung eines Qualitätssicherungszirkels, in dem Evaluation als zentrales Element zwischen Praxis-Theorie-Transfer eingebettet ist (eigene Darstellung).

Eine bildungsorientierte Evaluation zeichnet sich dadurch aus, dass die Entfaltung von Bildung als Soll-Wert gesetzt wird. Es wird im Zuge einer bildungsorientierten Evaluation geprüft, ob in den zu evaluierenden pädagogischen Prozessen Merkmale identifiziert werden können, die Bildung definieren. Die im ersten Kapitel geleistete Bildungsdefinition lässt sich dabei als Ausgangspunkt für einen Qualitätsbegriff eines bildungsorientierten Evaluationsansatzes bestimmen.

▶ **Definition: Bildung**   Bildung wird als performatives, positiv konnotiertes Selbst-/Weltverhältnis des Subjekts in sozialen Kontexten definiert. Bildung lässt sich dabei als genetischer Prozess der Subjektwerdung verstehen. Dies bedeutet, dass Bildung vom Prozess der Subjektivierung analytisch unterschieden werden muss.

Mit Bezug auf diese Bildungsdefinition lassen sich Qualitätsmerkmale ausdifferenzieren und erste Indikatoren identifizieren, die auf das Vorhandensein von Bildung verweisen. Dabei wird davon ausgegangen, dass sich Bildung v.a. in Lernprozessen bzw. im Zuge von Bildungslernen entfaltet (1.5.3), welches in soziale Kontexte eingebunden ist.

Mit Bezug auf bildungstheoretische Überlegungen lassen sich zwei Bildungsmerkmale identifizieren:

- Explorative Neugier,
- Selbstwirksamkeitserwartung.

Diese Merkmale können in Form kriteriengeleiteter Fragen wie folgt formuliert werden:

- Wird im zu evaluierenden pädagogischen Prozess eine neugierig-explorative Haltung realisiert? Die explorative Haltung lässt sich als eine Erkenntnisneugier verstehen, die Bildungsprozesse prägt und dazu führt, dass die Individuen im Sinne Humboldts ‚den Kreis ihrer Erkenntnis und ihrer Wirksamkeit erweitern'.
- Lassen sich Selbstwirksamkeitserwartungen identifizieren, die darauf verweisen, dass sich das Individuum als handlungsmächtig im sozialen Kontext begreift und seine ‚Kraft' im Zuge des Subjektwerdungsprozesses entfalten kann?
- Mit Bezug auf diese Bildungsmerkmale ist zu prüfen, ob ein positiv konnotiertes Selbst-/Weltverhältnis realisiert wird. Ein solch positiv konnotiertes Selbst-/Weltverhältnis lässt sich als Effekt des Prozesses verstehen, den Humboldt beschreibt, wenn er zu dem sich bildenden Individuum festhält, dass „sein Denken immer nur ein Versuch des Geistes darstellt, vor sich selbst verständlich" zu sein und das Handeln eines Individuums „ein Versuch seines Willens ist, in sich frei und unabhängig zu werden" (Humboldt 1980, S. 235).

Übertragen auf den Qualitätsbegriff einer bildungsorientierten Evaluation lässt sich das Evaluationsschema wie folgt konkretisieren.

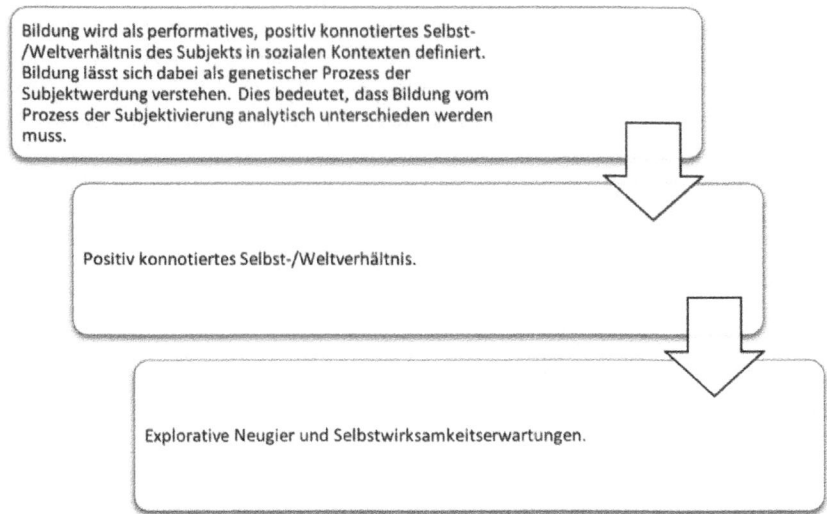

Bildung wird als performatives, positiv konnotiertes Selbst-
/Weltverhältnis des Subjekts in sozialen Kontexten definiert.
Bildung lässt sich dabei als genetischer Prozess der
Subjektwerdung verstehen. Dies bedeutet, dass Bildung vom
Prozess der Subjektivierung analytisch unterschieden werden
muss.

Positiv konnotiertes Selbst-/Weltverhältnis.

Explorative Neugier und Selbstwirksamkeitserwartungen.

Abbildung 6   Darstellung einer bildungsorientierten Operationalisierung des Qualitätsbegriffs (eigene Darstellung).

4.1.2   Evaluation von Bildung als interaktiver Prozess

Mit Bezug auf den Aspekt der Bildungsdynamiken lassen sich Bildungsprozesse
als relationale Prozesse verstehen, in denen verschiedene Akteure eingebunden
sind und in Interaktionsprozessen Bildungsdynamiken hervorbringen. Bildungsdynamiken zeichnen sich dadurch aus, dass Akteure in sozialen Kontexten entde-
ckend lernen bzw. explorative Neugier entfalten, Selbstwirksamkeitserwartungen
entwickeln und derart ein positiv konnotiertes Selbst-/Weltverhältnis ,aus-bilden'.
Der Vorteil einer solchen ,interaktionistischen' Perspektive auf Bildung liegt darin, Bildung verstärkt als sozialen Prozess zu begreifen und die intersubjektive/
kommunikative Dimension von Bildung in den Blick zu nehmen. Bildung wird
hier v.a. als ein interaktiver Prozess verstanden. Durch die Konzeptionierung von
Bildung und deren ,interaktiven Dimensionen' wird es möglich, „das einheitliche
,Subjekt des Lernens' phänomenologisch in die verschiedenen Relationsgefüge
von Selbst-, Welt- und Anderenverhältnis aufzufächern" (Künkler 2008, S. 44).
Anhand einer solchen ,Auffächerung' kann, „das konstitutive Ineinander von
Selbst- und Fremdverhaltungen" (Künkler 2008, S. 44) herausgearbeitet werden,
„die für die menschliche Subjektivität wie für den Vollzug des Lernens so be-
deutsam sind" (ebenda). Eine bildungsorientierte Evaluation erfordert es, diese

interaktive Dimension von Bildung in den Blick zu nehmen. Diese Überlegungen zu einer bildungsorientierten Evaluation führen zu der Frage nach angemessenen Datenerhebungs- und Auswertungsmethoden, durch die es möglich ist, Bildung zu evaluieren. Ein Ansatz für eine derartig bildungsorientierte Evaluation wird im folgenden Abschnitt anhand eines Beispiels aus dem Bereich der Hochschulbildung dargestellt.

4.1.3 Bildungsorientierte Evaluation am Beispiel der fragebogenbasierten Evaluation einer universitären Lehrveranstaltung

Generell ist Evaluation methodisch offen und es lassen sich verschiedene methodische Strategien anwenden, Daten zu erheben und auszuwerten. Dabei stellt sich die Herausforderung, die Form der Datenerhebung zu begründen. Um die theoretischen Überlegungen zu einer bildungsorientierten Evaluation anhand eines Praxisbeispiels zu verdeutlichen, wird im Folgenden ein bildungsorientiertes Evaluationsverfahren vorgestellt. Dieses Evaluationskonzept wurde im Zuge des Teilprojektes „e-Didaktik & e-Science" an der Carl von Ossietzky Universität Oldenburg u.a. mit der Zielsetzung entwickelt, die Erlebnisdimension des forschenden Lernens herauszuarbeiten. Dabei wurde das forschende Lernen als eine spezifische Form des Bildungslernens definiert. Aus bildungstheoretischer Perspektive ergab sich dabei die Herausforderung, eine Datenerhebungsstrategie zu wählen,

- die auf der einen Seite die Sachzwänge von Evaluationen berücksichtigt. So sehen sich Evaluationsvorhaben oftmals mit beschränkten zeitlichen und personellen Ressourcen konfrontiert.
- Zugleich ist im Sinne einer bildungsorientierten Evaluation eine hermeneutisch-verstehende Form der Datenauswertung und Erhebung zu realisieren, die dem Subjekt Narrationsräume eröffnet, um die Erlebnisstruktur der zu evaluierenden pädagogischen Interaktionsprozesse angemessen darzustellen.

4.1.3.1 Fragebogenentwicklung und Datenerhebung

Als Instrument für die Datenerhebung wurde ein Fragebogen entwickelt, der zum Großteil aus offenen Fragen bestand.

Ausgangspunkt war die Überlegung, dass die offenen Fragen Studierenden narrative Möglichkeitsräume eröffnen. Studierende können in den Antworten ihre Erfahrungen erzählen, die sie im Rahmen der Lehrveranstaltung gemacht haben.

Darüber hinaus weisen offene Fragen den Vorteil auf, dass sie den Befragungs-
personen die Möglichkeit bieten, „so zu sprechen, wie sie es gewohnt sind (wie
ihnen ‚der Schnabel gewachsen ist')" (Porst 2014, S. 57). Im Zuge der Fragebogen-
entwicklung galt es zu beachten, die Fragen so zu formulieren, dass sie die Studierenden zu Antworten anregen und diese im Zuge ihrer Antworten das Lernen,
das sich im Kontext der Lehrveranstaltung entfaltete, narrativ zu re-konstruieren.
Der durch die offenen Fragen eröffnete Narrationsfreiraum ermöglicht aus methodischer Perspektive einen konstruktiven Umgang mit dem methodologischen
Problem des Relevanzhorizonts, der durch Fragestellungen aufgespannt wird (vgl.
Bourdieu, Chamboredon & Passeron 1991). Exemplarisch zeigt sich dieses Problem des Relevanzhorizonts bei dem Einsatz geschlossener Fragen: Geschlossene
Fragen erfordern vorgegebene Antwortoptionen, in denen der/die Befragte die
eigene Position an die vorgegebenen Antworten anpasst. Offene Fragen ermöglichen einen erweiterten Individualspielraum im Antwortverhalten. So besteht
beispielsweise die Möglichkeit, die Fragen gemäß dem eigenen Verständnis nach
auszudeuten. Der durch die offenen Fragen aufgespannte Relevanzhorizont wird
aus dieser Perspektive eher zu einem Orientierungspunkt für die eigene Narration.
Begleitend zu dem Einsatz des Fragebogens wurden in den ersten zwei Lehrveranstaltungen, in denen dieser zum Einsatz kam, mit jeweils zwei Studierenden zu
jeweils zwei Zeitpunkten der Lehrveranstaltung (in der Mitte des Semesters und
gegen Ende des Semesters) explorative Einzelinterviews geführt. Die Analysen
der Interviews dienten u.a. dazu, den Fragebogen zu validieren und die studentische Perspektive in den Fragebogen einzubinden. So wurde beispielsweise in den
Interviews, die nach der ersten Hälfte des Semesters durchgeführt worden sind,
u.a. gefragt: Was sollte in der Evaluation aus studentischer Perspektive gefragt
werden? Bei den Interviews, die zum späteren Zeitpunkt durchgeführt wurden,
wurde den studentischen Gesprächspartner*innen der Fragebogen mit der Bitte
vorgelegt, diesen zu kommentieren, das Verständnis der Fragen zu paraphrasieren
und Assoziationen zum Fragebogen zu äußern bzw. „laut zu denken" (vgl. dazu
auch Porst 2014, S. 185ff.). Im Zuge der Evaluation verschiedener Lehrveranstaltungen hat sich herausgestellt, dass sich die Evaluationsfragen als aussagekräftig
und valide erwiesen haben. Dabei wurde je nach inhaltlicher Ausrichtung sowie
den eingesetzten Sozialformen der Lehrveranstaltung der Fragebogen angepasst
und dabei um veranstaltungsspezifische Fragen erweitert (z.B. zum spezifischen
Erkenntnisgegenstand und zu spezifischen Arbeitsformen). Die Evaluationen fanden summativ am Ende der Lehrveranstaltungen statt. Die Studierenden wurden
gebeten, die digital ausgefüllten Evaluationsbögen anonymisiert an eine studentische Hilfskraft zu senden. Die studentische Hilfskraft hat wiederum die Frage-
bögen weitergeleitet.

4.1.3.2 Auswertung

Für die Datenauswertung ergab sich die Herausforderung, die individuellen Narrationen bzw. Äußerungen der Studierenden so auszuwerten, dass sich ein konjunktiver Erfahrungsraum re-konstruieren ließ. Die Struktur eines solchen konjunktiven Erfahrungsraums, der durch das Lehr-/Lerngeschehen aufgespannt wird, kann dann in Bezug zu den Kriterien gesetzt werden, die einen Bildungsraum definieren. Dieses ‚In-Bezug-setzen' stellt aus evaluationstheoretischer Perspektive den Abgleich zwischen Ist-Wert und Soll-Wert dar. Um einen konjunktiven Erfahrungsraum re-konstruieren zu können, war es erforderlich, die jeweiligen Antworten bzw. Äußerungen der Studierenden in einen Zusammenhang zu stellen, um diese als Aussagen identifizieren zu können, die im Sinne der dokumentarischen Methode auf das *Wie* der Interaktionsprozesse im Rahmen der Lehrveranstaltungen verweisen. Mit Bezug auf diese Überlegungen wurde für die Datenauswertung ein inhaltsanalytisch orientiertes Verfahren gewählt (vgl. dazu eingehender Kergel & Heidkamp 2015). Ausgangspunkt bildete dabei ein deduktives Kategoriensystem, das auf den offenen Fragen basierte. Im Zuge der Analyse der Antworten wurde dieses Kategoriensystem induktiv ausdifferenziert. Durch die offenen Fragen, auf denen das basale deduktive Kategoriensystem basierte, wurden die einzelnen Elemente thematisiert, deren Zusammenspiel die evaluierten Lernszenarien konstituierte. So wurden die Studierenden u.a. zu

- der Gruppenarbeit,
- dem selbstgesteuerten Lernen,
- der Wahrnehmung der Lehrperson sowie
- der Arbeit am Forschungsgegenstand

befragt. Die Antworten wurden dann Kategorien zugeordnet, wobei das deduktive Kategoriensystem sukzessive durch induktive Kategorienbildung weiter ausdifferenziert wurde. Anhand des Kategorisierungsprozesses war es auch möglich, die überindividuelle Struktur der einzelnen Äußerungen zu identifizieren und derart eine Aussagenstruktur zu re-konstruieren. Durch dieses Auswertungsverfahren war es möglich, verstehend nachzuvollziehen, wie der konjunktive Erfahrungsraum einer Lehrveranstaltung als kollektiver Lernraum bzw. Bildungsraum wahrgenommen wurde – also als ein relationales Gefüge, welches die Entfaltung von Bildungsdynamiken ermöglichte.

Im Folgenden sollen Teilergebnisse einer Lehrveranstaltungsevaluation dargestellt werden, um derart das Evaluationsvorgehen zu veranschaulichen (für eine eingehendere Ergebnisdarstellung siehe Kergel & Heidkamp 2015). Die Lehrveranstaltung ‚Lernen verstehen – Qualitative Zugänge zum Lernerlebnis' (Master, 27 Teilnehmer/innen, im Folgenden mit ‚*Lernen verstehen*' abgekürzt), deren Evaluationsergebnisse hier zur Veranschaulichung eines bildungsorientierten Evaluationsvorgehens dargestellt werden, fand im Wintersemester 2014/15 am Institut für Pädagogik der Carl von Ossietzky Universität Oldenburg statt. Dabei sind produktions- sowie handlungsorientiert wissenschaftstheoretische Ansätze vermittelt worden. Die Durchführung studentischer Forschungsprojekte bildete dabei den Praxisteil, der durch wissenschaftstheoretische Reflexionen flankiert wurde. Bei den studentischen Forschungsprojekten war die Form der Datenerhebung vorgegeben. Die Studierenden haben

- ein Forschungsthema in einem vorgegebenen Forschungsfeld (Lernerlebnisse) bestimmt und
- eine Forschungsfrage entwickelt.
- Anschließend wurde ein Interview-Design ausgewählt[45] und
- ein Interview durchgeführt.
- In einem nächsten Schritt haben die Studierenden den Methodeneinsatz auf handwerklicher Ebene reflektiert (Was klappte gut und was nicht?). Darüber hinaus wurde von den Studierenden
- eine Zusammenfassung des Interviews verfasst,
- die für die Studierenden interessanteste/bemerkenswerteste Stelle des Interviews herausgearbeitet und drei signifikante Zitate transkribiert.[46]
- Abschließend wurde von den Studierenden eine individuelle Reflexion mit wissenschaftstheoretischen Bezug eingereicht.

Da dieses Lehrformat stark selbstgesteuertes Lernen erfordert, wurde die Lehrveranstaltung als Blended Learning Design mit Präsenz- und Onlinephasen organisiert (vgl. dazu Kergel & Heidkamp 2015). Dabei war jede zweite Woche dem studentischen Forschungsprojekt gewidmet, die Ergebnisse wurden auf die genutzte Online-Lernplattform hochgeladen. In den Präsenzphasen sind wissenschaftstheoretische Ansätze mit Bezug auf die studentischen Forschungsprojekte diskutiert worden. Im Folgenden werden in Ausschnitten die Evaluationsergebnisse zu der Lehrveranstaltung ‚Lernen verstehen' dargestellt. Bei der Analyse sind zu den

---

45 Die Wahl der spezifischen Interviewform sollte sich an dem Erkenntnisinteresse ausrichten.

46 Oftmals transkribierten die Studierenden aus Eigeninteresse das ganze Interview und führten zum Teil mit Rückgriff auf den Ansatz des theoretical Samplings weitere Interviews durch.

jeweiligen Kategorien mehrere Textstellen/Äußerungen angeführt worden. Derart kann die Aussagenstruktur – also die überindividuelle Gültigkeit der jeweiligen Äußerungen – verdeutlicht werden. Durch dieses Vorgehen soll die Re-Konstruktion des Lernraums/Bildungsraumes aus der Perspektive der Studierenden verstehend-nachvollziehbar gestalten werden. Da es keine 100% Rücklaufquote gab, ist aus erkenntniskritischer Perspektive davon auszugehen, dass es auch andere Erlebniserfahrungen gab, die nicht in den Evaluationen geäußert wurden. Im Zuge der Datenauswertung ließ sich eine Relation von Elementen herausarbeiten, die das Lehr-/Lerngeschehen definierten und einen Bildungsraum aufspannten. Diese Elemente lassen sich inhaltsanalytisch orientiert in folgende Kategorien fassen:

- Selbstwahrnehmung der Studierenden im Blended Learning Design und
- Selbstwahrnehmung im selbstgesteuerten Lernen,
- Wahrnehmung des forschenden Lernens,
- Wahrnehmung des forschenden Lernens im machtfreien Raum,
- Wahrnehmung des eigenen Research-Teams,
- Wahrnehmung des Einsatzes digitaler Medien.

Aus Platzgründen werden im Folgenden exemplarisch die Kategorien Selbstwahrnehmung der Studierenden im Blended Learning Design und im selbstgesteuerten Lernen dargestellt (vgl. dazu eingehender Kergel & Heidkamp 2015).

4.1.3.3 Selbstwahrnehmung der Studierenden im Blended Learning Design und im selbstgesteuerten Lernen

Diese Kategorien setzen voraus, dass sich die Studierenden reflexiv in Bezug zu ihrem Lernprozess setzen: Studierende beschreiben nicht ihre Lernerfahrungen, sondern sie reflektieren diese. Im Idealfall geben die Studierenden dabei auch Impulse für Verbesserungen für das Lehr-/Lerndesign. Dabei wird das ,Reflektieren' kategorial vom ,Beschreiben' unterschieden. Die Beschreibung wird als eine Darstellung des Prozesses definiert – z.B. „wir haben dies oder das gemacht". Die Reflexion stellt dagegen eine kritische Distanz zu dem Prozess her – z.B. „als wir dies und das gemacht haben, habe ich dies aus denen und jenen Gründen als positiv/ negativ empfunden". Bei der Formulierung der offenen Fragen wurde darauf geachtet, dass die Fragen eine solche Reflexion initiieren. Dieses Reflexionsangebot der Evaluation wurde von allen Studierenden (N=27) angenommen. Die Organisation der Lehrveranstaltung beruhte auf einem Wechsel von Präsenz- und Onlinephasen. Die Onlinephasen waren dafür vorgesehen, dass sich die Studierenden mit ihrem Forschungsprojekt auseinandersetzen und die Ergebnisse dann auf die für die Lehrveranstaltung genutzte Lernplattform hochluden. Die alternierende Struktur zwischen Präsenz- und Onlinephasen ermöglichte eine institutionelle Öffnung des Lernraumes. Die strukturierte Offenheit des Blended Learning Designs wurde von den Studierenden in der Mehrheit angenommen. Bei der Einschätzung des Workloads („Bedeutete diese Form der Seminardurchführung mehr oder weniger Workload?") war keine Tendenz zu erkennen: Für 12 Studierende (44,4 %) bedeutete dieses Lehr-/Lernformat mehr Workload, für 12 Studierende weniger Workload. Zwei Studierende (7,4 %) beantworteten diese Frage mit einem ‚weder-noch', eine Person hat zu dieser Frage keine Angabe gemacht. Das Zusammenspiel der geschlossenen mit den offenen Fragen sollte zu einer Entwicklung von Argumentationen seitens der Studierenden führen: Nach jeder geschlossenen Frage, z.B. „Bedeutet die Lehrveranstaltung mehr oder weniger Workload als in einer reinen Präsenzveranstaltung" folgt eine Begründungsaufforderung – „Bitte begründen Sie Ihre Meinung". So wurde eine Meinung über eine geschlossene Frage ermittelt und zugleich um die Begründung der Meinung gebeten, was von den Studierenden eine argumentative Haltung einforderte. Bei der Frage, in welchem Seminarkonzept mehr gelernt wird (in einem traditionellen Präsenzseminar oder in diesem Seminarkonzept), ließ sich dagegen eine Präferenz erkennen: 16 von 27 Studierenden (59,3 %), gaben an, dass sie in diesem Seminarkonzept mehr lernen würden. 6 Studierende (22,2 %) antworteten, dass dies bei einem traditionellen Präsenzseminar der Fall wäre. Vier Personen gaben an, dass dies in beiden Seminarformen gleich sei (14,8 %), eine Person hat keine Angabe gemacht. Die Präferenz des vorgestellten Seminarkonzepts lässt sich auch daran ablesen, dass 18 Studierende (66,7 %) diese Form des selbstorganisierten Lernens im Blended Learning Design einem traditionellen Seminar vorziehen würden (5 Studierende zogen ein reines Präsenzseminar vor [18,5%] und 3 Studierende äußerten keine Präferenz [11,1%], eine Person hat keine Angabe gemacht). Das selbstgesteuerte Lernen wurde durch das Blended Learning Design und der damit einhergehenden Öffnung des Lernraumes ermöglicht. Anhand des Wechsels von Online- und Präsenzphasen entstand eine strukturierte Offenheit, durch die die Studierenden in die Lage versetzt wurden, selbstgesteuert in der Auseinandersetzung mit ihrem Forschungsvorhaben zu lernen. In den Äußerungen zu dem selbstgesteuerten Lernen im Rahmen dieses Blended Learning Designs lässt sich die Relevanz der strukturierten Offenheit erkennen, die zwischen Selbstverantwortung für das eigene Lernen sowie einer als relevant empfundenen Betreuung des Dozenten changiert. Die für Bildung bedeutsame Verzahnung von Empowerment und Selbstwirksamkeitserwartung lässt sich hier erkennen:

PKZ[47]22:	Ich fand die Mischung aus eigenem Forschen (und der Zeit dafür durch Online-Phasen) und Präsenzphasen sehr gut. Da einem neben den Präsenzphasen auch Zeit zur eigenen Bearbeitung gegeben wird, fand ich den Workload angemessen.
PKZ 26:	Das erscheint mir sinnvoll- sowohl feste Gruppentermine, als auch regelmäßige Treffen mit dem Dozenten, da beim selbstorganisierten Lernen manchmal die Motivation nachließ, wenn die Unsicherheit zu groß wurde, „ob das alles so Sinn macht" oder ob sich logische Fehler im Denkprozess eingeschlichen haben.
PKZ 19:	Dass man selbst entscheiden konnte womit man sich genau beschäftigen möchte, dass man selbst Zeiten für die Treffen ausmachen konnte und auch, dass durch die zweiwöchentliche Organisation immer genug Zeit für die Gruppenaufgaben war.
PKZ 02:	Voraussetzung um persönlich am besten lernen zu können, stellt eine Mischform aus eigenständigen Lernaufgaben bzw. selbstorganisiertem Lernen sowie geforderten Aufgaben mit festen Fristen und formalen Vorgaben dar.

Die Studierenden begriffen sich als Akteure des eigenen Lernens, was sich als eine notwendige Voraussetzung für Bildungslernen verstehen lässt. Das Einbringen eigener Erkenntnisinteressen in den Lernprozess führte dazu, dass die Studierenden Selbstverantwortung für ihren Erkenntnisprozess entwickelten und explorativ-neugierig, intrinsisch motiviert arbeiten konnten:

PKZ 07:	Ich fühlte mich selber verantwortlicher, Inhalte eigenständig herauszufinden, nachzulesen und diese dann in der Präsenzphase aber wieder zu reflektieren und neue Inhalte dazu zu bekommen.
PKZ 26:	Die Fokussierung auf das eigene Interesse konnte den Arbeitsprozess leiten. Dies hat das Eindenken in die gewählten Thematiken stark vereinfacht, weil das gewählte Thema ein bis zwei Gruppenmitglieder „sowieso schon" inhaltlich umgetrieben hat und eine Motivation bestand, sich damit auseinander zu setzen.

Die strukturierte Offenheit des Lernszenarios eröffnete einen Möglichkeitsraum, Bildungslernen realisieren zu können. So hatten die Studierende u.a. durch Formulieren einer Forschungsfrage die Möglichkeit, das eigene Erkenntnisinteresse auszubilden und derart eine neugierig-explorative Haltung zu entwickeln. Die Nennung von Punkten, die ein selbstgesteuertes Lernen ermöglichen (die Möglichkeit,

---

47 Im Rahmen der Auswertung wurden die Interviewbögen durchnummeriert. ‚PKZ' steht in diesem Kontext für ‚Personenkennziffer'. Aus Gründen der Nachvollziehbarkeit wurden diese Personenkennziffern mit genannt.

die Zeit selbst zu organisieren und das Nachgehen der eigenen Erkenntnisinteressen) kann so gedeutet werden, dass in der Tendenz die Studierenden den Möglichkeitsraum, sich als Subjekt ihres Lernens zu verstehen, wahrgenommen haben.

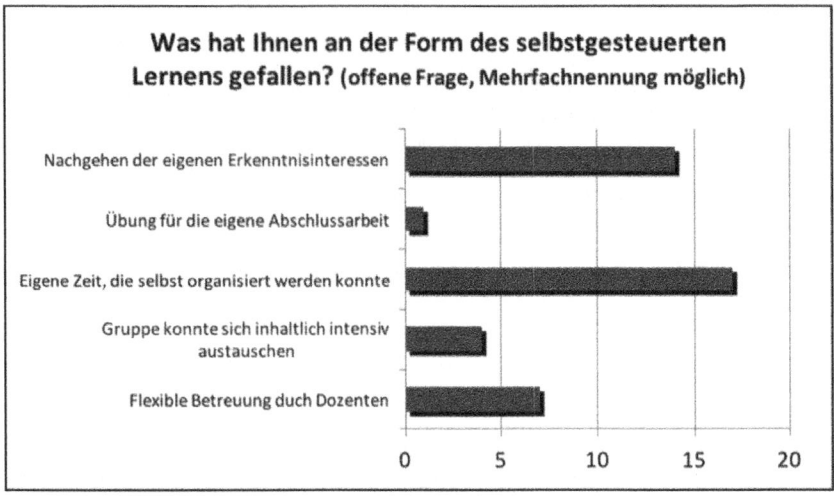

Abbildung 7   Balkendiagramm zu der offenen Frage: Was hat Ihnen an der Form des selbstgesteuerten Lernens gefallen? (Antworten von 26 Teilnehmer/inne/n des Seminars ‚Lernen verstehen', Befragung im Wintersemester 2014/2015, Mehrfachnennung möglich, Kergel & Heidkamp 2015, S. 133).

Die Antworten (N=18) auf die Frage, wie das selbstgesteuerte Lernen besser unterstützt werden könne, verweisen u.a. auf die Relevanz, den Studierenden eine Struktur vorzugeben, aus der heraus sich der Möglichkeitsraum für das eigene Lernen entfaltet. So wurden v.a. klare Arbeitsaufträge, eine stärkere Verknüpfung zwischen Online- sowie Präsenzphasen sowie mehr Feedback zu der studentischen Forschungsarbeit in den Präsenzphasen von den Studierenden gewünscht. Diese genannten Punkte lassen sich als Indikatoren dafür lesen, dass eine stärkere Strukturierung bzw. Rückbindung des studentischen Forschens an die Lehrperson von den Studierenden gewollt wird. Es ließe sich hieraus schließen, dass Bildungslernen ein bildungsorientiertes Lehren erfordert bzw. beides nicht voneinander trennbar zu sein scheint. Indem sich der/die Lehrende als mäeutische/r Begleiter*in begreift, können im Sinne einer Ermöglichungsdidaktik Rahmenbedingungen für ein Bildungslernen geschaffen werden (Bildungslernen ist hierbei durch das Entwickeln/Entfalten eines positiv konnotierten Selbst-/Weltverhältnisses im Lernprozess definiert).

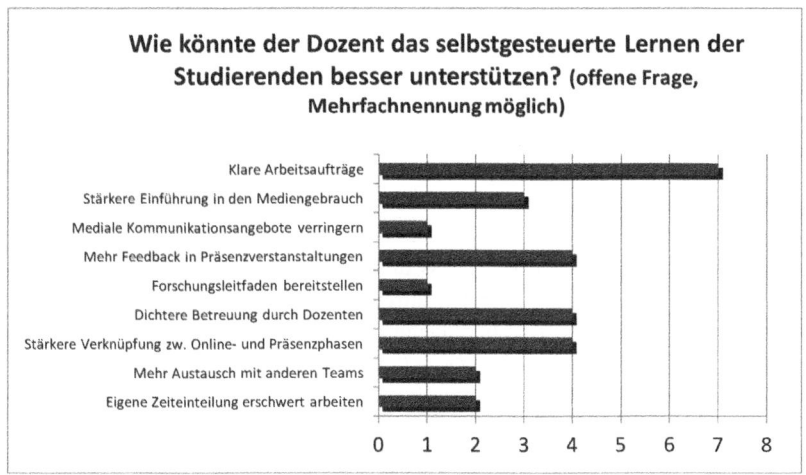

Abbildung 8 Balkendiagramm zu der offenen Frage „Wie könnte der Dozent das selbstgesteuerte Lernen der Studierenden besser unterstützen?" (Antworten von 18 Teilnehmer/inne/n des Seminars ‚Lernen verstehen', Befragung im Wintersemester 2014/2015, Mehrfachnennung möglich, Kergel & Heidkamp 2015, S. 135).

Die bisherigen Ergebnisse lassen sich so deuten, dass bildungsorientiertes Lernen zwischen dem Möglichkeitsraum des selbstgesteuerten Lernens bzw. hier des studentischen Forschens und den rahmenden Strukturen changiert (z.b. durch die Präsenzphasen, klare Arbeitsaufträge). Diese rahmenden Strukturen geben die Orientierungspunkte für das selbstgesteuerte Lernen bzw. ermöglichen dieses erst. Die Studierenden nehmen in ihren Antworten ein kritisch-reflexives Verhältnis zu der Lehrveranstaltung ein. Wenn die Äußerungen der Studierenden, wie oben geschehen, in einen analytischen Zusammenhang gestellt und als Aussagen analysiert werden, stellt dies nur eine Re-Konstruktion auf Grundlage des vorhandenen Materials dar. Es werden also erkenntniskritisch alternative Aussagegefüge angenommen, die dem evaluativen Blick nicht zugänglich waren. Vor dem Hintergrund dieser erkenntniskritischen Haltung lassen sich dennoch zwei Indikatoren identifizieren, die auf Bildungsdynamiken im Rahmen der Lehrveranstaltung verweisen: Die *strukturierte Offenheit* des Lehr-/Lernszenarios evozierte eine *Selbsttätigkeit* seitens der Studierenden.

- Diese Selbsttätigkeit ermöglichte es, dass ein Erkenntnisinteresse sowie ein Verantwortungsbewusstsein für das eigene Lernen hervorgerufen wurde. Das eigene Lernen wurde positiv erfahren.
- Dabei entwickelten Studierende eine *neugierig-explorative Haltung.*
- U.a. durch die empowernde Relation ‚Dozent/Studierende' wird die Entfaltung eines positiv konnotierten Selbst-/Weltverhältnisses im Zuge des studentischen Forschens ermöglicht.

Bei der Einschätzung zeigte sich, dass durch die Relation Dozent[48]/Studierende auch Selbstwirksamkeitserwartungen durch ein bildungsorientiertes Lehren gefördert werden konnten (vgl. dazu eingehender Kergel & Heidkamp 2015):[49]

PKZ 21:	Einladende Atmosphäre sowohl persönlich als auch räumlich und strukturell (bspw. Uhrzeiten), intrinsische Motivation, die durch Begeisterung von anderen auch gestärkt werden kann. Machtverhältnisse weitgehend außen vor, ein angenehmes Maß an Herausforderung ohne stark zu überfordern.
PKZ 11:	Freiheiten, damit jeder seine eigene Form zum Lernen verwenden kann. Die „Ansprüche runterschrauben" (den Druck rausnehmen) und motivieren (Lob und Zuspruch), dann macht es Spaß und man lernt mehr, ist bereit mehr zu lernen und mehr Fleiß in das Seminar zu investieren. Eine gute Anleitung und Unterstützung, kleinschrittig. Wurde meiner Meinung nach bestens in diesem Seminar umgesetzt.

Durch die Zurücknahme normativer Erwartungshaltungen bei einem „angenehmen Maß an Herausforderung" sowie durch eine empowernde Haltung und eine gezielt didaktische Vermittlung der jeweiligen zu leistenden Arbeitsschritte wurde es möglich, dass sich die Studierenden intrinsisch motiviert und selbstwirksam in ihrem Lernprozess erlebten. Zugleich zeigte sich, dass die empowernde Funktion des Dozenten noch stärker fokussiert werden kann, dafür geben die Studierenden auch konkrete Empfehlungen für Optimierungsstrategien – u.a. klare Arbeitsaufträge, eine stärkere Verknüpfung zwischen Online- sowie Präsenzphasen und mehr Feedback zu der studentischen Forschungsarbeit in den Präsenzphasen.

48　Es handelte sich bei der Lehrperson um einen männlichen Dozenten, weshalb hier auf eine gendersensible Schreibweise verzichtet wird.

49　Diese Relation bildete eine Subkategorie der Kategorie ‚Forschend Lernen im machtfreien Raum'.

Die Re-Konstruktion von Bildungsdynamiken im Kontext der Lehrveranstaltung erfordert aus methodischer Sicht den Zugang zu studentischen Narrationen, um Wirkungszusammenhänge im Zuge der Evaluation herausarbeiten zu können. Diese Wirkungszusammenhänge lassen sich dahingehend prüfen, inwieweit Qualitätsmerkmale von Bildung in einer Lehrveranstaltung realisiert werden konnten und welche Problemfelder sich bei der Realisierung bildungsorientierten Lehrens und Lernens identifizieren lassen (z.b. das Changieren zwischen Selbstständigkeit und rahmenden Strukturen).

Die bildungsorientierte Evaluation lässt sich als Teil einer bildungsorientierten (Hochschul-)Didaktik verstehen, da die Evaluationsergebnisse im Sinne des Evaluationszirkels auf die (Weiter-)Entwicklung von Lehr-/Lerndesigns wirken. Vor dem Hintergrund der partizipativen Implikationen von Bildung gilt es, die Studierenden in einer bildungsorientierten Evaluation als Akteure ebenso partizipativ und dialogisch einzubinden, wie bei der Durchführung bildungsorientierter Lehr-/Lernszenarien:

PKZ 15:   Ich finde es sehr wertschätzend, wenn man mit uns die Inhalte diskutiert und nicht verlangt, dass die kleinen ‚Dummerchen' das aufnehmen und deren Meinung dazu eh nicht interessiert. In diesem Sinne, vielen Dank für diese Evaluation, so ausführlich wurde ich in diesem Master noch nie nach meiner Meinung gefragt.

4.1.4 Von der Evaluation zur Evaluationsforschung bzw. zum didaktischen Forschen

Die Re-Konstruktion von Bildungsgeschehen bzw. Bildungsräumen durch Evaluationsstrategien lassen sich auch als eine Form der Evaluationsforschung bzw. als ein *didaktisches Forschen* verstehen.[50] Im Sinne eines re-konstruktiven Verfahrens (vgl. 2.3) wird herausgearbeitet, welche Zusammenhänge welche Effekte hervorrufen – beispielsweise, dass eine empowernde Lehrendenrolle die Förderung der Selbstwirksamkeitserwartungen bei den Lernenden beeinflussen können. Um die Evaluation von Lehr-/Lernprozessen als didaktisches Forschen begreifen zu können, gilt es, einen Erkenntnisfokus einzunehmen, der über den zu evaluierenden pädagogischen Interaktionsprozess hinausgeht (vgl. eingehender zur qualitativen

---

50   Möglichkeiten und Strategien des didaktischen Forschens werden v.a. in den Ansätzen Design Based Research (vgl. Easterday, Lewis & Gerber 2014) sowie Scholarship of Teaching and Learning (vgl. Richlin & Cox 2004) thematisiert.

Evaluationsforschung Flick 2006; Kuckartz et al. 2008). So kann beispielsweise die im Zuge der Evaluation einer universitären Lehrveranstaltung gewonnene Einsicht über die empowernde Rolle des Lehrenden in Bezug zu anderen Ergebnissen qualitativer Bildungsforschung bzw. bildungsorientierter Evaluation gestellt werden. Die Öffnung von Evaluationen hin zu einem didaktischen Forschen soll im Folgenden durch den Bezug der Ergebnisse der oben dargestellten Evaluation zu Ergebnissen von Gruppeninterviews mit Schüler*innen hergestellt werden, die in der Rockband der Grundschule spielen, die im Rahmen des Forschungsprojektes ‚Die Schule rockt!' beforscht wurde. Im Rahmen des Forschungsprojektes wurden v.a. mit Bezug auf Auswertungsansätze der dokumentarischen Methode Bildungsräume re-konstruiert, die sich im Rahmen von Rockbandprojekten in schulischen Kontexten (an einer Grundschule sowie an einer Oberschule) entfalteten. Es wurden Gruppeninterviews mit den Schüler*innen geführt, die Teil der Rockbands an der Grundschule bzw. an der Oberschule waren (vgl. dazu eingehender 3.1.10). Die folgenden Interviewauszüge stammen aus zwei Gruppeninterviews mit Schüler*innen im Alter zwischen acht und elf Jahren, die zum Zeitpunkt des Interviews in der Rockband der Grundschule spielten. Die Schüler*innen wiesen eine Banderfahrung von einem halben Jahr bis hin zu drei Jahren auf. Die Äußerungen der Kinder wurden ebenfalls auf ihre Aussagenstruktur hin analysiert. Im Folgenden wird anhand einer Äußerung eine Aussagenstruktur skizziert, die die Beziehung zu dem Musikpädagogen Herrn L. thematisiert: Die Schüler*innen reflektieren sich als Musiker*innen bzw. erfahren sich als kompetent an ihrem Instrument. Deutlich wird dies u.a., wenn sie rückblickend ihren Lernfortschritt thematisieren.

B7 (9 Jahre):   Ich habe zuerst immer auf das Instrument draufgeschlagen. Aber jetzt, nach einer Zeit wird man ja größer und kann das besser spielen, wegen Herrn L.

Die Schüler*innen sind sich der Tatsache bewusst, dass dieser handwerkliche Zugang zu den Instrumenten durch Herrn L. ermöglicht wird, der Lernprozesse initiiert und begleitet: Dass Herr L. durch seinen empowernden Ansatz seinen Teil dazu leistet, einen Bildungsraum aufzuspannen, zeigt sich auch in den Wahrnehmungen der Schüler*innen. Durch sein offenes Verhalten gegenüber den Schüler*innen nimmt er Druck aus den Bandsituationen heraus (vgl. dazu auch 3.2.7 & 3.6.5). Mit Bezug auf die Evaluationsergebnisse lässt sich eine Strukturäquivalenz feststellen: Bei den Schüler*innen sowie bei den Studierenden entfaltet sich durch die empowernde Rolle der Lehrperson ein Bildungslernen. Diese Überlegungen zu der empowerenden Rolle bzw. bildungsorientierten Haltung von Lehrpersonen weist auf ein anderes spezifisches Forschungsfeld der integrativen Bildungsforschung hin, der Bildungsethik. Dieses Forschungsfeld wird im folgenden Unterkapitel vorgestellt.

Literatur

Arnold, R. (Hrsg.) (2003). *Ermöglichungsdidaktik: Erwachsenenpädagogische Grundlagen und Erfahrungen*. Hohengehren: Schneider Verlag.

Bourdieu, P., Chamboredon, J.-C. & Passeron, J.-C. (1991). *Soziologie als Beruf: Wissenschaftstheoretische Voraussetzungen soziologischer Erkenntnisse*. Berlin: de Gruyter.

Easterday, M., Lewis, D. R. & Gerber, E. (2014). Design-Based Research Process: Problems, Phases, and Applications. URL: http://egerber.mech.northwestern.edu/wpcontent/uploads/2012/11/DesignBasedResearch_Gerber.pdf. Zuletzt zugegriffen: 18. Mai 2017.

Ehlers, U.-D. (2011). *Qualität im E-Learning aus Lernersicht*. Wiesbaden: VS Springer.

Flick, U. (2006). *Qualitative Evaluationsforschung: Konzepte, Methoden, Umsetzung*. Reinbek bei Hamburg: Rowolth.

Holzkamp (1995). *Lernen. Subjektwissenschaftliche Grundlegung*. Frankfurt am Main: Suhrkamp.

Humboldt, W. v. (1792; 1793/1980). Theorie der Bildung des Menschen. In W. v. Humboldt, *Werke in fünf Bänden, Bd. 1, Schriften zur Anthropologie und Geschichte* (S. 234-240). Stuttgart: Klett-Cotta.

Kergel, D., & Heidkamp, B. (2015). *Forschendes Lernen mit digitalen Medien. Ein Lehrbuch. #theorie #praxis #evaluation*. Münster: Waxmann.

Kuckartz, U., Dresing, T., Rädiker, S., & Stefer, C. (2008). *Qualitative Evaluation. Der Einstieg in die Praxis*. Wiesbaden: VS Springer.

Künkler, T. (2008). ‚Lernen im Zwischen'. Zum Zusammenhang von Lerntheorien, Subjektkonzeptionen und dem Vollzug des Lernens (S. 33-50). In K. Mitgutsch, E. Sattler, K. Westphal & I. M. Breinbauer (Hrsg.), *Dem Lernen auf der Spur. Die pädagogische Perspektive* (S. 33-50). Stuttgart: Klett-Cotta.

Porst, R. (2014). *Fragebogen. Ein Arbeitsbuch*. Wiesbaden: VS Springer.

Richlin, L., & Cox, M. D. (2004). Developing scholarly teaching and the scholarship of teaching and learning through faculty learning communities. *New directions for teaching and learning* 2004(97), 127-135.

4.2 Empirische Zugänge zur Bildungsethik

Der Ansatz der Bildungsethik ermöglicht es, die normative Dimension von Bildung ethisch zu fundieren. Zugleich können ethische Überlegungen zur Bildung durch die qualitative Bildungsforschung für empirischen Analysen geöffnet werden.

4.2.1 Forschungsfeld Ethik – Von der beschreibenden Ethik zur normativen Ethik

Unser Alltag ist durch Konventionen, Gebräuche und Riten geregelt. Uns ist oftmals nicht bewusst, in welchem Ausmaß unser Alltagshandeln von Regeln und Normen geleitet wird. Verschiedene wissenschaftliche Disziplinen setzen sich analytisch mit den Werten auseinander, die die Grundlage für die Regeln darstellen, die unser Alltagshandeln prägen. Werte stellen die grundsätzlichen Haltungen zur Welt dar und geben darüber Auskunft, was wir für richtig und wichtig halten. In der Philosophie werden Werte v.a. in dem Forschungsfeld der Ethik thematisiert. Als ‚praktische Philosophie' nimmt Ethik aus philosophischer Perspektive das menschliche Handeln in den Fokus. Es lässt sich grundsätzlich zwischen einer beschreibenden Ethik und einer normativen Ethik unterscheiden. Die beschreibende Ethik arbeitet heraus,

- welche Werte und Normen,
- welche Moralvorstellungen und Verhaltensweisen sich in der sozialen Praxis identifizieren lassen und
- wie diese Werte, Normen, Moralvorstellungen und Verhaltensweisen begründet werden.

Dabei setzt sich die beschreibende Ethik mit Wertesystemen und Moralkodexen auf einer normativ neutralen Ebene auseinander. Aus dieser Perspektive lässt sich beschreibende Ethik als ein empirisch orientiertes philosophisches Forschen verstehen. Die beschreibende Ethik ermöglicht einen deskriptiven bzw. re-konstruktiven Zugang zur Moral. Moral lässt sich dabei als eine Gesamtheit von Handlungsregeln definieren, die soziale Praxis strukturieren. Im Gegensatz zum deskriptiven Ansatz der beschreibenden Ethik definiert die normative Ethik den ‚Sollzustand' menschlicher Kommunikation. Der Ansatz der normativen Ethik zeichnet sich dadurch aus, dass begründet wird, welche Formen des menschlichen Handelns richtig und wichtig sind. Im Kontext der normativen Ethik wird nach dem ‚richtigen' Moralverständnis gefragt. Das Forschungsfeld der normativen Ethik nimmt dabei unterschiedliche gesellschaftliche Teilbereiche in den Blick. So lassen sich

- in der Medizin ebenso Fragen zur normativen Ethik stellen (welche Haltung sollten beispielsweise Ärzte gegenüber dem Todeswunsch eines Patienten einnehmen?) wie auch
- im politischen Feld (was ist das Ziel bzw. was ist das Ideal einer gerechten Gesellschaft?) als auch

• im Bereich individueller Lebensführung.

Eine derart bereichsspezifische Auseinandersetzung mit ethischen Prämissen bildet innerhalb der normativen Ethik das Forschungsfeld der angewandten Ethik. Hier wird die Fundierung und Anwendung ethischer Prinzipien auf bereichsspezifische Probleme und Konfliktfälle bezogen; z.b. in der Tierethik, Wissenschaftsethik, politischen Ethik, Rechtsethik (die angewandte Ethik wird zuweilen auch neben der beschreibenden und normativen Ethik als ein weiterer Teilbereich der ethischen Forschung ausdifferenziert, vgl. Pieper & Thurnherr 1998).[51]

Aus der Perspektive einer integrativen Bildungsforschung stellt sich die Frage, ob sich eine Ethik in Bildungskontexten bzw. eine Bildungsethik formulieren lässt. Vor dem Hintergrund des normativen Anspruchs bildungstheoretischer Überlegungen, die u.a. ein positiv konnotiertes Selbst-/Weltverhältnis als entscheidendes Merkmal von Bildung definieren, erscheint es als folgerichtig, eine solche Bildungsethik anzunehmen: Bildung ist eine normative ethische Dimension inhärent, da erkenntnistheoretisch begründet eine bestimmte Form des Handelns Bildung kennzeichnet (u.a. explorative Neugier, Selbstwirksamkeitserwartungen). Mit Bezug auf die normative Ethik ergibt sich die Frage nach der Begründung von Bildungsethik: Auf welchen Prämissen fußen normative bildungsethische Überlegungen?

Bildungsethische Überlegungen lassen sich zum einen aus Humboldts Konzeption von Bildungsprozessen ableiten: Die Realisierung eines positiv konnotierten Selbst-/Weltverhältnisses bildet ein Merkmal von Bildung. Gemäß der sozialen Dimension von Bildung (Bildung vollzieht sich in sozialen Kontexten), wird Bildung bzw. die Realisierung von Bildungskontexten zu einer ethischen Aufgabe. Für Akteure, die in Bildungskontexte eingebunden sind, wird die Herstellung eines positiv konnotierten Selbst-/Weltverhältnisses zur ethischen Herausforderung. Eine solche Form der ethischen Praxis lässt sich vor allem mit Bezug auf die sozialen Implikationen von Bildung durch Lévinas Modell des ‚Anderen' theoretisch aufarbeiten. Zudem wird es mit Bezug auf Lévinas ethische Überlegungen möglich, auch die präreflexive Dimension von Bildung ethisch zu fundieren. Aus hermeneutischer Perspektive lässt sich Lévinas ethischer Ansatz dabei als eine spezifische Form der beschreibenden Ethik erfahren, die zugleich die Grundlage

---

51   Daneben ist auch eine Metaethik als weiteres Forschungsfeld relevant. Der Erkenntnisfokus metaethischer Untersuchungen liegt auf einer Analyse der Strukturen von Moral und Ethik. Methodisch wird dies über semantische Analysen ethischer Argumentationen realisiert.

einer normativen Bildungsethik bildet. Dieser Aspekt wird im folgenden Abschnitt weiter ausgeführt.

4.2.2 Lévinas Ethikverständnis – Die Gefühle des Anderen als unsere Verantwortung

Lévinas Zusammenführung einer beschreibenden und einer normativen Ethik basiert darauf, dass Lévinas Ethik als Erlebnis versteht: Anstatt Überlegungen über die Beschaffenheit der Welt ('Ontologie') anzustellen und von dieser Analyse der Beschaffenheit von Welt ausgehend ethische Handlungsmaximen abzuleiten, sieht Lévinas die Ethik ontologisch vorgelagert. So gilt es zu „verstehen, daß die Moral nicht eine zweite Schicht oberhalb einer abstrakten Reflexion über die Totalität und ihre Gefahren ist; die Moral hat eine unabhängige und vorrangige Tragweite" (Lévinas 1996, S. 59). Ethik ist gemäß Lévinas zunächst ein präreflexives Erlebnis. Die entscheidende ethische Bedingung stellt die unhintergehbare empathische Beziehung zu anderen Menschen dar, die unmittelbar erfahren wird. „Die ethische Beziehung wird nicht auf eine vorherige Erkenntnisbeziehung aufgepfropft. Sie ist Basis und nicht Überbau" (Lévinas 2012, S. 200).

Diese Überlegung hat auch Konsequenzen für das ethische Forschen: Vor der reflexiven Auseinandersetzung, wie warum zu handeln ist, steht das ethische Erleben des Sozialen. „Meine Aufgabe besteht nicht darin, die Ethik aufzubauen" (Lévinas 1996, S. 99). Vielmehr liegt im Sinne hermeneutischer Strategien eine Aufgabe ethischen Forschens darin, die unmittelbare Dimension von ethischem Erleben freizulegen bzw. verständlich zu machen. Die empathische Beziehung zu anderen stellt die Grundlage menschlicher Erfahrung dar – der Mensch ist in seinem ‚Da-Sein' stets in soziale Kontexte eingebunden. Diese soziale Dimension menschlicher Existenz führt zu der ‚Sorge um den Anderen': „Der eigentliche Grundzug des Seins liegt darin, dass jedes einzelne Seiende um sein Sein selbst besorgt ist. [...] Und dann plötzlich im Bereich der menschlichen Natur das mögliche Aufscheinen einer ontologischen Absurdität: Die Sorge für den Anderen siegt über die Sorge um sich selbst" (Lévinas 2006, S. 173). Als Begriff bezeichnet der Andere den oder die anderen Menschen, dem/denen wir uns präreflexiv verbunden fühlen. Weil wir dem Anderen emotional verbunden sind, übernehmen wir für ihn Verantwortung bzw. sorgen wir uns auch um ihn. Sorge bezeichnet ein ethisch motiviertes vorausschauendes Verhältnis zu dem Anderen.

- Der Andere ist sozialen Ordnungen vorgeordnet bzw. außer-ordentlich. „Der *Andere* ist nicht ein Sonderfall, eine Art der Andersheit, sondern er ist die ursprüngliche Herausnahme aus der Ordnung" (Lévinas 1985, S. 41, H.i.O).
- Der Andere ist nicht ein Schüler oder eine Polizistin, ein Arbeitsloser oder eine Zugführerin, sondern diesen gesellschaftlichen Rollenmustern vorgelagert.

Vor den sozialen Kategorien, die einen Menschen in der Gesellschaft definieren, steht der Mensch mit seinen Bedürfnissen. Die Emotionen eines Anderen, so eine ethische Grundüberlegung Lévinas, gehen uns etwas an. Wenn jemand lacht, kann dies ‚ansteckend' wirken. Wenn jemand vor Schmerzen schreit oder ‚herzergreifend' weint, lässt uns dies nicht emotional unberührt. Lévinas beschreibt diese Form des ‚Mit-Fühlens' in seinen ethischen Werken. Aus dieser Perspektive kann der Ansatz von Lévinas einer beschreibenden Ethik zugerechnet werden. Im Sinne einer hermeneutischen Verobjektivierung macht uns Lévinas durch seine Schriften das ethische Erleben, das wir alle teilen, verständlich. Neben einem Verständnis von Lévinas Ansatz des Anderen als eine Form der beschreibenden Ethik, lassen sich seine Überlegungen auch als eine Form der normativen Ethik verstehen. Der Andere nimmt uns in die Verantwortung – so wie wir als Andere unsere Mitmenschen in die Verantwortung nehmen. Hieraus ergibt sich ein Wechselspiel von Verantwortung bzw. von ‚Mit-Erleben', das den Menschen als Teil menschlicher Gemeinschaft konstituiert: Den Gefühlen, den Bedürfnissen des Anderen, die sich in seinem Gesicht bzw. ‚Antlitz' zeigen, können wir Lévinas zufolge nicht aus dem Weg gehen, wir müssen uns ihrer annehmen. So wie die soziale Eingebundenheit unhintergehbar ist, gilt dies auch für das emotionale ‚Mit-Erleben'. Durch dieses ‚Mit-Erleben' sind wir von den Emotionen des Anderen betroffen und wir müssen uns zu diesen Emotionen verhalten – wir übernehmen Verantwortung: „Die Epiphanie des absoluten Anderen ist Antlitz, in dem der Andere mich anruft und mir durch seine Nacktheit, durch seine Not, eine Anordnung zu verstehen gibt. Seine Gegenwart ist eine Aufforderung zur Antwort [...] Von daher bedeutet Ichsein, sich der Verantwortung nicht entziehen können" (Lévinas 2012, S. 224). Diese Überlegungen – und dies ist entscheidend – sind reziprok. So wie für uns die Menschen Andere sind, sind auch wir Andere. Im Idealfall sind soziale Interaktionen durch gegenseitige Verantwortung geprägt, wobei Verantwortung eine Form der Beziehung darstellt, „die jeder gewählten Beziehung vorausgeht" (Lévinas 2012, S. 288). Zusammenfassend lässt sich feststellen, dass das ethische Forschen von Lévinas weniger davon geprägt ist, ein normatives Regelsystem zu begründen. Die normative Dimension von Lévinas Ethik ergibt sich aus dem ethischen Erlebnis durch den Anderen. Das ethische Erleben macht uns Lévinas durch seine beschreibende Ethik im Sinne einer hermeneutischen Erkenntnis ‚verständlich'. Aus dieser

Perspektive lässt sich Lévinas Ansatz im Sinne eines hermeneutischen Forschens im Bereich der Ethik verstehen. Es geht darum, uns verständlich zu machen, was wir in sozialen Kontexten erfahren, wenn wir Mitleid spüren, uns freuen, wenn sich andere freuen und wir von dem Lachen des Anderen ‚angesteckt' werden. Bevor wir Menschen in Kategorien einordnen und sie als Träger sozialer Rollen wahrnehmen, steht das empathische Miterleben – oder in der Diktion Lévinas ‚die Berührung' (Lévinas 2012, S. 275) – mit dem Anderen. Dieses Miterleben stellt aber wiederum Anforderungen an uns – wir können uns dem Anderen und seinen Gefühlen nicht verschließen, sondern müssen diese annehmen, uns zu ihnen verhalten und Verantwortung übernehmen. „Wo diese Wandlung des Intentionalen in das Ethische geschieht und nicht aufhört zu geschehen […] wo das geschieht, genau da ist Haut und menschliches Antlitz. Die Berührung ist Zärtlichkeit und Verantwortung" (Lévinas 2012, S. 275).[52]

4.2.3 Der Andere im Kontext der Bildungsethik

Lévinas formuliert ein ethisches Modell, das darauf basiert, für Andere Verantwortung zu übernehmen. Aus bildungstheoretischer Perspektive kann eine solche Verantwortung für den Anderen darin bestehen, ihn darin zu unterstützen, ein positiv konnotiertes Selbst-/Weltverhältnis auszubilden. Diese Überlegung lässt sich als ein grundlegendes Merkmal von Bildungsethik verstehen. Mit Bezug auf ein integratives Bildungsverständnis ergibt sich die Frage, wie diese ethischen Überlegungen aus empirischer Perspektive thematisiert werden können. Um sich dieser Frage anzunähern, kann wieder auf die Differenzierung zwischen beschreibender Ethik und normativer Ethik zurückgegriffen werden.

- Im Sinne einer beschreibenden Ethik lässt sich prüfen, ob eine Verantwortung für den Anderen in Bildungskontexten übernommen wird (mit Bildungskontexten werden soziale Konstellationen/Situationen bezeichnet, im Rahmen derer sich Bildung ereignet). Hierfür gilt es wiederum Indikatoren zu definieren: Woran ist weshalb zu erkennen, dass ein Akteur für einen Anderen ethische Verantwortung übernimmt?

---

52 Diese Form präreflexiver Moral wird von Ergebnissen der frühkindlichen Bildungsforschung gestützt und liefert derart einen empirischen Zugang zu den ethischen Überlegungen Lévinas. In der Auseinandersetzung mit dem dem Phänomen der ‚Spiegelneuronen' wird im Feld neurowissenschaftlicher Forschung diskutiert, ob auf neuronaler Ebene einen Zugang zu dem Phänomen des Mitgefühls zu sehen ist, vgl. Zaboura (2009).

- Im Sinne einer normativen Ethik ist zu diskutieren, ob solch eine ethische Praxis tatsächlich als notwendige Bedingung für Bildungskontexte behauptet werden kann. Sind Bildungskontexte zwangsläufig dadurch definiert, dass sie notwendigerweise die ethische Dimension des Anderen aufweisen? Oder kann sich Bildung auch ohne eine Bildungsethik vollziehen? Ist überall Bildungsethik wo Bildung ist? Eine solche Fragestellung kann durch eine empirische Bildungsforschung geprüft werden.

Bei der empirischen Prüfung, ob ethische Momente in Bildungskontexten vorliegen, lassen sich verschiedene Formen der Datenerhebung und Datenauswertung einsetzen. Grundsätzlich ist die Analyseperspektive der Bildungsethik dadurch definiert, dass geprüft wird, ob es Indikatoren gibt, die auf Prozesse der ,Verantwortungsübernahme' verweisen. Die normative Dimension von Bildungsethik kann auch im Feld der bildungsorientierten Evaluation thematisiert werden. So lässt sich im Zuge von bildungsorientierten Evaluationen prüfen, ob ein pädagogisches Interaktionsgeschehen den ethischen Ansprüchen genügt, die Lévinas mit dem Konzept der Verantwortungsübernahme für den Anderen formuliert hat.

4.2.4 Bildungsethik im Kontext empirischer Forschung – Skizzen zweier Beispiele

Vor dem Hintergrund von Forschungsergebnissen, die dem Ansatz einer integrativen Bildungsforschung verpflichtet sind, lässt sich die heuristische These aufstellen, dass die machtfreie Kommunikation, die Bildungsräume prägt, auch zu einer respektvollen Anerkennung des Anderen führt. Die empowernde Funktion des/der Lehrenden geht dabei in eine Verantwortungsübernahme für den Anderen über. Dies soll anhand zweier Beispielen aus dem Forschungsprojekt ,Die Schule rockt!' veranschaulicht werden.

4.2.4.1 Die Schüler*innen als Andere

Die folgenden Interviewauszüge stammen aus einem Gruppeninterview mit der Band aus der Grundschule. Es wurden zehn Kinder (zwei Gruppen mit jeweils fünf Kindern) zwischen acht und elf Jahren befragt, die eine Banderfahrung zwischen einigen Wochen bis hin zu drei Jahren aufwiesen. Die Interviews sind mit Methoden ausgewertet worden, die sich an der dokumentarischen Methode orientieren (vgl. dazu eingehender 3.6.5). Die Ergebnisse sowie Ergebnisse aus einem verstehenden Interview mit Herrn L. und einer teilnehmenden Beobachtung ermöglichten es zusätzlich, die ethische Form der Interaktion zwischen dem Musikpädagogen L. und den Schüler*innen zu re-konstruieren (zum Aufbau des Forschungsprojekts ‚Die Schule rockt!' siehe eingehender 3.1.10). Im Folgenden wird diese ethische Interaktion skizziert: Ein Effekt der empowernden Rolle des Musikpädagogen L. besteht darin, dass die Schüler*innen die ‚Für-Sorge' thematisieren, die sie durch Herrn L. erfahren. So wird Herr L. wird dabei als Vertrauensperson wahrgenommen, ‚die sich kümmert'.

> B7 (10 Jahre):   Er passt auf uns auf. Geht manchmal mit den Schlagzeugkindern zum Kiosk und mit den Gitarre-Kindern. Er ist ein ganz netter Lehrer.

Diese Form der Verantwortungsübernahme für die Schüler*innen zeigt sich auch in den Schilderungen von Herrn L. Zum Beispiel, wenn er im Zuge eines verstehenden Interviews den Umgang mit individuellen Korrekturen im Bandkontext darstellt. Er geht dabei gezielt auf das einzelne Kind ein und fordert zugleich die Verantwortungsübernahme von den anderen Schüler*innen. Entsprechend der kollaborativen Dimension des gemeinsamen Musizierens wird von allen beteiligten Akteuren erwartet, Sensibilität für die anderen Bandmitglieder zu entwickeln und ruhig zu warten, bis einem Kind erklärt worden ist, wie es eine Stelle besser spielen kann:

> L: Das geht sonst nicht, weil das Kind braucht ja Ruhe. Und wenn er eh schon Schwierigkeiten hat, dem Arrangement zu folgen und die richtigen Zählzeiten zu spielen, dann muss im Raum Ruhe sein.

Individuelle Schwierigkeiten werden aus dieser Perspektive nicht als individuelle Defizite betrachtet, sondern im Sinne sozial-konstruktivistischer Ansätze als Dysfunktionen im sozialen Kontext identifiziert. Von diesen sind zwar alle betroffen, aber es tragen auch alle Verantwortung dafür, zu einem gemeinsamen ‚Wohlklang' zu gelangen: So ist beispielsweise dem Kind, das gerade Schwierigkeiten bei der Umsetzung hat, der Raum zu geben, den es braucht, um ‚richtig' zu spielen. Eine kollektive Verantwortungsübernahme wird hier durch Herrn L. initiiert. In Protokollen zu teilnehmenden Beobachtungen, die Auskunft über die Kommunikationskultur geben, spiegelt sich diese Form der Für-Sorge-Erfahrung und Verantwortungsübernahme, wie folgender Auszug aus einer teilnehmenden Beobachtung einer Probe der Schüler*innen zeigt:

Das Seemannslied wird wieder von vorne gespielt. Während des Spielens wippen zwei Sängerinnen mit ihren Füßen und Beinen zum Lied. Nach Beendigung des Liedes wirkt eine der jüngeren Sängerinnen erschöpft und sinkt auf ihrem Stuhl zusammen. Herr L. lobt das Mädchen [...] Ein Junge mit E-Gitarre hat noch eine Frage zur Notenabfolge, während Herr M. diese Abfolge geduldig mit dem Jungen bespricht, hört dieser konzentriert und geduldig zu [...] Herr L. bemerkt, dass das Mädchen, das Schlagzeug spielt, zu weit vom Instrument entfernt sitzt und fragt sie daher „Soll ich dir das näher ran stellen?" Das Mädchen antwortet mit „Ja" worauf Herr L. freundlich entgegnet „Sag' das doch ruhig vorher" und zu ihr geht, um die Trommel weiter nach vorne zu schieben. Nach ein paar kurzen Instruktionen wird das Lied „Eine Stadt für Dich" routiniert gespielt. Anschließend gibt es eine zehn-minütige Pause, für die die Kinder den Raum verlassen sollen.

Herr L. geht auf die einzelnen Schülerinnen individuell ein, adressiert sie in ihrer jeweiligen emotionalen ‚Bedürftigkeit' als Musiker*innen, die sowohl konstruktives Feedback als auch empowernden Zuspruchs bedürfen. Diese Für-Sorge lässt sich im Sinne einer Bildungsethik als ein Handeln verstehen, das auf die Entfaltung eines positiv konnotierten Selbst-/Weltverhältnisses der Akteure durch das gemeinsame Musizieren abzielt.

4.2.4.2 Bildungsethik im Bildungsprozess

In dem oben gegeben Beispiel entfalten sich ethische Interaktionen im Kontext des Bildungsraums, den das Bandprojekt aufspannt. Ethische Interaktionen lassen sich aber auch im Zuge der Schilderung eines Bildungsprozesses erkennen, wie am folgendem Beispiel deutlich wird. Herr H., der als Musiklehrer das Bandprojekt an der Oberschule betreute, schildert im Zuge eines verstehenden Interviews die Interaktion mit einem Schüler, der neu an die Schule kam und über Herrn H. Zugang zum Bandprojekt erhielt:

H: Ich ging hier durch den Flur ... Das habe ich schlecht angefangen, weil äh mein alter Rektor gesagt hat, er würde niemals Bücher lesen, die mit „Ich" beginnen. Also sollte ich das auch nicht tun. Ähm, an einem regnerischen Montag klingelt es zur ersten Stunde, ähm ich ging am Sekretariat vorbei, wobei es war jetzt nicht der erste Satz und Frau Neumann rief äh hinter mir her, da ist ein neuer Schüler gekommen und ich sage: ja, ich bin aber jetzt nicht in der Klasse. Doch sie haben jetzt Mathe in der 9 B. Ich sage oh, sehr geschickt, dann gehe ich da mal hin. Ich gehe hier um die Ecke, hier also hier in den Bereich herein und da kam B. [...] mir entgegen. Und ich wusste nicht wer B. war. Und B. kam aus Somalia, [...], sah mich, kam auf mich zugerannt. Er kannte mich aber nicht, er kam auf mich zugerannt äh, riss mir die Tasche aus der Hand, ich denke: jetzt gibt es aber eine Schlägerei, riss mir die Tasche aus der Hand und sagte er zu mir: „Massa Massa äh Sahib". Das kannte ich aus indischen Kolonialfilmen äh drehte sich um und trug die Tasche vor mir her. Ich denke, das ist ja wohl nicht wahr, so etwas habe ich ja noch nie erlebt. Ja, bis oben hin, trug die Tasche und äh gab sie mir dann oben zurück [...] und hat seitdem erstens mal mich überhaupt nicht mehr aus den Augen gelassen und NICHT nicht im Geringsten geduldet, dass ich irgendwas selber tragen musste. Bücher alles [...] Das war schon, die erste Begegnung war, wie soll ich das sagen. Es hat gleich Klick gemacht. Wir konnten uns überhaupt nicht verstehen, nicht ein EINZIGES Wort. [...] und äh in der Zeit äh (.) war es gerade, dass unser alter Techniker hier verabschiedet wurde, es war nämlich gerade zum neuen Schuljahr. Wir hatten keinen Techniker mehr [...] Der Techniker war weg und ich dachte, ein Techniker muss (..) erst einmal folgende äh (.) Qualität mitbringen (.). Er muss die Arbeit selber erkennen. Es hat keinen Sinn, wenn ich ihm sage, Du da die Steckdose oder da das Kabel, die Sängerin steht auf dem Kabel, das knickt, das geht nicht oder so etwas. Ein Mensch, der völlig selbstständig sieht, was zu tun ist. Und wenn er dann einen Lehrer da, einen armen, alten, kranken Lehrer da sich die Treppe hochwürgen sieht mit einer schweren Tasche und sieht „Ei da muss was gemacht werden". Und dachte ich „Mensch, diese Qualität deutet auf mehr" und dann habe ich ihn sofort mit in die Band genommen, ihm aufgeschrieben, wann er hier zu sein hat. Kam auch, strahlte. Dann ihm gezeigt wie man die Anlage verkabelt, paar Mal, paar Wochen, dann hatte er das heraus. Jetzt sind wir dabei, dass wir ihm langsam zeigen, wie man Soundchecks durchführt. Äh und ähm. Sofort gemacht, sofort drin aufgegangen und äh und hier geguckt überall, ob alles in Ordnung ist ähm dann wusste ich so: DAS war AUCH wieder das Richtige ja wie äh... [...] PLÖTZLICH [...] er hat sich selber da hinein katapultiert in diese Band, in diesen musikalischen Raum der Band. Äh wir haben einen neuen Text gemacht, äh unseren Integrationssong [...] also das ist ein Hiphop-Rap, also Hiphop die Strophe und der Refrain ist gerappt. Ähm, dann hatten wir einen schönen ähm, einen schönen Raptext für den Refrain [...] Y rappt den (.), B. hört das, diese ganzen Krisengebiete, springt von seinem Mischpult auf, also wirklich so, springt auf, rast zu diesen Keyboards. Wir hatten das nicht gesagt, wir waren völlig in der Musik, die Keyboarder spielten, das Schlagzeug. Er schnappt sich ein Mikrofon und fing dann an „Halihal" auf arabisch, auf Somali. L. und ich guckten uns an. Also acht Takte, dann war der Refrain durch und dann ging das normal weiter. Und beim nächsten Refrain auch wieder. Und dann haben wir gesagt, Mensch, das passt genau in den Rhythmus und die Tonhöhe hat er ungefähr. Ich weiß nicht, was er da singt aber lasse ihn mal machen. Und die anderen fanden das WITZIG, toll...

I1:   Und war für die anderen kein...

H: Kein Problem, die haben mitgespielt und das war plötzlich fester Bestandteil dieses Songs. Wir haben gleich gesagt, das bleibt da drin, das ist gut. Dann nächstes Mal wollt er nicht, da hat er sich geziert. Ich sage, B. komme hier da [...] Und nachdem er das dritte Mal das gemacht hat, wusste er, er ist Bestandteil dieses Songs. Er kommt da nicht mehr heraus aus der Nummer. Hat ihm Spaß gemacht. Einmal war er nicht da, dann hat L. das imitiert. Und da wäre unsere Bassistin fast gestorben, die ist nämlich fast hinten über gefallen, die konnte das gar nicht [...] die die hat sich geschüttelt vor Lachen. Äh das war ganz toll, ganz lustig. Nicht diskriminierend. Wir hatten einen riesigen Spaß. Und als er nächstes Mal wieder da war, äh haben die den B. mit ganz anderen Ohren gehört, nämlich dass er irgendwie etwas richtig machte, was L. falsch gemacht hatte, irgendwas war da ja. Und so ist er in die Band gekommen [...] Also die erste Begegnung war hier, nonverbal, Tasche weg, Massa. Ich brauchte einen Techniker, ich sage, DAS ist er.

H. beschreibt die Begegnung mit B. als ein Erlebnis („Und ich wusste nicht wer B. war. Und B. kam aus Somalia, [...], sah mich, kam auf mich zugerannt. Er kannte mich aber nicht, er kam auf mich zugerannt äh, riss mir die Tasche aus der Hand"). Zugleich werden an post-koloniale Machtkritik gemahnende Überlegungen zu der unmittelbaren Hierarchiebeziehung in dieser ersten Begegnung angestellt („riss mir die Tasche aus der Hand und sagte er zu mir: Massa Massa äh Sahib. Das kannte ich aus indischen Kolonialfilmen äh drehte sich um und trug die Tasche vor mir her"). Diese Machtbeziehung wird durch das Verb ‚geduldet' dekonstruiert: B. duldet es nicht, dass Herr H. selbst die Tasche trägt. Da im konventionalisierten Sprachgebrauch nur diejenigen mit Machtpotenzial etwas dulden können (z.B. wenn der Staat etwas duldet, ohne es zu veranlassen), wird in der Narration von Herrn H. Schüler B. Machtpotenzial zugeschrieben. Das Hierarchiegefälle zwischen Lehrer und Schüler wird abgeschwächt. Eine analoge narrative Strategie findet sich, wenn der Anlass geschildert wird, B. als Techniker in die Band aufzunehmen: B. könnte durch séine sozialen Kompetenzen (er achtet ja darauf, dass der ‚bedürftige Lehrer nichts schleppen muss') die fehlende Position des Bandtechnikers auffüllen. Im Zuge dieser Erzählung erscheint B. nicht als ein Schüler von einem anderen Kontinent, der aufgrund fehlender Sprachkenntnisse Probleme bei der Integration haben könnte. Vielmehr werden B. Kompetenzen zugeschrieben bzw. Herr H. nimmt bei B. Kompetenzen wahr. Anstatt einer defizitorientierten Perspektive wird ein ressourcenorientierter Blick auf B. eingenommen. Zugleich übernimmt H. im Sinne Lévinas Verantwortung für B.: Auf die erste Begegnung, bei der es „gleich Klick gemacht hat", folgte die Einladung als Bandtechniker. Darüber wurde B. Zugang zu einem Bildungsraum eröffnet. Die empowernde Struktur dieses Raums führte dazu, dass B. sich selbst als Musiker einbrachte und als solcher auch von den anderen Akteuren geschätzt wird. Die Erzählung schließt mit der Coda, die eine Klammer von der Wertschätzung der anderen Bandmitglieder zurück auf die erste Begegnung schlägt. Die empathische Dimension dieser Beziehung zeigt sich in der Schilderung emotionaler Indikatoren. So stellt beispielsweise H. fest, dass, als B. das erste Mal zur Probe gelangte, er auch „strahlte". Die Arbeit als Techniker hat B. „[s]ofort gemacht, [ist] sofort drin aufgegangen" und das Rappen „[h]at ihm Spaß gemacht". Die Integration von B. wird u.a. durch emotionale Attributierungen perspektiviert. Die Erzählung von H. über Schüler B.'s Bildungsprozess zeichnet sich durch eine empowernde und zugleich partnerschaftliche Beziehung und Verantwortungsübernahme von Herrn H. gegenüber B. aus. Diese Für-Sorge effektuiert bei B. die Initialisierung eines Bildungsprozesses. Dieser Bildungsprozess wird u.a. durch die Einbindung B.'s in den Bildungsraum des Bandprojekts ermöglicht. Seit dem Moment der ersten Begegnung übernimmt Herr H. die ethische Verantwortung für B.

Beide Skizzen zeigen auf, dass die empowernde Beziehungen, die Bildung fördern, ethische Beziehungen in Bildungskontexten darstellen. Vor dem Hintergrund dieser Überlegungen lässt sich Bildungsethik als einen Ansatz verstehen, durch den die ethischen Überlegungen Lévinas bildungstheoretisch verortet und als erkenntnisgenerierende bzw. heuristische Strategie qualitativer Bildungsforschung eingesetzt werden können.

Literatur

Lévinas, E. (1985). *Wenn Gott ins Denken einfällt. Diskurse über die Betroffenheit von Transzendenz.* Freiburg: Karl Alber.

Lévinas, E. (1996). *Ethik und Unendliches. Gespräche mit Philippe Nemo.* Wien: Passagen.

Lévinas, E. (2006). *Die Unvorhersehbarkeiten der Geschichte.* Freiburg: Karl Alber.

Lévinas, E. (2012). *Die Spur des Anderen. Untersuchungen zur Phänomenologie und Sozialphilosophie.* Freiburg: Alber.

Pieper, A., & Thurnherr, U. (1998). *Angewandte Ethik. Eine Einführung.* München: Beck.

Zaboura, N. (2009). *Das empathische Gehirn. Spiegelneurone als Grundlage menschlicher Kommunikation.* Wiesbaden: VS Springer.

The manufacturer's authorised representative in the EU is Springer
Nature Customer Service Centre GmbH, Europaplatz 3, 69115 Heidelberg,
Germany. If you have any concerns regarding our products, please
contact ProductSafety@springernature.com

Printed and bound by CPI Group (UK) Ltd, Croydon, CR0 4YY
26/04/2026
02097302-0003